SOUVENIRS
ET
RÉCITS DE VOYAGES

PAR

M. L'ABBÉ POISSON

PRÊTRE DU DIOCÈSE DE CHARTRES

ORLEANS

H. HERLUISON, LIBRAIRE-ÉDITEUR

17, Rue Jeanne-d'Arc, 17

1890

SOUVENIRS

ET

RÉCITS DE VOYAGES

TIRÉ A CINQUANTE EXEMPLAIRES

SOUVENIRS

ET

RÉCITS DE VOYAGES

PAR

M. L'Abbé POISSON

PRÊTRE DU DIOCÈSE DE CHARTRES

ORLÉANS

H. HERLUISON, LIBRAIRE-ÉDITEUR

17, Rue Jeanne-d'Arc, 17

—

1890

PRÉFACE

C'est pour accomplir les dernières volontés de l'abbé Poisson que paraît ce volume qui contient le récit de ses voyages.

Le motif qui l'a poussé à écrire ses impressions, se trouve indiqué par lui-même dans une introduction qui ne devait pas être publiée, mais qu'il est bon que le lecteur connaisse.

« Les voyages, dit-il, instruisent et divertissent, parfois ils fatiguent, mais ils laissent toujours quelques émotions et quelque chose à raconter. Ceci même m'a déterminé à écrire les impressions diverses que j'ai éprouvées en allant et venant, à faire le récit de ce que j'ai observé et de ce que j'ai vu.

« Mes petits-neveux, qui ne m'auront pas connu, sauront, s'ils prennent la peine de me lire, qu'il y aura eu dans leur famille un homme amateur des voyages, rêveur, tour à tour gai et triste, plutôt triste et sérieux que gai, insouciant au fond, mélancolique par tempérament, philosophe par nature, religieux par éducation, par conviction et par principes, ayant eu fort peu en estime les hommes, cela pour les avoir vus de près et les avoir beaucoup pratiqués. Il les trouva égoïstes, rampants, sans sincérité ; tantôt flatteurs des grands, tantôt flatteurs du peuple, selon leurs intérêts ; pleins d'eux-mêmes et orgueilleux ; ardents à l'égard des honneurs et des dignités, y sacrifiant leur indépendance et jusqu'au respect de soi ; soupirant sans cesse après l'argent, comme moyen de gloire et de jouissance. Le portrait n'est pas beau, mais il est réel.

« Mes petits-neveux apprendront encore qu'un des membres de leur famille consacra son temps à la science et à la méditation, n'ayant été flatteur de personne. Poli envers tous, autant que possible, qu'il fût d'humeur indépendante, un peu raide dans l'expression, moins dans la manière d'agir ; ayant aimé la liberté plus qu'aucune autre chose au monde ; l'ayant toutefois respectée dans chacun et cela jusqu'au scrupule. Ils connaîtront que son bonheur fut de s'instruire, d'entendre, de voir, de remarquer et de raconter. Peu curieux, du reste, à l'égard des affaires d'autrui, qu'il fut souvent questionneur par distraction, n'attachant pas grande importance aux commérages des petites villes et du monde, détestant les bavards et plus encore leurs bavardages. Qu'exact en ses récits, il n'aima ni le mensonge ni la fausseté. Que, sentant vivement, il fut cependant froid à l'extérieur par timidité naturelle, par réserve et quelquefois par dédain. Qu'il détesta l'autocratie, le despotisme et l'arbitraire, disposé à fraterniser avec le premier venu, sans jamais y mêler de bassesse ; croyant à l'égalité humaine et non à l'égalité des rangs. Qu'il ne désira opprimer personne, en conséquence, qu'il ne voulut pas être opprimé ; ennemi implacable de tout pouvoir oppressif, il n'aima ni l'orgueil des grands, ni la grossièreté des petits. Qu'ennuyé de tout, il prit plaisir à tout, ayant opinion que les choses de ce monde sont grande vanité. Que ne comprenant rien à l'existence actuelle, il s'estima heureux d'être instruit par la foi, mais ne voyant en fin de compte dans chaque chose qu'un mystère depuis le commencement jusqu'au bout.

« Cette peinture que je fais de mon être moral, avant de commencer le récit de mes impressions de voyage, est peut-être un tort et un travers d'esprit ; ceux qui m'auront connu verront au moins si j'ai dit vrai.

« Plein du sentiment de ce qui est juste, de ce qui est droit, on m'a reproché avec raison d'avoir presque toujours eu une critique à opposer à chaque chose. Mon excuse a été que rien n'est plus rare que de trouver une seule chose qui soit de tout point selon ce qui est juste ; l'iniquité, le mauvais goût, l'esprit de parti et le faux jugement règnent sur la terre ; tout cela est le fruit des passions de l'homme.

« Il était bon que ceux qui me liront me connussent avant d'entreprendre la lecture de mes récits de voyages ; ils sauront mieux m'apprécier.

« Maintenant, si l'on prend la peine de me lire, je demande indulgence. J'ai raconté comme j'ai senti, j'ai rapporté comme j'ai vu : la sincérité et la vérité sont deux précieuses qualités dans le narrateur ; je n'ai point prétendu faire un livre de science, c'est un récit de mes courses par amusement et pour mon profit personnel. »

A ce portrait, il convient d'ajouter quelques notes biographiques.

L'abbé Poisson naquit à Janville (Eure-et-Loir), le 27 septembre 1809, et reçut les noms de Jean-Charles-Benjamin.

Son père, Jean-Simon-Nicolas Poisson, était notaire à Janville ; sa mère, Louise-Jeanne Ancest, appartenait à une famille de magistrats de Paris (1).

L'abbé Poisson commença ses études à Janville, sous la

(1) L'abbé Poisson a écrit une notice biographique sur sa mère et l'a publiée en tête de ses poésies.

direction des vicaires de cette ville ; à la mort de son père, en 1823, il entra au collège d'Orléans comme externe, jusqu'à sa rhétorique, qu'il fit au Petit-Séminaire de Saint-Chéron, près Chartres, le 15 octobre 1827. « Ce fut à cette époque, écrit-il, que je quittai Orléans et le collège, conservant un précieux souvenir de cette première éducation. »

Au sortir de Saint-Chéron, il entra au Grand-Séminaire de Chartres, où il reçut les différents ordres des mains de Mgr Claude-Hippolyte Clausel de Montals, évêque de Chartres.

Il débuta dans le ministère comme curé desservant d'Oinville-Saint-Liphard, canton de Janville, le 16 octobre 1832.

Il donna sa démission de curé d'Oinville-Saint-Liphard le 7 avril 1837, et vint se fixer à Orléans.

Mgr de Quélen le nomma, en 1838, second prêtre administrateur de la paroisse de Notre-Dame-des-Victoires, dite des Petits-Pères, à Paris. Il n'y resta que quelques semaines et revint à Chartres pour remplir les fonctions de second vicaire à Saint-Pierre, 14 juillet 1838 ; il en devint premier vicaire le 27 septembre 1840, jusqu'au 3 avril 1845.

Pendant les loisirs que lui laissait son ministère, l'abbé Poisson termina son ouvrage sur les *Causes du succès du protestantisme au XVIe siècle* et l'*Explication des Évangiles*. Le premier de ces ouvrages lui attira, écrit-il dans des notes intimes, bien des tracasseries ; mais le second lui valut des félicitations.

Après avoir quitté le vicariat de Saint-Pierre, il resta sans exercer le ministère jusqu'à ce que Mgr Fayet, évêque d'Orléans, sur la demande de la sœur de l'abbé Poisson, le nomma vicaire de Notre-Dame-de-Recouvrance, juin 1846.

En 1851, pour des raisons de santé et autres, qu'il n'est

d'aucun intérêt pour le lecteur de connaître, l'abbé Poisson cessa d'exercer le ministère ecclésiastique, et en 1855, il quitta définitivement Orléans pour aller demeurer à Paris.

Pendant les trente années qu'il passa dans la capitale, l'abbé Poisson ne resta pas inoccupé : prêtre habitué dans les paroisses de Saint-Thomas-d'Aquin, de Saint-Sulpice, de Notre-Dame-des-Champs, sur lesquelles se trouvait son domicile, il fut toujours prêt à rendre service au clergé de ces paroisses, et alla aussi plusieurs fois remplacer quelques prêtres des diocèses de Paris, de Versailles ou de Meaux, que leur santé obligeait à prendre du repos.

Il employait aussi ses loisirs à travailler, composant des sermons qu'il faisait paraître dans l'enseignement catholique, collaborant à certaines revues, mettant en ordre ses notes de voyage, qu'il faisait seul ou avec des jeunes gens ; enfin, publiant un ouvrage philosophique : *la Raison, la Science et la Foi devant le Mystère*.

Longtemps il fut un membre assidu du Cercle catholique des étudiants, où il rencontra des jeunes gens pour lesquels il avait une véritable affection et qui lui ont toujours témoigné une grande estime et un profond respect. Il s'était non moins attaché aux apprentis et ouvriers du patronage de Saint-Étienne-du-Mont, où il dit la messe le dimanche pendant treize ans. Ces jeunes gens trouvaient en lui un narrateur intéressant, un sûr conseiller, un vrai père pour l'affection et le dévouement. Combien lui doivent ce qu'ils sont aujourd'hui !

Dans l'année 1884, l'abbé Poisson sentit ses forces s'affaiblir, à mesure que s'aggravait une pénible infirmité dont il était tourmenté. Dans les premiers jours de mars 1885, le mal empira, et malgré les soins qui lui furent prodigués avec un dévouement sans bornes, ayant reçu les Sacrements de l'Église en pleine connaissance, il mourut le 17 mars 1885.

Un service religieux fut célébré à Paris, à Notre-Dame-des-Champs, sa paroisse, au milieu d'un nombreux concours d'amis et de paroissiens, et son corps fut ramené à Orléans pour être inhumé, comme il en avait exprimé le désir, au cimetière Saint-Jean, près de sa mère.

L'abbé Poisson avait préparé lui-même pour l'impression ces voyages que nous publions aujourd'hui, diverses circonstances l'empêchèrent de les faire paraître de son vivant, et nous ont aussi empêché de le faire plus tôt.

Entrepris il y a trente, cinquante ans, ces voyages ont donc peu d'actualité ; nous espérons cependant que le lecteur trouvera un certain intérêt à les lire.

***

SOUVENIRS & RÉCITS

La Trappe

(Septembre 1828)

Dans les premiers jours de septembre 1828, le cœur joyeux comme l'est celui d'un étudiant en vacances, je partis de Chartres pour Senonches et La Trappe. Le voyage avait été arrêté dans le courant de l'année entre un ami et moi. Mes compagnons de route, jusqu'à Senonches, furent deux honnêtes marchands de bois, qui m'avaient donné place dans leur cabriolet.

La Beauce et sa monotonie continuent jusqu'à Courville, gros bourg que nous traversâmes. L'Eure y passe à son midi. Presque au sortir de Courville, vers Pontgouin, le Perche commence. Près de ce bourg de 1.400 habitants, je vis les travaux exécutés par les ordres de Louis XIV, afin d'amener les eaux de l'Eure sur les aqueducs de Maintenon et de là à Versailles. Gigantesque entreprise d'un pouvoir absolu, l'œuvre est restée inachevée. Les herbes y croissent. Je jetai un coup d'œil en passant, avec intérêt. Nous entrâmes bientôt dans la belle forêt de Senonches, d'une contenance de près de six mille hectares. Nous la traversâmes et fûmes à Senonches. Ce bourg est en plein Perche. La rivière de la Blaise y est un petit filet d'eau. Le pays est marécageux. On compte dix lieues de Chartres et vingt-neuf de Paris. Le château, vieux manoir des temps passés est en ruines. La butte, dite des Sarrasins, qui n'y sont probablement jamais venus, fut ce qui me parut le plus curieux. Les récits ne manquent pas à son sujet ; ce sont des merveilles de toutes sortes ; on m'en raconta d'effrayantes. Celui qui m'en faisait le narré n'y croyait pas plus que moi. On aimait à raconter aux vieux âges, et l'on était de tout point fort crédule. Nous avons mis à notre époque moins de foi à toute chose : aussi le rire sardonique est-il souvent notre réponse au conteur.

Son église, d'une seule nef, est sombre. Elle n'offre aucun intérêt.

Mon ami me mena aux forges de Dampierre.

Ce fut chose très curieuse pour moi de voir une fonderie : de voir, au sortir du fourneau, le fer devenu de corps dur un corps liquide, d'une fluidité semblable à celle de l'eau ; de le voir s'amincir sous le laminoir et être façonné de diverses manières sous les coups redoublés de pesants marteaux.

Le maître des forges était un Monsieur Goupil, dont on parlait comme d'un haut et puissant Seigneur. Il l'était, en effet, dans l'aristocratie des écus, aristocratie qui avait remplacé celle du sang, et avec une morgue qui n'était pas petite.

Pour aller à Dampierre nous avions suivi le chemin qui conduit au cimetière et à la Chapelle de Saint-Cyr, pèlerinage à un quart de lieue de Senonches. Ce chemin, dominant la vallée, est dans une agréable position.

J'assistai à la fête patronale de la nativité de la Sainte-Vierge. J'y vis une nombreuse confrérie, dont les membres se chargent des enterrements et des obits de la contrée. Ils étaient par le vêtement et la tenue plus grotesques les uns que les autres, surtout celui qui était vêtu d'une tunique de drap d'argent. Les confrères étaient et d'église et de cabaret.

Le lendemain, nous partîmes à pied, en vrais pèlerins : ce qui donne le temps d'examiner le site à loisir. Nous entrâmes dans la forêt. A sa sortie, nous nous arrêtâmes devant un étang, celui de Tardais, village voisin, à trois quarts de lieue de Senonches (3 kilomètres). Il était six heures et demie du matin, le soleil montait, la solitude était grande ; la maigreur du terrain faisait penser au désert.

Après avoir devisé quelques instants avec mon ami sur ce spectacle nouveau pour moi, nous reprîmes notre route. L'étang du Tardais a 7 hectares 22 ares de contenance, nous le laissâmes bientôt derrière nous.

En arrivant à La Ferté, le premier objet qui attira nos regards fut le château ; nous le visitâmes. Le financier Laborde l'avait vendu, le 4 janvier 1784, au duc de Penthièvre. Il n'en restait plus que les quatre murs. C'était un monceau de ruines. Cette dévastation fut l'œuvre de 93. Quels qu'aient été l'abus du pouvoir, son insolence et son despotisme, un peuple se déshonore en s'attaquant aux monuments et aux arts : car par le pillage, le vol et la destruction, il recule vers l'état barbare et fait outrage à la civilisation.

Le financier Laborde avait acheté, en novembre 1766, de la duchesse de Valentinois, fille unique et héritière du fameux duc de Saint-Simon, ce château qu'il rebâtit à neuf, et fit ainsi disparaître celui du moyen âge. Ce fut en ce lieu que le duc de Saint-Simon, retiré de la cour, composa ses mémoires si pleins d'acrimonie haineuse et de hauteur aristocratique. Ce seigneur de la cour de Louis XIV mourut à Paris, mais fut inhumé dans le chœur de l'église de La Ferté. En 1794, sa tombe fut profanée ; les restes du défunt furent tirés de son cercueil et jetés, au cimetière, dans une fosse commune.

Après avoir visité les ruines faites en 93, après avoir réfléchi quelques instants au milieu d'elles sur les effets des révolutions, nous entrâmes dans la ville. Comme le château, elle fut en partie réédifiée par Laborde, qui, après avoir vendu au duc de Penthièvre, alla de nouveau créer à Méréville d'autres merveilles. En sa qualité de plus riche citoyen de France, il eut à porter sa tête sur l'échafaud.

La Ferté est bien bâtie : j'en fus dans l'étonnement et dans l'admiration.

Nous allâmes visiter l'église. Elle est un édifice dans le genre du XVIIe siècle. Elle me plut : je ne connaissais alors pas grand chose à l'architecture ; le gothique, c'est-à-dire le moyen âge, n'était pas encore redevenu à la mode. Je sus depuis ma visite que cette église avait été construite de 1658 à 1659 par les soins du premier duc de Simon possesseur du château de La Ferté.

Nous laissâmes derrière nous la très petite ville de La Ferté, elle n'avait que 1.000 habitants. Au moyen âge elle se nommait *Firmitas-Ernaldi*, la Ferté-Ernauld. Elle prit le nom de Ferté-Vidame vers le XVe siècle, en passant dans la famille de Vendôme, à laquelle appartenait le vidamé de Chartres.

Nous continuâmes notre route à travers un sol peu productif et de triste aspect. Nous traversâmes un bois agréablement planté. A sa sortie, nous étions très incertains sur notre route ; nous priâmes une paysanne de nous l'indiquer. Sa réponse fut que *c'était toujours tout droit* : cependant le sentier était oblique. La même réponse nous fut faite à plusieurs reprises. Il paraît qu'en cette contrée la ligne droite des chemins est un peu courbe, comme la droiture de beaucoup de gens. Nous suivîmes la route indiquée : nous longeâmes Réveillon, dernier village d'Eure-et-Loir de ce côté. Au loin étaient les villages de la Chapelle-Fortin et de Rohaire. Nous avancions toujours, non sans crainte de nous tromper. Un paysan de figure niaise, comme la plupart des gens de cette contrée, nous dit que nous n'étions plus qu'à une petite distance de Saint-Maurice. Il nous indiqua une sente, qui en droite ligne devait abréger le chemin. Nous arrivâmes à midi à Saint-Maurice, commune du département de l'Orne, sur la grande route de Paris à Alençon, à 33 lieues et demie de Paris. Il y avait une poste aux chevaux.

Un peu avant d'y arriver, nous avions aperçu la belle tour de la Madeleine de Verneuil dans un point de vue qui nous enchanta.

L'église de Saint-Maurice était nouvellement restaurée ; le marguillier qui nous la montra en était fier ; son badigeon à couleurs tranchantes lui semblait un chef d'œuvre et le barbouillage des marbrures du meilleur goût. Un porte-voix déposé près du lutrin attira mon attention ; je ne connaissais pas cet instrument, ni son usage pour les églises. Il aide à mieux brailler : or, crier à tue-tête est pour nos tourne-gueule de village le *nec plus ultra* du chant, tant soit faussée la note. J'aurais voulu voir le lutrin de Saint-Maurice aux jours de fête, j'aurais eu sans doute un complet de grimaces le mieux soignées.

Le marguillier, homme de la connaissance de mon compagnon de voyage, content de nos louanges demi sincères, demi exagérées, nous mit dans notre chemin, en nous indiquant la route du mieux possible : mais à travers les halliers du Perche il est sage de demander souvent s'il faut tourner à droite ou à gauche.

Mon ami et moi nous étions en pays entièrement inconnu, car c'était la première fois que l'un et l'autre nous parcourions cette contrée. Nous suivîmes presque sans discontinuer le haut du versant d'une charmante vallée arrosée par l'Are : elle était entrecoupée de plantations, de maisonnettes et d'usines. Ce n'était plus du tout le site monotone de la Beauce, ni les habitudes, ni la physionomie du beauceron.

Après avoir fait route un peu au hasard, nous crûmes prudent de nous informer sur le chemin de La Trappe, dont nous pensions être seulement à deux lieues de distance. Il était de deux à trois heures. Nous entrâmes dans un presbytère, avec la conviction que le curé nous renseignerait mieux que tout autre. Il était absent. On eût l'air de ne pas même se douter qu'il existât un monastère à peu de distance.

Nous étions sans renseignement, nous n'avancions donc pas sans inquiétude, n'ayant nulle envie de nous trouver égarés la nuit dans les bois. Nous étions à pied, des bois, des marécages, la solitude, le silence, des chemins inconnus, le soleil déclinant vers l'horizon n'étaient point choses rassurantes. En vain cherchions-nous quelque être vivant pour nous indiquer La Trappe, nul ne se présentait. Du reste, on peut dire qu'en approchant de la sainte solitude, la mélancolie s'empare de vous par le couvert des bois et l'absence d'habitations.

Enfin, au détour d'un chemin, nous aperçûmes au loin le monastère.

Nous sourîmes et reprîmes courage. Quoique fatigués de la route, nous n'en hâtâmes pas moins la marche. Au bout d'un quart d'heure, nous fûmes devant la principale porte d'entrée du couvent. En face était une hôtellerie ; nous y entrâmes afin d'avoir des renseignements et pour nous rafraîchir. Les hôteliers n'aimaient pas les religieux, ils nous en dirent le plus de mal possible. Il y avait rivalité, les religieux recevaient gratis, eux recevaient pour de l'argent. Ils eussent voulu que les moines leur eussent envoyé tous les voyageurs ; dans cette solitude leur hôtellerie leur eût valu une hôtellerie de grande route. Mais les religieux ne les avaient pas prié de mettre enseigne (1). Nous quittâmes ce lieu, nous promettant de ne pas y retourner au départ, et nous n'y retournâmes pas.

Au-dessus de la porte du monastère il y avait une inscription sévère ; elle annonçait que de grandes erreurs venaient s'y expier par de grandes macérations. *Refugium peccatorum*, Refuge des pécheurs, voilà ce qui nous désignait la maison des Trappistes. L'image de la Vierge était au-dessus. La Vierge est aussi appelée *Refuge des pécheurs*, parce qu'elle est puissante auprès de Dieu pour obtenir la grâce et le pardon.

Voici ce que Marsollier dit de La Trappe dans sa vie de l'abbé de Rancé (t. Ier, l. II, c. Ier, p. 160) : *L'abbaye de Notre-Dame de la Maison-Dieu de La Trappe fut fondée par Rotrou, comte du Perche, l'an 1140, sous le pontificat d'Innocent II, et sous le règne de Louis VII, roi de France, quarante-deux ans après la fondation de Citeaux, vingt-cinq après celle de Clairvaux. Le comte de Rotrou ayant fondé La Trappe, il y mit des religieux de l'abbaye de Breuil-Benoît, fondée en l'an 1137, de l'ordre de Savigny, qui commença en 1112. Cela dura jusqu'à 1148, alors le bienheureux Serlon, quatrième abbé de Savigny, réunit cet ordre à celui de Citeaux, à la sollicitation et par l'entremise de saint Bernard ; et l'ayant mis sous la filiation de Clairvaux, l'abbaye de La Trappe passa en même temps dans l'ordre de Citeaux huit ans après sa fondation.*

Le seul titre *Refugium peccatorum* avait produit sur nous une impression vive, il était d'une humilité profonde. Nous frappâmes émus à la porte. Un frère lai nous ouvrit et se prosterna à nos pieds : salutation touchante, nous nous en sentions indignes. Nous venions de lire les humbles mots *Refugium peccatorum*, et dès le seuil même du monastère, nous vîmes l'abnégation du soi en action. Nous suivîmes le frère en

---

(1) Les Trappistes achetèrent cette hôtellerie afin de se débarrasser de voisins incommodes et hostiles.

silence. Il nous conduisit dans une petite chambre haute et nous y laissa. Les plus graves sentences de l'Écriture étaient appendues sur les quatre faces de la muraille. Nous en lûmes plusieurs. Le pain de l'âme fut donc notre première nourriture dans cette maison. Tout était grave : c'était le détachement de soi, c'était la solitude, le silence, la mort, l'éternité. Il n'y avait plus de vanité dans nos pensées, la vie nous apparaissait comme une grande responsabilité que nous avions à porter devant Dieu. Saisis d'un saint respect, nous osions à peine parler à voix basse, dans la crainte de troubler le silence et la paix de ces lieux. Nous prêtions l'oreille, écoutant si quelque bruit n'arriverait pas jusqu'à nous : rien ne se faisait entendre. Les écrits appendus à la muraille nous occupèrent de nouveau. Ma mémoire infidèle n'a retenu aucune des pieuses sentences qu'ils portaient ; je le regrette, j'aurais aimé à les consigner ici. Enfin la porte s'ouvrit. Il avait fallu chercher le père prieur, telle était la cause du retard. Le père hôtelier nous salua ; nous lui rendîmes son salut, et nous réitérâmes notre demande d'hospitalité. Il nous conduisit immédiatement au réfectoire des étrangers, grande pièce de l'ancienne abbatiale et des appartements du duc de Penthièvre, prince respecté par la Révolution, probablement parce qu'il mourut au mois de mars 1793. Son portrait était encore appendu à la muraille du réfectoire. Nous avions droit d'hôte, on nous servit à manger. Le père hôtelier, homme de bonnes manières, de figure distinguée, encore dans la jeunesse, répondait gaiement et avec amabilité à nos nombreuses questions. Je dis qu'il répondait, car c'était tout ce que la règle lui permettait ; elle lui défendait de rompre le silence, à moins qu'il ne fût interrogé. Nos questions furent d'abord rares, nous étions un peu intimidés ; nous les multipliâmes les jours suivants, lorsque nous eûmes pris de la hardiesse. Tout nous paraissait nouveau et étrange : c'était la première fois que nous voyions des moines et un monastère d'hommes.

Nous allâmes prendre du repos. A la suite du réfectoire, le long d'un petit corridor étaient d'étroites chambres, le père hôtelier nous en indiqua une à chacun. L'ameublement consistait en une chaise, une table, un pot à l'eau, une cuvette et une serviette. Le lit était un peu dur, malgré cela je m'endormis profondément ; j'étais fatigué de la route. Vers deux heures du matin, des voix sépulcrales, cassées, éteintes me tirèrent de mon profond sommeil ; elles avaient entonné lugubrement le lugubre chant des morts *Deum cui omnes vivunt* (ou plutôt) *regem cui omnia vivunt, venite adoremus*, venez, adorons Dieu pour qui tous vivent (invitatoire gallican), ou venons, adorons le Roi pour qui toutes choses vivent (invitatoire romain), moins expressif et moins saisissant que le premier. Très certainement *Deum* vaut mieux que l'expression vague *Regem*, et *omnes* qu'*omnia*. Qu'on me pardonne cette digression. Étais-je encore au milieu des vivants, telle fut mon émotion, ou bien, par un songe, au milieu des tombeaux, dans la région des morts? J'étais ainsi préoccupé de cette pensée en prêtant un instant l'oreille et en me hâtant de prendre mes habits au milieu des ténèbres : car je voulais assister dans le silence de la nuit à ce chant solennel et profondément triste, qui avertit si bien l'homme du néant des choses d'ici-bas. Jamais je ne fus saisi de plus d'émotion. J'arrivai en tâtonnant à la tribune, m'étant dirigé par les voix. Je ne priai pas, j'écoutai : c'était au fond une prière par l'émotion de l'âme. Nous dominions sur le chœur. Un reflet de lumière éclairait à peine ces têtes courbées sous le poids de la pénitence. La robe blanche était ensevelie dans les ombres. Les frères lais étaient placés à part sous nos pieds, dans un premier chœur ou vestibule. Ils étaient vêtus de brun. Un jubé ou tribune pour chanter l'Évangile les séparait des pères. Ils se tenaient et priaient en silence, statues immobiles devant la Majesté de Dieu.

Si remarquables par l'austérité de leur vie et si en renom à ce sujet, ces religieux chantèrent, en se tenant constamment debout, les triples matines des morts, de la féérie et de la Vierge. De temps en temps quelques-uns s'inclinaient pour toucher du doigt la terre, afin d'expier une distraction intérieure et à peine dépendante de la volonté : ils s'humiliaient publiquement de ce qui était une infirmité de l'esprit et non du cœur. Lorsqu'ils achevèrent leurs matines, les ténèbres duraient encore. On dit la première messe, elle était pour les frères lais, qui ne devaient entendre que celle-là. Ensuite on psalmodia prime. L'aurore venue, chacun se rendit au travail. Les religieux étaient en lessive, nous les vîmes enlever leur serge du cuvier, car ils ne font usage que de vêtements de laine. Ils allèrent les laver au réservoir de leur jardin. Ils les étendirent ensuite sans mot dire ou en se communiquant leurs pensées par signes, lorsque c'était nécessaire. Nous les observions avec le stimulant de la nouveauté. Dans le courant du jour, nous en trouvâmes d'autres occupés à battre le fer et à ferrer les chevaux, d'autres à moudre le blé, à bluter la farine et à faire le pain. D'autres encore travaillaient à l'atelier de menuiserie ; ceux-ci dans les granges, ceux-là dans les vastes potagers du monastère : chacun a son emploi. Les pères qui sont tenus au bréviaire, c'est-à-dire à l'office conventuel, reviennent au chœur aux heures voulues. A neuf heures ils chantent tierce et la grand' messe. Ils dînent sur les onze heures, en commun avec les frères lais. Quel repas ! un peu de pain, une soupe grossière, des légumes sans sel, sans lait et sans beurre, un fruit et une petite cruche de cidre (1). Le soir, lorsque ce n'est pas le temps du grand jeûne, ils ont seulement un peu de pain. Leur assiette est une grossière écuelle de terre. Le repas est interrompu de temps en temps, afin que donnant au corps le strict nécessaire, on ne nuise pas à l'esprit. Le lecteur, s'interrompt, on élève son âme vers l'éternité, car, dans la pensée de ces religieux, l'homme fait pour le ciel, est voyageur ici-bas ; la terre est une hôtellerie, on y passe seulement, et bientôt on disparaît. Si la sainteté n'est pas parmi les Trappistes, où sera-t-elle ?

La récréation est un peu de sommeil après le dîner ; nous n'en savions rien, de sorte que le premier jour nous nous trouvâmes tout à coup seuls au milieu de cette vaste solitude, les portes ouvertes de tous les côtés. Nous cherchions les religieux, nous ne les rencontrions nulle part : nous ne pouvions nous rendre compte de cette disparition subite. Étaient-ce des ombres qui s'étaient évanouies ? Étions-nous dans le pays des chimères, et non dans le lieu de la réalité ? Nos sens nous auraient ils trompés un instant ? Nous nous interrogions ainsi mon ami et moi en allant de lieu en lieu. Le mot de l'énigme nous fut donné le soir au souper par le père hôtelier. Ce moment de complète solitude frappe d'une manière étonnante le visiteur ; il tend à s'absorber lui-même dans une profonde méditation. La curiosité cependant nous avait poussés à visiter les divers recoins d'un monastère devenu vide comme par enchantement.

Nous revîmes les religieux. Ils n'avaient pris de nouvelles forces par le sommeil que pour se livrer au travail avec plus d'activité. Nous les rencontrâmes pêle-mêle, pères et frères lais, remuant le foin de leur prairie, mais toujours profondément silencieux. C'était une image mouvante et animée, du plus singulier effet par le silence même de ces nombreux travailleurs, essaim de moines blancs et bruns. Nous fîmes le tour du pré, nul ne s'occupa de nous, nul ne leva regard ou détourna la vue. La mortification des sens chez le trappiste doit être complète ; elle l'est. Nous n'en distrayâmes aucun. Nous n'étions pas le Pape Eugène, et le Pape Eugène trouva aussi mortifiés les religieux de Saint-Bernard que

---

(1) Depuis mon voyage, le Souverain Pontife, n'ayant pas admis la réforme de S. Augustin, les a forcés à faire usage du vin. S. Augustin s'était plu à ajouter à la réforme de S. Bernard.

ceux que nous avions sous les yeux. J'admirais, et je ne parlais plus qu'à voix basse à mon ami, de peur de troubler un silence si saint et si surprenant.

Nous nous éloignâmes du pré et nous continuâmes notre promenade ; au détour d'une haie, nous rencontrâmes une voiture chargée de foin. Un père tenait le fouet, un frère lai conduisait, tenant en main la bride du premier cheval : il n'y avait ainsi aucune raison de parler. Les trappistes ne parlent jamais, pas même pour dire, comme chez les Chartreux, quand on se rencontre : *Frère, il faut mourir* ; ils ont fait vœu d'un perpétuel silence, ils ne l'interrompent jamais, pas même pour parler de la mort.

Le soir étant venu, nous fûmes admis à la lecture spirituelle. Il était environ six heures et demi. Elle se faisait dans une vaste salle oblongue, qui n'était pas éclairée en entier par la faible lueur d'une petite et unique lampe ; les extrémités étaient dans les ténèbres. Arrivèrent une à une, du fond de l'obscurité, des ombres brunes et blanches. Elles approchèrent et nous firent un profond salut. Nous le leur rendîmes, émus encore de la pensée si c'étaient des êtres vivants ou des spectres venus de l'autre monde, chaque religieux étant complétement enveloppé dans son manteau, le capuce sur la tête. Le silence était profond ; une voix nasillarde le rompit : c'était celle du lecteur. Tous les religieux écoutaient assis et immobiles. En les examinant, il me semblait que j'étais dans les régions des fantômes et des morts. Je retenais presque mon haleine, afin de mieux entendre s'il n'arrivait pas quelque autre bruit à mon oreille que celui de la voix du lecteur : pas le moindre, pas un seul souffle. Le sujet de la lecture était le détachement de toutes choses. Où est-il plus entier que dans ce lieu ? le sac de paille qui sert à reposer sa tête n'est pas même à vous.

Un coup de sabot du prieur avertit l'assemblée qu'il était l'heure de complies, la prière du soir du Trappiste, comme prime est sa prière du matin. Tous se levèrent comme un seul homme et se rendirent au chœur par le même chemin qu'ils étaient venus et dans le même silence. Nous nous y rendîmes également, mais par la porte opposée. A la fin des complies vint le *Salve regina*, prière belle en elle-même, admirable dans la bouche du Trappiste. Quelles puissantes émotions s'emparent alors de votre âme ! Tout y prête, le lieu, le chant, la prière. Que de pieux saisissements pressent le cœur ! on n'est plus dans les basses régions de la terre, on est au ciel aux pieds de la Vierge ; on y est dans un ravissement extatique. La voûte a été comme enlevée par le cri *O clemens*.

Aussitôt tous se taisent ; ils sont prosternés, anéantis devant la gloire de Celle qui donna le Sauveur au monde. Tout à coup ils se relèvent ; la voûte tremble de nouveau, ils se sont écrié avec l'accent d'une douce confiance : *O pia*. Cependant ils se jettent à terre une seconde fois. Ils y sont silencieux comme le mort dans sa tombe ; ils contemplent l'incomparable Vierge dans sa tendresse à l'égard des hommes. Elle est miséricordieuse, ils se relèvent de nouveau à cette consolante pensée. La voûte est encore ébranlée par les mots *O dulcis virgo Maria*. Ils se sont tus, que la voûte résonne encore du nom de Marie et de sa douceur.

Tel fut le *Salve regina* que j'entendis chanter à La Trappe le 10 septembre 1828, à la lueur d'une lampe, dans les ombres de la nuit. L'effet qu'il produisit sur moi fut grand, une de ces émotions qui ne s'effacent jamais du cœur et du souvenir de l'homme.

Le silence le plus profond suivit le dernier mot *Maria*. Pendant un grand quart d'heure les religieux restèrent le visage prosterné dans la poussière ; leur pensée était au ciel. Nous, nous contemplions ces hommes anéantis. Nous étions tellement émus, que nous les contemplions sans pouvoir prier, cependant sans pouvoir nous distraire de la pensée de Dieu et de l'éternité. Toutes ces ombres s'écoulèrent en silence, à peine si nous les distinguions à la lueur de la lampe qui éclairait le sanctuaire. Nous n'y comprenions rien. Nous prêtons l'oreille, silence. Nous quittons la chapelle, nous descendons dans le jardin, silence. Nous parcourons les lieux réguliers, silence. Nous cherchions en vain le dortoir, nous ne savions où il était. Le lendemain, nous demandâmes à le voir ; le père hôtelier nous le montra. Il touchait à la chapelle. C'était à l'ombre du Seigneur que ces religieux dormaient quelques heures, pour recommencer bientôt leur vie austère. Une planche, voilà leur lit (1). Un sac de paille, voilà leur oreiller. Ils ne quittent pas même leurs vêtements, ils sommeillent tout habillés. Une seule couverture de laine les enveloppe. Un rideau de toile à gros sac les enferme dans le lieu de leur repos. Un petit couteau de bois, appelé jambette, est tout ce qu'ils quittent ; c'est dans la crainte de se blesser pendant le sommeil. Leurs sabots eux-mêmes restent à leurs pieds. Ils voudraient ne rien donner à la nature, afin d'être plus spirituels et plus en Dieu. On

---

(1) Le Souverain-Pontife a fait une réforme, il a obligé les Trappistes à user de matelas. Ce matelas est dur et piqué. Quand je visitai La Trappe, cette première fois, les religieux couchaient sur la planche.

est effrayé d'un tel renoncement. Si l'on n'en n'avait le spectacle, on en croirait le récit imaginaire et mensonger.

Las d'errer dans le jardin à la clarté de la lune, nous remontâmes à nos chambrettes. A la porte de chacune était déposé un bougeoir allumé. On avait prévu notre besoin, ceci ajouta à notre admiration ; car nous avions cherché, pour avoir de la lumière. Nous comprîmes tout ce qu'il y avait d'attentif dans cette hospitalité. On prévoyait nos besoins, nous n'avions rien à demander.

Les religieux dormaient ; bientôt ils allaient être éveillés à moitié de leur sommeil pour devancer le jour et surprendre la nuit au milieu de sa course : vie dure, vie sérieuse, j'en fais l'aveu, vie monotone.

Les jardins de La Trappe ne sont point parés de fleurs. Le Trappiste craindrait sans doute que les beautés de la création l'attachassent trop à la terre. Cependant, on ne saurait le nier, elles élèvent l'esprit vers le ciel ; plus la nature est belle, plus le cœur s'en va vers le créateur et l'annonce d'une manière plus indubitable, de même que plus les objets d'art sont beaux, plus ils attestent le génie de l'homme ; mais ils ramènent les pensées à la terre. Les jardins de La Trappe n'ont que des légumes, et les plus communs. On y voit quelques arbres fruitiers. Les fruits en étaient superbes, excellents, puis-je ajouter, car il nous en fût servi.

Le lieu de la sépulture est à l'entrée de l'un des jardins, sur le passage habituel : on ne peut à La Trappe oublier la mort. Une fosse à demi creusée attend le premier mourant. Lequel ? peut se demander chacun. Les croix sont la plupart sans inscription, elles indiquent seulement la sépulture. Quelques-unes cependant portaient le nom du frère un tel. Elles réclamaient des prières. Les autres, dans leur silence absolu, n'en demandaient pas moins : car il n'est pas possible de voir une tombe abritée par une croix sans penser à prier pour celui dont elle renferme le corps. Les humbles religieux qui s'étaient cachés aux hommes voulaient leur être cachés jusque dans le tombeau. Je fus frappé de cette grande abnégation.

Lorsqu'on rencontre ces silencieux pénitents, ils abaissent leur capuchon, puis ils vous saluent : on n'en obtient pas davantage. On respecte leur silence, on s'incline à son tour avec un saint respect.

Le père hôtelier, comme je l'ai dit, est le seul qui vous parle. Celui qui l'était pour lors semblait de bonne famille par l'aisance de ses manières. Gracieux et aimable, il annonçait avoir le cœur vif et le sentiment tendre ; son sacrifice ne devait qu'en être plus coûteux. J'aurais voulu me permettre l'indiscrétion de lui demander son nom de religion et son nom de famille. Je les aurais consignés ici comme un doux souvenir.

Il nous conduisit, sur notre demande, à deux monuments. L'un, grotte factice de forme demi circulaire, avait été la demeure d'un ermite, plus austère et plus pénitent que les Trappistes : son nom est resté inconnu. L'autre monument, très modeste oratoire, était le lieu où avait été déposée la dépouille mortelle du grand réformateur de La Trappe. La Révolution n'épargna pas ses ossements ; elle troubla le dernier repos du Trappiste, clerc mondain d'abord, ensuite célèbre pénitent.

Nous avions vu La Trappe. Ce monastère est de la commune de Soligny, du canton de Bazoches-sur-Hoëne, de l'arrondissement de Mortagne, du département de l'Orne, dans l'ancien Perche, près des confins de la Normandie, du diocèse de Séez, à 42 lieues de Paris (168 kilomètres). J'y éprouvai un fond de tristesse et de mélancolie. Avant de partir, nous inscrivîmes nos noms, selon l'usage, sur le registre des voyageurs. Le père hôtelier nous conduisit jusqu'à la porte. Il nous fit un gracieux salut. Il nous demanda des prières, nous en fûmes confus ; nous sentions la distance qui nous séparait de sa sainte vie. Nous le quittâmes édifiés et émus.

Jusqu'à Mortagne nos pensées furent graves ; il fallut cette jolie petite ville pour nous en distraire. Nous cheminions par une très belle matinée, un peu fraîche. Après trois lieues, nous aperçûmes à la cime d'une colline la gothique tour du plus beau bourg de France, aujourd'hui au nombre des petites villes. Sa population était alors de 6.000 habitants.

Le terrain qui l'environne est sablonneux ; on y trouve des carrières de grès. Une petite rivière coule au pied de la ville, prend là sa source et va, à peu de distance, se jeter dans l'Huisne.

Des rues larges, bien pavées, bien bâties, rendent agréable Mortagne. Nous entrâmes dans l'église, après avoir traversé la ville ; cette église nous sembla un beau monument. Elle est située au point culminant de la colline, près du penchant ; cette position lui fait dominer le pays d'alentour.

Étant sur une hauteur assez élevée, 258 mètres au-dessus de la mer, Mortagne n'a point d'eau ; une machine en fait monter dans la ville.

Nous descendîmes le versant par une espèce de faubourg, et nous nous remîmes en route. Nous traversâmes le village de Loisé. Des carrières de grès et des sablonnières se montraient çà et là ; le site était parfois un peu sauvage, le terrain maigre. Nous eûmes pendant trois lieues une marche fatigante dans le sablon ; ce fut ensuite une route magnifique, arbres et prairies. Nous nous assîmes sur l'un de ses bords, afin de prendre du repos, devenu nécessaire. Nous entrâmes bientôt dans une forêt de haute futaie, dont la route était bordée des deux côtés. Nous avions traversé auparavant le village de Saint-Marc-de-Réno. La forêt était magnifique par la vigueur, la hauteur et la grosseur de ses arbres. Ils étaient si bien espacés que le regard plongeait jusqu'à un kilomètre à l'intérieur.

Nous arrivâmes à Longny vers une heure après midi.

Ce bourg, chef-lieu de canton, est située sur la pente d'une colline et dans la vallée. Une petite rivière y passe, se rendant à l'Huisne. Il est vivant et populeux ; on y compte 3.000 âmes. Il y a plusieurs fabriques.

Le conventionnel Léonard Bourdon, littérateur, y est né en 1758.

Notre couchée devait être au Mage, commune de 1.000 habitants, du canton de Longny. Ce fut au presbytère, belle habitation par les appartements et les jardins. Ceux-ci étaient arrosés par un cours d'eau qui se rendait dans l'Huisne, dont la vallée était au sud.

Le lendemain, après avoir entendu la messe dans la modeste église du Mage ; nous nous dirigeâmes vers Senonches, dont nous n'étions qu'à 4 lieues (16 kilomètres). Nous traversâmes le village de Neuilly. L'Eure y prend sa source au milieu d'un marais.

Nous avions quitté Senonches le mardi 9 septembre, nous y rentrions le samedi 13, et le 20 nous étions à Chartres.

Sermaises, Méréville, Malesherbes
Septembre 1831

Sermaises, où j'étais allé passer quelques jours, est un village de Beauce du canton de Malesherbes, de l'arrondissement de Pithiviers. Il est situé dans une vaste plaine nue, les regards se portent jusqu'à l'extrémité de l'horizon, sans rencontrer un seul arbre : c'est un lieu triste. Deux jeunes gens me proposèrent une excursion au château de Méréville, à 2 lieues de là (8 kilomètres) ; l'offre fut acceptée de grand cœur.

Le château est moderne. Il n'en reste qu'une faible partie ; il fut détruit en 1793. Il avait été bâti par le financier Laborde, qui y avait mis un grand luxe. Lors de notre visite, la famille de Saint Romans en était propriétaire.

Le parc, en renom, annonçait la décadence. Il faudrait pour l'entretenir une fortune de traitant. Là néanmoins est la beauté de Méréville. De tous côtés on rencontre de merveilleuses créations dans lesquelles l'art a cherché à imiter la nature. Les eaux y ont été amenées à grands frais ; la juisne détournée de son cours murmure dans des grottes, baigne le pied d'arbres exotiques, répand la fraîcheur sous les ombrages, donne aux gazons une verdure plus tendre et plus fraîche.

Nous parcourions au hasard. Ici était un temple grec, rotonde jaspée en entier de marbre jaune et blanc. Le Dieu y manquait. Un temple vide est triste et sans valeur ; mieux un mur démantelé, s'écroulant de toutes parts, au moins il dit quelque chose à l'imagination. Ailleurs, était un pont en ruines ; auprès, une chaumière. L'art y trompait la nature, la ronce y était pendante. Plus loin, on rencontrait des grottes de divers genres : les unes pavées et voûtées en petits cailloux unis ensemble avec habileté ; les autres menaçantes par le confus de leurs roches entassées par la main des hommes. En un autre endroit, on s'enfonçait dans une caverne qui doit ses ténèbres à de frais ombrages : c'était la laiterie. Le doux murmure des eaux s'y faisait entendre ; il circulait dans l'antre avec elles. Autrefois, Diane la chasseresse et ses compagnes y étaient représentées ; lors de notre visite, il n'y avait plus de déesse, ni de lait. L'imagination y pouvait mettre quelques naïades fugitives ou goûtant un repos tel que Virgile l'a chanté. Nous eûmes réminiscence du poète : les années du collège étaient encore près, le collège où nous avions été nourris de l'antiquité profane, sans grand profit pour nos conceptions intellectuelles.

Le seul souvenir que ce parc renferme est une colonne rustrale élevée à la mémoire de La Peyrouse, ami de Laborde. Elle est dans une île, au milieu d'une vaste pièce d'eau.

En dehors du parc, sur le haut d'une pente, est une colonne de belles pierres. La colonne de la place Vendôme en est exactement la copie. Elle s'élève à 40 mètres au-dessus du sol. Elle domine la plaine. On aperçoit de fort loin sa blancheur éclatante, comme le monolithe du désert. Elle indique au voyageur Méréville et ses merveilles du XVIIIe siècle.

Lorsque Laborde était professeur de ce lieu, l'ameublement et la décoration du château étaient d'une grande richesse, je n'ose ajouter, étaient de bon goût : j'en doute.

Méréville est à 16 lieues de Paris (64 kilomètres), c'est un chef-lieu de canton de l'arrondissement d'Étampes. La population est de 1.800 âmes. On s'aperçoit que le financier Laborde y a fait son séjour, les maisons sont bien bâties.

L'église avait été reconstruite à neuf tout récemment. L'ancienne s'était écroulée un dimanche entre la messe et les vêpres. La nouvelle est du plus mauvais goût.

De Sermaises j'allai aussi à Malesherbes. Le chemin était pierreux et mauvais ; le terrain l'était de même. On passe devant l'une des colonnes qui marquent la longitude du méridien de Paris.

Malesherbes, chef-lieu de canton, est une petite ville à l'extrémité nord-est du département du Loiret, à 21 lieues de Paris (84 kilomètres). On y comptait alors de 1.400 à 1.500 âmes. Son château était tout délabré. Il est la propriété d'un des neveux de Châteaubriand. D'énormes caisses de livres annonçaient au visiteur que le propriétaire songeait à réparer la dévastation de 93 et à habiter ce lieu devenu historique. Ce fut là que le défenseur de Louis XVI, Malesherbes, se retira après le 21 janvier et fut arrêté pour être conduit à l'échafaud. Il était à déjeuner lorsqu'on lui annonça les représentants du peuple, c'était une sentence de mort ; il fuit dans son parc : mais il fut arrêté quelques jours après. Il paya de sa tête d'avoir été le défenseur de Louis XVI. Ses complaisances pour la philosophie du XVIIIe siècle, qui contribua tant aux excès de la Révolution, ne lui firent pas trouver grâce devant les niveleurs philosophes. Condorcet lui-même s'empoisonna, car l'échafaud lui était préparé. On me montra la chambre où l'infortuné vieillard déjeunait. Elle était entièrement démeublée, dans l'endroit le plus retiré du château ; car Malesherbes était obligé de vivre en fugitif et en proscrit dans son propre domaine. A la suite est une petite pièce dont une porte dérobée ouvre sur le parc : ce fut par là que le défenseur de Louis XVI prit la fuite.

Au moment de ma visite, le parc était plein de ronces et d'épines ; il paraissait, depuis trente-sept ans, n'avoir point cessé le deuil d'un grand homme. Ceci perpétuait mieux que tout le reste le souvenir du désastre de 93.

Depuis quelques années on avait élevé dans l'église paroissiale un modeste monument en marbre blanc à la mémoire de Malesherbes.

Au sortir du château, nous allâmes du côté de Seine-et-Marne. Des roches grisâtres, isolées ou entassées les unes sur les autres s'élèvent à nu au-dessus du terrain : c'est la suite des grès de Fontainebleau, mêlées à quelques broussailles, elles donnent au site un aspect triste et sauvage. La petite rivière de l'Essonne coule auprès.

Malesherbes n'a rien de remarquable.

La Beauce Dunoise (Patay, Châteaudun)
Septembre 1837

J'habitais Orléans depuis quelques mois ; mes vacances furent une excursion dans la Beauce Dunoise.

J'allai d'abord à Patay. C'était un bourg de 1.200 habitants, chef-lieu de canton du département du Loiret, à 24 kilomètres nord-ouest d'Or- et à 108 sud de Paris. Avant le Concordat de 1802 il dépendait du diocèse de Chartres, dans l'archidiaconné du Dunois. Du reste, il avoisine le département d'Eure-et-Loir, car les communes limitrophes sont de ce département. Il conserve le titre de ville qu'il avait sous l'ancienne monarchie et au moyen âge, à cause de son enceinte fortifiée. Il ne reste plus de cette dernière que la trace des fossés, à peu près comblés. Il est célèbre par une bataille que Jeanne d'Arc remporta sur les Anglais en 1429. De vastes plaines l'environnent. ce sont celles de la Beauce, appelée Pouilleuse en cette partie, à cause de son sol moins riche et moins fertile. Au XVIe siècle, les huguenots y eurent un prêche. Ils y furent nombreux. Il en reste encore un certain nombre, tant dans ce bourg que dans les environs. Il n'y a nulle sympathie entre eux et les catholiques, bien que ces derniers soient pour la pratique presque des protestants. Cette antipathie est la suite des guerres religieuses, en conséquence de vieille date.

On ne put m'indiquer le champ de bataille où Jeanne d'Arc défit les Anglais : à la vérité j'étais avec un ignare, qui cependant se croyait une capacité. Il lisait le *Constitutionnel*, fort mauvais à cette époque ; il pensait en savoir beaucoup. Ses coq-à-l'âne étaient des plus drôles. Le paysan-docteur est divertissant et à la fois ennuyeux à force d'être bête. Il y a un grand entêtement dans son idée ; les meilleurs raisonnements ne la lui font pas changer. S'il est riche, il se croit très capable, prenant pour de l'intelligence la prépondérance que lui donnent les écus. Le fermier beauceron est très aristocrate, en tant qu'il veut être le premier de son village ; très libéral, parce qu'il ne veut pas de la prééminence du noble et du bourgeois : son libéralisme et son aristocratie sont donc affaire d'amour-propre et rien autre chose.

Le comte de Chartres, Charles de Valois, père du roi de France Philippe de Valois, mourut à Patay le 27 novembre 1325.

L'église est vaste et nue.

Le lendemain je me rendis à pied à Guillonville, commune d'Eure-et-Loir, à 4 kilomètres de Patay. Guillonville est du canton d'Orgères, dans l'arrondissement de Châteaudun. La population était de 6 à 700 âmes. Il y a un hameau habité en entier par les protestants ; on le nomme Gaubert. C'est ce que me dit le curé. Cependant une statistique d'Eure-et-Loir porte 135 protestants contre 225 catholiques. La même statistique compte 45 protestants à Guillonville même, 2 au hameau de Bourneville, 29 au hameau de Fruneville, en tout 221 sur une population communale de 683 habitants. Ces protestants n'ont point chez eux de ministre, ils relèvent de celui de Marsauceux, hameau de la commune de Mézières-en-Drouais, où il y a 313 protestants. Ceci donne le chiffre de 534 pour le culte réformé dans Eure-et-Loir. Les huguenots de Guillonville ne se marient qu'entre eux, moyen de perpétuer leur culte. Leur ministre, très éloigné d'eux, leur fait une ou deux visites par an ; ils n'en ont pas d'autres secours spirituels. Ils y suppléent en tenant, chaque dimanche, assemblée entre eux.

De là, je me fis conduire à Châteaudun.

Comme l'indique son nom, cette ville est située sur une hauteur. Son entrée du côté de la route de Chartres est fort belle ; on a la vue de son vieux château, qui domine la vallée du Loir. Brûlée presque en entier le 22 juin 1723, elle fut rebâtie à la moderne. Ses principales rues sont larges et aboutissent toutes à la grande place, qui est vaste. Ses maisons n'ont qu'un étage. Il n'y a aucune animation dans les rues ; dès neuf heures du soir tout mouvement cesse ; les chiens aboient. Cette ville passe cependant pour une ville de plaisirs, de mœurs légères, d'opinions mauvaises et antireligieuses. La garnison y peut contribuer. Je crois au fond qu'il n'y a pas plus d'amour des plaisirs, de mauvaises mœurs, d'irréligion et d'idées avancées qu'ailleurs : au moins je parle de ce qui environne Paris.

Il y a trois paroisses, deux dans la ville, la Madeleine et Saint-Valérien, une dans le faubourg, Saint-Jean. La Madeleine, qui est la principale église, est un vieil édifice roman : elle menace ruine. Elle est près de l'Hôtel-Dieu et domine la vallée. Saint-Valérien est de l'époque ogivale. Sa nef et ses latéraux sont étroits. Son clocher de la fin du xiie siècle est remarquable, quoique peu élevé. Pour se rendre à Saint-Jean, il faut descendre par un long escalier et traverser le Loir sur un pont. Le portail de cette église est remarquable. L'intérieur avait été badigeonné à neuf. Le curé en était fier. Je doute que son église ainsi restaurée eût sujet d'être fière de lui : elle était au moins très éclatante pour le badigeon.

Le château est le monument le plus intéressant. Il est du moyen âge, à l'exception de quelques parties de la renaissance. Il est assis sur un énorme roc. Du sommet de ses créneaux, il a une hauteur prodigieuse et formidable. Il renferme des salles immenses. Ses oubliettes existent encore, cachot souterrain qui jette l'effroi dans l'âme et fait prendre en horreur la féodalité. En jetant le regard dans leur profondeur, on tressaille, vous vient l'affreux souvenir des vengeances et des cruautés du moyen âge. Le coupable et l'innocent disparaissaient sans merci, sans procès, et la torture dans ces basses-fosses pouvait être longue ; les soupirs du désespoir et des souffrances de tout genre arrivaient à peine à l'orifice de ces lieux d'oubli : d'ailleurs ils eussent appelé en vain un vengeur, le prisonnier ou plutôt la victime était séparée du reste du monde, pas un seul rayon de soleil n'apparaissait dans cette épouvantable réduit. La seule consolation était de se lamenter. Telle était la manière dont les hauts seigneurs entendaient l'exercice de leur puissance ; un ennemi vaincu était traité sans pitié. Ils se donnaient dans une âme chrétienne toute la jouissance de la vengeance. L'évangile était cru, il n'était pas observé, même lorsqu'on allait au loin batailler pour la délivrance du tombeau du Christ.

Au moment où je visitai ce château, propriété des de Luynes, il était presque abandonné.

Sous son roc sont creusées de véritables cavernes, où demeurent les familles pauvres de Châteaudun. A la vue du formidable château, le contraste est pénible ; il présente l'idée du faible opprimé et écrasé par le fort. On aime alors le temps présent, si mauvais qu'il soit : la force brutale n'est plus acceptée, n'est plus permise. Du reste, au pied de ce château, se dressant avec fierté, on a l'image parfaite de la puissance féodale au moyen âge.

Un petit mail est près du château. Sa vue fait tout son mérite ; elle est magnifique. Les riantes prairies du Loir s'étendent au bas et vont se perdre dans le lointain, à un coude de la rivière. En face est Marboué, gros village de joli aspect avec clocher. On s'arrête quelques instants et l'on admire la beauté du paysage.

Châteaudun est un chef-lieu d'arrondissement d'Eure-et-Loir, à 136 kilomètres de Paris et 48 de Chartres au sud-ouest. Sa population est de près de 7.000 habitants.

Ses armes sont de gueules à trois croissants montants d'argent 2 et 1, pour devise, *extincta revivisco*.

Bonneval
(Mai 1839)

J'habitais Chartres depuis 11 mois, une circonstance particulière me fit aller à Bonneval. Je louai un cabriolet. Mon conducteur fut mon élève Désiré Gougé. Nous partîmes par une belle matinée de printemps. Nous étions sur la route de Chartres à Châteaudun. Nous rencontrâmes plusieurs voitures de gens qui allaient au marché, petites charrettes couvertes d'un drap ou d'une bâche, aux roues crottées, attelées d'un petit cheval cheminant doucement. Les maîtres fermiers étaient en cabriolet poudreux, remplacé par le bidet d'autrefois, monture des mœurs antiques.

La route de Chartres à Châteaudun est spacieuse et bien entretenue. Elle devient un instant un peu pittoresque, lorsqu'elle traverse la vallée de l'Eure à Thivars, village à 8 kilomètres de Chartres. De hauts peupliers, de vertes prairies forment la perspective. A moitié chemin de Bonneval, sur la route, est le hameau de la Bourdinière, de la commune de Saint-Loup. La grosse tour d'Alluies apparaissait dans l'horizon. Alluies était un lieu fort au moyen âge. Ses seigneurs étaient puissants dans le pays chartrain. On passe devant Montboissier, dont le château appartenait alors à Mme de Colbert. Chateaubriand y a composé quelques feuilles de ses Mémoires d'outre-tombe. Mme de Gogué, qui y séjourna quelque temps avec lui, m'a raconté que son humeur taciturne en faisait l'homme le moins agréable du monde. Il refusait la promenade sous le prétexte qu'il ne se promenait jamais au soleil couchant. Le matin, il ne la faisait que dans une seule allée. Au salon, il était morose. Mme de Gogué m'ajouta : Je m'attendais à voir l'éclat du génie, je ne vis qu'un original.

Montboissier passé, nous fûmes bientôt à Bonneval, petite ville dans la vallée du Loir.

Bonneval est un chef-lieu de canton de l'arrondissement, et à 14 kilomètres de Châteaudun. Sa population est d'environ 3.000 habitants.

Son abbaye de bénédictins était célèbre au moyen âge. Elle fut fondée en 818 par Louis le Débonnaire, roi de France, et par un seigneur du lieu. La Révolution de 1789 en a fait disparaître les moines, mais l'abbaye reste encore, c'est un bâtiment carré, ayant un préau entouré d'un cloître, édifice vaste sans richesse architecturale. Un beau parc est à sa suite. Il est en mauvais état, comme toute propriété abandonnée. Il est arrosé par le Loir, dont les eaux y sont abondantes et belles. Le bénédictin pouvait se délasser de ses savants travaux au milieu d'une fraîche nature, reposer son esprit sous de verts ombrages, communiquer plus facilement avec Dieu dans le silence, interrompu seulement par le chant des oiseaux, eux, si insouciants de la vie, si pleins de joie au printemps, usant du moment présent sans songer à celui qui va suivre. L'homme n'a point cette joie paisible, derrière lui est le passé, devant lui l'avenir, ayant pour l'ordinaire à donner des larmes au passé, très souvent des inquiétudes à l'avenir, plus malheureux qu'heureux dans le présent, ayant la lutte de ses passions et les soucis de sa condition plus ou moins tourmentée.

L'abbaye est encore l'ornement de la petite ville de Beauce. Elle est située au levant. On y entre par une porte voûtée. Ses anciens fossés existent encore, car, comme le plus grand nombre des abbayes du moyen âge, elle était fortifiée, afin de se mettre à l'abri des nombreuses guerres féodales de ces siècles batailleurs où régnaient l'oppression et le despotisme, déplorable époque trop vantée aujourd'hui.

Cette abbaye appartenait, au moment de ma visite, au département d'Eure-et-Loir. Elle avait besoin d'être habitée et elle ne l'était pas. En cet état elle ne pouvait, tôt ou tard, que tomber en ruines. On ne savait à quoi l'utiliser.

L'église est de l'époque ogivale, du commencement du XIIIe siècle. Elle a sept travées, un chevet rectangulaire où s'arrêtent les latéraux. Une galerie existe dans tout son pourtour. Une rose se déploie au chevet, à la façade ce sont trois baies, une grande et deux petites. Les voûtes sont élevées et à arcs doubleaux. Les latéraux égalent presque la largeur de la nef, qui est étroite. Il n'existe aucune chapelle. Un autel est au bout de chaque latéral. Les piliers n'ont que de simples tailloirs. Cette église est sous le vocable de Notre-Dame.

Après avoir accepté du curé une soupe au lait et une omelette, nous remontâmes en voiture afin de nous rendre à Civry. Nous passâmes devant le château de Moléans, demeure autrefois d'un marquis de Prunelé que j'avais connu dans mon enfance, ancien émigré. C'était un homme assez grand de taille, très sec, se tenant sur deux jambes un peu arquées, le cou en avant, le chevelure poudrée avec ailes de pigeon et une petite queue entortillée dans un ruban noir ; à chaque mouvement de tête, elle se promenait sur un habit bleu ou brun. Il était très sourd. Il personnifiait parfaitement en lui l'ancien régime, il en avait les idées, les folles espérances. Il avait attendu soixante-treize ans pour se marier, parce qu'il n'avait pu jusque-là rencontrer quatorze quartiers de noblesse ; il craignait que sans eux on ne dit derrière lui : *Prunelé a fait un sot mariage*. Il avait la fierté du gentilhomme, mais point la marque du petit noble ou du parvenu ; il y avait de la simplicité, de l'aisance et surtout de la politesse dans sa manière. Il parlait quelquefois de ce qu'il appelait ses crâneries. Il y avait, en effet, dans la noblesse de 1789 plus de crânerie que de bravoure. La fanfaronnade était l'habitude de ces hommes fiers de leur sang jusqu'à l'excès. esprits légers qui s'imaginaient que le roturier n'était fait que pour le vasselage. Ils virent leur erreur en 1792. Du reste, les nobles de ce temps n'étaient que l'ombre de leurs pères, presque tout en eux était dégénéré.

On n'abordait à Civry que par des chemins de traverse, village ainsi perdu au milieu des terres. Le presbytère vacant, car il n'y avait pas alors de curé, offrait les quatre murs tout à fait nus. L'église était pauvre. Un badigeonneur de campagne y avait peint le soleil et la lune comme décoration, et avait sans doute été content de son idée et de son œuvre.

Nous revînmes par Dancy, et nous retournâmes de là à Chartres, dont les sveltes flèches sont d'un grand effet au milieu des vastes plaines qui les entourent. Leur aspect lointain saisit l'âme, et la pensée s'élève vers Dieu.

Dammartin
(Octobre 1839)

Le dimanche au soir, 6 octobre 1839, je partis de nuit pour Dammartin. Ce fut par la vieille route de Chartres à Paris. Le matin, à mon arrivée dans la capitale, je pris vite un fiacre et me fis conduire impasse de la Planchette, où je devais retrouver la voiture de Dammartin. Nous suivîmes le faubourg Saint-Martin et La Villette. Elle était alors en dehors de Paris, du canton de Pantin et de l'arrondissement de Saint-Denis. La population était de 5.000 âmes. Nous traversâmes le Bourget, premier lieu de relais de poste, à 11 kilomètres nord de Paris. On y comptait 650 habitants. Nous étions au lundi, les ouvriers remplissaient les cabarets. Leur allure était celle à passions fortes et brutales.

Le Bourget est fort bien bâti. Quand nous l'eûmes passé, nous rencontrâmes le petit ruisseau de la Mollette, joli petit nom. Dans le lointain, au milieu de la plaine, apparaît la haute et gothique tour de Gonesse. La route se bifurquait à l'endroit appelé la Patte-d'Oie ; celle de gauche menait à Senlis, Compiègne, Noyon, La Fère, Saint-Quentin, Cambrai, Valenciennes ; celle de droite conduisait à Dammartin, Villers-le-Cotterets, Soissons, Laon, Vervins, Avesnes et Mons ; ce fut celle que nous prîmes. Nous traversâmes le Mesnil-Amelot, lieu de relais de poste, à 27 kilomètres de Paris. Dans toute cette partie, ce sont des plaines ; le site ne change qu'auprès de Dammartin. Cette petite ville ou gros bourg est à 35 kilomètres nord de Paris. C'est un chef-lieu de canton de Seine-et-Marne, de l'arrondissement de Meaux, dont elle est à 20 kilomètres. Elle est située sur une hauteur. La vallée qui est à son couchant offre une charmante perspective ; ses vertes prairies sont entremêlées de bois, à l'issue desquels apparaissent trois ou quatre villages, deux avec d'élégants clochers du XIIIe ou XIVe siècle, ce qui embellit le paysage. Au fond de cette riante perspective, on aperçoit les bois de Mortefontaine et ceux d'Emmenonville, lieu en renom par l'ermitage et la mort de Jean-Jacques Rousseau ; ensuite, dans le lointain, se montre la belle flèche de Senlis et la tour en ruines de Mont-Epilloy où, dit-on, Jeanne d'Arc fut enfermée. Du côté de Meaux, à l'orient, ce sont des collines et des bois qui se groupent les uns au-dessus des autres à perte de vue. Le panorama des environs de Dammartin a donc une réelle beauté qui attire et qui plaît au regard. Je n'avais pas encore vu un aussi beau site, j'étais par là même dans le ravissement. Nous étions cependant à l'automne, où la feuille des bois comme la fleur des jardins, le ciel comme la terre apportent à l'âme la mélancolie, il n'y en avait point dans le site et la vallée de Dammartin.

Ce bourg possède deux églises. L'une sert d'église paroissiale, est dédiée à Saint-Jean-Baptiste. Elle est construite en croix grecque, c'est-à-dire à croisillons égaux. L'autre est un édifice du moyen âge. Son chœur est partagé en deux dans la longueur par un rang de piliers, singularité discordante et bizarre. Au milieu est la tombe d'Antoine de Chabannes, comte de Dammartin. Il figura dans les guerres de Charles VII et de Louis II. Le fameux de La Palisse, Jacques de Chabannes, était son petit-neveu, et fit les guerres d'Italie sous Louis XII et François Ier.

La coiffure des femmes de Dammartin est la marmotte, coiffure peu gracieuse et en usage du côté des environs de Paris.

Le lundi 14, M. X. me mena visiter Juilly et Nantouillet, à 8 kilomètres de Dammartin. Nous y allâmes à pied. La brume était épaisse, la terre boueuse par la pluie des jours précédents. Nous étions souvent arrêtés par des flaques d'eau et obligés de chercher un meilleur chemin. De Dammartin à Juilly la plaine est triste, le terrain maigre. Le renom de ce village de 500 habitants lui vient de son collège, fondé par les Oratoriens. Au moment de ma visite, il était dirigé par les abbés de Scorbiac et de Salignis. Ce dernier devint évêque d'Amiens et mourut archevêque d'Auch. Après eux, ce fut l'abbé Bautain. Il y a dans le parc un vaste étang, au bord duquel un vieil orme a prêté son frais ombrage au P. Loubigeant. L'orme existe encore, depuis longtemps le P. Loubigeant a disparu, qu'est donc la vie de l'homme ?

Juilly, de nos jours, a vu souvent le célèbre abbé de Lamennais, qui a fait grand bruit, aujourd'hui oublié. Cet homme a toujours été dans l'exagération, esprit excessif et dangereux. L'abbé de Salignis était un de ses plus chauds adeptes. Lorsque cet abbé était aumônier du collège Henri IV, les réunions laménaisiennes avaient lieu dans son salon. J'ai vu ce salon, ses fenêtres donnaient sur Saint-Etienne-du-Mont et sur le Panthéon. Il était alors occupé par le successeur de l'abbé de Salignis, l'abbé Feyre.

L'abbé de Scorbiac, des environs de Bordeaux, était un grand et bel homme. Il avait les traits accentués, le regard hautain, la voix pleine et sonore, les cheveux et la barbe noirs. Il imposait. Sa capacité était ordinaire. Je l'entendis prêcher une retraite au collège d'Orléans lorsque j'y faisais mes études ; il échoua devant le mauvais esprit des élèves et leur mutinerie. L'Université était hostile à l'évêque d'Hermopolis, de Frayssinous, son grand-maître. La lutte des voltairiens contre l'Église était des plus violentes ; on les voyait ricaner comme leur maître, esprits aussi superficiels que lui. Voltaire n'était pas un penseur ; son talent était de dénigrer et d'avoir une grande pureté de style, style qui eût été froid sans la méchanceté qu'il y mettait.

Nous ne trouvâmes ni M. de Scorbiac, ni M. de Salignis, ils étaient absents.

De Juilly nous allâmes à Nantouillet, à 1 kilomètre de distance. Ses ruines méritent d'être visitées. Le château des Duprat est devenu une ferme. Une vieille tour, reste de ses fortifications, était encore debout. Crevassée de toutes parts, elle ne tiendra pas de longues années. A la gauche est la porte d'entrée, œuvre de la Renaissance, comme le reste du château. Après l'avoir franchie, il est très singulier de voir une cour de ferme et des granges. Ces dernières annoncent par leurs ogives et leur ornementation les grands appartements occupés autrefois par de hauts et puissants seigneurs. L'escalier conserve encore ses arabesques habilement travaillées et d'une grande délicatesse. On y monte l'avoine, la paille, le fourrage, l'orge, de gros sabots boueux le profanent, ce n'est plus le pied élégamment chaussé des duchesses. Au bout et au-dessus du perron, du côté du jardin, est une délicieuse chapelle. Ce bijou, c'est le nom qu'elle mérite, sert maintenant de charbonnier. Ces ruines habitées attristent plus l'âme que si elles étaient désertes, envahies par les herbes, couvertes de lierre, logeant l'orfraie. Le perron, du côté du jardin, est lui-même un assez riche morceau de la Renaissance. Quant au jardin, il est celui d'une ferme, des légumes communs, des arbres plantés et taillés sans symétrie. Les marques de la somptuosité seigneuriale ne sont restées qu'au bâtiment.

L'église du village date aussi de la Renaissance. L'ornementation de sa façade mérite d'être étudiée. Deux intéressantes tombes seigneuriales sont encore accolées à la muraille.

Le célèbre cardinal Duprat, de la famille des seigneurs de Nantouillet, mourut en ce lieu en 1535, à l'âge de 72 ans.

A notre retour, nous traversâmes de nouveau le village de Saint-Mard, situé à 2 kilomètres de Dammartin, et d'une population de 450 habitants.

Le 16, je quittai La Corbie, nom de la maison de campagne où j'étais. A midi, j'étais à Paris. Je pris immédiatement l'omnibus du chemin de fer de Saint-Germain, nouveauté alors ; j'arrivai juste au moment du départ. On me demanda 1 fr. 50, et je fus mis dans un wagon de première classe. Je m'y trouvai très bien ; dans mon ignorance, je crus qu'il en était de même pour tous les wagons ; aussi fus-je enchanté de la nouvelle manière de voyager. Un gros monsieur étalait son riche manteau en face de moi. Il tira de son gousset une très belle montre au départ et à l'arrivée, et nous dit que nous avions été 30 minutes à parcourir les six lieues de Paris au Pecq, endroit où se terminait le chemin de fer de Saint-Germain.

Mon intention était de visiter cette ville, mais une voiture qui partait pour Versailles me fit remettre ma visite à une autre fois.

Le Pecq est au bas et à un kilomètre de Saint-Germain. On y comptait 1.000 habitants. Nous gravîmes le versant, bientôt nous détournâmes à gauche pour prendre la belle route pavée qui conduit à Versailles. A une autre montée, nous fûmes obligés de descendre. Nous passâmes à très petite distance de l'aqueduc de Marly. On sait qu'il conduit les eaux à Versailles. L'entrée de cette ville est magnifique de ce côté. Il était deux heures trois quarts, je fis taire la faim, je m'acheminai vers les galeries du château. Plusieurs des tableaux me parurent très médiocres, je sortis peu émerveillé. Celui qui m'avait le plus frappé était la procession à l'ouverture des États-Généraux, le 5 mai 1789. Louis XVI est derrière le dais et la cour à sa suite ; moins de quatre ans après, il était conduit à l'échafaud, par la pompe commençait une révolution qui allait aboutir dans le sang, affreuse page de notre histoire nationale.

Le lit où mourut Louis XIV me fit aussi beaucoup d'impression. Il est de deux mètres carrés, riche dans son baldaquin et sa courte-pointe. L'éclat de la royauté et la dernière couche fournissent de grandes réflexions, toute chose ici-bas pour l'homme finit par la mort, quelle leçon ! quel froissement pour les vains désirs de notre âme, toujours agitée, jamais satisfaite.

Je ne pus voir qu'en hâte, puisqu'on fermait le château à 4 heures.

J'allai visiter l'église Saint-Louis, construite sous Louis XIV, et devenue cathédrale au commencement de notre siècle, copie bâtarde de l'architecture antique, résultat du mauvais goût qui suivit la Renaissance.

Du côté de l'église Notre-Dame est la statue de Hoche, né à Montreuil, près de Versailles, en 1768, mort en 1797. Il est représenté debout et en costume militaire du temps.

Je retournai à Chartres par la nouvelle route, c'est-à-dire par Rambouillet, Épernon et Maintenon. L'ancienne route est par Limours et Ablis.

Chaumont-sur-Loire

(Mai 1840)

Le 6 mai 1840, je me rendais à Chaumont-sur-Loire ; je m'arrêtai à *Janville*, mon lieu natal, chef lieu de canton, très petite ville de Beauce. Elle était encore entourée de fossés et de ses murs, fortifiée au XIe ou XIIe siècle contre les seigneurs du Puiset. Son château, dont il ne reste qu'une tourelle, servant de prison, était en face de celui du Puiset, à un kilomètre de distance. A la suite de cette tourelle est un vaste bâtiment, appelé pareillement le château, dont la construction doit dater du

XVIIᵉ siècle. Propriété communale, il sert de tribunal à la justice de paix et d'école pour les garçons. C'est l'endroit de la ville le plus isolé. Il est près de la porte d'Étampes. Les trois autres portes sont à l'orient la porte de Toury, au sud la porte d'Orléans, au couchant la porte du Puiset. Un pont de pierre est jeté devant chacune sur le fossé.

En face du château est un vaste emplacement planté d'arbres de mauvaise venue. Toury, que je viens de nommer, était un autre lieu célèbre sous Louis-le-Gros et à 4 kilomètres de Janville. Il était fortifié : il en reste encore quelques traces. Il appartenait à l'abbaye de Saint-Denys en France. Je reviens à Janville : en dehors, le long des fossés, sont des promenades et l'ancien parc du château. Ce parc a été mis en culture, il n'en reste plus que les murs. Autour des promenades et à leur suite sont des jardins. La Grande-Rue et le Martroi traversent la ville de l'est à l'ouest. Il y a plusieurs autres petites rues se coupant les unes les autres. En outre de la place du Martroy, il y en a trois autres, la place du marché aux femmes, la place du marché aux veaux, la place Saint-Étienne, devant l'église. L'église date du XVᵉ siècle. Elle est inachevée à son chevet. Ses arcs-boutants ont de la hardiesse. Sa tour, d'environ 35 mètres d'élévation, était, ce semble, destinée à recevoir une flèche : à la place est une charpente à quatre pans couverte en ardoises. Cette tour se voit de très loin en raison de sa hauteur et de la vaste plaine au milieu de laquelle elle s'élève. Elle domine donc la contrée et fait point de vue. La nef de l'église a deux latéraux. Elle n'a qu'une voûte en bardeaux, tandis que celle des latéraux est en pierre.

Un marché assez fort a lieu le mercredi de chaque semaine, marché au blé. Le petit marché, marché au beurre et aux légumes, se tenait autrefois le samedi : il a été réuni à celui du mercredi.

Janville compte à peine 1.100 âmes, petite ville ramassée et assez bien bâtie. Autrefois du diocèse d'Orléans, elle est maintenant du diocèse de Chartres. Elle a été une vingtaine d'années du diocèse de Versailles, lors du Concordat de 1802.

Elle avait avant 1789 un lieutenant civil et relevait de la généralité d'Orléans.

Sa distance de Paris est de 87 kilomètres, au sud.

Sa bourgeoisie jusque vers 1830 était relativement nombreuse. Elle avait un ton parfait. Aujourd'hui elle n'existe plus, les anciennes familles d'avant 1789 ayant toutes disparu.

Le poète Colardeau, de l'Académie française, est né en cette petite ville le 12 octobre 1732, et est mort à Paris le 7 avril 1776, à 43 ans et demie. Son père était receveur du grenier à sel. Il habitait la maison qui fait angle à une autre rue, à gauche, près et en venant de la porte d'Orléans.

J'allai à Oinville, situé au nord à 4 kilomètres de Janville ; c'était pour voir mon élève, Désiré Gougé, qui se mourait de la poitrine. Je remplissais en cette circonstance un pénible devoir, auquel ce jeune homme de vingt ans fut sensible. Nous fûmes fort émus l'un et l'autre ; il s'éteignait en pleine jeunesse, au moment où la vie lui souriait. Il y avait six semaines qu'il était revenu de Meaux. Sa phtisie pulmonaire était à sa dernière période, elle le menait lentement au tombeau. Sa maigreur était extrême, ses dents d'une éclatante blancheur, ses yeux encore pleins de feu ; il conservait l'agrément de sa physionomie douce, intelligente et aimable. En me voyant, il laissa échapper quelques larmes, il sentait qu'il se mourait. Il me dit avec une émotion d'âme que je ne saurais décrire : *Qu'est-ce que la vie ?* Il y avait dans le son de sa voix du regret et du détachement ; du regret, parce qu'il avait devant lui la jeunesse et un avenir qui lui avait semblé devoir être beau ; du détachement, parce que déjà il avait éprouvé l'injustice des hommes, l'affliction du cœur et la souffrance physique. Non, rien n'était émouvant comme ces mots : *Qu'est-ce que la vie ?* recueillis des lèvres d'un jeune mourant, qui méritait l'attachement par ses rares qualités. Je le quittai l'âme pleine de tristesse. C'était un adieu à jamais en ce monde, je pensais bien que je ne le reverrais plus. Il mourut le 31 mai, le dimanche dans l'octave de l'Ascension. Je vis de bons anciens paroissiens, je leur donnai mes ordres pour ses funérailles que je prévoyais proches.

Oinville est sur un terrain plus élevé que Janville. Le vieil orme de Melleray, un de ses hameaux, avait disparu, centenaire et au delà il abritait une croix et dominait au loin dans cette vaste campagne. J'avais vu, enfant, son dernier feuillage ; bien des fois il avait dirigé mes regards, fait rêver mon imagination enfantine. Je vis, homme, son large tronc desséché et mort ; il m'apprenait que tout passe, quelle que soit la longévité en ce monde. S'il eût vécu davantage, il m'eût rattaché aux générations à venir, de même qu'il m'avait lié aux générations passées. Il était un souvenir de l'enfance, ce souvenir n'est plus.

Oinville a toujours fait partie du diocèse de Chartres, quoique la cure fût à la collation des moines de Meung-sur-Loire, qui lui avaient donné pour patron saint Liphard, abbé de leur monastère. Il confinait au diocèse de Sens par la paroisse de Boisseaux, aujourd'hui du diocèse d'Orléans. La Révolution de 1789 a tout bouleversé ; l'ancienne France a disparu. J'en ai vu les débris en ma première jeunesse, elle n'avait rien de semblable dans les mœurs et dans les idées à la France d'aujourd'hui. Je ne dirai pas que ce temps valait mieux, la jeunesse actuelle ne me croirait point. Elle aurait un peu raison, car le temps des grand'mères avait ses défauts.

Je fis quelques visites dans mon ancienne paroisse, puis je retournai à Janville prendre la voiture pour Orléans. Le 8 mai j'assistai à la procession de Jeanne d'Arc, qui n'était à cette époque qu'une promenade militaire. Ce défilé de soldats, à la suite desquels marchaient les autorités civiles et la magistrature, était aussi insignifiant que ridicule : c'était la conséquence des idées antireligieuses de 1830. On avait exclu le clergé ; mieux eût valu alors supprimer la fête commémorative de la délivrance d'Orléans au XVe siècle.

D'Orléans à Blois le site n'a rien de riant ; à droite, ce sont les plaines de la Beauce, à gauche le pays vignoble, sans accident de terrain. On aperçoit de temps en temps la Loire, mais l'imagination reste morne.

Avant Blois on passe devant le parc du château de Ménars. Il présente un beau développement ainsi que le château. On sait qu'il fut le lieu de plaisance de Mme de Pompadour. Il appartient maintenant au prince de Chimay. Il y a établi une école d'arts et métiers. On accuse la marquise de Pompadour d'avoir hâté la ruine de la Monarchie en jetant Louis XV dans d'immenses et folles dépenses. Ce roi libertin, pour ses plaisirs, dilapidait les finances de l'État, et l'une des grandes causes de la Révolution de 1789 a été la mauvaise situation du revenu public. Certes, en ceci Louis XV a été plus coupable que Mme de Pompadour ; celle-ci profita simplement de sa beauté, en femme coquette et galante. Elle prit un grand ascendant sur le monarque, qui la vit mourir avec indifférence. Devant rester quelques heures à Blois, nous allâmes visiter le château, demeure au moyen âge du comte de Blois et de Chartres ; à la Renaissance, séjour des Valois, devenus rois de France. Lors de notre visite, il servait de caserne, déchu ainsi de son antique splendeur et en fort mauvais état. Ce vaste édifice est de quatre époques différentes, du moyen âge dans deux de ses parties, dans les deux autres de la Renaissance et du siècle de Louis XIV. La façade de l'est et celle du sud ont été bâties par Louis XII. On y voit les armoiries, le chiffre et les devises de ce roi et d'Anne de Bretagne, sa femme. La façade du nord date de François Ier, celle de l'ouest est de Gaston d'Orléans et inachevée. Elle a été construite sur les dessins de Mansard. Il reste une vieille tour plus ancienne. La salle où se tenaient les États-Généraux en 1588 est une immense pièce dont la voûte en bois a encore ses peintures. Dans les appartements qu'occupait Henri III est le passage célèbre où, en soulevant la tapisserie pour entrer chez le roi, le duc de Guise fut lâchement assassiné. A l'opposé est la chambre où le cardinal, frère du duc, fut enfermé et bientôt massacré. Ces sanglantes scènes eurent lieu le 22 et le 23 décembre. Je considérai avec la plus grande attention ces chambres reblanchies et qui n'ont conservé de souvenir que dans la mémoire des hommes. L'escalier dérobé qui conduisait à la chambre du roi existe encore ; je compris de quelle manière tout s'était passé. Il me semblait être un des témoins de ce spectacle de sang et de crime, il fallait des juges et non des assassins. Mais l'incapable Henri III étant impuissant devant la faction des Guises. L'assassinat était le moyen odieux et impolitique de ces temps désastreux. Les âmes étaient sans nulle grandeur, elles ne connaissaient que la violence. Les Valois du XVIe siècle, hommes dégénérés et sans valeur politique, étaient indignes du trône. Leurs vues étaient courtes, leurs mœurs dépravées et honteuses. Ils eurent pour se diriger dans le gouvernement une femme astucieuse et intrigante, tout à fait italienne.

Nous montâmes à l'observatoire de cette reine qui cherchait à lire dans les astres le sort des empires, tandis que par ses ruses elle s'appliquait à en décider. Une table de pierre encore en place lui servait à s'orienter durant la nuit à la clarté des étoiles. Cet observatoire, au plus haut du château, est le plus magnifique point de vue de la ville de Blois ; on y domine au loin sur les deux rives de la Loire, on aperçoit le magique château de Chambord et les bois d'alentour. Un nuage se formait au couchant, il ajoutait à la sublimité du panorama, le tonnerre allait gronder.

Le délabrement de ce château, où Louis XII naquit en 1462, amenait à l'esprit le souvenir d'une révolution immense, terrible, implacable. Elle a fait du passé une ruine jusque dans ses monuments. Que de souvenirs en présence de ceux-ci ! Une cour galante, de hauts et puissants seigneurs, des chevaliers et leurs dames, des troubadours et des trouvères, romanciers et chanteurs ambulants, avec cela la licence des mœurs et les croyances ardentes, des idées tout autres que les idées présentes, mais des passions en tout temps les mêmes. Ces figurants du passé sont des ombres évanouies, les figurants du présent s'évanouiront de même ; la tombe n'en gardera rien, pas plus qu'elle n'a gardé les premiers. Les hommes de l'avenir lui demanderont des uns et des autres qui ils étaient ; l'histoire leur répondra d'une manière plus ou moins véridique, selon ceux qui l'auront écrite. L'histoire a des nuages et des mensonges, cependant elle sert à l'instruction et à l'amusement de ceux qui l'étudient, elle amène de profondes réflexions.

Le moment de notre départ pressait, je ne pus qu'entrevoir la ville, l'évêché et la promenade qui y fait suite, on a de là une belle vue dont les points varient et égaient les regards. Cette splendide promenade, nommée la Terrasse, a été livrée au public au détriment de la demeure épiscopale dont elle faisait partie avant 1789. Blois s'étend sur un rapide versant, du côté de la rive droite de la Loire.

La cathédrale, dédiée à Saint-Louis, est un édifice moderne, du XVII° siècle. L'autel est placé à l'entrée du chœur. Les stalles des chanoines sont rangées en demi-cercle, dont le point culminant est le siège épiscopal.

A mon retour de Chaumont, je visitai l'église Saint-Nicolas, édifice du moyen âge.

Le milieu du pont est décoré d'une pyramide de nul intérêt.

Blois a une population de 14.000 âmes.

L'érection de son évêché date de Louis XIV. Auparavant Blois faisait partie du diocèse de Chartres, qui de ce côté s'étendait jusqu'à Pontlevoy, et du côté opposé jusqu'à Mantes, Poissy et Saint-Cyr, près de Versailles. En 1802, il fut supprimé et réuni à l'évêché d'Orléans. Il a été rétabli par le Concordat en 1817. On sait que le fameux abbé Grégoire en fut évêque constitutionnel. Il est mort à Paris après 1830.

Le but du voyage était Chaumont, village s'étendant en long sur la rive gauche de la Loire, au bas d'un terrain à pic, à 186 kilomètres sud-ouest de Paris. Nous passâmes devant un petit monument élevé à la mémoire d'un d'Etchegogen, mort en cet endroit par un affreux accident.

L'église et le château sont sur la hauteur. Le château est du XV° siècle. Une partie est meublée à la moderne, l'autre a été conservée telle qu'elle était aux XV° et XVI° siècles. On y a rassemblé divers meubles de ces époques. Dans une vaste pièce a été placé un siège épiscopal en bois artistement sculpté. On y a suspendu un vieux chapeau de cardinal, celui, raconte-t-on, du cardinal d'Amboise. A côté de cette grande salle est une chambre peu éclairée, meublée en entier comme au XVI° siècle. On donne le lit comme celui de Catherine de Médicis. Sur ceci il faut un peu de crédulité, car les affirmations historiques en pareille circonstance sont incertaines, à de très rares exceptions ; seulement elles satisfont la curiosité des visiteurs. Les rideaux en tapisserie et en soie appendus au lit ont très bien pu faire partie du mobilier de **Catherine de Médicis**.

Ce château fut construit par les seigneurs d'Amboise, qui le possédèrent jusqu'en 1550. Il passe à cette époque dans la famille des La Rochefoucauld. Ceux-ci le vendirent à Catherine de Médicis. Après la mort du roi Henri II, Catherine contraignit Diane de Poitiers à échanger Chenonceaux pour Chaumont. Mme de Staël l'habita sous l'Empire, lorsqu'elle fut exilée à 40 lieues de Paris par Napoléon, qui n'aimait pas et qui craignait cette femme philosophe. La fille de Necker ne goûtait pas le despotisme du grand homme, elle était dévouée aux principes de 89 et adorait la liberté. Prétentieuse en ses écrits, elle avait le jugement faux, l'esprit raisonneur des philosophes du XVIIIe siècle, elle était en outre imbue des principes protestants.

Le château de Chaumont, lors de ma visite, appartenait au comte d'Aramont.

Le célèbre cardinal Georges d'Amboise, mort en 1510, y est né en 1460.

Chaumont est une commune de 1.000 habitants, du canton et à 12 kilomètres de Montrichard.

Le lundi 11 mai nous allâmes à Amboise, distant de 20 kilomètres. Nous suivîmes la rive gauche de la Loire. Elle est bordée de roches à pic, s'élevant à 25 mètres. Nous traversâmes le petit village de Rilly, de 300 habitants. Après sont creusés dans le roc des souterrains divisés par des supports naturels et formant de nombreuses grottes. En y plongeant le regard, on éprouve un sentiment d'épouvante. L'homme y a placé sa demeure, le lieu est isolé, on pourrait en faire un repaire de bandits et avoir à raconter d'horribles histoires, ces souterrains prêtent à de tels récits.

En approchant d'Amboise, le site devient plus riant, on est en Touraine. Dans la perspective apparaît la gentille chapelle du château ; elle est féerique par son isolement à l'extrémité de la plate-forme, elle s'élance dans les airs. Elle était nouvellement restaurée, elle date du XVe siècle. Sur le tympan de sa porte est délicatement sculptée une chasse de saint Hubert. L'intérieur est en croix latine. Il n'y a qu'un autel. Elle me sembla un bijou vraiment royal.

Le château s'élève environ de 30 à 35 mètres au-dessus de la ville. Il a encore ses triples remparts, comme au temps du soupçonneux Louis XI, mais la demeure est complètement moderne. Elle était tenue en très bon état, quoique à peu près sans meubles. Il était plaisant d'entendre dire par le gardien, avec un sérieux de porte-clefs, en cette absence d'ameublement : c'est ici la chambre du Prince royal, celle de Mgr le duc de Nemours, de Mgr le duc d'Aumale, de Mme Adelaïde, sœur du roi, etc., lesquels n'y étaient point venus et n'y viendraient peut-être jamais. C'était sans doute pour donner de l'intérêt à la fastidieuse revue d'appartements d'une nudité complète. On jouit, de la salle à manger, d'une belle perspective. On aperçoit dans le lointain les tours de Saint-Gatien. On voit également la pagode de Chanteloup, seul reste du château détruit.

Les jardins étaient ravissants de fraîcheur, de roses, de lilas, la verdure tendre du mois de mai fournit à l'âme de suaves et joyeuses pensées, de même que le feuillage d'octobre en amène de graves et de sérieuses.

Une pente douce mène à la ville. Elle n'existait pas au XVe siècle. L'entrée était par une tour, très curieuse à visiter. On peut y monter en voiture au moyen d'une spirale ménagée en pente douce à l'intérieur. A chaque détour de la spirale, la voûte est soutenue par des têtes de grimaciers, posés en console. Chacun fait une grimace particulière, idée originale, curieuse et piquante. Cette tour, placée à l'un des angles de la petite plate-forme, n'est guère plus élevée que celle-ci.

En 1469, Louis XI instituait l'ordre de Saint-Michel au château d'Amboise. Charles VIII y naquit en 1470 et y mourut par accident en 1498, à la fleur de son âge. En 1560, la conspiration contre les Guises, à la tête de laquelle était La Renaudie, y échoua. Pour la première fois on y donna aux protestants le nom de huguenots.

Nous ne jetâmes qu'un coup d'œil sur l'entrée de la ville. Il y a trois églises, deux seules sont paroissiales. Nous entrâmes dans l'église annexe, près du château. On y voit un curieux haut-relief.

Au milieu de la Loire est l'île Saint-Jean, elle donne de l'attrait à la perspective. Nous entrâmes dans l'église paroissiale de ce nom, sur la rive droite, elle est très vilaine et pauvre.

Revenus sur la rive gauche, nous allâmes jusqu'au monument élevé à la mémoire de Chaptal. C'est une pyramide insignifiante placée en face d'une belle promenade au bord de la Loire. Chaptal avait reçu le titre de comte de Chanteloup. Né à Nogaret, dans le Gévaudan, en 1756, il mourut en 1832.

Amboise, d'une population de 4.700 âmes, est un simple chef-lieu de canton de l'arrondissement de Tours, dont il est éloigné de 36 kilomètres.

Je quittai Chaumont le mardi matin, 12 mai. Je revins par la rive droite, le paysage y est également varié, mais le terrain est en contre-bas du niveau de la Loire. Je m'arrêtai à Blois et arrivai le même jour à Orléans.

Meaux. — Provins.
(Juin 1843)

Le lundi 12 juin 1843, au matin, je traversais Versailles en diligence. La vie est absente de ses longues et régulières rues, on se sent la tristesse dans l'âme. L'immense château et ses belles avenues demandent une cour brillante. L'auront-ils jamais ?

Nous continuâmes notre route et passâmes à Paris.

De Paris j'allai à Meaux, but de mon voyage. Cette ville, évêché et chef-lieu d'arrondissement, est située dans la vallée de la Marne. Elle y serpente, vue du village de Crégy. Les collines opposées font son ornement. L'unique tour de la cathédrale domine ce long assemblage de maisons. Plusieurs clochers rendraient l'aspect plus agréable. Meaux, à l'intérieur, ne répond pas à son extérieur. Excepté la principale rue, traversée par la grande route de Strasbourg, les divers quartiers sont tristes et vilains. Les promenades, bien entretenues, ne sont cependant pas belles. Le village de Crégy, groupé sur une colline, a une position très pittoresque.

A mi-côte est le canal de l'Ourcq. La Marne traverse la ville. Un autre canal était alors en construction au pied du moulin de Cornillon. Cornillon domine Meaux jusqu'à l'opposé de Crégy. On a jeté sur ce nouveau canal un pont d'une grande et belle hardiesse. Contemplé de la promenade qui borde la Marne, il paraît s'élever à une hauteur prodigieuse.

Bossuet a illustré Meaux. Son portrait est dans la salle du conseil du tribunal. On soutient qu'il est le plus ressemblant de tous ceux qui ont été faits de ce grand homme. Il m'a paru magnifique. Bossuet y a une taille élancée, une contenance noble, le nez aquilin, une physionomie très spirituelle. Ses yeux sont surtout remarquables par la finesse du regard. La tête n'est pas aussi ample et aussi développée que la décrivent les historiens. Ni le front, ni l'ensemble des traits ne décèlent la puissance du génie qui était dans ce prélat, il faut la chercher dans les yeux seuls, le regard en est vif, pénétrant, annonce une grande pensée vite saisie et devant être puissamment exprimée. On considère ce regard avec étonnement, on l'admire, on s'y attache avec ardeur, pour mieux connaître cet homme dont la haute intelligence a jeté tant d'éclat sur toutes ses œuvres. Quel regard, répète-t-on ?

On montre au Grand-Séminaire une nombreuse collection des autographes de cet illustre évêque, elle se compose en grande partie de lettres et de notes recueillies dans les Pères, et de quelques sermons, très surchargés de ratures. Ce sont généralement des feuilles volantes, c'était la manière d'écrire de Bossuet. L'écriture est très allongée, celle d'un homme qui trace vite sa pensée. Il y a des mises au net de son secrétaire, l'abbé Ledieu.

Du séminaire, en suivant la Grande-Rue, on arrive au bas de la cathédrale. A gauche est l'évêché, de modeste apparence. La façade de la cathédrale ne produit pas une vive impression. Les trois portes ont des voussures profondes et historiées. Des deux tours, l'une est inachevée, c'est celle du sud. Celle du nord est du côté de la cour de l'évêché, elle a 67 mètres d'élévation. Elle se divise en quatre étages d'époques et d'ornementations différentes, du XIIIe au XVIe siècle. Elle est couronnée de quatre tourelles, qui font mauvais effet. L'édifice était nouvellement réparé et très bien tenu. Il est de petite dimension, 84 mètres 35 centimètres de longueur. Il y a de la hardiesse dans les arcades du chœur et du sanctuaire, malheureusement la partie supérieure ôte de la grâce à cette admirable légèreté, les baies qui surmontent la galerie ou triforium n'ont pas assez de développement, ce qui ôte à [la beauté de la perspective. La nef à son tour n'est pas assez longue. Elle a cinq travées, en y comprenant celle où se trouve la tribune de l'orgue. Le chœur en a trois et le sanctuaire sept circulaires. Il y a quatre latéraux jusqu'au haut du chœur, l'unique du sanctuaire est couronné de chapelles. Le transept a la même largeur que la nef. La tribune de l'orgue est soutenue par une belle arcade ogivale. Vu de là, l'édifice n'offre pas la magnificence de développement de nos grandes églises cathédrales du XIIIe siècle. En la parcourant et en en étudiant les détails, on y rencontre un mélange du genre fleuri et du genre flamboyant. Il existe cinq chapelles au chevet, et quatre hors-œuvre dans la nef, car elles occupent l'intervalle entre les contreforts. Dans l'une d'elles on voit les tombes de Jean Rose et de sa femme, bienfaiteurs de l'église et de la ville, elles sont en marbre noir, et les incrustations en marbre blanc, représentant les effigies des deux personnages, c'est une œuvre du XIVe siècle. La femme mourut en 1328, le mari en 1343. L'église et particulièrement les chapelles sont remplies de pierres tombales.

Bossuet fut inhumé du côté de l'épître. On déplaça la pierre sépulcrale qui le couvrait, lorsque le cardinal de Bissy fit réparer le sanctuaire en 1723 ; on la mit derrière l'autel : de sorte que rien n'indique plus le lieu de sa sépulture. Dans le latéral sud on lui a érigé en 1820 une mauvaise statue. Il est représenté assis et il n'est nullement ressemblant.

Dans le latéral septentrional a été placée, sous la Restauration, la statue de Philippe de Castille, fils d'un seigneur de Chenoise, mort en 1627. Elle avait été érigée dans l'église du monastère de la Merci, près de Provins, fondé par le père de ce chevalier.

Voici le nom des chapelles, à commencer de cette statue ; 1° Saint-Éloi ; 2° Saint-Jacques ; 3° Saint-Jean l'évangéliste ; 4° Notre-Dame-du-Chevet. En cette chapelle sont trois reliquaires : l'un d'eux contient les anciennes reliques de la cathédrale, notamment celles de saint Fiacre et de saint Faron, sauvées en 1793 ; les deux autres petits reliquaires renferment les ossements de saint Saintin, premier évêque de Meaux, et de sainte Céline, patronne de la ville, et dont le culte est célèbre dans la contrée.

L'évêque actuel a réformé les abus qui s'étaient glissés dans le pèlerinage. La cathédrale possède aussi une partie du cilice de saint Louis et des ossements de sainte Bathilde, abbesse de Chelles. Après la chapelle de Notre-Dame-du-Chevet viennent celles de Sainte-Geneviève, de Saint-Fiacre et de Saint-Michel. Les chapelles de la nef, au sud sont celles du Saint-Sacrement et de Saint-Martin, au nord celles de la Visitation et de l'Annonciation. A l'entrée du chœur sont deux autels, dans le style du XVI° siècle : ils font bon effet. Ils datent de 1836. Ils furent érigés par M⁰ʳ Gallard. Ce prélat était un joli homme, plus favorisé par la fortune que par le mérite. Son regard manquait d'expression. Sa voix flûtée était désagréable.

Une arcature d'ogives simples et d'ogives trilobées se déploie le long des murs de l'édifice.

La rose de la façade est flamboyante Il existait une seule verrière coloriée, celle du fond du sanctuaire. Elle représentait le Sauveur en croix et le martyre de saint Étienne, patron de la cathédrale.

La chaire rappelle Bossuet ; on y a inséré les panneaux de celle où ce grand évêque a prêché. Sa parole eut peu de succès à Meaux, soit qu'elle fût trop élevée, soit qu'elle fût trop simple. Il avait très peu d'auditeurs : on ne s'arrêtait pas à l'entendre, on passait en disant : *Ah ! c'est l'évêque qui prêche*. Les Meldésiens d'alors étaient sans doute de sots ignorants. Aujourd'hui, on s'arrête devant cette chaire, d'où ne retentit plus la voix éloquente du puissant génie, et c'est uniquement parce que Bossuet y a parlé.

Meaux a une seconde église paroissiale, Saint-Nicolas, singulière dans sa disposition, due au curé actuel; le maître-autel la coupe en deux parties. Il y avait quelques bonnes peintures murales, toutes fraîches. Le curé y prodiguait le chant musical encore plus qu'à la cathédrale. Ce chant a le défaut de rappeler celui du théâtre, il ramène ainsi l'esprit aux émotions sensuelles, au lieu de l'élever à la pensée de Dieu. Il y a sous ce rapport de grandes réformes à faire et d'immenses abus. La gravité du plain-chant convient mieux au culte religieux, car il porte vers le ciel beaucoup plus que vers la terre.

Je raconterai une anecdote, comme document historique. Je la tiens du supérieur du Grand-Séminaire, l'abbé Prunier, qui avait vécu dans l'intimité de Mgr Gallard : c'est touchant le fameux diplomate de Talleyrand. Mgr Gallard affirmait que Mgr de Quélen avait été dupe de l'abbé Dupanloup dans la conversion problématique de l'ex-évêque d'Autun, et peut-être Mgr Dupanloup dupe du vieux diplomate moribond. Talleyrand eût fait de la diplomatie jusque sur son lit de mort; il eût eu son orgueil de grand seigneur blessé si les portes de l'église eussent été fermées devant son cercueil.

L'abbé Prunier me raconta ce fait avec bonhomie et simplicité.

Depuis, je l'ai entendu raconter par Mgr Dupanloup lui-même, mais avec des circonstances peu probables, quoique possibles ; ce qui m'a confirmé que le récit désintéressé de l'abbé Prunier était le vrai. J'ai eu pareillement des rapports avec Mgr de Quélen. C'était dans les manières et dans les idées un grand seigneur, affable et courtois. Il devait aimer les courtisans et leurs récits flatteurs, comme tous les hommes haut placés, et Mgr Dupanloup est un esprit qui a le mieux saisi ce faible de la puissance et qui s'y est prêté de la meilleure grâce du monde et avec succès : ce à quoi il visait pour se faire une position : il y a réussi. Personne n'ignore quel désir Mgr de Quélen avait de la conversion de l'ex-évêque d'Autun, renégat politique et religieux, homme sans principes et sans convictions, ce désir même explique le reste de l'affaire de la conversion. Mgr de Quélen était de moyenne capacité ; il avait le brillant de l'à-propos, mais il était loin d'être profond. Il fut en 1830 un homme de parti et persécuté. Il est oublié aujourd'hui. L'écho de beaucoup de noms retentissants se perd et ne va pas jusqu'à la postérité.

Je revins, le 26 juin, à Paris par le canal de l'Ourcq, en bateau-poste. Le point de vue ne manque pas de beauté, des bois, des hauts peupliers, les rives s'étendant en ligne droite : à l'arrivée à La Villette, les clochers de Saint-Denys apparaissent dans la plaine avec grâce. A la descente du bateau, chaque voyageur prend vite son bagage, se hâte vers l'omnibus, tant pis pour le retardataire, dont on rit quelquefois à cause de son mécompte. L'omnibus part ; on est bientôt au milieu du bruit et du mouvement, en pleine animation de tous genres. J'étais à une heure et demie sur le chemin de fer de Corbeil. J'avais traversé Paris, jeté un coup d'œil sur Notre-Dame, sur le Jardin-des-Plantes luxuriant d'arbres et de verdure. Le trajet de Paris à Corbeil me parut magnifique, à travers des jardins, des parcs scindés en deux par la voie ferrée, bordée de riants villages aux villas entourées de parterres et de bosquets. On suit la vallée de la Seine ; le fleuve s'éloigne, revient, s'éloigne encore, laisse apercevoir la plaine et les bois couvrant les pentes qui le dominent. De légers ponts jetés au-dessus de votre tête, point de tunnels ; puis le chemin creux de la vallée.

Je ne fis que traverser Corbeil, j'allais plus loin. La Seine la baigne de ses eaux, ainsi que le village de Saint-Germain, qui est en face, sur la rive droite. Cette petite ville n'a rien de remarquable. Du village de Saint-Germain nous montâmes la côte qui conduit à Melun au milieu des bois, qui donnaient du charme à la route fort poudreuse en ce moment. Le château de Vaux, ancienne résidence du célèbre financier Fouquet, maintenant celle du duc de Choiseul-Praslin, se montre un instant comme à la dérobée.

Corbeille est un chef-lieu d'arrondissement de Seine-et-Oise, et d'une population de 3.700 habitants ; Melun, le chef-lieu du département de Seine-et-Marne, et ville de 9.000 âmes. Plus des deux tiers sont sur la rive droite et forment la paroisse Saint-Aspaix ; ce qui est sur la rive gauche forme celle de Notre-Dame. A l'entrée de la ville une tour carrée, de belle perspective, est ce qui reste de l'ancienne abbaye de Saint-Pierre. Elle sert maintenant de beffroi. Vis-à-vis est la préfecture. Au pied de cette tour on descend à Saint-Aspaix. C'est un édifice de peu de valeur, du XVe et du XVIe siècle. Ses baies sont flamboyantes ; sa voûte est très ornementée et décorée de pendentifs. On compte cinq travées, neuf chapelles, dont trois seulement ont des autels. Il existe trois latéraux. Le chevet possède trois baies étroites ; elles contiennent des verrières coloriées. Il y a deux autres verrières du côté de l'évangile. Dans le vitrail du côté de l'épître sont représentés Adam et Ève. Dans la chapelle de la

Sainte-Vierge, au haut du vitrail on voit l'enfant Jésus sur les genoux de sa mère.

Saint-Aspaix possède un beau tableau de Jésus portant sa croix.

L'église Notre-Dame a deux tours semblables. C'est un vieil édifice roman, lourd et sombre, ayant de massifs piliers. Sa date remonte au XIe siècle.

Melun, sur les confins du Gâtinais et de La Brie française, était autrefois du gouvernement de l'Ile-de-France et du diocèse de Sens. Vicomté, il fut érigé en duché-pairie pour Louis-Hector de Villars, en 1709. Il y avait baillage et élection. Sa distance de Paris est de 45 kilomètres.

Je pris, le soir même, la voiture pour Provins. De Melun à Nangis la route offre de belles plantations et quelques points de vue agréables. Ses lignes sont presque toujours droites, ce qui est un avantage pour la perspective. Lors de l'invasion en 1814, Nangis fut un des points stratégiques attaqués et a une page dans l'histoire de cette époque néfaste pour la France, par l'ambition démesurée et l'orgueil de Napoléon. Il crut à son étoile : mais il y a des étoiles qui pâlissent, et Dieu y met la main.

Nangis est une petite ville, autant que je pus en juger, car nous arrivâmes au déclin du jour. On y compte 2.000 habitants. C'est un chef-lieu de canton de l'arrondissement de Provins. Nous arrivâmes en cette dernière ville à onze heures de nuit.

Provins se divise en haute et basse ville. Elle est triste et morne. La distance de Paris est de 86 kilomètres.

Provins était autrefois la capitale de la basse Brie champenoise. Il y avait baillage et élection. Elle dépendait du gouvernement de Champagne et du diocèse de Sens ; elle est maintenant, comme Melun, du diocèse de Meaux. La haute ville, qui est l'ancien Provins, n'est plus qu'une espèce de village. Au IXe siècle c'était Provins tout entier : ce ne fut qu'au XIe qu'on commença à bâtir dans la vallée et à former ainsi le nouveau Provins. Il est arrosé par le Durtaint et la Voulzie. Les ruines du moyen âge sont considérables. Les comtes de Champagne y avaient un château-forteresse qui dominait la vallée, et le pays d'alentour commandait la ville basse. Ce château est en ruines. Sa destination a changé, il sert maintenant de collège. Au pied de son esplanade se développe la ville en demi cercle. A côté du château est l'église Saint-Quiriace, œuvre des comtes de Champagne au retour des croisades. Elle est une des trois paroisses de la ville ; les deux autres sont Sainte-Croix et Saint-Ayoul.

Elle est bien conservée, édifice de l'époque de transition, c'est-à-dire du XIIe siècle. Le transept ne s'étend pas au delà des latéraux. Son côté du nord est plus simple dans sa partie supérieure que celui du midi ; ce qui indique que ce dernier a été refait. A son milieu s'élève un dôme, construction byzantine : cependant il ne date que du XVIIe siècle. A chacune de ses retombées est sculpté un évangéliste. La nef est inachevée. Une galerie règne à son pourtour, ainsi qu'au dôme. Le chœur dans sa partie inférieure appartient au style ogival tandis que c'est le plein cintre dans sa partie supérieure. Il y a une galerie simulée par deux arcades accouplées, soutenues par des colonnettes à chapiteau à feuillage. Presque toutes les baies ont été murées ; ce qui ôte de la grâce à l'édifice, lui donne un aspect sévère. L'abside est rectangulaire et partagé en trois chapelles : il y en a une quatrième du côté du nord. Une arcature profondément fouillée existe le long des murs. De belles boiseries et d'élégantes grilles servent de clôture au chœur. A son entrée sont deux autels. Les boiseries des chapelles sont d'une bonne exécution. Cet édifice est vaste. Avant 1789, son pavé était formé de pierres tombales : on n'a trouvé rien de mieux que de les retourner, afin d'avoir un pavé régulier.

A la réunion du comté de Champagne à la couronne, sous Philippe le Bel, au XIIIe siècle, Saint-Quiriace devint une collégiale royale. Philippe, petit-fils de saint Louis, avait épousé Jeanne, fille et hérititière de Henri le Gros, comte de Champagne et roi de Navarre. Louis le Hutin, héritier de sa mère, prit le titre de roi de Navarre ainsi que ses deux frères, Philippe le Long et Charles le Bel, ceux-ci comme tuteurs de leur nièce Jeanne, fille de Louis. Philippe de Valois, en parvenant à la couronne de France, rendit la Navarre à Jeanne, mais retint la Champagne comme fief masculin et faute d'hoirs mâles. Ce fut peut-être à cette époque, XIVe siècle, que Saint-Quiriace devint définitivement collégiale royale. Elle avait en dignitaires, un doyen, un chantre, un prévôt et un trésorier : ceux de 1784 étaient Ythier, de la Pujade, de Bonneveaux, et Brunel.

On attribue à Henri II, le libéral, comte de Champagne, l'érection de ce monument, en 1160. Une seule arcade a les zigzags ou chevrons boisés, celle au-dessus du sanctuaire, ornement byzantin.

En face de Saint-Quiriace est le donjon, œuvre également du XIIe siècle. Les Anglais, dit-on, bâtirent autour un mur de fortification y adhérant, ce qui le rend très massif, et l'a fait appeler le pâté aux Anglais. Du côté du nord est la petite chambre, où, par un ordre de

Hugues le Grand, père de Hugues-Capet, le comte Thibaut le Tricheur tint enfermé pendant un an l'infortuné Louis d'Outremer. Une baie étroite éclairait cette prison exiguë. A côté est la chambre où se tenait le geôlier de Louis. Elle est aussi triste que la première, mais celui qui l'habitait avait la liberté, bien le plus précieux. Cette prison est au premier étage. Après huit cents ans, on est encore ému en la visitant ; elle a été témoin des ennuis et de la souffrance d'un monarque infortuné, subissant la violence d'un vassal. Hugues le laissa sortir de prison l'accord ayant été fait entre eux : la puissance des carlovingiens expirait.

Un large chemin de ronde, muni d'une vedette à chacun de ses quatre angles, enveloppe la tour entière, en sorte que l'ennemi ne pouvait approcher d'aucun côté sans être aperçu. Les créneaux ont été détruits presque en totalité. Sous une énorme charpente est l'unique cloche qui sert à Saint-Quiriace.

Au moyen âge, coutume qui a existé jusque sous Louis XIV, les gens possédant des fiefs de la mouvance des comtes de Champagne venaient faire hommage-lige à la porte de la forteresse, y frappant à genoux. Du haut de la tour, le concierge criait : *Qui va là et que demandez-vous ?* — *Le roi..* — *Le roi n'y est pas*, était-il répondu. Le vassal prenait acte de l'absence du roi, auquel il était venu jurer foi et hommage. Tel était le servage féodal. Ceci n'est plus de notre temps et de nos idées. Le faible était à la merci du fort, et la cruauté était un droit de la vengeance, le moyen de l'exaction inique. Ces formidables châteaux en témoignent avec l'histoire. Il est des régimes qu'il est bon de constater, mais qu'il est mal avisé de défendre.

De la tour partent du côté du midi les fortifications qui descendent jusqu'à la vallée, où il y a un mur de prolongement. Ce ne sont plus que des ruines. La partie qui, de la porte Saint-Jean, va de l'est à l'ouest est mieux conservée : c'est une suite de tourelles et de bastions d'un imposant effet. La porte Saint-Jean elle-même est une belle ruine. Les fossés sont en partie comblés. On s'arrête devant ses vieilles murailles démantelées ; on les considère avec émotion, on réfléchit sur une époque déjà bien loin et qui rappelle tant de souvenirs, maintenant consignés dans l'histoire : le chevaleresque se mêle au barbare. La guerre de château à château était un peu comme une guerre civile en permanence, en sorte que ces hauts et puissants seigneurs, moult fiers, guerroyants sans cesse n'étaient en réalité que d'illustres brigands, tenant sous le joug le peuple réduit au servage. La foi était le correctif à cet état de civilisation et d'organisation sociale.

Derrière ces hauts murs régnaient l'arbitraire et le despotisme avec la licence, voilà la vérité historique, quelque brillant tableau qu'on ait fait et qu'on fasse du moyen âge. Non, ce temps n'était ni celui de la sécurité, ni celui de la paix et du respect des droits de l'humanité. Les hommes, selon la nature, ne naissent point serfs, ils naissent égaux et faibles. Lorsqu'ils ont pris de la force par la croissance, le devoir de chacun d'eux est d'être en aide à la société civile et politique dans des positions différentes et subordonnées, en sorte que les fonctions les distinguent les uns des autres. Mais chacun doit rencontrer dans la loi la garantie de ses droits. Allons plus loin, après qu'ils ont fourni, chacun à sa place, ce qu'ils devaient à la société d'ici bas, Dieu, le modérateur de toutes choses, les rappelle à l'égalité en laquelle il les avait fait naître, l'égalité de la tombe, où tous sont couchés dans la même poussière, quel que soit le faste de l'inscription de la pierre qui les recouvre. Grande leçon, encore plus que ces formidables châteaux démantelés, en ruines ! Et pourtant celle-ci est bien grande.

Je reprends mon récit. Au couchant, les fortifications tournent et arrivent jusqu'à la vallée, tout près de la petite rivière non loin de laquelle sont des eaux thermales et un établissement de bains. Après avoir franchi cette rivière, on rencontre une longue plantation d'ormes, la plus belle promenade de Provins.

En cette partie de la vallée est l'église Sainte-Croix, la première de la ville. Elle fut construite, de même que Saint-Quiriace, au retour des croisades, et dut son nom à la relique de la vraie croix que le comte de Champagne y déposa. Elle fut élevée à côté d'une église dédiée à saint Laurent. On y remarque deux piliers byzantins. colonnes torses dont les moulures angulaires montent en sens contraire. L'exhaussement du terrain, afin de parer aux inondations, a forcé d'enfouir la base des piliers, ce qui nuit à la perspective de l'édifice.

La troisième église. Saint-Ayoul est dans une autre partie de la vallée : elle est inachevée dans sa partie supérieure ; aussi ne reçoit-elle de jour que par les latéraux. Ceci la rend sombre. Le côté sud n'a qu'un latéral, le côté nord en a deux. Les latéraux ne circulent point autour du chevet comme à Sainte-Croix et à Saint-Quiriace. Ce qu'il y a de remarquable en cette église ce sont de riches boiseries sculptées, du XVIIe siècle et provenant d'un ancien couvent aux environs de Provins.

Cette ville offre encore un grand intérêt par divers monuments du moyen âge, plus ou moins conservés, plus ou moins en ruines. Je ne fis que les entrevoir ; mais ils attestent de la splendeur de cette petite cité au XIII° siècle et aux suivants.

Le jeudi 29 juin je partis pour Montereau, célèbre à deux titres, l'assassinat du duc de Bourgogne, Jean Sans Peur, par Tanneguy-Duchâtel en 1419, et par la bataille livrée en 1814.

La Brie de ce côté est un pays assez riant, des bois et des coteaux. Quelques plaines rappellent le site monotone de la Beauce.

Nous traversâmes Donnemarie, chef-lieu de canton de 4.100 âmes. Son aspect est celui d'une petite ville. Elle possède un quartier de cavalerie. Ceci contribue à lui donner de l'animation, probablement au détriment des mœurs.

Le clocher, œuvre du moyen âge, fait point de vue.

A 8 kilomètres de ce lieu est Montigny-Lencoup, de 1 200 habitants. Son château est dans une belle position. On l'aperçoit de fort loin. Avec Montigny et plusieurs villages rapprochés les uns des autres il forme un paysage agréable, entouré de collines boisées.

Ce château appartenait en 1735 à l'intendant général des finances, Trudaine, directeur général des ponts et chaussées, lequel créa le parc et y planta un cèdre apporté du Liban par le célèbre botaniste Bernard de Jussieu en même temps que le cèdre du Jardin-des-Plantes de Paris. En montant la côte sous une belle allée d'arbres, à la sortie de Montigny, le clocher de ce bourg produit un effet pittoresque autant que tous les alentours. Cet endroit est donc un des plus beaux sites de la Brie.

A dix heures nous étions à Montereau. L'Yonne vient s'y jeter dans la Seine. Leurs lits y ont la même largeur et leurs eaux ne diffèrent pas de teinte, en sorte qu'on croirait que c'est le même fleuve dont les deux bras se joignent à la pointe d'une île. Le bateau à vapeur étant prêt à partir, je ne pus visiter la ville. Les circonstances vous contrarient parfois en voyage, et l'on sème des regrets le long de la route, de même que l'on en sème le long du chemin de la vie.

Un bateau à vapeur est la bonne manière de voir les rives d'un fleuve, rien n'échappe ; les points de vue changent sans cesse, ils ne laissent pas un seul instant d'ennui. Les bords de la Seine en cette partie offrent d'ordinaire une côte basse, quelquefois triste et déserte ; le terrain est maigre et peu productif. Quand la côte s'élève, c'est tout à coup ; elle n'a rien qui pique la curiosité. On aperçoit quelques villages, peu peuplés, rarement des maisons de campagne et des châteaux. La forêt de Fontainebleau vient se terminer sur la rive gauche. Elle n'a rien de remarquable de ce côté. Le plus beau point de vue est l'arrivée à Melun ; celui de Corbeil est de beaucoup inférieur. Cette ville passée, les rives restent encore assez de temps insignifiantes, si ce n'est quelques roches grisâtres qui se groupent en mamelons sur la rive droite. Paris se montra enfin à l'horizon. Le dôme de Sainte-Geneviève domine tout. Les deux vieilles tours de Notre-Dame sont plus rapprochées sur le plan : elles apparaissaient noires et tristes. Les deux rives offrirent bientôt le mouvement de la grande cité. Conflans, Charenton, Bercy se tiennent, de sorte qu'on est tout étonné de se trouver au bas de Notre-Dame et aussitôt après à la gare de l'Hôtel-de-Ville. Un fiacre m'emporta immédiatement à l'embarcadère du chemin de fer d'Orléans, que je suivis jusqu'à Angerville.

On domine Étampes en y passant, ce qui donne à cette longue petite ville un aspect triste. Sa gare est au pied de la tour de Guinette, vieux donjon démantelé, crevassé, menaçant ruine de toute part. Il commande Étampes et les hauteurs qui l'environnent. Le moyen âge et l'âge moderne se trouvent là en face l'un de l'autre. Cette vieille forteresse semble dire au voyageur : bien des âges ont passé par là, bien des hommes également ; toi qui y passes à ton tour, où vas-tu ? hélas ! après beaucoup de labeurs et de courses, ton terme sera la tombe, demeure de l'immobilité, du silence et de l'oubli. Ah, grande leçon ! l'œuvre de l'homme dure plus que lui ; il passe en un instant, car ses jours sont courts et affligés. La joie et le bonheur sont un éclair dans la tempête de la vie. Il y a émotion à rencontrer les souvenirs des autres âges, à penser aux temps anciens, à considérer, rêveur, les siècles écoulés.

Après Étampes apparaît la vaste plaine de la Beauce ; sa nudité est attristante. Ses immenses plaines sans ombrage ne fournissent rien à l'imagination ; quelques arbres rabougris, tortus ne sont pas propres à réjouir le regard.

Dreux
(Juin 1844)

Le 2 juin 1844 je partis pour Dreux.

Dreux est une petite ville très resserrée, assez mal construite et traversée par la Blaise. La population va au delà de 6.000 âmes.

Sur la hauteur était son ancien château. Il en reste une tour, une tourelle et la porte d'entrée. Des jardins occupent son plateau. Ils sont bien entretenus, mais n'ont rien de remarquable. Ce lieu est la propriété de la famille d'Orléans ; elle y a sa sépulture. La tour a été disposée en appartements, destinés aux princes et à Louis-Philippe, leur père. Une chapelle s'élève au-dessus du caveau funéraire. Les styles y sont mélangés, ce qui ôte de la valeur à l'ensemble de l'édifice ; on y voit le byzantin, le style ogival fleuri, celui de la renaissance. On a conservé dans cette nouvelle construction l'ancienne chapelle, dont la coupole massive écrase le monument. Derrière est un clocher d'une légèreté exquise, cependant prétentieuse : son défaut c'est de paraître bondir de dessus une petite coupole et être lancé ainsi dans les airs. Il est aussi trop évidé par le haut, la hauteur est de 33 mètres. Malgré le défectueux de l'ensemble, la façade est imposante.

Le symbolisme chrétien ne manque pas en cet édifice, surtout dans le caveau, où l'on a prodigué les emblèmes et les allégories. Les rinceaux qui ornent la corniche rappellent la mort et ses attributs. Dessous, dans des médaillons, c'est le sablier, mesure du temps, ensuite la chauve-souris, signe de l'éternelle nuit ; le hibou, symbole de la tristesse et de la solitude de la tombe ; le cyprès, expression de la douleur ; la faux, emblème de la mort, qui n'épargne aucun vivant ; elle moissonne la jeunesse et la vieillesse, l'enfance et la virilité, le prince et l'homme du peuple.

Ces divers emblèmes avertissent quelle est la fin de l'homme, qu'il ait vécu dans l'éclat ou dans l'obscurité, qu'il ait fait bruit ou soit passé ignoré, la mort, la poussière et le silence. L'ange de la douleur est placé au-dessus de la porte d'entrée. Il pleure ; il tient son visage couvert de ses deux mains. Comment ne pleurerait-il pas à la vue des ravages de la mort ? De ses mains s'échappe une bandelette où sont écrits ces mots : *Ecce videntes clamabant foris : angeli pacis amarè flebunt.* On aurait pu ajouter ceux-ci : *Congregabuntur spolia vastra sicut colligitur bruchus, velut cùm fossæ plenæ fuerunt de eo ;* « voyant cela, ceux du dehors « poussaient des cris : les anges de la paix pleureront amèrement..... « vos dépouilles seront rassemblées comme on ramasse les hannetons, « dont on remplit des fosses entières. » (Js. c. 33, v. 7 et 4.) A côté de ces images de la mort il y a les symboles de l'espérance et de l'immortalité.

Les pleurs versées sur ces tombes ne sont donc pas sans consolation, ces tombes s'ouvriront un jour, et les morts en sortiront vivants. La foi chrétienne s'agenouille avec l'espérance auprès d'un tombeau, la résurrection y est enfermée. La prière non plus n'y est point vaine, elle va porter le soulagement en l'autre vie, et donne la consolation dans celle-ci. Telles étaient mes pensées en parcourant ce lieu et en en admirant les sculptures symboliques. L'autel est au fond du caveau ; à droite, du côté de l'épître, est la tombe de la princesse Hélène ; à sa suite celle du duc d'Orléans, son époux, enlevé soudainement à la terre, en pleine vigueur. Le sculpteur était occupé à ciseler les ornements de la pierre de ce sépulcre qui renfermait avec le prince le secret de la Providence. Vient la tombe de la princesse Marie, ange qui édifia la terre et dont le lit de mort fut beau. Je l'avais vue passer à Chartres dans sa bière enveloppée de velours ; on portait sa dépouille mortelle dans ce caveau de Dreux. A gauche, du côté de l'évangile, était le tombeau destiné à la princesse Adélaïde, sœur du roi Louis-Philippe. Après, celle de leur mère, fille du vertueux duc de Penthièvre, vertueuse elle-même, femme de Philippe-Égalité, qui abaissa son rang jusqu'à l'ignominie afin de devenir roi et ne le fut pas.

Près d'elle est le jeune duc de Penthièvre, enfant de Louis-Philippe. La tombe du prince de Conti, frère du roi, est adossée au mur qui fait face à l'autel de la Vierge. Conti était mort à Barcelonne pendant l'émigration. Son frère a envoyé chercher sa dépouille mortelle afin de le réunir aux siens dans le silence du caveau funèbre. Au milieu de ces tombes, vis-à-vis de l'autel, seront placées celles de Louis-Philippe et de sa femme, la reine Amélie. On pourra y inscrire : *In morte quoque non sunt divisi* (2e l. des rois, c. I, v. 13) : ils ne sont pas divisés même dans la mort.

Le caveau reçoit le jour par d'admirables verrières. Leurs sujets sont dus au pinceau d'Ingres : on y reconnaît l'œuvre d'un maître. Dans l'enfoncement de l'autel ce sont les saints patrons de la famille. Dans le circuit du caveau c'est la légende de saint Louis ; vaillant et intrépide croisé, grand justicier, il sut attacher à la couronne royale la perle de la sainteté, œuvre plus difficile que de gagner des batailles et plus digne d'applaudissement. Il est représenté dans les diverses circonstances de sa vie, plein d'ardeur à la bataille de Taillebourg, château de la Saintonge sur le bord de la Charente, en 1242 ; non moins bouillant en mettant le pied sur la terre d'Égypte, le 4 juin 1249, conservant sa noble fierté entre les mains des Sarrazins ; dans les fers, faisant trembler ces farouches sectateurs de Mahomet (1) ; au tombeau de sa mère, donnant

---

(1) Ce prince fut fait prisonnier à la bataille de Pharamia, le 15 avril 1250. Blanche de Castille mourut le 26 novembre 1252.

les marques de la piété filiale, pleurant cette Blanche de Castille qui avait commencé à faire de lui un saint ; sur le lit de mort, 25 août 1270, instruisant son fils, le formant à la foi autant qu'à la royauté. Cette belle légende donnait à la peinture une touchante beauté que l'art ne saurait seul donner par lui-même.

En remontant du caveau, on me fit visiter le salon du doyen. On y domine sur la hauteur en face, sur la vallée et sur toute la ville ; la position est admirable. Le doyen était l'évêque de Maroc, l'abbé Guillon, à la tête de quatre chapelains. La rétribution de ces derniers était de 2.000 fr., le logement en sus.

L'église paroissiale de Dreux mérite aussi d'être visitée. On la restaurait, œuvre de la mauvaise époque ogivale. Godeau, né à Dreux, évêque de Vence, écrivain d'une certaine renommée sous Louis XIII, la consacra le dimanche 26 avril 1637, en l'honneur de Saint-Jean l'évangéliste. Cependant elle est sous le vocable de Saint-Pierre. Cette date de 1637 est inscrite à l'entrée du transept septentrional. Le transept du midi est de la renaissance et par cela même en désaccord complet avec le reste de l'édifice ; on pourrait dire qu'il est de l'époque de la consécration ; sa façade extérieure le prouverait, étant dans le style adopté au XVII° siècle. Les deux latéraux circulent autour du chœur. Au chevet sont des chapelles ; celle du fond est dédiée à la Sainte-Vierge : elle est la plus remarquable. Six verrières y répandent la lumière à profusion. Du côté de l'évangile, elles représentent le massacre des innocents, la fuite en Egypte, Jésus dans le temple, les noces de Cana, la samaritaine, la femme adultère, la multiplication des pains ; du côté de l'épître, Jésus au jardin de Gethsémani, la trahison du Judas, Jésus devant Caïphe, Caïphe déchire ses vêtements, Jésus flagellé, Jésus devant Pilate, Jésus montrant ses plaies à Thomas, les disciples d'Emmaüs, Jésus portant sa croix : les sujets ici ont sans doute été déplacés par un raccommodage maladroits. Dans la chapelle de Saint-Roch, au milieu d'une grisaille est représenté le transport à Lorette de la maison de Nazareth par les anges. On lit dans cette même chapelle l'inscription suivante : *Ci gist Mercœur contre les huguenots 15 décembre 1562 blessé, mort le 20 janvier 1563.* Ce fut à la bataille de Dreux, où, après le combat, les deux généraux ennemis, le duc de Guise et Condé, partagèrent le même lit, le prisonnier et le vainqueur. Condé, le prisonnier ne dormit pas. Guise, le vainqueur, dormit bien. Il y avait là du chevaleresque : les guerres civiles n'en sont pas moins à déplorer. Mercœur était de la famille de Lorraine, un des parents des Guise.

La chapelle des fonts est vaste, ses verrières appartiennent au style flamboyant. Sa voûte est décorée de pendentifs.

Le chœur a médiocre apparence, ses verrières coloriées modernes sont très mauvaises.

A l'extérieur, la façade devait être accompagnée de deux tours ; l'une d'elles est inachevée : les dernières assises de ses pierres semblent attendre la continuation de l'œuvre. Les entreprises du moyen âge étaient plus grandes que ses ressources ; la plupart de ses monuments n'ont point été achevés ou l'ont été après coup et en styles différents. L'imagination emportait les esprits ; c'était vers les choses religieuses et le surnaturel. Les idées à notre époque ne sont pas moins ardentes, mais c'est du côté du bien-être matériel ; les préoccupations sont pour la terre et dans le sens le plus déplorable, non point qu'il n'y eût des mauvaises mœurs au moyen âge, mais la foi subsistait, au milieu d'elles ; aujourd'hui c'est l'incrédulité qui y est mêlée, ce qui rend le mal plus irrémédiable.

Détourné un instant par des réflexions qui bien des fois surabondent en voyage et au pied d'un monument, je reviens à ma description de Saint-Pierre de Dreux. Le tympan de la porte principale avait pour sujet le jugement dernier ; cette sculpture a été brisée en 1793. Il était bon, sans aucun doute, de remettre à l'entrée du temple sous les yeux de l'homme l'inexorable justice de Dieu qui rend à chacun selon ses œuvres ; cependant on peut reprocher aux jugements derniers du moyen âge et à grand nombre de ses sculptures la nudité et la crudité des sujets et des personnages. On a répondu que ces sculptures étaient naïves comme les idées et les mœurs. Cette prétendue naïveté n'était-elle pas une extrême licence ? La nature de l'homme est la même dans tous les temps ; l'innocence des passions est une chimère.

Bourges
(Juillet 1844)

Le 7 juillet je me rendis à Bourges.

Cette ville est mal bâtie, comme toutes les anciennes cités. Les rues sont étroites et tortueuses. Le commerce y est peu actif ; aussi y voit-on peu de boutiques ; aucune n'est belle. Il y a 20.000 âmes : l'aspect n'en est pas moins celui de la petite ville. Les habitants sont le soir assis sur le seuil de leur porte, ou ce sont des murs noirs et tristes derrière lesquels sont cachés de grands hôtels, demeures d'une vieille aristocratie raide et arriérée. La haute bourgeoisie est de même. Quelques trottoirs et l'éclairage au gaz sont les seuls signes du progrès moderne. On ne croirait pas être dans un chef-lieu de préfecture possédant une cour royale, un collège, une académie, un archevêque, non plus que dans l'ancienne capitale d'une province aussi considérable que le Berry, dans l'Avaricum des *Commentaires de César* ou du moins dans une vieille cité des Bituriges. César vint l'assiéger pendant la guerre qu'il eut à soutenir contre les Gaulois soulevés de toutes parts et ayant à leur tête Vercingétorix, *celtilli filius, avernus, summæ potentiæ adolescens*. Elle était une ville importante, *maximum munitissimumque in finibus Biturigum, atque agri fertilissima regione* (César, *Comment.*, guerre des Gaules, l. VII, § 3.) Les environs de Bourges sont encore la partie la plus fertile du Berry. Il fut alors question d'incendier cette ville grande et très fortifiée. Vercingétorix le voulait, afin de ne laisser devant les Romains qu'une vaste campagne ruinée et déserte ; les Bituriges s'y opposèrent, déclarant que ce serait détruire une des plus belles villes de la Gaule, l'ornement et la sûreté du pays *(Ibid)*.

On se contenta d'incendier la contrée et de brûler plus de vingt villes en un jour, à la grande douleur des Bituriges, qui se consolaient par l'espérance d'une prochaine victoire. Avaricum fut pris ; on n'épargna ni les femmes, ni les enfants, ni les vieillards, les soldats étaient irrités du massacre fait à Orléans par les Carnutes, de tous les citoyens romains. Près de quarante mille personnes furent victimes de la fureur du soldat. Huit cents tout au plus s'échappèrent de cette ville prise et saccagée, allant chercher un refuge auprès de Vercingétorix.

Si Bourges est l'Avaricum des *Commentaires de César*, j'étais donc après dix-neuf cents ans sur le lieu où les Bituriges firent de généreux efforts pour la défense de la patrie et succombèrent : les Gaules devaient devenir une province romaine avant qu'elles fussent la France. La France que deviendra-t-elle ? Les révolutions et la guerre changent la face des nations. Tout est emporté par le temps ; c'est là l'expérience de l'histoire et de la vie.

Sous la domination romaine, Bourges fit partie de l'Aquitaine première. Les Wisigoths s'en emparèrent vers le milieu du Ve siècle. Peu après les Francs en devinrent les maîtres. Au VIe siècle elle était comprise dans le royaume d'Orléans. Sous la seconde race de nos rois, elle fut du royaume d'Aquitaine. Elle devint la capitale du duché de Berry au XIVe siècle.

Nous étions arrivés à deux heures, j'avais la demi journée pour parcourir la ville. Je passai trois fois devant l'hôtel Panette où le prétendant au trône d'Espagne, dom Carlos, était retenu prisonnier. Cet hôtel n'était qu'une maison bourgeoise ouvrant sur une petite cour et un petit jardin, avec porte cochère. Une sentinelle était à la porte, et, en face, un agent de police. Le prince donnait audience à qui voulait, de midi à deux heures ; il dînait ensuite, puis faisait la sieste. Il sortait en voiture vers cinq et six heures. Sa promenade ne pouvait s'étendre au delà de six kilomètres de la ville, dans la crainte d'un enlèvement et pour rendre la surveillance moins difficile. Telle était la liberté du frère de feu Ferdinand VII. Chaque dimanche, il assistait à l'office dans la nef de la cathédrale avec sa femme, la princesse de Beira.

Il s'était ainsi confondu dans la foule depuis que le nouvel archevêque lui avait refusé le titre de Majesté et de Sire, pour le traiter d'Altesse royale, selon que le reconnaissait le Gouvernement français. L'abbé Cailleau, grand-vicaire de Bourges, me le dit d'une nullité complète, et m'ajouta que la capacité était dans la princesse de Beira.

Je montai à la cathédrale, dédiée à saint Étienne, premier martyr. La place qui la précède est petite et mal construite. Ce qui manque à cette cathédrale, ce sont des tours, l'une est inachevée, l'autre a peu d'élévation. Un arc-boutant sert d'éperon à la tour du sud, ce qui est de vilain aspect. La tour du nord est nommée la tour de beurre, ayant été construite avec le produit de l'impôt sur cette denrée. Elle se fait remarquer par son ornementation où l'on a prodigué les moulures, les clochetons et les pinacles. Mais ce qui attire l'admiration du spectateur ce sont les voussures des cinq portes ; elles sont, ainsi que le tympan, couvertes de statuettes. Elles offrent la légende de saint Étienne, le jugement dernier, le pèsement des âmes. Il y a dans les damnés, que les diables emportent, des nudités très peu séantes au tympan de la principale porte d'une église, surtout étant à une hauteur où rien ne peut échapper à l'œil. Ceci accuse les gens du moyen âge ; car, tant naïve que leur foi ait été, elle ne peut là-dessus leur servir d'excuse, d'autant que leur ardente imagination ne pouvait provenir des passions froides : nous en sommes certains d'après les désordres que l'histoire nous raconte, entre autres ceux des croisés, croyants et valeureux, mais paillards en grand nombre.

On achevait la restauration de ce portique, restauration critiquée par quelques-uns. Il n'est pas en entier de la même époque, puisque c'est une œuvre qui va du XIIIe au XVe siècle, néanmoins admirable dans chacun de ses détails.

Les arcs-boutants et les contreforts de la nef sont surmontés de clochetons pyramidaux, ce qui produit un gracieux effet et donne de la légèreté à l'édifice.

Les portes latérales sont romanes, à doubles ventaux. Leur tympan repose sur une large imposte. Au tympan de la porte du sud est représenté Jésus-Christ au milieu des attributs des évangélistes. Au pilier qui partage la porte en deux est la statue de saint Étienne ; sur le linteau sont celles des apôtres. Les parois latérales sont ornées de six grandes statues. Au tympan de la porte du nord est la Sainte Vierge, assise, tenant l'Enfant-Jésus entre ses bras. Elle est environnée d'anges. On voit encore sur ce tympan plusieurs autres sujets, tels que l'Annonciation, l'Adoration des Mages, etc. Les colonnes de ces portes sont à fût guilloché, à chapiteau historié. Les archivoltes sont riches d'ornementation. Chacune des portes est précédée d'un porche ouvert sur la face et des deux côtés, un pilier, formé de quatre colonnettes divise en deux arcades trilobées le grand arc du plein-cintre de chaque ouverture.

Le haut du tympan est orné d'une rose à six lobes. Ces porches sont de peu d'effet. On y remarque des restes de peintures murales. L'intérieur de l'édifice a à la fois de la grâce et de la majesté dans la disposition des cinq nefs, dans le svelte des piliers, dans l'élévation des voûtes. Le défaut, c'est le peu de hauteur des galeries et des verrières ; les voûtes arrivent trop tôt et empêchent l'élancement, si saisissant et si beau en lui-même. De plus, les nefs paraissent étroites à cause de leur élévation prodigieuse et de leur longueur. Le long sont des chapelles. Il n'y a pas de transept. Ce qui est réellement beau, ce sont les galeries qui règnent dans le pourtour de la nef et des deux premiers latéraux ; il y a là de la richesse de structure. Les quatre latéraux se prolongent autour du chœur et l'enveloppent. Le chœur est en rapport avec la nef. » Ses piliers sont d'une grande légèreté. Leur forme accuse la première période du style ogival ; tandis que les chapelles sont de l'époque flamboyante. On compte cinq chapelles à l'abside : elles sont petites. Celle de la Vierge était nouvellement restaurée, mais dans un mauvais goût. A son entrée, un duc et une duchesse de Berry sont agenouillés sur un prie-Dieu vis-à-vis l'un de l'autre. Ces statues font de l'effet.

La clôture du chœur n'a point de valeur. On a sculpté dans les médaillons de sa boiserie les saints qui ont occupé le siège archiépiscopal de Bourges.

Le maître-autel n'est point en rapport avec l'édifice.

Il existe une crypte. A court de monnaie je ne la visitai pas.

Je m'arrêtai à considérer les vitraux ; ils sont d'une grande beauté par la vivacité des couleurs.

En résumé, Saint-Etienne de Bourges doit être classé parmi les monuments les plus remarquables de la France. Certaines de nos cathédrales peuvent le surpasser dans le détail, mais non dans l'ensemble. Il rappelle Saint-Etienne de Meaux par l'élévation de ses nefs latérales et par ses baies écourtées.

Près de là est l'archevêché. Son jardin est devenu une promenade publique, fort belle par ses grands arbres. De ce côté le palais archiépiscopal a un magnifique développement.

Outre la cathédrale, Bourges a trois autres églises paroissiales, Saint-Bonnet, Notre-Dame, Saint-Pierre-le-Guillard. Elles offrent peu d'intérêt. Les piliers de Saint-Bonnet sont dépourvus de chapitaux. La voûte a de la hardiesse. Les vitraux sont du XVIe siècle et contiennent la légende du saint patron. Notre-Dame a à sa porte latérale un frontispice grec. L'intérieur est vilain. Sous l'autel de la chapelle à droite du chœur on voit la statue, couchée de tout son long, de la fondatrice des Annonciades. On lit sur le mur : *Ici a été inhumée, dans un caveau, Jeanne de France, fille de Louis II, sœur de Charles VIII, femme de Louis XII, fondatrice des religieuses de l'Annonciation. Elle mourut en 1504, le 4 février. 57 ans après, son corps fut brûlé par les hérétiques. Elle est morte en odeur de sainteté.* Jeanne était difforme ; le duc d'Orléans, depuis Louis XII, l'avait épousée forcément ; parvenu à la couronne, il poursuivit en cour de Rome la cassation de son mariage pour cause de nullité, et il l'obtint du pape Alexandre VI. Jeanne avait été répudiée en 1498. Elle eut en jouissance la province du Berry et plusieurs autres domaines ; ce qui fit qu'elle se retira à Bourges, où elle fonda l'ordre austère des Annonciades, et en suivit la règle, sans en prendre l'habit.

En cette même église est un tableau estimé, *La descente de croix.*

Saint-Pierre-le-Guillard a subi de nombreuses réparations ; on y remarque des piliers bas et lourds avec de grossiers chapitaux.

Ces trois églises, mal éclairées, étaient mal tenues et d'apparence pauvre.

En monuments civils, Bourges en possède un remarquable, la maison du célèbre argentier de Charles VII, Jacques Cœur. Elle date du XVe siècle, de l'époque flamboyante, tout près de la Renaissance. Il y a de l'originalité dans sa façade. Le pavillon sous lequel est placée la principale porte d'entrée a de la grâce et plaît. Il renferme la chapelle. Il y a beaucoup de sculptures dans tout le monument ; les cœurs, chiffre du maître, y sont prodigués. Chacun des clous des ventaux de la porte principale a la forme d'un cœur. L'architecture, tant à l'intérieur de la cour qu'à l'extérieur, est de la plus grande irrégularité. On connaît la fortune rapide de Jacques Cœur et sa disgrâce. Son hôtel en conserve le souvenir par la splendeur de la construction. A droite et à gauche de la porte d'entrée sont deux fausses fenêtres d'où sortent à mi-corps les statues d'un homme et d'une femme, jetant un regard inquiet dans la rue. On prétend, je crois que cela est inexact, que ces statues représentent deux domestiques de Jacques Cœur, lesquels trompèrent par leur attitude à la fenêtre les ennemis du favori disgrâcié, qui s'échappait par une porte de derrière, tandis que ceux-ci attendaient sa rentrée afin de se saisir de sa personne, le croyant sorti. Je pense que ces statues sont simplement une fantaisie de l'architecte.

Jacques Cœur se réfugia en Italie. Le pape Calixte III le chargea du commandement de sa flotte contre les Turcs. Il mourut en arrivant à l'île de Chio, en 1456. Sa fortune, confisquée, fut rendue à ses enfants.

Cet hôtel ayant été approprié à la municipalité, à la cour royale et au tribunal de première instance, ses appartements ont été endommagés et complétement dénaturés.

A côté de la porte principale, selon l'usage du moyen âge, il en existe une autre très étroite pour l'usage des gens de pied.

Un autre édifice civil mérite aussi d'être visité, l'hôtel que Charles VII habita et où est né, dit-on, Louis II. Ce rusé monarque fut baptisé à la cathédrale. L'hôtel actuel n'est certainement pas de l'époque indiquée ; il est de la Renaissance, et non de la fin du xiv° siècle ou du commencement du xv° : ses arabesques et ses autres décorations en sont une preuve irrécusable. On voit dans la cour un gracieux escalier construit en encorbellement et formant tourelle. Çà et là sont de délicates arabesques. Il reste la chapelle et deux salles. La chapelle offre beaucoup de variété dans les sculptures de sa voûte divisée en compartiments. L'une des salles est au premier étage, l'autre au rez-de-chaussée. La première a conservé ses poutres peintes ; la seconde possède encore sa vaste cheminée couverte d'arabesques. Elle a été transformée en école de petites filles du peuple. Ces enfants ne se doutaient pas qu'ils apprenaient à épeler les lettres de l'alphabet dans un appartement royal où princes et grands seigneurs avaient joyeusement festoyé : contraste saisissant des vicissitudes humaines.

Je vais consigner ici quelques détails sur la liturgie de Bourges, ils auront leur intérêt. Elle était particulière au diocèse et datait de 1743. Il y avait des annuels et des solennels majeurs de chantre et de sous-chantre, et des solennels mineurs. Noël avait une prose spéciale pour la messe de minuit, et une pour la messe du jour, laquelle n'était pas le *Votis Pater annuit* du rit parisien. En général les proses étaient naïves, manquaient de richesse dans la pensée et dans l'expression. Il existait quelques additions au canon de la messe ; l'*Orate fratres* était particulier. Il n'y avait qu'une seule oraison aux simples et aux féries, ceci d'après les sacrementaires des papes Gélase et Grégoire-le-Grand. Les cérémonies de la semaine sainte, très simplifiées, n'étaient ni romaines, ni parisiennes.

Depuis mon voyage, ce rit particulier a disparu ; le cardinal Dupont a introduit la liturgie romaine.

La Ferté-sous-Jouarre. — Rieux
(Juillet 1845)

Pendant le mois de juillet, j'allai avec M. A°°° à Rieux par le canal de l'Ourcq.

Jusqu'à La Ferté-sous-Jouarre, la route s'éloigne peu de la vallée de la Marne ; on rencontre de temps en temps cette rivière. C'était la route de Châlons. Saint-Jean-les-deux-Jumeaux, village de 800 habitants, est dans une agréable position sur la Marne. Il en est de même de celle de La Ferté ; le site a de la beauté, par conséquent du charme. On se plaît à le considérer, on l'aime. Mais, lorsqu'on est voyageur, on ne peut apprécier que d'une manière imparfaite et à la hâte ; on emporte un souvenir qui s'efface plus ou moins vite. Les impressions et les émotions se succèdent, s'évanouissent, telle est la triste condition de l'existence ici-bas.

Nous étions à La Ferté à sept heures du matin. La Marne était dégagée de ses brouillards. Ses eaux bourbeuses divisent la ville en trois. La tour fait perspective ; elle apparaît à gauche de la route et dans le lointain. La Ferté, chef-lieu de canton, est à 64 kilomètres de Paris. La population est de 5,000 âmes.

Dans l'île formée par la Marne est le château où Louis XVI et Marie-Antoinette couchèrent à leur fatal retour de Varennes, le 24 juin 1791. Leur captivité avait commencé, elle devait finir par l'échafaud. Ils furent reçus par les propriétaires, M. et Mme Regnard de l'Ile. Cette dernière en fut la victime, car cette hospitalité fut un crime devant le tribunal révolutionnaire ; époque néfaste dont aucun récit, de quelque manière qu'il soit fait, ne détruira l'odieux.

La Ferté est encore célèbre pour avoir vu naître Antoine de Bourbon, père d'Henri IV.

Selon une chronique, y serait également née la marquise de Pompadour, Mlle Poisson, la maîtresse de Louis XV si vite oubliée par ce roi, dont les débauches préparèrent la ruine des finances et par suite celle de la monarchie.

Les meules de moulin sont le grand commerce de La Ferté ; ce qui donne un peu d'animation à cette petite ville de La Brie.

Nous montâmes à Jouarre, connue autrefois par son abbaye de femmes. C'est un gros bourg bien bâti. Il est à deux kilomètres de La Ferté, sur la hauteur, au sud-est. A mesure qu'on gravit la côte, la vue s'étend ; le regard plonge sur la vallée et sur La Ferté, toutes les deux entourées de délicieux coteaux. Un riant paysage égaye l'esprit et amène une douce rêverie ; je m'arrêtais donc à de courtes distances afin de jouir de cet attrayant panorama : il m'enchantait. J'aurais volontiers établi ma demeure en ces lieux : rêve du moment, rêve que dissipent d'autres spectacles et d'autres émotions ; mais il en reste agréable souvenance. Les oiseaux dans les arbres et dans les bois d'alentour saluaient par leurs chants le réveil de la nature. Ils étaient gais, ils n'avaient nul souci de l'heure qui allait suivre ; ils jouissaient du présent, s'ébattaient aux premiers rayons du soleil. De tous les animaux, l'oiseau m'a toujours paru le plus heureux, et celui qui procure une plus tendre émotion. Il est alerte, vigilant, vif, gai. Je ne parle pas ici des grands oiseaux de proie, plus propres à effrayer qu'à réjouir.

En songeant ainsi nous étions à Jouarre. Nous nous dirigeâmes vers l'église. Elle est du XVe siècle, construite en croix latine. Elle a conservé ses vitraux. Sa façade est ornée d'une rosace. Au bas du chœur, à l'un des piliers de la nef, du côté gauche, on remarque un bas-relief en albâtre ; il représente la Passion. Le Christ, les deux larrons, surtout la pose et la figure d'un soldat romain, sont d'un beau travail.

Une vieille tour en partie ruinée est ce qui reste de l'antique abbaye : le bâtiment et le portail datent du XVIIe siècle. Les religieuses d'autrefois étaient des bénédictines ; celles d'aujourd'hui sont encore du même ordre. Avant 1790, l'abbesse jouissait d'un revenu de 50.000 fr. Les religieuses actuelles tiennent un pensionnat de jeunes filles.

En 1689, l'abbesse eut avec Bossuet une querelle aussi sérieuse que célèbre : elle prétendait ne relever que du Saint-Siège ; le prélat, par un procès gagné en Parlement, la soumit à sa juridiction épiscopale. L'intervention de la puissance civile dans les affaires religieuses fut poussée fort loin au XVIIIe siècle, au point que ce devint un véritable envahissement dans le pouvoir spirituel. Ces conflits furent aussi désastreux que ridicules. En 1133, il se tint un concile à Jouarre.

Le but principal de notre excursion était la crypte du monastère encore intacte. Elle venait d'être restaurée comme monument historique. Nous étions accompagnés du sacristain, mauvais cicérone qui écorchait les mots et dénaturait les faits ; heureusement, nous n'avions eu besoin que de ses clés. Cette crypte est dans l'ancien cimetière de la paroisse et sous le vocable de saint Paul, premier ermite. Elle avait été construite près et hors des murs du monastère. Elle est divisée en deux parties : la première est nommée crypte de Saint-Paul, la seconde crypte de Saint-Ebrigisile, parce que ce saint y fut inhumé. On y venait en pèlerinage. Dès le VIIe siècle, elle était le lieu de la sépulture des abbesses. La voûte est soutenue par des colonnes à chapiteaux historiés qui accusent le roman primitif. Le fût des unes est en marbre, celui des autres en albâtre, en jaspe, en porphyre, mais le temps et l'humidité en ont fait disparaître le poli. A gauche, en entrant, au fond, est le tombeau de sainte Ozanne, reine d'Écosse. Dessus, la statue de cette reine est couchée, un peu sur le côté droit, la tête ceinte de la couronne ouverte et ornée de fleurons. Le vêtement est celui d'une religieuse, retenu à la ceinture par un cordon à nœuds. On voit en outre le tombeau de sainte Telchilde ou Théodechilde, sœur de saint Agilebert, évêque de Paris, fondatrice de l'abbaye vers 650. L'ornementation consiste en coquilles marines dites de saint Jacques. Le corps de la sainte abbesse fut levé de terre au mois d'octobre 1627, avec les corps de saint Ebrigisile et de saint Agilebert. Ils furent transportés dans l'église de l'abbaye, en présence de la reine Marie de Médicis, femme d'Henri IV.

Contre le mur, à l'opposé du tombeau de sainte Ozanne, est celui de saint Agilebert ou Aguilbert. Son ornementation consiste en losanges enfermés dans un cercle. Les autres tombes sont sans nom et sans ornements. Toutes sont rangées sur un même socle assez élevé. Leur couvercle est en batière, à l'exception de celui de la reine d'Écosse.

Dans la seconde partie de la crypte, près de l'autel, à droite, est la tombe de saint Ebrigisile, évêque de Meaux au VIIe siècle, frère de sainte Aguilberte, deuxième abbesse de Jouarre.

Les statues qui décoraient la crypte ont été déposées pêle-mêle dans une vaste pièce au-dessus, et dont on se proposait de faire une chapelle. Parmi ces statues, il y a un Christ au tombeau d'une belle exécution.

Au milieu du cimetière, vide de ses tombes et de ses croix, est une croix en pierre, œuvre du XII° ou du XIII° siècle.

En revenant, j'éprouvai le même ravissement en contemplant le site. Dès qu'on a passé les bois de La Ferté et monté la côte, ce ne sont plus que de vastes pleines. Les voitures de roulage portaient écrit *Metz, Francfort*, quelquefois un nom allemand. Nous fûmes bientôt dans la plaine où, le 11 février 1814, se donna la bataille de Montmirail. J'étais avec un témoin oculaire, alors jeune garçon de douze ans. Nous étions à 96 kilomètres de Paris, sur la route de Châlons ; nous avions à notre droite le village de Marchais, du département de l'Aisne, du canton de Condé en Brie. Nous devions le traverser en quittant la route. Au levant de ce village étaient un hameau et un bois, derrière lesquels les Français occupaient le penchant d'une colline. La plaine était occupée par les Prussiens. Dans la vallée coule le petit Morin, baignant le pied du plateau qui porte Montmirail et celui de la colline où est le château de Rieux. Le hameau et le bois mettaient à couvert les Français. Marchais masquait les Prussiens. Les Français avaient établi dans le bois une batterie de canons, qui lança toute la journée des bombes et des obus sur Marchais, afin de l'incendier et de faciliter ainsi une attaque de front contre les Prussiens. Ceux-ci pouvaient être en même temps pris en flanc du côté de la route, une fois les Français arrivés sur le plateau. Cette canonnade, quoique bien nourrie, ne produisit rien. Les Français ne parvinrent pas à détruire un pauvre village de France de 400 habitants. Quelques artilleurs déterminés se portèrent résolument en avant et allèrent mettre le feu à une ferme appartenant au duc de La Rochefoucauld-Doudeauville : à l'entrée est Marchais. Cette ferme fut totalement brûlée, et les Français, sortant du bois de ce côté, culbutèrent les Prussiens à gauche de la route, vers Château-Thierry. Il faisait une belle journée d'hiver. Le terrain occupé par les Français était très accidenté, ce qui rendait leur position fort avantageuse. Celle des Prussiens devenait mauvaise, une fois que rien ne les masquait plus aux Français. Ceux-ci, appuyés sur le petit Morin, maîtres des hauteurs sur leurs derrières, pouvaient facilement mettre entre eux et l'ennemi ce cours d'eau et foudroyer les Prussiens descendus dans la vallée, supposé qu'au lieu d'être culbutés, ils eussent marché sur les Français.

Un champ de bataille est d'un grand intérêt lorsque toutes les positions vous en sont indiquées ; on se rend compte des différents mouvements des deux armées en présence : l'attaque vigoureuse de l'une, la mauvaise position de l'autre.

Nous traversâmes en divers sens le champ de bataille de Montmirail, je le considérai avec attention. De Marchais au bois était le vaste champ où Français et Prussiens furent ensevelis en grand nombre. La charrue doit rencontrer de temps en temps quelques os, les briser et les mêler davantage, ennemis et amis : ce n'est en effet plus qu'une commune poussière.

Le soir de la bataille, l'empereur Napoléon coucha dans une ferme située vis-à-vis de Marchais, à gauche de la route en se dirigeant vers Châlons.

On eût dû nommer ce combat bataille de Marchais plutôt que bataille de Montmirail, puisqu'il s'est livré sur le territoire de ce village, du département de l'Aisne, tandis que Montmirail est de celui de la Marne, à 4 kilomètres de là, et séparé du champ de bataille par le petit Morin et la vallée.

Après avoir traversé Marchais, nous descendîmes et remontâmes les versants par des chemins pierreux et à peine tracés, sol aride et crayeux ; nous arrivâmes ainsi au château de Rieux, manoir de la famille des Roys, dont l'une des héritières a épousé M. Carra de Vaux, frère du général Carra Saint-Cyr, connu dans les guerres de l'Empire. Une sœur de Mme Carra de Vaux épousa M. de Lamartine, père du poète.

La position de Rieux est assez jolie. Au bas coule, sur un lit pierreux, un petit ruisseau capricieux comme un torrent, tantôt filet d'eau, tantôt rivière à pleins bords, se jetant furieux à droite et à gauche, ravinant le sol, s'attaquant aux arbres les plus vigoureux, les mettant à bas en dépouillant leurs racines de toute terre et de tout gravier : eux qui bravaient la foudre n'ont pu braver quelques flots courroucés. Ce ruisseau serpente en mille manières à travers des pierres énormes, il va se rendre au petit Morin. En contemplant sa course vagabonde, je pensai à la vie de l'homme sur la terre : est-elle moins agitée et moins troublée ? Hélas ! elle n'a guère de repos ?

On pourrait tirer très bon parti de ce torrent indompté. Il procurerait des points de vue pittoresques au milieu d'un parc. Quelques bruyantes cascades seraient une nouvelle image des convulsions de la vie.

La famille des Roys, avant 1789, était attachée à la maison d'Orléans. La descendante de cette famille me montra, dans sa chambre à coucher, un portrait de Louis-Philippe à l'âge de trois ans. Elle avait passé ses premières années et avait joué avec ce prince devenu roi. On remarque, sous les traits enfantins du jeune duc de Chartres, une physionomie sévère et prononcée. Elle n'est point insignifiante. L'enfant annonce assez souvent ce qu'il sera devenu homme, tant dans ses traits que dans les premières saillies de son caractère. Le portrait du grand-père de ce jeune duc de Chartres était dans la salle à manger. La physionomie est bonne, calme ; elle dénote ce que fut ce prince, mari d'une mauvaise femme et père d'un méchant fils. Il est Bourbon par l'expression du visage comme il le fut par le caractère.

Je vis aussi un vase étrusque provenant des fouilles de Pompéï, cadeau de la douairière à Mme des Roys.

Ce château a un autre souvenir. Lamartine y composa ses premières méditations dans les allées du bois des Plantes, nom du parc, sous le chêne et l'orme. Ce bois pourtant n'avait rien de poétique, mais le génie s'inspire de lui-même. Cormenin a dit de ce poète, dans son étude sur les orateurs parlementaires (25e étude, p. 105, éd. 8°) : *il est religieux et n'a pas la foi.* L'imagination, à mon sens, avait eu une grande part dans la croyance de Lamartine jeune homme ; elle en eut beaucoup dans l'hésitation de sa foi, ayant acquis la maturité. Le sentiment religieux était dans son âme, le doute dans son esprit ; le mystère le rendait hésitant.

Sous le rapport de l'art, la petite église de Rieux a un véritable intérêt ; elle possède, au pourtour de son sanctuaire, une élégante galerie du XIIIe siècle.

Nous nous remîmes en route le 7 juillet, nous dirigeant sur Montmirail. Entre cette ville et Rieux existe une profonde vallée, dont les versants sont très rapides. A l'entrée de la ville, une grange est ce qui reste d'un ancien hôpital bâti au XIIIe siècle par le bienheureux Jehan de Montmirail.

Il était pour moi, dans cette petite ville de la Brie champenoise, un autre et plus vif souvenir, ma sœur aînée y avait trouvé ce coin de terre qui suffit à l'homme pour reposer des siècles. La vie de ma sœur avait été courte : 33 ans ; depuis plus de dix-huit années elle sommeillait au cimetière des dames de Nazareth, religieuses de la vie cachée de Jésus. Le couvent est à l'extrémité de la ville, du côté de Châlons. Nous y étions à 7 heures du matin. Je dis la messe devant les jeunes pensionnaires et les religieuses. Je fus ensuite reçu au parloir par la seule religieuse qui restait de celles qui avaient vécu avec ma sœur. Mme Mouroux m'en entretint, elle avait reçu ses derniers soupirs et lui avait fermé les yeux. Ma sœur était vive et ardente d'imagination ; elle avait tout sacrifié à Dieu, elle a dû en recevoir une prompte récompense. Mme Mouroux me parlait de ma sœur, elle me parut femme d'esprit, femme aimable.

Nous descendîmes à travers le pensionnat et les cours au modeste cimetière où gisait, sous l'herbe, le corps de celle qui faisait l'objet de mon excursion. La matinée était ravissante, quelques gouttes de rosée humectaient encore le gazon. Une simple croix de bois indiquait la sépulture de chaque religieuse. La première sépulture était celle de ma sœur. S'il doit y avoir de l'ordre dans la résurrection, ma sœur s'éveillera la première et conduira au ciel ces saintes filles endormies dans le Seigneur. Je me jetai à genoux près de cette humble sépulture, presque appuyé sur la croix qui l'indiquait. Depuis dix-neuf ans l'herbe croissait sur cette tombe, elle la parait de sa verdure : mon âme était émue plus que si j'eusse trouvé ma sœur sous un sépulcre de marbre. Je priai. Que de pensées se froissaient en même temps dans mon âme, les douces joies de mon enfance, les peines de ma vie, la famille heureuse sous le toit paternel, maintenant dispersée et plus d'à moitié disparue ! Les événements passés, les événements présents se déroulaient devant ma pensée. Et l'avenir..... que sera-t-il ? Quel poids pèse sur l'existence de l'homme ? O joies pures de l'enfance, et vous, toit paternel, que n'étiez-vous encore ? Vous suffisiez à mon cœur, pourquoi un horizon lointain s'est-il ouvert devant moi ? Enfant, l'homme serait toujours heureux ; homme, que de soucis ! que d'agitations de toutes parts ! Lutte et amertume. Je m'abîmais dans ces pensées au tombeau de ma sœur, le silence de la mort parlait à mon âme. La tombe est muette en apparence, elle ne l'est pas en réalité : que de choses dans son mystère elle dit à l'homme !

Mon compagnon de voyage était pareillement agenouillé près d'une sépulture : il avait, comme moi, une sœur qui reposait là.

Dans ce cimetière, on remarquait une seule pierre tumulaire, elle indiquait le lieu de repos de la fondatrice, Mme Rollot. Toutes les religieuses viendront l'une après l'autre se ranger autour d'elle : tel est le terme du combat. Qu'elles reposent en paix. Un dernier regard sur ce lieu était un dernier souvenir que je voulais emporter. Que d'événements depuis que mon aînée était gisante en ce cimetière ! Combien, me disais-je, encore de jours avant qu'une pierre, qu'une croix indique mon dernier repos, voyageur incertain en cette vallée de larmes ? Qu'est-ce que la vie, me demandais-je ? Oh, que de fois je m'adresse cette question en la course rapide qui m'emporte vers la tombe !

Je revenais de faire un pèlerinage depuis longtemps résolu dans ma pensée, j'étais satisfait. Nous quittâmes le cimetière, y reviendrais-je jamais ? J'en doute, la clôture monastique ne le permettra pas. Ce fut une faveur qui me fut accordée, d'y entrer une fois.

Montmirail, chef-lieu de canton de l'arrondissement d'Épernay et à 36 kilomètres de cette ville, a 2.500 âmes de population. Les femmes du peuple ont pour coiffure un petit bonnet rond, à double rang de plis plats.

Le château des La Rochefoucauld a un beau développement. Son parc domine la vallée et les coteaux d'alentour. Il possède des arbres magnifiques. Sous Louis XIII, c'était la propriété des Gondi. Saint Vincent de Paul y vint donner des leçons au fameux cardinal de Retz, qui y était né en 1614. L'abbé Legris-Duval y a habité sous la Restauration, et M. de Frayssinous y vint lire ses conférences, qui ont remué tout Paris, malgré la froideur du style et la sécheresse de la pensée. Les pâles sermons de Legris-Duval avaient aussi alors leur renom : ils sont oubliés aujourd'hui. Il en est à peu près de même des conférences de l'abbé de Frayssinous. Le temps amoindrit grand nombre de célébrités. Lorsque l'enthousiasme est passé, chaque œuvre est appréciée à sa véritable valeur. Certains renoms, en vérité, s'acquièrent singulièrement, c'est comme un souffle du moment qui agite les esprits.

L'église paroissiale tient au château, dont elle était dans le principe la chapelle. Elle est petite. La chaire où a prêché saint Vincent de Paul y est encore.

En revenant à Meaux, nous nous arrêtâmes au village de Bussières, du canton de La Ferté-sous-Jouarre. Le vaudevilliste Scribe y avait sa maison de campagne. L'habitation est en forme de chalet suisse. Auprès se développe une vaste pelouse, tailladée de mille manières par les arbres du parc : c'est une agréable perspective, dont l'agrément est augmenté par une pièce d'eau et ses jolis batelets, par un pont champêtre, un pigeonnier simulant une tourelle, presque un donjon, enfin par les bois des alentours. En pénétrant dans le parc, planté dans un sol mauvais et humide, on rencontre des ruines factices, tours démantelées, crevassées, prêtes, dirait-on, à tomber en ruines. Les portes en sont basses, leurs ais garnis de gros clous. Le marteau féodal y est appendu. A l'intérieur, les murailles sont couvertes de vieux casques, de cuirasses, de brassards et d'épées. On regarde par l'étroite fenêtre, on aperçoit le fossé qui défend l'approche et une tourelle en ruines.

Scribe n'était pas à sa propriété. J'avais eu occasion de le voir et d'échanger quelques paroles avec lui. Son extérieur était sérieux, ses formes polies et de bon ton ; ses yeux ne manquaient pas de feu, malgré le calme du regard. Il avait alors environ 50 ans. Il était de taille moyenne, épais de corps sans embonpoint. Son teint était brun et haut en couleur ; ses manières, celles de la bonne société. Son valet de chambre me dit qu'il avait l'habitude d'écrire ses pièces de théâtre dans son lit, le matin, un pupître sur les genoux ; que le reste du jour, il jouissait de la campagne, et le soir, de la société du salon. Il est probable qu'il composait en se promenant, et que le matin il mettait son œuvre sur le papier.

Ayant visité le château de Bussières, nous nous rendîmes à notre auberge par une allée d'ormes qui conduisait à la route. De nouveau en voiture, nous nous détournâmes de notre chemin lorsque nous fûmes à la hauteur de Montceaux, afin d'en visiter les ruines. Ce château fut reconstruit par Henri IV pour la belle Gabrielle, sa maîtresse, c'était un véritable palais. Il fut détruit en 1793. Maintenant, au milieu de cet appartement où il y eut fêtes et plaisirs, où la mollesse et la somptuosité étaient unies, croissent des légumes et de l'avoine, contraste instructif avec de superbes colonnes, des pans de murs encore riches de détails d'architecture. L'herbe croît là où la galanterie a eu ses triomphes, le libertinage ses désordres. L'esplanade est en friche, autrefois ornée de fleurs rares et belles. La vue, de là, est splendide, une immense vallée où la Marne roule ses eaux, où les bois s'étendent au loin jusqu'au sommet des collines. Dans leur épais feuillage apparaît la ville de Meaux, avec la tour de sa cathédrale. C'est somptueux, luxuriant, la nature y a déployé la richesse de sa végétation.

L'infidèle Gabrielle porta quelque temps le titre de marquise de Montceaux, dont la passion de Henri IV l'avait rendue la dame. Après sa mort, ce magnifique domaine fut réuni à la couronne et devint une demeure royale. Aujourd'hui ses communs forment la belle habitation d'un simple particulier.

Antérieurement à Henri IV et à Gabrielle, Montceaux a d'autres souvenirs Henri IV s'y trouvait avec sa cour, car ce lieu était du domaine royal, lorsqu'il apprit que le frère de l'amiral de Coligny, Dandelot, traitait publiquement la messe d'idolâtrie ; il l'interpella lui-même. Dandelot ayant tenu le même langage, Henri, plein de colère, prit une lance et voulut l'en frapper. Celui-ci esquiva le coup, mais le Dauphin, qui était près du roi, fut blessé.

Au mois de septembre 1567, Charles IX voulait tenir, le 29, le chapitre général de l'ordre de Saint-Michel. Pendant ce temps, le prince de Condé, Coligny et Landelot, du parti protestant, conjuraient à La Ferté-sous-Jouarre, afin de surprendre le roi et de s'en emparer. Charles en fut averti ; il se réfugia aussitôt à Meaux, et se rendit ensuite à Paris au milieu d'un bataillon de 6.000 Suisses, commandés par Pfiffer.

Enghien.
(Juillet 1845.)

Le 16 juillet, je me rendis de Paris à Enghien. J'étais avec un de mes cousins, officier de marine. Nous prîmes le chemin de fer d'Argenteuil, célèbre autrefois par l'abbaye d'Héloïse et l'hôpital de Saint-Vincent-de-Paul, aujourd'hui par la Sainte-Robe du Sauveur. Cette petite ville, chef-lieu de canton, est vilaine et mal bâtie. La population est de 4,500 habitants. Elle est à 10 kilomètres de Paris et 20 de Versailles. Elle est située sur la rive droite de la Seine, qui la baigne de ses eaux, après avoir passé à Saint-Denys et se rendant à Saint-Germain.

Enghien, dans la vallée de Montmorency, était alors un simple hameau des communes de Deuil et de Soisy, de 150 habitants. Son lac et ses eaux thermales le mettent en renom : aussi est-il rempli d'étrangers dans la belle saison.

Je me trouvais pour la première fois dans un lieu d'eaux. Je vis qu'on y cherche plus le plaisir que la santé. Celle-ci, d'ailleurs, est souvent belle, à tel point qu'on ne peut en prendre qu'une surabondance. La plupart des teints me parurent frais et vermeils, et ce sont les maladies de peau à la face qu'on vient guérir. La cure pour un grand nombre me semble peu difficile. On a passé une partie de la belle saison en promenades et en fêtes, c'est le principal. Secondairement, les eaux sont pour réparer la fatigue du plaisir, l'échauffement qu'il donne au sang et les boutons dont il fleurit le visage. La vallée de Montmorency, du reste, offre mille sujets de divertissements, car elle est pleine de charmes. Les bords du lac sont ravissants ; arbres, villas, jardins en dessinent, pour ainsi dire, les contours ; lui et eux se prêtent une mutuelle fraîcheur et une égale beauté. Il y a sur sa rive un jardin public ; ombrages, allées, parterres et parfum des fleurs, voilà ce qu'il offre aux promeneurs. On flâne, on s'assied, on critique, on jase, on rit. On montre du doigt un Monsieur singulier par sa mise, original par ses idées. On fait remarquer un vieux garçon dont la perruque est de travers et l'habit un peu râpé. On indique une dame d'une toilette sans goût, d'une manière de s'arranger à effet ; une autre, dit-on, est sotte, ennuyeuse, d'une naïveté qui fait sourire. On plaisante de tout, du visage et des mœurs. On désigne une jolie femme et l'on en est jalouse : alors des propos, alors des traits malins ; on brode de calomnies la médisance. C'est ainsi qu'on se venge d'un éclat de visage qu'on n'a pas, qu'on voudrait avoir. La femme jolie à son tour se moque de la laide, la jeune de la vieille. A cet égard, que de rires aux éclats on se permet. On ne manque pas non plus un grand personnage ; on vous le désigne, vous vous tuez à le regarder, et vous trouvez en somme qu'il est fait comme les autres mortels, peut-être un peu plus laid ou moins bien bâti. Celui-ci est un ministre, celui-là un académicien, deux importances du moment. Un autre est un célèbre romancier, beaucoup lu, beaucoup apprécié, cependant médiocre en littérature. Les anecdotes abondent ; mais les oreilles chastes ne doivent pas tout écouter, elles seraient blessées. Cependant, s'il y a des anecdotes graveleuses, il en existe d'intéressantes ; elles servent à l'histoire contemporaine, elles font connaître le monde social et politique, l'état de la science, celui de la littérature, le mouvement des esprits, les intrigues de la diplomatie, les ruses des gouvernements, et mille autres faits du plus haut intérêt. La vie oisive des eaux est donc une dépense de babil, d'esprit autant que d'argent.

On conçoit aisément qu'un séjour où le temps est occupé par des promenades, par d'agréables conversations, par des distractions de tous genres fasse du bien à la santé. Les eaux secouent ainsi l'humeur noire, dissipent l'ennui, mettent la bile en équilibre.

Du riant vallon d'Enghien, on aperçoit les clochers de Saint-Denys qui domine la plaine.

A neuf heures et demie du soir, je m'en retournai à Paris par le chemin de fer, où l'on nous conduisit en voiture. Le tunnel que nous avions traversé le jour au milieu d'une complète obscurité était illuminé : on aurait dit une promenade aux flambeaux sous les arceaux d'une salle basse gothique. Dehors le tunnel, la lune, disque lumineux, s'avançait calme dans l'espace ; le silence régnait au milieu de la campagne, le bruit des wagons et de la locomotive l'interrompait seul. En dix minutes nous fûmes au milieu du bruit étourdissant de la capitale, où nul ne dormait encore.

Orléans, Beaugency, Cléry, Meung, Olivet.
(Août 1845.)

J'allai passer quelques jours à Orléans, chez ma sœur. Orléans est une belle ville dans ses principales rues, vilaine dans ses anciennes rues, qui sont petites, étroites, sinueuses, n'ayant pour pavé que de mauvaises pierres aiguës. Sur la rive gauche est son faubourg Saint-Marceau, ses quais appelés le Portereau et sa belle avenue de la rue Dauphine. Les quais de la rive droite sont beaux, généralement bien bâtis, mais déserts depuis que les transports du commerce ne se font plus par la Loire. La rue Royale, commencée en 1751 et achevée en 1754, et la rue Jeanne-d'Arc, nouvellement ouverte, surpassent toutes les autres belles rues. La première va de la place irrégulière du Martroi au pont, la seconde part en travers de la rue Royale et aboutit à l'étroite place Sainte-Croix. Le pont, de neuf arches est un beau pont. Il est de même date que la rue Royale, de la fin du siècle dernier, il fut terminé en 1760. A sa suite est la rue Dauphine, d'agréable perspective par ses arbres aux grandes ombres. La rue Jeanne-d'Arc, qui va directement à Sainte-Croix, la cathédrale, a été une heureuse idée comme embellissement de la ville en donnant un point de vue au monument. Elle est large ; elle ne l'est cependant pas assez pour la perspective de l'édifice. La place surtout qui la termine n'a pas été assez évasée. Malgré la recherche et la profusion de ses colonnettes, la façade de Sainte-Croix est lourde ; ses deux tours sont massives ; les cinq ogives très aiguës de son portique annoncent la dégénérescence de l'art : la fondation de cette cathédrale, imposée par Rome à Henri IV, date de 1601, et l'édifice n'a été achevé que dans le premier tiers du siècle présent.

La cathédrale précédente avait été détruite par les protestants, en 1567. Philippe Lurault dit dans ses Mémoires que « les principales dévotions du jubilé de 1601 furent faites pour la France à Orléans, afin d'aider par le moyen des aumônes à rebâtir l'église Sainte-Croix, bien que le roi y fut obligé tout seul de la rebâtir entièrement par l'injonction de pénitence qu'il receust dès lors de sa conversion. » (Collect. des Mém. pour serv. à l'hist. de France, Michaud et Poujoulat, t. X, p. 609.) Ce vaste édifice, où l'on a cherché à mettre beaucoup d'art à l'extérieur, ne peut entrer en comparaison avec nos cathédrales du moyen âge, malgré la devise qui a été mise autour des rosaces des portes du transept, *nec pluribus impar*, devise que les Orléanais, très fiers de leur cathédrale, traduisent, *il n'y en a pas de pareille*, ignorante et sotte vanité. Le style est ogival ; mais la pointe de l'ogive est aiguë ; ce n'est pas la gracieuse lancette du XIII° siècle. Les baies ont un grand développement, mais n'ont pas la beauté de celui des baies du XIV° siècle. Leur flamboyant lui-même est bâtard, ainsi que le rayonnement des rosaces, qui d'ailleurs ont peu de développement. Les piliers sont anguleux en leurs formes. Ils s'élancent vers la voûte sans chapiteau, ce qui donne à l'architecture une grande sécheresse de style. Il n'y a point dans cet édifice au chœur immense, à la vaste nef flanquée de quatre latéraux, la majesté, le sévère imposant de nos cathédrales du moyen âge ; on s'y sent froid. Des chapelles règnent autour du chœur, à l'exception de la partie où a été établie la sacristie, anomalie et défaut dans le plan. Le mérite unique de cette cathédrale est son ampleur et au dehors ses nombreux clochetons de ses contreforts et de ses arcs-boutants. La galerie intérieure ou triforium est en rapport avec le reste de l'édifice. Cependant on ne peut refuser à cette cathédrale le titre de monument, comme l'on doit reconnaître que dans son ensemble il produit un grand effet, tout critiquable qu'il est, pris dans ses détails. Son portail défectueux a néanmoins de la majesté : l'œil le contemple avec plaisir, sans qu'il éprouve le charme que produisent nos vieux édifices du moyen âge et de la Renaissance. On admire donc sans grande émotion ; on blâme plus qu'on ne loue.

On rencontre en cette cathédrale plusieurs inscriptions tumulaires : celle de Mathurin de la Saussaye, évêque d'Orléans en 1664, décédé en 1684, le 9 février, à l'âge de 71 ans ; celle de Louis Sextius de Jarente de la Bruyère, autre évêque d'Orléans, mort à 82 ans, le 28 mai 1788. Il avait tenu sous Louis XV la feuille des bénéfices. Le cardinal de Bausset, son parent, lui fit son épitaphe. En la chapelle de saint François de Sales est la pierre de marbre qui couvre la sépulture de l'évêque Rouph de Varicourt, mort le 9 décembre 1822, à l'âge de 67 ans. C'était un beau vieillard, d'une haute taille et d'une pâleur extrême, homme médiocre, mais d'une grande bonté. Il était le frère du garde du corps de Varicourt, qui fut massacré dans la nuit du 6 octobre, en défendant l'entrée de la chambre de la reine Marie-Antoinette.

Depuis 1840, deux autres évêques d'Orléans ont été inhumés en cette cathédrale : Jean Brumauld de Beauregard, mort à Poitiers le 26 novembre 1841, dans sa 93° année, il avait été déporté à Cayenne en 1795 ; le second, Jean-Jacques Fayet, représentant du peuple à l'Assemblée nationale en 1848, né à Mende le 26 juillet 1786, mort à Paris le 4 avril 1849, dans sa 63ᵉ année.

Près de Sainte-Croix est la place de l'Étape, où se trouve l'hôtel de ville, construit en 1530 par un bailli d'Orléans, Jacques Grossot, qui en fit sa demeure. Le roi François II y mourut en 1560, à l'age de 17 ans ; ce fut dans la chambre où le Conseil municipal tient actuellement ses séances.

Le musée est aussi une construction du XVIᵉ siècle et était la demeure de l'intendant d'Orléans. Là est le beffroi ou tour de ville. Sa collection d'objets d'art et de tableaux est assez nombreuse, et n'est point sans mérite. Il est un des beaux musées des villes de province. Sa façade donne sur la rue Sainte-Catherine ; cette rue, jusqu'au XVIIIᵉ siècle, époque de la construction de la rue Royale, était la rue principale de la ville. C'est par elle que Jeanne d'Arc fit son entrée triomphale après avoir fait lever aux Anglais le siège d'Orléans. L'ancien pont faisait suite à cette rue et conduisait sur la rive gauche au fort des Tournelles. En cette rue, près de la Loire, sont les restes de l'église Saint-Jacques, édifice du XVᵉ siècle. Non loin de là, dans la rue de la Pierre-Percée, sont quelques maisons du même siècle et intéressantes à étudier ; malheureusement c'est dans un vilain quartier. La rue Sainte-Catherine est aujourd'hui habitée par des chiffonniers et des marchands de vieilles ferrailles ou de marée salée. Son pavé est horrible. Elle est tortueuse et étroite, et change plusieurs fois de nom dans son parcours, jusqu'au Martroy. Dans une sale petite rue, celle des Albanais, est la maison dite de Diane de Poitiers, très gentille construction du XVIᵉ siècle. Dans la rue de Recouvrance est la maison dite de François Iᵉʳ. La cour a au rez-de-chaussée une galerie soutenue par des colonnes à chapiteaux grecs. La maison d'Agnès Sorel est dans la rue du Tabourg, ainsi que celle de Jeanne d'Arc, ainsi nommée parce qu'on dit que cette héroïne y a couché durant son séjour à Orléans. On indique aussi, dans la rue de la Vieille-Poterie, une maison qui n'offre aucun intérêt architectural, où habitait Marie Touchet, maîtresse de Charles IX. Les Valois, on le sait, avaient des mœurs plus que galantes, et furent de pauvres princes. François Iᵉʳ eut sans doute la vaillance, mais c'était un médiocre politique. Tous ces princes furent des hommes de plaisirs et montrèrent une race abâtardie.

Sur la place du Martroy est une petite statue de Jeanne, en bronze. Elle est peu estimée comme art. Je crois qu'on la déprécie trop. Il y a quelque chose de martial dans cette jeune fille serrant son drapeau contre son sein, et l'épée à la main pour le défendre. L'idée n'est point du tout mauvaise ; sans doute ce n'est point une grande œuvre, cependant elle n'est point dépourvue de valeur.

Je ne parlerai point du Tribunal, moderne édifice manqué.

A l'exception de Sainte-Croix, de Saint-Aignan, de Saint-Euverte et de Notre-Dame de Recouvrance, les autres églises ne peuvent pas compter comme édifices. Saint-Aignan, de l'époque flamboyante prismatique, a été mutilée à son transept. Sa tour a été abattue. Sa crypte est de l'époque romane, elle mérite d'être visitée.

Recouvrance offre le plein cintre adopté après l'abandon du style ogival. Elle est régulière dans sa construction. Le long de ses latéraux sont de petites chapelles aux voûtes basses. Le chevet est rectangulaire. Il contient une vaste verrière de peu de valeur, du XVI° siècle. On a accolé aux trois autels du chevet de massifs rétables de mauvais goût et peu en rapport avec la simplicité de l'édifice. Les trois portes de la façade sont ornées d'arabesques, ce qui annonce la Renaissance.

Orléans a douze paroisses, sept dans l'intérieur de la ville, cinq dans les faubourgs. La population est de 45.000 habitants.

Les huguenots et les dévastateurs de 1793 ont beaucoup détruit dans cette ville ; le régime moderne a fait disparaître les portes et les murs de fortifications. La porte Saint-Jean, qui eût dû être conservée comme souvenir du moyen âge, a été renversée depuis 1830 : c'est à déplorer ; dernier reste du vieil Orléans fortifié qu'il fallait conserver avec respect. La première moitié du siècle présent a été une époque de démolition, la plupart du temps inintelligente.

La rue Bourgogne, en laquelle se trouve la Préfecture, ancien couvent de bénédictins, est fort longue et change souvent de noms ; elle va de la rue Royale à l'une des portes de la ville, à laquelle porte elle donne son nom. C'est la rue des revendeurs et des marchands de meubles.

Les promenades sont vastes, mais d'une grande tristesse. Elles manquent de point de vue et d'horizon. En suivant les quais et la rive droite de la Loire, tant en amont qu'en aval, on jouit d'une belle vue, malheureusement les collines y font défaut, l'œil se repose sur une surface plane ; ceci ôte au site de l'agrément. Cette partie est appelée le Val : il contient la Loire et le Loiret.

Le peuple d'Orléans est criard et sottisier, d'humeur peu accommodante, de caractère revêche. Il se glorifie de deux noms, qui peignent bien ce qu'il est, et qui ne sont pas à son avantage, ce sont ceux de *chiens d'Orléans et de guépins*. Il y avait autrefois beaucoup de bossus. Les figures sont longues, sèches, sans expression ; le regard est hardi, mais il manque de vivacité. L'Orléanais, bourgeois ou noble, n'accueille pas l'étranger, il se concentre dans sa famille. Son accueil, poli, est froid. Il a de la morgue et estime son origine beaucoup plus élevée qu'elle n'est. Enrichis par le commerce, ses pères ont ajouté à leur roture, un *de* douteux, mais ils n'ont pu y adjoindre la supériorité de l'intelligence. On y rencontre, en ces gens, grand nombre de médiocres esprits et des idées étroites. La richesse leur semble tout suppléer et leur donner droit au premier rang ; quand elle est accompagnée d'ineptie, elle met en réalité au dernier. J'ai entendu tous les voyageurs parler défavorablement d'Orléans et de ses habitants, à cause de leur froideur et de leur peu d'accueil. L'impression sur ce point est générale.

On me mena à *Beaugency* pour voir le viaduc du chemin de fer. Vingt-cinq arcades l'élèvent au-dessus de la vallée, en la partie la plus haute, environ à 20 mètres. La voûte est d'une grande légèreté, ce qui ajoute à la hardiesse de la construction. Sa solidité est dans le peu de développement des arcades. On était occupé à la couvrir de béton, afin d'arrêter l'infiltration des eaux pluviales. Sous l'une des arcades coulait un modeste ruisseau, un rû selon l'expression du pays. Il faisait contraste.

Nous allâmes voir une machine mue par la vapeur pour enlever le sable. La force motrice était grande. Plusieurs coutres en fer s'enfonçaient dans la sablière, la coupaient, et ce qu'ils en détachaient était reçu dans une espèce de sabot. Un simple mouvement de bascule enlevait celui-ci ; son fond s'ouvrait, et en quelques minutes, plusieurs wagons étaient remplis, tandis qu'à bras d'homme, il aurait fallu de nombreuses heures. J'admirai l'ingénieux de cette machine, en elle-même fort simple.

Notre course ne fut pas agréable, un vent impétueux nous soufflait au visage. Il soulevait de dessus la route des nuages de poussière qu'il transportait au delà de la Loire, en sorte qu'on eût dit qu'il pleuvait à verse sur l'autre rive. C'était le jour même où une trombe renversa les usines de Monville et de Malaunay en Normandie, près de Rouen.

Nous allâmes visiter l'église paroissiale, ancienne collégiale de Genonéfains. Elle date du commencement du XIIe siècle. Les deux latéraux circulent autour du chœur. Elle possède un transept. Les piliers, de forme cylindrique, ont des griffes à leur base, des feuillages et des volûtes à leur chapitaux. Cet édifice est régulier et spacieux.

L'ancien château est auprès. Il servait pour le moment de dépôt de mendicité. Son donjon existe encore, quadrilatère qui n'offre rien digne de remarque. Il a 23 mètres 38 centimètres de longueur sur 20 mètres 65 centimètres de largeur. Son élévation est de 33 mètres. Dans son mur, du côté de l'église, on voit des traces de construction romaine.

Beaugency, ville importante au moyen âge, est un chef-lieu de canton du Loiret, à 24 kilomètres d'Orléans, d'une population de 5.000 âmes. Ancien comté, baillage et élection, il apparaît de temps en temps dans notre histoire. Il s'y tînt deux conciles, l'un en 1104, l'autre en 1151. En celui de 1104 on traita sans succès, sous la présidence du légat du pape Urbain, l'affaire du roi Philippe Ier, qui vivait en adultère avec Bertrade, après avoir répudié sa femme, Berthe, fille de Florent IV, comte de Hollande. Bertrade était fille du comte de Montfort et femme de Béchin, comte d'Anjou. En celui de 1151, on cassa le mariage de Louis VII et d'Éléonore.

Un ruisseau sans nom traverse la ville. Au sud, la Loire la baigne de ses eaux. Un vieux pont sur ce fleuve la met en communication avec la Sologne.

La plupart des rues sont petites et vilaines.

L'hôtel de ville est un édifice de la Renaissance, assez gentil. Auprès est le beffroi.

A l'est et à l'ouest sont des vignes. Elles produisent le meilleur vin de l'Orléanais. Au nord, c'est la Beauce.

Ma grand'mère, du côté paternel, était de cette ville. Son frère, son père et son grand-père y avaient été successivement lieutenants civils. Moi, leur arrière-petit-fils, j'y étais parfaitement inconnu. Le premier, Marin Georgeon, sieur de la Picardie, avocat en parlement, officier du duc d'Orléans, mourut le 20 octobre 1700. Le second, père de ma grand'mère, Marin Georgeon, sieur des Muids, avocat en parlement, conseiller du roi, prévôt, juge royal ordinaire, civil et criminel, lieutenant de police, mourut en 1742. Ma grand'mère était née en 1731, épousa en 1768, Jean Poisson, notaire royal à Janville. Elle portait le nom de Georgeon de la Humery, autre propriété de la famille, comme les Muids et la Picardie. Son frère, Marin-Nicolas Georgeon, mort sans postérité en novembre 1761, était conseiller du roi et du duc d'Orléans, lieutenant-général de police, conseiller assesseur au baillage. Je relate ce fait de famille, très peu intéressant en lui-même, mais précieux pour moi, comme souvenir. L'homme aime à connaître d'où il vient, à remonter à l'origine de sa famille : il se lie ainsi aux temps passés et peut y rattacher l'avenir.

Un autre jour nous traversâmes la Loire et allâmes à pied à Cléry, situé en Sologne. Son église était le but de notre excursion. Le site est triste et désert, le sol pauvre et mauvais. Cette petite ville, à apparence de bourg de grande route, consiste en une longue rue. Un petit ruisseau coule à son couchant. C'est un chef-lieu de canton de 2.800 âmes. Louis XI fit construire son église, véritable monument du xv⁰ siècle. C'est un vaste édifice, d'une longueur de 80 mètres dans œuvre. La nef en est large. Elle a 25 mètres d'élévation sous clé de voûte. Les piliers, à nervures prismatiques, montent jusqu'à la voûte ; ils n'ont point de chapiteau. L'ogive est aiguë. Le mur est complètement nu à partir de la pointe des arcades jusqu'aux verrières ; il y a donc absence de galerie. Les verrières ont trois meneaux et quatre formes trilobées. Elles sont flamboyantes ; elles manquent de rose. Les latéraux circulent autour du chœur. Le transept ne les dépasse pas. A l'abside est la chapelle de la Vierge, où est la petite statue, dite Notre-Dame de Cléry, objet du pèlerinage. Louis XI y avait une grande dévotion. Ce roi a été enterré dans la nef, au bas de la chaire. Son tombeau fut détruit par les Huguenots en 1562. Louis XIII fit rétablir la sépulture violée. L'exécution en fut confiée à un sculpteur d'Orléans, Michel Bourdin. Ce tombeau fut profané une seconde fois en 1793 ; il datait de 1622. On le transporta aux Petits-Augustins à Paris. Il fut rendu à Cléry et restauré en 1818. C'est une œuvre d'une grande médiocrité et nullement en rapport avez l'édifice. Louis XI y est représenté à genoux, tendant les bras vers le sanctuaire. Il est vêtu d'une tunique et du manteau royal fleurdelysé et orné d'une hermine. Quatre petits génies tiennent des écussons non armoriés.

Au côté méridional sont quelques chapelles du xvi⁰ siècle et décorées de pendantifs à leur voûte.

La façade occidentale de l'édifice est d'une grande nudité. Elle a trois portes, la principale ogivale, les deux autres surbaissées. La galerie a une balustrade flamboyante. Cette façade manque de deux tours. Il existe une tour sur le côté septentrional, d'une époque antérieure à l'édifice. Elle ne dépasse pas la hauteur du toit de la nef. Les arcs-boutants sont plats et décorés de clochetons.

Le lendemain j'allai à Meung par un soleil ardent et une poussière fatigante. J'y étais attiré par sa vieille église de la fin du xii⁰ siècle, à l'exception de la porte principale et du clocher qui sont romans. La porte est au bras nord du transept. Le clocher n'est point élancé ; à sa base sont quatre clochetons. L'édifice a dans sa nef cinq arcades, en y comprenant celle du transept ; le chœur en a deux. Les latéraux se prolongent au delà du transept d'une travée, laquelle forme chapelle. Le chevet et les bras du transept décrivent un demi cercle. Les piliers sont carrés avec quatre colonnes engagées et autant de colonnettes. Ils sont très massifs. Leurs chapiteaux ont volutes et feuillage. On compte au chevet trois travées. Elles renferment deux rang, de baies. Les retombées des voûtes sont reçues sur des colonnes en encorbellement, sur le cul-de-lampe desquelles sont tracées en creux les croix de consécration. Les voûtes sont à arcs doubleaux. Il existe dans chaque latéral trois chapelles.

L'édifice en sa partie occidentale tient au château, ancienne maison de plaisance des évêques d'Orléans avant 1789. Du côté de la Loire ce château est longé par une promenade solitaire. Elle domine la petite rivière de la Mauve et le fleuve. Une levée la garantit des débordements de ce dernier.

Je contemplai quelques instants les paisibles eaux de la Mauve s'en allant à la Loire. Heureuse, me dis-je, la vie qui coule de même, ignorée et sans tempête. Hélas! les jours de l'homme sont agités ; ils trouvent plus leur image dans les flots tumultueux de la Loire et dans ses sables mouvants. La vie simple, entremêlée de doux loisirs, voilà le bonheur. Mais les hommes s'agitent sans cesse, laissent envahir leur âme par mille désirs, nourrissent de rêves leur imagination : par là, ils sont mal-malheureux même dans la prospérité, et accablés dans l'infortune. Mille inquiétudes les possèdent ; ils vivent dans le trouble, ils meurent sans avoir joui du calme du cœur et de l'esprit ; ils meurent dans la tristesse et l'agitation.

Meung est une vieille ville mal bâtie, ayant grand nombre de petites rues tortueuses. La principale est sur la route. La Mauve traverse la ville et fait tourner des moulins à tan et à farine. C'est donc une ville de meuniers, de tanneurs et de vignerons. La population est de 4.700 âmes. C'est un chef-lieu de canton, à 16 kilomètres d'Orléans.

En m'en retournant, j'observai la perspective, Notre-Dame de Cléry apparaissait comme une fleur dans un bouquet de verdure, à 3 kilomètres, les blanches tours de Sainte-Croix dans le lointain, et le clocher de Meung. L'aspect de ces trois monuments avait quelque chose de solennel ; Sainte-Croix annonçait une ville épiscopale, Cléry un pèlerinage, Meung une antique abbaye. Je considérais comme un voyageur qui ne doit plus revoir les objets qu'il rencontre sur sa route ; je considérais, la pensée pleine des âges passés, Sainte-Croix disparut, Cléry s'effaça, j'étais à Saint-Ay.

J'allai un autre jour au château de la Source. Ce nom lui vient du Loiret qui y sort de terre en léger bouillon au milieu d'un bassin : c'est au sud-est d'Orléans, à 6 kilomètres environ. Le château n'a rien de remarquable. Le Loiret le baigne de ses eaux, en traversant le parc. Le cours de cette rivière est de 12 kilomètres au plus : cependant il peut en largeur le disputer à la plupart des rivières : en effet il offre une belle nappe d'eau, et dès son origine. Ceci tient à la quantité de sources qui sont dans son lit. Aussi ne gèle-t-il pas en hiver, et est-il froid en été. Ses bords offrent de charmantes maisons de campagne et de jolis points de vue. Leur splendeur est à partir de la source jusqu'au château de la Fontaine. De ce château au pont de Saint-Hilaire-Saint-Mesmin, ils offrent un parcours agréable et parfois pittoresque. Du pont de Saint-Hilaire jusqu'à la Loire, ils sont nus et tristes, fournissent un aliment à la pensée mélancolique, laquelle n'est pas dépourvue de charmes.

Le fangeux ruisseau de l'Huy, venant de la Sologne, vient se jeter dans le Loiret presque à la source. Il y a aussi un gouffre au milieu d'eaux bourbeuses et presque stagnantes, abîme dont on ne connaît pas le fond. Il est près de la rive droite dans le parc même du château de la source. Le fameux lord Bolimbrocke habita ce château, qu'il avait loué à vie en 1720. La famille de Morogues en était propriétaire à l'époque de mon excursion. M. de Morogues père a laissé un nom comme agronome. Il était membre de l'Institut.

Olivet a ce château à son levant, à 4 kilomètres de distance ; à son couchant, le château de la Fontaine, ainsi nommé d'une fontaine dans son parc. Un moulin en cette partie barre le cours du Loiret, qui se divise en deux bras et fournit des chutes d'eau qui font tourner plusieurs moulins. Il en est de même avant d'arriver au pont de Saint-Hilaire-Saint-Mesmin. Le parc de la Fontaine a été dessiné par Le Nôtre. Il est tout, peut-on affirmer, l'habitation n'est rien. Au côté du nord on jouit, par une échappée, du panorama entier d'Orléans. On a à sa droite une jolie volière, à sa gauche les beaux arbres du parc. Au midi, à l'autre façade du château, les points de vue sont multipliés ; un jet d'eau, ensuite un pigeonnier ; plus près, sur la même ligne, la grotte de la fontaine ; après, l'église d'Olivet, le Loiret, une maison de campagne, un moulin, une longue allée ayant à son horizon un bois de chênes et de sapins. Le potager est bordé d'une longue file de beaux orangers en caisse. On peut traverser la grotte où coule la fontaine ; en en sortant, on a la vue d'une belle nappe d'eau ombragée par de grands arbres et ayant sur ses bords un gentil colombier et un beau moulin dont le tic-tac se mêle au chant des oiseaux. On est sur la rive du Loiret ; il se divise en plusieurs bras ; il est là, magnifique ; une délicieuse pelouse invite au repos, deux pirogues à naviguer. Après avoir traversé un pont, on arrive à un superbe rond-point ; huit allées y aboutissent, ayant chacune une vue différente. De l'une on aperçoit le Petit-Séminaire de La Chapelle, à 4 kilomètres, au delà de la Loire. Les grands arbres du parc par leur vigueur et leur beauté annoncent un sol excellent. Nous admirâmes un peuplier parfaitement adhérent à un chêne, dans lequel il avait pris racine. Il planait avec majesté au-dessus de la cime touffue du chêne, qui, lui, l'enlaçait de son écorce. Ils semblaient n'avoir tous les deux qu'un même tronc. Ils se prêtaient un mutuel appui.

Arpajon, Monthléry, Corbeil, Baville, Soucy,
(Juillet 1847.)

Être en voiture, c'est-à-dire en voyage ou en promenade, est un des bonheurs de l'existence, si, avisé, on laisse de côté les soucis et les amertumes de l'esprit et du cœur pour abandonner son âme à la rêverie et aux sensations de la route, pensant machinalement et disant peu de paroles. Nous fuyons loin d'Orléans, ma nouvelle résidence depuis une année, emportés par la vapeur à travers les monotones plaines de la Beauce. La tour du lieu de ma naissance fit revivre les doux souvenirs du premier âge et de la famille. Fugitive comme tout le reste, mon enfance était loin, bien loin. L'enfance ne devrait jamais passer ; comme la fleur de l'aurore, elle a beauté et fraîcheur. Souvent le souvenir des premiers ans soulève bien des douleurs dans la poitrine, car depuis il y a eu la lutte, l'ardeur des désirs, les agitations et les mécomptes ; la pensée devient triste, on verserait volontiers des larmes. Le premier battement du cœur est joyeux, le dernier est douloureux, et entre l'un et l'autre que d'émotions diverses en buvant à la coupe enchanteresse et empoisonnée de la vie ! La tour natale disparue, la distraction de la route effaça le souvenir ému et triste. Je me trouvai à Marolles, par une pluie abondante et peu après à Arpajon : c'était en juillet 1847.

Arpajon, chef-lieu de canton de l'arrondissement de Corbeil, est une petite ville d'environ 2,500 habitants. Elle est située dans la vallée de l'Orge, à 32 kilomètres sud de Paris. Ses maisons s'étendent dans une vallée étroite, resserrée par deux coteaux qui, à leur cime, fournissent plusieurs points de vue agréables. Les plantations sont diverses, tant dans la vallée que sur les hauteurs, peupliers blancs de Hollande, arbres à fruit, pommiers à cidre, vignes, prairies, champs de blé, champs de légumes, tout cela entremêlé d'habitations. La force de la végétation et la variété des produits annoncent la richesse et la fécondité du sol. L'œil se plaît à contempler cette campagne.

Après avoir coulé quelques instants côte à côte, l'Orge et la Remarde unissent leurs eaux bourbeuses dans Arpajon.

La principale rue est sur la route de Paris, devenue silencieuse depuis le chemin de fer, plus de diligences, plus de voitures de roulage, plus de voyageurs. Cette rue occupe la largeur de la vallée, et la ville s'étend un peu à droite et à gauche. Vers le milieu de la rue est un pont avec une plantation assez jolie. Au bout d'une rue adjacente, on arrive à la place, occupée en partie par une vaste halle. Là se tient le marché le jeudi et le vendredi. Les veaux et les porcs qui s'y vendent pour Paris sont magnifiques et de la meilleure espèce.

Les rues sont bien pavées et les promenades ombragées par de beaux arbres.

L'église, belle et régulière, date du XIIe siècle, a une nef et deux latéraux circulaires. Lors des guerres du temps de Charles VII, elle fut en partie détruite. La nef et ses latéraux et la première travée du chœur ont été refaits en entier. Ce fut au XVIe siècle, ainsi que le prouvent les formes anguleuses des nervures, les lignes prismatiques s'élançant sans chapiteaux jusqu'aux retombées des voûtes, en outre les cartouches à chaque clé. Au moment de ma visite, on reconstruisait à neuf la façade occidentale. On voit à quelques piliers des figures grotesques d'hommes, d'animaux, et des fruits. Le badigeon avait gâté un peu cette sculpture du XIIe siècle.

La chapelle absidale de la Vierge est spacieuse. Il y a au devant une tombe du XIVe siècle. Dessus est sculpté un homme vêtu d'habits longs. Sa surcotte est garnie de boutons depuis le haut jusqu'en bas. Une bourse de forme triangulaire pend d'une ceinture attachée autour des reins. Le personnage est nu-tête. Ses cheveux pendent en longues mèches sur ses oreilles, qu'ils laissent néanmoins à découvert. Ils forment également une longue mèche sur son front. Ses mains sont jointes sur sa poitrine. Ses pieds reposent sur un chien. Son écu, répété deux fois, est placé de chaque côté de sa tête. Il se compose de deux chevrons pointillés d'or et d'une losange sur champ d'argent. Ce personnage est couché de son long sous un dais surmonté d'un pinacle à crochets et accompagné de clochetons de chaque côté. Cette tombe, de petite dimension, est une pierre quadrangulaire oblongue. Autour est gravée l'épitaphe suivante : *Ci gist . proc . de . Chastre . fuit . mons . pre . sire . de . Chastre . et . de . madame . Marguerite . de . Champaigne. qui . trespassa . l'an . de . grace . MCCCXIJ . (1342) . le . merquedy . de . uant . la . saint . lorent . priez . pour . l'ame . de . ly . amen.* Au bout de la nef, presque au bas du chœur, sont deux autres pierres tombales. Celle du côté de l'épître représente un seigneur de Chastre. Il est couché sous un dais dont le pinacle est orné de crochets, mais sans clochetons. C'est un large triangle renfermant un plein-cintre, dont l'ornementation sur tout le pourtour intérieur se compose de fleurs de lis en saillie, formant elles-mêmes autant de petits pleins-cintres. Au-dessus sont deux anges tenant d'une main un vase rempli de petits fruits ronds et qu'ils semblent vouloir répandre ; de l'autre main, ils montrent le ciel. Ces fruits ne seraient-ils pas l'emblème des mérites ou bonnes œuvres du défunt? Ce seigneur a les pieds posés sur une levrette. On remarque des éperons à ses talons, signe du chevalier. La chaussure est pointue et de mailles. Il a une épée à son côté gauche, et les mains jointes sur la poitrine. Son écu est le même que celui de la précédente tombe que j'ai décrite. La pierre tombale est une large pierre quadrangulaire. Autour est l'inscription suivante : *Ici . gist . monseigneur . Pierre . de , Chastres . chevalier . qui . trespassa . lan . de grace . MCCXCVI . le . vendredi . daprès . la . Saint . Denis . priez . pour . s . ame.* Le tombeau, du côté de l'évangile, représente un homme couché de son long, comme les deux précédents. Il tient de la main droite un gant ; de la main gauche, sur son poing, un faucon, signe probablement de sa charge. Chacun de ses pieds est posé sur un chien, une levrette et un basset. Sous ces chiens sont deux lièvres que ceux-là semblent poursuivre. Il n'est point renfermé dans un dais. Il a une simple surcotte, sans ceinture qui la tienne. La chaussure est pointue et de mailles. Voici l'épitaphe : *Ici . gist . conte . chase .* (probablement connétable de la chasse) *conte . lembart . de . sienne . la . viele . qui . trespassa . l'an . de . grace . MCCC — inni . le XXVme jour . de . iuiette . priez . pour . lame.* Au-dessus de la tête sont deux anges, ayant chacun un encensoir à la main, et de l'autre main une navette, le parfum des bonnes œuvres. Sur les côtés, sa chevelure est relevée en boudin, avec une large et abondante mèche de cheveux sur le devant.

Les trois épitaphes sont en lettres unciales.

D'autres tombes pavent la nef ; mais les sujets sont entièrement effacés ainsi que les inscriptions.

Au bas du latéral méridional, contre le mur, on lit l'inscription suivante : *Cy git haut et très puissant seigneur monseigneur Louis, marquis d'Arpajon, etc., etc., etc., lieutenant général des armées du roy, chevalier de la Toison d'or et de Saint-Louis, chevalier de l'ordre de Malthe, gouverneur de la province du Berry et des villes de Bourges et d'Issoudun, etc. Issu d'une des plus illustres et plus puissantes familles du Rouergue, il marcha sur les traces de ses ancêtres ; non content d'avoir donné des preuves de sa valeur en Flandres, en Allemagne et en Italie, il soumit en Espagne les forts d'Arent, de Ténalque, de Castellion et de Salsonne, et les pays de Ribagora et de Vuldaran. Après de si glorieux exploits il ne se reposa que pour donner des preuves de sa générosité à cette église qu'il combla de bienfaits, aux pauvres dont il était le père, et sa protection particulière à cette ville, à qui il donna son nom avec l'agrément du roi. Il rendit son âme aux* (sic) *seigneur le XXI août de l'an MDCCXXXVI* (1836) *de son âge le LXVII*me. *Il est inhumé dans le cœur* (sic) *de cette église selon ses désirs. Requiescat in pace.*

Le marquis d'Arpajon prit Venasque le 16 septembre 1711, et Castel-Léon quelques jours après, pendant la guerre de la succession d'Espagne. Ces forts sont en Aragon.

Arpajon est donc l'ancienne ville de Châtre dans le Hurepoix. Châtre perdit son nom, ayant été érigé en marquisat en faveur du seigneur d'Arpajon, petit village d'Auvergne dans le département du Cantal, près d'Aurillac.

Un village touche à Arpajon, Saint-Germain ; on le prendrait pour son faubourg. La population est de 550 habitants. L'église est d'une époque plus ancienne que celle d'Arpajon. L'archivolte de sa porte est ornée d'un zig-zag byzantin. Des fruits et des animaux forment l'ornementation. Le chœur est plus élevé que la nef. Dans le massif de l'autel est un bas-relief en bois doré et divisé en cinq compartiments, dont voici les sujets : Judas donnant à Jésus le baiser de la trahison ; la condamnation de Jésus par Pilate ; le crucifiement de Jésus entre deux larrons : Jésus dans le sépulcre ; Jésus ressuscitant.

Les environs d'Arpajon ont plusieurs châteaux. Je rencontrai dans celui de Marolles deux évêques, Mgr Forcade, évêque *in partibus* de Samos, missionnaire au Japon, et Mgr de Marguerie, évêque de Saint-Flour. Mgr Forcade était un jeune homme de trente et quelques années ayant une belle barbe, de l'ardeur dans le geste, du jeu dans la physionomie, un regard annonçant l'exaltation de la pensée plus que l'esprit, car il n'était ni vif ni pénétrant. Il était bien jeune pour être évêque. Ce qu'il me dit du Japon et de la Chine était en contradiction avec ce qu'un autre missionnaire et des voyageurs m'en avaient raconté. Il ne me persuada point sur les mœurs patriarcales des îles Lieou-Kieou, avoisinant le Japon. Il voyait en esprit exalté ou avec l'imagination du jeune homme, plus d'expérience et plus de maturité étaient à souhaiter en lui.

Mgr Marguerie, sacré évêque en novembre 1837, était un bel homme dont l'expression des traits annonçait un esprit médiocre. La faveur lui avait valu l'épiscopat à 35 ans ; le mérite a dû n'y être pour rien ou pour bien peu de chose.

Nous étions chez Mme Espivent de La Villeboisnet, demoiselle Bedeau et cousine germaine du général de ce nom. On nous lut une lettre qui venait de Goritz ou de Venise. On y donnait des détails sur la famille royale déchue. Ils étaient touchants ; mais il faut, pour rétablir une cause, plus que des hommages rendus au malheur. Je fus témoin combien on se berçait d'illusions, surtout en s'attachant avec opiniâtreté à des idées qui ont fait leur temps : les idées vont en avant, jamais en arrière, voilà ce que l'histoire nous apprend. Espérer et attendre le retour du passé est simplement un rêve.

Le soir de la visite au château de Marolles, nous allâmes en faire une au baron Charlet, ancien secrétaire des commandements de la duchesse d'Angoulême, alors son homme d'affaires. Il était dévoué corps et âme, à l'infortunée princesse. Ceci était à sa louange, car la plus belle chose du monde est la fidélité au malheur. L'infortune a des oublieux, sinon des ingrats, sinon même des ennemis qui avaient flatté, encensé la prospérité. Égoïstes par nature, les hommes ne cherchent que leurs intérêts ; compter sur leur amitié, sur leur affection est duperie : triste chose à dire, surtout parce qu'elle est réelle. J'admirais le baron Charlet, il gardera mon estime, quoique sa manière d'envisager les choses ne fût pas la mienne : mais j'aime les hommes de cœur. Du reste il ne m'a pas semblé avoir des vues profondes : en cela il ressemblait aux gens de son opinion ; ils ne voient pas de loin et ne sont point des politiques ; beaux esprits qui font bien dans un salon, hors de là incapables ou aveuglés par d'imaginaires et folles espérances. Toute leur conduite politique prouve ce que j'avance. Il y a certes dans leur sentiment de la sincérité, mais aussi des regrets, sur lesquels ceux qui les repoussent ne se trompent pas.

Bruyères était le village et le château habités par le baron Charlet. La distance d'Arpajon est de 5 kilomètres. Le château est un vieux manoir aux grands et vastes appartements. Le parc a 100 hectares et des accidents de terrain, ce qui, avec la variété des plantations le rendait agréable, quoiqu'il fût peu soigné ; ce sont des bois, des étangs, des coteaux, des prairies enfermés dans des murs.

Nous revînmes par une belle soirée sur un léger phaéton. Le calme de la nature se communiquait à l'âme. Le silence de la nuit donnait de la gravité aux pensées et une agréable mélancolie ; on se perdait dans la vague de l'idée, le mystérieux des ombres y contribuait. Les constellations du ciel, vives, mais insuffisantes lumières, menaient l'esprit au delà des mondes, dans cette immensité qu'on appelle l'infini, car elle n'a pas de limites et l'œil humain en contemple à peine les rives. On rêve ; Dieu est là, senti, mais inconnu et invisible. Atome, on éprouve en soi la sensation et le sentiment qu'on est plus grand que ces astres, poussière jetée dans l'espace, cependant globes immenses, car l'intelligence douée de raisonnement est dans la création, le plus grand phénomène. La lune de sa douce lumière éclairait cette magnifique nuit.

Le 21 juillet je résolus d'aller à Montlhéry, sa tour m'attirait par ses souvenirs et par le pittoresque de sa position. Je me mis en route à pied par un soleil ardent. Je pris par Leuville, en bas de la route d'Orléans à Paris. Je me sentais souffrant, je me couchai sur l'herbe auprès des murs du parc de Chanteloup, comme un voyageur qui, épuisé d'une longue marche, doute s'il continuera son chemin. C'était la veille de la Madeleine, la Madeleine jour de foire au Puiset, château qui a eu sa célébrité au moyen âge par la rébellion de son seigneur contre le roi Louis VI : j'avais en mon enfance grand bonheur à aller à cette foire. Son souvenir me fit penser à mon jeune âge, délicieux temps, à la maison paternelle, à mon père, à ma mère, disparus comme mon enfance, aux épreuves de ma vie, diverses, nombreuses et amères. J'ai connu l'injustice et la violence : j'y ai opposé le pardon, un peu le dédain, non l'oubli.

Après avoir ainsi rêvé tristement, je me levai et repris de l'ardeur ; je voulais voir, je le voulais de cette volonté qui fait tout braver, même la mort et la persécution. J'ignorais si j'étais dans le chemin, et je n'avais personne à qui le demander ; je me dirigeai par la vue de la Tour. Au bout de 2 kilomètres de marche, j'arrivai à un gros village, c'était Leuville. J'en demandai le nom, je le saisis mal.

Je demandai le chemin de la tour de Montlhéry ; on me l'indiqua

Je longeai Leuville, interminable village : la tour de Montlhéry avait disparu, elle ne pouvait plus me servir d'indice. Elle se montra de nouveau, à ma grande joie, car j'avais crainte d'épuiser mes forces par une trop longue marche, quoique le grand air m'eût fait du bien. J'arrivai enfin au pied de l'église de Linas, village qui s'étend jusque sur la route d'Orléans et touche à Montlhéry. L'église de Linas me parut être du XIVe siècle. La butte et la tour de Montlhéry la dominent ainsi que le village. Je ne pus la voir qu'à l'extérieur, car elle était fermée. Son chœur est plus élevé que la nef. Son chevet rectangulaire contient un double rang de verrières superposées. Un chemin détourné et sablonneux me conduisit au pied de la butte, du côté du sud. Je gravis la pente presque à pic par un mauvais sentier à peine tracé. L'herbe, desséchée, était glissante, ce qui ajoutait à la difficulté de l'escalade : le pied manquant, on aurait roulé jusqu'en bas sur un terrain très peu moëlleux J'atteignis le haut : il était deux heures. On plane sur une immense vallée couverte de céréales qu'on commençait à couper, de champs de légumes, principalement de haricots, de quelques vignes, d'arbres fruitiers, de pommiers à cidre, de peupliers, de blancs de Hollande et de prairies : ce mélange annonçait la grande richesse du sol. Dans le lointain, des bois touffus et des hauteurs se perdent dans l'horizon. C'est de tous côtés une étendue de 24 à 30 kilomètres. Du haut de la tour on découvre le dôme du Panthéon, la butte de Montmartre, et le bout du clocher de Bry-sur-Seine.

Le château et son donjon étaient établis sur l'étroit plateau d'une butte. Ce petit fort était redoutable aux rois de France eux-mêmes. Il reste quelques pans en ruine de ses murailles et la base de quatre tours en avant du donjon. Celui-ci était à l'extrémité du fort, sur la pointe méridionale de la butte, très escarpée de ce côté. On aperçoit encore un passage en briques sur champ, que le cicérone, invalide passablement ignorant, me dit être celui des cuisines. A côté est un puits de 74 mètres de profondeur, et non loin un caveau où l'on descend au moyen d'une échelle. Ce caveau est divisé en plusieurs compartiments, qui donnent chacun entrée dans divers souterrains. Ceux-ci sont maintenant fermés. Ils communiquaient au loin ; l'un d'eux jusqu'au château de Marcoussis, à 5 kilomètres de là. Ces communications avec la campagne étaient établies pour les temps de guerre ; elles servaient à des sorties, au besoin à une fuite.

Le donjon, en partie ruiné par le haut, s'élance svelte et avec hardiesse au milieu des airs. Il paraît, par le peu d'étendue de son diamètre et sa position plus haut qu'il n'est ; il a 20 mètres d'altitude, et la butte 70 du côté de Linas. Sa forme est circulaire. Il y a quatre étages au dessus du rez-de-chaussée, exaucé de 5 ou 6 marches au-dessus du sol. La construction est en pierres du pays, en grès. Au rez-de-chaussée sont conservés divers objets tirés des déblais du puits : ce sont d'énormes boules en pierre, d'un diamètre considérable, destinées à être jeté sur les assaillants au moment de l'attaque, des boulets en pierre pour les premiers canons, appelés de là pierriers ; le fût d'un pierrier lui-même, en fer et cerclé en même métal ; enfin des cornes de cerf pétrifiées.

Aux deux premiers étages les voûtes sont crevées. Il n'en a jamais existé aux étages supérieurs : c'étaient de simples planchers. Au sommet de la tour est un plancher moderne en bois. Chaque étage se compose d'une seule salle et d'un petit cabinet. Les baies sont en meurtrières. Chacune est munie à droite et à gauche d'un banc de pierre. C'était sur ces bancs qu'au moyen âge on prenait l'air dans l'intérieur des appartements. On y parlait de politique, d'amour, de légende, de guerre. On y tramait les intrigues et les vengeances. On y médisait, on y calomniait : car les hommes d'autrefois, pour avoir des mœurs différentes, avaient néanmoins les mêmes passions que ceux d'aujourd'hui ; en effet, s'ils changent par l'esprit, ils ne changent jamais par le cœur. La voix du trouvère, partie du pied de la muraille, arrivait éveiller les instincts guerriers, les sentiments passionnés des chevaliers, des dames et des damoiselles. La guerre et l'amour étaient la grande occupation des seigneurs féodaux ; la foi leur faisait y mêler la religion. Ils croyaient, ils vivaient mal, ils se repentaient, souvent qu'à la mort, où ils apercevaient l'enfer de près. Pillards et félons, ils faisaient des donations de terres aux monastères et aux églises, en réparation de leurs péchés, attendant de là la miséricorde de Dieu : leur était-elle octroyée ? le secret en est au ciel. Mais à tout considérer, c'étaient ribauds, débauchés, vilaines gens, hautains et fiers.

On écoutait la voix du trouvère ; on le priait bientôt d'entrer ; il apportait des nouvelles et des récits, vrais ou inventés, selon qu'il voulait plaire à ses hôtes, les égayant autant qu'il pouvait. Le lendemain, il allait au pied d'une autre forteresse, y répétait le même chant, y recevait la même invitation, y rencontrait le même accueil. Narrateur des passions humaines, qu'il chantait, qu'il célébrait, qu'il embellissait, il cheminait ainsi de châteaux en châteaux, écoulant sa vie nomade au récit de légendes curieuses, ornées, incroyables, et fausses. On les acceptait, parce qu'elles renfermaient la fiction de l'idéal, chose si plaisante à l'imagination.

Je reprends ma description. Dans chaque salle était une cheminée, à côté un étroit cabinet. Il n'existe dans ces salles aucune espèce d'ornementation. Elles m'ont paru du XIIᵉ siècle. Quelques-uns en reculent la date au XIᵉ, à Thibault Frile-Étoupe, seigneur de Montmorency et premier de Montlhéry : je ne le crois pas. La tour actuelle est peut-être même postérieure à Louis le Gros, qui passe pour avoir fait raser le château.

On voit encore l'endroit par où on laissait tomber la herse.

Arrivé au sommet, on jouit de la vue d'une riche et vaste campagne. Au midi, au pied même de la butte, se développent Linas et son église, plus loin Leuville. Au sud-ouest est la hauteur qui domine et cache Arpajon. Les bois offrent un feuillage semblable d'aspect à la toison d'une brebis, effet d'optique dû à l'élévation et au lointain. Au couchant se trouve la hauteur sur laquelle le château de Marcoussis était construit. Il fut détruit au commencement de notre siècle. Il avait été bâti dans les premières années du XVᵉ par le surintendant des finances, favori de Charles XVI, Jean de Montaigu, mis à mort le 17 octobre 1409 comme concussionnaire. Montaigu était entièrement dévoué à la reine Isabeau de Bavière, mauvaise mère et femme pleine de scélératesse.

Avant la construction de Montaigu, l'ancien château avait nom la Maison-Fort ou la Motte. La Motte était à la pointe d'une vaste plaine, comme Montlhéry.

L'amiral de Graville, arrière-petit-fils par les femmes de Jean de Montaigu, acheva l'œuvre de celui-ci. Le sire de Graville servit Louis XI, Charles VIII et Louis XII ; il se retira ensuite dans son château de Marcoussis. Il y a de là à Montlhéry de 5 à 6 kilomètres.

Au nord-ouest, à peu de distance, est le village de Montlhéry. Au nord s'étend la plaine du côté de Paris. Au nord-est se trouve la belle vallée de Saint-Michel, où est Longpont, commune du canton de Longjumeau. Le beau château de Lormoy en fait partie. Il a appartenu au duc de Maillé. Au moment de ma visite, il appartenait à M. Caturle, ancien manufacturier et ancien pair de France sous Louis-Philippe. Martin du Nord, ministre de l'instruction publique et des cultes, y est mort.

Le gardien m'indiqua dans le touffu des arbres le château de Grand-Vaux, de la commune de Savigny-sur-Orge, canton de Longjumeau.

Grand-Vaux est connu par l'escapade de M. Thiers, animé par le Champagne. On sait ce qu'il montra entre deux bougies. Le vin n'est pas traître qu'aux gens du peuple. Grand-Vaux appartenait à M. Vigier. Enfin, à l'est apparaît comme une large tache le village de Saint-Michel, du canton d'Arpajon, comme Linas et Montlhéry.

Après un minutieux examen de la butte, je descendis vers Montlhéry. La pente est douce. Le donjon était précédé de trois cours fortifiées, dont chaque entrée était défendue par deux tourelles. On en aperçoit encore les vestiges. Une très petite butte est en face de la descente. Elle devait être probablement un point avancé de défense. Je fus bientôt à Montlhéry, du côté de l'église. Cet édifice est du XIII° siècle dans son chœur.

Le 16 juillet 1465 une bataille sanglante entre Louis XI et le duc de Berry, son frère, eut lieu dans la plaine de Montlhéry. Les ennemis du monarque s'étaient confédérés sous le nom de la Ligue du bien public. Il y avait 386 ans de cela au moment où je contemplais ce vaste pays. Louis VI affranchit les communes, Louis XI abattit la féodalité, l'un et l'autre dans leur intérêt propre, celui de leur royauté. Louis XIV recueillit les fruits des efforts de Louis XI, et notre époque ceux des efforts de Louis VI. Il a fallu huit cents ans pour enfanter pour la liberté ; il ne faut que quelques heures pour enfanter le despotisme ou l'anarchie.

Je revins par la route de Linas, on monte la hauteur, et on la descend en arrivant à Arpajon. Ma course m'avait fatigué, mais fait du bien ; je fis honneur au dîner.

Huit jours après, un élégant et léger véhicule, attelé d'un beau cheval anglais, nous menait à Saint-Sulpice de Favières : il était une heure après midi. Ma part du siège fut fort petite, car je le partageais avec deux abbés d'énorme rotondité ; je n'étais pas à l'aise, il y avait place pour deux et nous étions trois. Ainsi empaquetés, nous gagnâmes la grande route d'Orléans, que nous quittâmes au bout de deux kilomètres. En quelques minutes nous fûmes au village de Boissy-sous-Saint-Yon, du canton de Dourdan. Il est bien bâti et situé dans une vallée agréable, où les points de vue abondent. L'église est du XVI° siècle. Sur une crédence était un très beau Christ en ivoire, d'environ 40 centimètres de haut. Le travail en était magnifique. Nous remarquâmes un bas-relief en albâtre, incrusté dans la boiserie du banc-d'œuvre. Il représentait quatre chevaliers et un moine à genoux à la porte d'un monastère ; à l'intérieur était un autre moine, que le premier semblait prier de les recevoir.

Ce bas-relief, de petite dimension, nous parut être du XII° ou XIII° siècle.

Nous continuâmes notre route. A notre gauche, sur le sommet d'une colline, était l'église de Saint-Yon, élevée au lieu où ce saint, dit-on, souffrit le martyre. A notre droite, nous avions la vallée et des collines. Sur l'une d'elle était le château de Bàville.

De la vallée de Boissy nous entrâmes dans celle de Segrais. Nous traversâmes le parc du château de ce nom ; à sa sortie nous fûmes à Saint-Sulpice de Favières, situé sur une hauteur. Le village a 350 habitants. Il possède une belle église du XIII° siècle. La tour ne dépasse pas les combles de l'édifice. Trois rangs de magnifiques verrières occupant le fond du sanctuaire ; il y a là délicatesse et hardiesse d'architecture : l'effet en est surtout prodigieux au dehors. Une seule de ces verrières avait conservé son vitrail colorié. La plupart des baies tant du chœur que des latéraux sont murées. Qu'on les suppose toutes ouvertes et contenant des verrières coloriées, la perspective serait splendide. Leur grande forme ogivale en renferme deux autres, qui elles-mêmes en contiennent deux, avec trèfles. Une galerie de la plus grande légèreté d'architecture règne autour du chevet. Chacune de ses travées contient une arcade ogivale renfermant deux arcades trilobées surmontées d'un quatre-feuille, qui se fait également remarquer dans les baies du chœur. Ces latéraux s'arrêtent au sanctuaire. Dans la nef la voûte est en bardeaux. Il paraît que cette partie des voûtes s'est écroulée au XVIII° siècle, car sur le pignon occidental est relatée une réparation de 1721. Une frise de cette époque soutient les poutres et les bardeaux. Le long des murs existe une belle arcature trilobée, à gracieuses colonnettes, dont les chapiteaux à feuillage sont délicatement fouillés et variés. Les piliers ont la même grâce et la même légèreté. Ils gagnent les voûtes de la manière la plus agréable à l'œil. Autour sont cantonnées plusieurs colonnettes, dont les chapiteaux sont aussi délicieusement ouvragés que ceux des colonnettes de l'arcature. La façade tant à l'intérieur qu'à l'extérieur est travaillée avec le même soin. Tout est gracieux, svelte, élancé dans cet édifice : c'est un chef-d'œuvre de l'époque fleurie du style ogival. Au dehors, à la façade, est un délicieux pinacle, par malheur à moitié mutilé au moment de notre visite. Il est orné de quatre-feuilles et de rosaces. Au tympan le Sauveur est entre deux anges : au bas était le jugement dernier, pour lors, recouvert de plâtre. La voussure et les pieds-droits se composent de tores entre lesquels sont artistement fouillés des fruits, des feuilles et autres objets.

L'édifice était en très mauvais état, cependant il n'en était pas moins admirable. Le curé l'avait fait classer au nombre des monuments historiques ; 30.000 fr. avaient été accordés, mais à coup sûr très insuffisants, pour la restauration complète de l'édifice.

Les stalles du chœur sont également très remarquables, beau travail de sculpture sur bois du XIVe ou XVe siècle. Elles sont au nombre de vingt. On en a ajouté depuis deux autres. La miséricorde de chacune d'elles a un sujet. Sur les montants des appui coudes sont des statuettes représentant des hommes assis et dans la posture de la prière, moines et laïcs, d'un grand fini d'exécution. Il en est de même des sujets des miséricordes. Les voici : l'Annonciation, la Visitation, Sainte Anne instruisant la Sainte Vierge, Saint Joseph montrant à l'enfant Jésus son état de charpentier, Saint Joseph à qui un ange est envoyé en songe, un sujet inconnu, deux grands oiseaux, deux anges, des fleurs, enfin l'écusson royal de France, tel est le côté de l'évangile. Du côté de l'épître, c'est Saint André, la tentation de Jésus dans le désert, des oiseaux, Saint Yon portant sa tête, Jésus fortifié par un ange au jardin des oliviers, Sainte Marie d'Égypte recevant la communion de l'abbé Zosime, le baptême de Jésus-Christ par Saint Jean, la Samaritaine, Saint Pierre et Saint Paul, les disciples d'Emmaüs après la disparition du Sauveur.

Dans le latéral du sud le mur contient plusieurs épitaphes. Elles apprennent que quelques-uns de la famille de Saint-Pol, à laquelle Segrais a appartenu, ont été inhumés en cette église, dans le cours du XVIIe et du XVIIIe siècle. Le dernier des Saint-Pol y a été enterré le 17 mai 1801, âgé de 83 ans, an 9 de la République. Son épitaphe est en latin. Devant l'autel sont deux pierres tombales ; l'une porte l'inscription suivantes ; en lettres onciales : *Cy-gyst. madame. Babet. dame. de. Labrore. jadis. fame. de. monseigneur le. com. abe. qui. trespassa. l'au. de. grace MCCXXVI. jour. de.* (effacé). *priés. pour. lame. de. ly.* L'autre pierre tombale porte : *Ci-gist. Gilles. du. Couldrier. vival. escuyer. s^r. de. Hovville. de. Gvette. et. de. La. Briche. con^{er} du. roy. m^e. des. eaues. et. forest. au. côté. de. Dreux. mareschal. des. logis. de. feu monsegn. le. dvc. d'Anjou. frere. du. roy. lequel. deceda. le. XXIIe. jóv. de. mars. mil. VICXI.* (1611) *et. demoyselle. françoise. de. Baudouyn. son. espouse. laquelle. deceda. le.* (rien de gravé) *priez. Dieu. pour. eux.*

Le duc d'Anjou dont il est question ici était le frère de Henri III, le dernier fils de Henri II. Ce prince mourut à l'âge de 30 ans, à Château-

Thierry, où il s'était retiré après sa malencontreuse expédition dans les Flandres. On dit qu'il fut empoisonné.

Nous trouvâmes dans une chapelle hors œuvre, dite chapelle des reliques, un Christ en cuivre d'un fort beau travail.

Après avoir considéré à plusieurs reprises la beauté et la hardiesse de l'édifice, nous sortîmes. Une teinte bleuâtre était répandue sur la terre, nous crûmes que cela venait d'une nuée d'orage qui montait, nous levâmes la tête, nous aperçûmes le soleil entamé par la lune ; nous nous souvînmes alors de l'éclipse annoncée. Nous nous arrêtâmes à contempler ce phénomène de la nature après avoir contemplé le phénomène de la puissance du génie de l'homme. L'atmosphère, était refroidie et la nature attristée.

Nous reprîmes notre chemin. Arrivés au parc de Segrais, nous descendîmes de nouveau de voiture. Les arbres sont magnifiques, ils donnaient de frais ombrages. Le tendre du gazon invitait au repos :

Libet jacere modi sub antiquâ ilice,
Modô in tenaci gramine (Horace, *Épod.* 2.)

Une pièce d'eau limpide où se reflétaient les arbres ; comme Narcisse on eût pu s'y mirer, sans avoir la beauté du fils de Céphise et de la nymphe Liriope : mais il n'y eût eu rien de plaisant d'y devenir fleur, si épris qu'on fût de son visage.

Une cascade alimente cette pièce d'eau. Elle tombe du haut de rochers qui recouvrent une grotte et qui sont garnis d'une légère et verte mousse de la plus grande fraîcheur. Nous parcourûmes la grotte. Elle est peu profonde. A mi-côte une fontaine sort de terre ; elle forme aussitôt une petite pièce d'eau.

Des platanes filaient avec fierté vers le ciel. Nous les admirions et cette fraîche nature qu'aucun rayon de soleil n'avait pas encore altérée. C'était vraiment le *frigus amabile* d'Horace (ode 13, l. III), le *frigus opacum* de Virgile (*Ducol. égl.* I.). Sous les ombrages de Segrais on pouvait trouver un délicieux repos, le poète des inspirations, le littérateur des peintures, l'homme d'étude le délassement, le cœur un moment de calme, *secura quies,.... molles que sub arbore somni non absunt* (Virg. *Géorg.* l. II.)

Le château, de construction moderne, ne répondait pas, du moins par son extérieur, à la splendeur du parc.

Segrais était autrefois le lieu seigneurial de Saint-Sulpice de Favières. La belle église de celui-ci était celle d'une abbaye de bénédictins.

Sortis du parc, nous quittâmes bientôt notre voiture : c'était pour monter à pied la pente rapide qui devait nous conduire à Saint-Yon. Cette pente est couverte de bois. Le terrain en est très sablonneux ; il renferme en abondance des blocs de grès. L'église est située au sommet du monticule. En y arrivant, nous passâmes sous un plein-cintre, débris prétendait-on, d'une construction romaine, plus probablement carlovingienne.

Nous descendîmes la côte par le village de Saint-Yon, et nous nous trouvâmes dans la vallée de Boissy.

Les pommiers, nombreux dans la contrée, étaient chargés de fruits ; c'était merveille à les voir.

Le 7 août Corbeil fut le but d'une nouvelle excursion. Nous montâmes la côte de La Narville, nous passâmes par Guibeville, hameau entre Arpajon et Marolles. Il a un château en mauvais état et une soixantaine d'habitants. Nous fûmes bientôt à Marolles, ensuite à Leudeville, Vert-le-Grand, Écharcon, village possédant une fabrique de papier. Nous arrivâmes à la vallée de l'Essonne, la dominant en plein ; nous avions au nord-est le vaste plateau qui aboutit à la vallée de la Seine, dans le lointain un long et verdoyant rideau de collines ; dans la vallée de l'Essonne même, à notre droite Écharcon ; sur le versant opposé, presqu'en face Mennecy, renommé dans la contrée pour ses biscuits. La position de ce village est riante ; la vallée est large, et belle par ses plantations. Mennecy est un bourg de 1.300 âmes. Nous descendîmes le plateau par la route de Paris à Fontainebleau, laissant à gauche le haut clocher de Lisses. Nous arrivâmes à Essonnes, qui prend son nom de la rivière qui le traverse. Sa commune comptait alors 3,600 âmes. Il touche à Corbeil, très petite ville, mal bâtie et vilaine. L'Essonne vient en droite ligne s'y jeter dans la Seine. Un vieux pont en pierre unit Corbeil à Saint-Germain, situé sur la rive droite. Corbeil a un quai, Saint-Germain n'en a pas. L'aspect est gentil, du fleuve les maisons montent jusque sur le haut du coteau. Saint-Germain, Corbeil et Essonnes forment une agglomération de 10,000 habitants.

Corbeil faisait partie de la Brie française et du diocèse de Paris. Elle eut ses comtes particuliers jusqu'au XIIe siècle. En 1590, Henri IV s'en empara en allant mettre le siège devant Paris.

Nous visitâmes une fabrique de châles. Un contre-maître nous expliqua en détail le fonctionnement des machines. Il faut de cinq à six semaines pour dresser sur le métier les fils de la trame, autant pour tisser le châle. Je crois qu'il y a de l'exagération dans ce nombre de jours, peut-être le contre-maître se sera-t-il mal expliqué, peut-être l'auront nous mal compris. Une longue bande de cartons attachés les uns aux autres et marqués chacun d'une couleur, indique, à chaque coup de navette, quel fuseau doit être employé. Un homme pousse la navette, un petit garçon la reçoit et la renvoie. Par un habile mécanisme, les fils de la trame sont soulevés par des fils blancs suspendus à la machine, en sorte qu'il ne reste sur le métier que ceux qui doivent entrer dans le tissu. Par ce moyen fort simple les fleurs sont formées sur tout le châle. L'ouvrier travaille à l'envers, aussi rien du dessin n'apparaît. A chaque navette qu'il fait courir, l'ouvrage s'enroule sur un cylindre. Les trames sont en laine de couleur, ordinairement la même, quelquefois variée, par exemple bleue et rouge. Elles sont destinées à former le fond du châle et à faire ressortir les diverses couleurs du dessin. Si l'ouvrier se trompe d'un fil, une petite sonnette adaptée au métier l'avertit aussitôt de son erreur et le met à même de la réparer. Au premier coup d'œil tout ce mécanisme semble très compliqué ; rien de plus simple dès qu'on en a l'explication. Lorsque le châle est fini, il a en dessous une masse énorme de fils qu'on enlève. Ils sont à son envers, du côté où l'ouvrier a travaillé. Ce sont les fils qui ne sont point entrés dans la trame et le fond même du tissu. On ne voit donc pas les nuances d'un châle tant qu'il est sur le métier.

Dans la fabrique de Corbeil on pouvait confectionner trente châles par semaine. La paie des ouvriers était de 2 à 5 fr. par jour.

De cette fabrique nous allâmes visiter les moulins à blé de M. Darblay jeune. Ils étaient mus par le système des turbines, roues tournant horizontalement au lieu de tourner verticalement. Nous vîmes tous les détails de l'art de moudre. C'était l'Essonne qui faisait tourner ces moulins, tout près de son confluent. Elle vient des environs de Pithiviers, où elle prend sa source. M. Darblay pouvait faire moudre mille sacs de blé par jour. L'entrée de ses moulins était sur la place de Corbeil, place petite et laide. Le Tribunal et la Sous-Préfecture s'y trouvaient aussi, en un même bâtiment.

Nous allâmes visiter l'église. Elle est du XIIe siècle. Elle est vaste et sombre. Les latéraux s'arrêtent au sanctuaire. Le long sont des chapelles. Près du sanctuaire, dans le latéral septentrional, existe une arcade surbaissée dont l'archivolte est ornée de grotesques, reste de l'église antérieure au XIIe siècle. La tour par son genre d'ornementation doit être du XIe. De ce côté de la ville, on domine du rempart sur une immense prairie s'étendant jusqu'à Essonnes et entourée de belles plantations.

A Essonnes on nous refusa l'entrée d'une fabrique d'indiennes sous le prétexte que cela dérangeait les ouvriers. Nous ne fûmes pas plus heureux pour une filature de coton, située dans une jolie propriété appelée Chantemerle. Nous restâmes une heure chez le portier, où nous étions retenus par la pluie et le tonnerre.

Le 12 août nous allâmes à Bâville, lieu nommé par Boileau dans sa chanson de table où il introduisit malignement une épigramme contre les Pères Jésuites.

> *Que Bâville me semble aimable,*
> *Quand des magistrats le plus grand*
> *Permet que Bacchus à sa table*
> *Soit notre premier président !*
> *Trois muses en habit de ville*
> *Y président à ses côtés,*
> *Et ces arrêts par Arbouville*
> *Sont à plein verre exécutés.*
> *Si Bourdaloue, un peu sévère,*
> *Nous dit : craignez la volupté ;*
> *Escobar, lui dit-on, mon père*
> *Nous la permet pour la santé.*
> *Contre ce docteur authentique*
> *Si du jeûne il prend l'intérêt,*
> *Bacchus le déclare hérétique,*
> *Et Janséniste, qui plus est.*

Dans une édition in-18 de 1708 se trouve la lettre suivante de Boileau, elle montre les mœurs de l'époque.

Du 15 juillet 1702.

Cette chanson a été effectivement faite à Bâville, dans le temps des noces de Monsieur de Bâville, aujourd'hui Intendant du Languedoc. Les trois muses étaient Madame de Chalucet, mère de Madame de Bâville, une dame Héliat, qui avait une terre assez proche de Bâville, et une Madame De La Ville, femme d'un fameux traitant. Celle-ci ayant chanté à table une chanson à boire, dont l'air était fort joli, mais les paroles très méchantes, tous les convives, et le P. Bourdaloue entr'autres qui était de la noce, aussi bien que le P. Rapin, m'exhortèrent à y faire de nouvelles paroles, et je leur rapportai le lendemain les quatre couplets que vous voyez. Ils réussirent fort, à la réserve des deux derniers, qui firent un peu refrogner le P. Bourdaloue. Pour le P. Rapin, il entendit raillerie et obligea même le P. Bourdaloue à l'entendre aussi. Au lieu des trois muses en habits de ville, il y avait Chalucet, Héliat, La Ville. M. d'Arbouville, qui vient après, était un gentilhomme, parent de M. le premier Président. Il buvait volontiers à plein verre.

Voici maintenant deux passages des lettres de Mme Sévigné : elle y parle de Bâville, du P. Bourdaloue et du P. Rapin : *Je reviens de ma Bretagne. J'arrivai droit à Bâville. Le P. Rapin et le P. Bourdaloue y étaient ; je fus fort aise de les voir dans la liberté de la campagne, où l'un et l'autre gagnent beaucoup à se faire connaître, chacun dans leur caractère* (lett. au comte de Bussy, Paris 5 octobre 1685). *Le P. Rapin est un bon et honnête homme. Il était soutenu du P. Bourdaloue, dont l'esprit est charmant et d'une facilité fort aimable* (lett. au même, Livry, 28 octobre 1685.)

Bâville a une centaine environ d'habitants. Il est au sud-ouest d'Arpajon, de la commune de Saint-Chéron et du canton de Dourdan. Le château a dû être bâti sous Louis XIII. Il a un pavillon à son milieu, et un à chacune de ses extrémités : ceux-ci forment ailes du côté de la façade du nord. Il a été ajouté au pavillon de l'ouest une longue aile, terminée elle-même par un autre pavillon. Il est probable qu'on avait dessein d'en faire autant du côté du pavillon de l'est. Le régisseur a son logement dans la partie ajoutée. Ce château est construit en pierre et en brique. Les communs sont remarquables par leur magnificence. Une belle plantation les voile du côté du parc et du château. Ils sont de même en pierre et en brique. Les remises pour les voitures sont vastes et les écuries très belles. Elles se développent autour d'une cour spacieuse, au milieu de laquelle est une pièce d'eau, alimentée sans cesse par des jets sortant de la gueule de deux animaux.

Le parc est vaste. Il est planté moitié à l'anglaise, moitié à la française. Ce qui est dans ce dernier genre est le reste de l'ancien parc des de Lamoignon. Il y a une longue allée couverte : c'est une charmille. Elle a dû ombrager Boileau, Bourdaloue, Rapin, Mme de Sévigné et beaucoup d'autres personnages célèbres du XVIIe siècle. Il y avait de cela plus de 150 ans, émouvant souvenir. Quelle rapidité dans la marche du temps.

La partie plantée à l'anglaise est d'agréable perspective ; mais il manque sur l'immense pelouse des gazons des vaches qui meuglent, des agneaux qui bondissent, en un mot, l'animation champêtre. Le chant des oiseaux non plus ne se faisait point entendre. Ces petits futés, agréables musiciens des bois, aimant la fraîcheur et les eaux, ils vont les chercher plus loin, sur les bords de l'Orge, dans la vallée. Là, en suivant de leur perçant regard l'écoulement des ondes, ils chantent leurs amours, qui s'écoulent aussi avec le printemps, pour renaître bientôt et périr enfin à jamais. Ils désaltèrent leur gosier à l'onde fugitive, et ils recommencent plus gais leurs fugitifs chants, qu'ils cesseront à l'hiver pour les reprendre avec les fleurs reparaissant. Puis, après avoir chanté, sans souci du lendemain, la mort viendra les faire taire comme elle fait taire tous les bruits. Cette absence des oiseaux dans le parc de Bâville le rendait triste : ces joyeux chantres animent si bien la nature ; ils la font aimer, ils apportent à l'âme de douces émotions. Nous n'en aperçumes pas un seul. Pas un seul ne vint nous dire ses tristesses et ses joies, car l'oiseau a les siennes ; des joies, lorsqu'il est près de sa couvée ; des tristesses, lorsqu'une main enfantine et cruelle la lui enlève, ou que l'orage s'apprête à gronder. L'oiseau n'aime point le roulement du tonnerre ; sans y rien comprendre, la pesanteur de l'atmosphère influe sur son organisme ; il est chagrin.

Une autre absence, celle d'une rivière, vient ajouter à la tristesse de Bâville. On ne rencontre qu'une vaste pièce d'eau bourbeuse. Segrais sous ce dernier rapport, quoique plus modeste en son château et en son parc, est mille fois préférable.

Les propriétaires actuels de Bâville, les du Souilly, ont ajouté au parc deux hautes buttes sablonnières couvertes de grasses roches de grès et de pins chétifs. Ces pins cachent la vue presque partout ; sans cela, elle s'étendrait fort au loin. Il n'est point agréable de monter ces buttes. Il serait avisé d'y faire des percées, les deux vallées qu'elles dominent en valent la peine. L'une a nom de butte Saint-Nicolas, l'autre celui de butte Sainte-Catherine.

Nous vîmes à Bâville pour la première fois la maladie du raisin, l'oïdium ; une treille en était complètement attaquée. Le grain, pas plus gros qu'un pois, était couvert d'un chancre noir et blanchâtre.

Le 20 août, nous dirigeâmes notre promenade vers les châteaux de Soucy et de Courson. La journée était belle. La route, en grande partie, traversait des bois, ce qui rendait la course agréable. A leur issue, nous rencontrâmes le hameau de Soucy, à 12 kilomètres d'Arpajon. Nous détournâmes à gauche et nous fûmes en peu de temps à la grille du château. Il appartenait à un M. Demoustis. L'habitation n'est qu'une simple maison de campagne. On la réparait, le feu y ayant pris au mois de juin par l'imprudence d'une femme de chambre. Le parc a 50 hectares. Il possède une belle pièce d'eau. La végétation est pleine de vigueur, comme l'attestaient la hauteur et la grandeur des arbres ; les peupliers offraient un immense diamètre. Il en était de même des chênes ; leurs cîmes s'élevaient majestueusement dans les airs, le regard en était étonné : nous admirions. Nous fîmes une visite spéciale au beau cèdre, au branchage épais. Des siècles pourraient passer sur cet arbre sans en altérer la vie. Hélas ! il n'en est pas de même de celle de l'homme, dont les jours ne sont rien, selon l'expression de Job : *Nihil sunt dies mei* (c. 7, v. 16). *Aujourd'hui c'est le monde, demain l'éternité* porte une sentence persane (Chardin, bibl. des voyages, in-18, t. 8, c. 14, p. 208). Oui, la vie de l'homme est courte et abonde en misères.

Ce qui à Soucy était remarquable avant tout, c'était les serres chaudes. Elles se divisaient en trois compartiments, où le choix des plantes offrait le plus ravissant spectacle, une collection de plantes parasites était des plus curieuses par la rareté des sujets, la diversité des formes, l'originalité exquise des fleurs. On appelle parasites les plantes qui naissent, croissent et se développent sur les arbres, sur les branches mortes, les pierres et les rochers, sans avoir besoin de terre végétale, vivant de la sève même des sujets sur lesquelles elles ont pris racine ou de l'humidité qu'ils peuvent contenir.

Dans la grande serre, continuellement arrosée par des filets d'eau s'échappant en jet ou en cascade, nous eûmes le superbe spectacle de la riche variété du feuillage par la forme, par la couleur, par le magnifique déploiement des feuilles, les unes offrant de nombreuses et gracieuses découpures, les autres une légèreté ravissante : la nature surpasse l'art humain, malgré les chefs-d'œuvre que celui-ci produise. Un palmier étendait ses palmes avec complaisance ; à côté, un bananier développait ses longues et larges feuilles à raies transversales. Le jardinier nous fit remarquer les arbustes qui produisent la canelle et l'épice. Il nous montra la plante dont la fleur verte est en forme de long goblet avec couvercle, laquelle se remplit d'eau chaque jour, et, petit réservoir, fournit au voyageur dans les pays chauds un moyen facile d'étancher sa soif souvent très brûlante. Outre cela, cette plante est réellement curieuse par la singularité même de sa fleur.

Nous allâmes aussi visiter une très belle couche d'ananas, rouges et dorés. Leur grosseur était remarquable. Le jardinier paraissait en faire sa gloire plus que de ses serres, pourtant si admirables de tenue, de culture et de sujets. Nous le jugeâmes un habile homme. M. Demoutis, nous dit-on, le payait trois mille francs. Ce monsieur en dépensait de 25 à 30 pour ses jardins, ses serres et son parc. C'était payer un peu cher la rareté de quelques plantes.

Le nom de Soucy me parut une épigramme, au moins de rencontre.

Vous êtes riche, vous êtes au milieu des fleurs et de beaux et frais ombrages, vous avez sous la main des fruits de saveur délicieuse, vous n'en êtes pas moins au milieu de Soucy (soucis). S'il en était autrement, si soucis étaient épargnés au riche, l'envie du pauvre serait légitime. Mais la richesse ne constitue pas le bonheur ; la santé et la prospérité dans le travail! le garantissent mieux. C'étaient là nos réflexions. Une spirituelle dame de soixante ans d'âge et d'expérience nous répondait : « Oui, sans « doute, la richesse ne fait pas le bonheur, mais hum! hum! ajoutait- « elle, en secouant la tête, elle y aide diantrement. En voyant ces beaux « parcs, ces magnifiques châteaux, ces brillants équipages ; de bon « compte, comment voudriez-vous que les pauvres gens ne les comparent « pas avec leur demeure et leur condition, et ne trouvent celles-ci bien « misérables ? Il faut être juste, il doit en être ainsi, et ne pas leur en « vouloir. Mettez-vous à leur place, et vous verrez. » Je pris acte de cet aveu échappé à la franchise de la pensée : c'était mon sentiment, et de vieille date, et en mille rencontres. Que le pauvre ait raison d'être envieux et jaloux, je ne le prétends pas : mais le riche peut-il s'en étonner ? Le pauvre juge d'après l'apparence, sur les dehors qui sont brillants ; il ignore les amertumes, les chagrins, les ennuis qui, souvent accablent l'âme du riche. Une honnête médiocrité vaut mieux qu'une grande richesse, car on y trouve plus de calme, partant plus de félicité.

Nous quittâmes Soucy, nous répandant en louanges sur la rareté, la fraîcheur, la beauté de ses fleurs et de ses arbres. Nous fûmes bientôt dans la grande allée de peupliers qui conduisait au château de Courson. Cette avenue avait deux contre-allées. Courson est de la même date que Bâville. Il a un beau développement. Il est vaste et était coquettement meublé. Il appartenait à M. Arrighi, duc de Padoue, ancien général du premier empire. Ce qui attirait vers ce château, c'était sa belle collection de tableaux de grands maîtres de l'école italienne et espagnole pour la plupart. On estimait la collection de M. Arrighi à deux millions. Plusieurs tableaux me parurent très ordinaires ; peu connaisseur en peinture, j'étais pour lors peu en état de les juger. Je n'entrerai pas dans de grands détails, il aurait fallu une étude de plusieurs jours. Je note seulement le *Sommeil de l'enfant Jésus*, du Titien ; le *Christ près d'être enseveli*, de Ribera ; une *Vieille mangeant sa soupe*, de Murillo ; *Jeanne d'Arc dans sa prison*, de Paul Delaroche ; un *Napoléon*, de Girodet. D'autres n'étaient pas moins remarquables par la beauté du coloris, la perfection du dessin, l'expression de la pose et de la physionomie.

Le sommeil de l'enfant Jésus est le sommeil calme de l'enfance. La figure est vivante d'expression, c'est le plus bel enfant qu'on puisse imaginer ; la paix, l'innocence, la candeur sont répandues sur son visage où règne quelque chose de céleste. L'enfant est nu sur sa couche et peint en racourci ; la pose de son petit corps, de ses bras, de ses pieds est admirable : la pudeur est partout. Ce divin enfant vous ravit. On imite en cela la Vierge, qui est là en contemplation devant le sommeil de son Jésus. Ses traits sont graves, mélangés de beauté et de noblesse ; les délicieuses émotions de la mère y sont peintes, un saint et respectueux ravissant les accompagne. Elle est toute à son enfant qui dort. Elle est heureuse. Son bonheur annonce quelque chose de grand et de divin dans sa contemplation. Après avoir considéré la mère, on retourne à l'enfant, et après avoir admiré de nouveau l'enfant on se reporte à admirer la mère. Devant ce tableau je ne m'étonnerai plus de l'immortel renom du Titien. Quelle puissance dans le génie et les conceptions de l'homme ! quelle grandeur !

Le Christ mort est une autre merveille de cette superbe collection Il est étendu sur un linceul. Les raccourcis du corps sont parfaits. Il y a dans cette figure où la mort a déposé son effrayante pâleur une expression qu'on ne saurait décrire ; on y remarque la sublime résignation du sacrifice consenti ; on y remarque la sublime résignation du sacrifice consenti et accepté. Là où la souffrance physique a été plus grande, la teinte livide est plus prononcée : les pieds et les mains sont frappants sous ce rapport, ainsi que la tête à l'endroit où la couronne d'épines a posé. Le côté est ouvert ; les plaies sont saignantes, à tel point que le sang paraît tout frais et semble couler encore. La Vierge, placée en second plan, à la tête du Christ et un peu à l'écart, est remarquable de douleur ; on y trouve aussi là un acquiescement parfait à la volonté de Dieu et en même temps une désolation profonde. Le beau passage du prophète vous vient tout de suite à l'esprit : *O vous tous qui passez par le chemin, considérez et voyez s'il est une douleur semblable à ma douleur* (Lament. de Jérémie, c. 1er, v. 12). Cette expression de tristesse est la même dans les nombreuses figures du tableau ; le brisement de l'âme y est exprimé de main de maître. Mais on revient au Christ, le personnage le plus saillant du tableau, comme ce devait être ; on contemple avec stupeur les effets effroyables de la mort et de la souffrance ; on resterait volontiers plusieurs heures en méditation devant cette œuvre qui rend si bien la réalité. J'eus peine à m'en arracher, rien ne manquait à cette scène de douleur.

Il y a plusieurs Murillo. La vieille pauvresse mangeant sa soupe me sembla un des plus frappants. Il existe une grande réalité dans l'écuelle, dans la cuiller et dans la soupe, de même dans la figure de la vieille, dans le pose du chien qui attend sa part du repas, et dans le malin minois de l'enfant qui avertit la vieille de faire attention à son chien et de ne point tout manger comme une gourmande : son sourire est moqueur.

La Jeanne d'Arc de Paul Delaroche a pareillement une grande valeur. Jeanne est couchée sur un lit de paille. Elle a les chaînes aux pieds et aux mains. Sa figure est celle d'une jeune et belle fille de dix-huit ans ; les traits en sont nobles et bien dessinés ; l'affliction y est peinte, mais sans abattement ; leur beauté, flétrie par le chagrin, n'a rien perdu de ses charmes ; au contraire, le malheur semble leur en donner de nouveaux. On compatit à l'infortune de cette jeune fille, dont la vertu et le courage méritaient un meilleur sort. Puis on porte le regard sur l'évêque Cauchon, assis au pied du lit de Jeanne. Sa figure est épouvantable, celle d'un homme astucieux et scélérat. On avait compati à Jeanne, on maudit l'évêque qui prêta son autorité à une iniquité atroce. Le peintre a donné une soutane rouge à l'évêque de Beauvais, c'est une erreur historique, Cauchon n'était pas cardinal. Le scribe, ou secrétaire, est appuyé sur le pied du lit ; il se tient debout. Il écrit les réponses de Jeanne et les insidieuses questions de l'évêque. Jeanne ne perd pas de sa dignité ; le sentiment de son innocence la soutenait ; elle respecte l'évêque, elle ne craint pas le juge, elle ne met pas en doute son équité ; il a un caractère sacré, et elle est innocente et n'a rempli qu'une mission divine.

On s'arrête devant le portrait en pied de Napoléon Ier à cause du renom de l'homme : mais on reconnaît que le pinceau de Girodet est secondaire ; la touche en est dure. On est frappé de la figure et du regard de Napoléon ; ils expriment une volonté de fer, l'orgueil de l'ambitieux parvenu à ses fins, la supériorité de l'homme de génie, la pénétration d'une vaste intelligence, l'expression de conceptions grandes et fortes. L'abbé Toutay, chanoine titulaire et grand vicaire de Chartres, qui nous accompagnait et qui avait vu Napoléon, me dit que ce portrait était de parfaite ressemblance. Ceci me fit considérer davantage l'œuvre de Girodet. L'abbé Toutay était un homme de beaucoup d'esprit et d'instruction.

Un très grand nombre d'autres chefs-d'œuvre nous passèrent sous les yeux ; mais le temps nous manqua pour les étudier un peu : aussi sont-ils un souvenir effacé en mon esprit.

Il y avait quelques statues peu décentes. Au milieu d'elles une Immaculée-Conception nous parut être d'un grand artiste ; la Vierge sur le globe du monde écrase le serpent.

Le canapé et les fauteuils de la salle de billard étaient en tapisserie des Gobelins. Les sujets étaient pris de la fable, une guirlande de fleurs les encadraient. Le temps a flétri la vivacité des couleurs ; le travail n'en est pas moins addmirable.

La chapelle séparée du château, a également son mérite. Mme Arrighi, de la famille des Montesquiou, à laquelle appartenait Courson, y est inhumée. Elle mourut à 24 ans. Le duc de Padoue ne s'est pas remarié. Il avait, lors de notre visite, 73 ans. Son fils était préfet de Seine-et-Oise.

Le parc n'est fermé que par des sauts-de-loups, ce qui lui donne un grand avantage pour la perspective, où il entre à une longue distance et des bois et des collines. Il n'a que 75 hectares, on lui en donnerait par là beaucoup plus.

Le 21 août, l'excursion fut au château du Marais, de la commune de Sainte-Julienne du désert, canton de Dourdan. Le comte Molé en était propriétaire et l'avait donné en mariage à sa fille unique, la marquise de La Ferté, dont la fille venait d'épouser l'aîné des de Noailles de Maintenon, le duc d'Agen.

Le Marais est un très beau château du XVIIe siècle. Ses murs baignent dans l'eau. A l'entour sont les pelouses et les arbres du parc. L'ameublement était simple. Le grand salon occupe le pavillon du milieu. Son plafond, orné d'astragales et de rinceaux, est soutenu par des pilastres. On y jouit de deux points de vue, à l'orient le parc et la campagne, au couchant une pièce d'eau oblongue, de 9 hectares de superficie, ensuite une colline couronnée de bois.

Nous vîmes dans la serre un bananier avec son fruit. Sa tige, espèce de roseau, s'élève à 7 et 10 mètres et meurt dans l'année. Elle repousse de rejetons qui sont au pied. Les fruits sont oblongs, jaunes à leur maturité. Ils sont rangés autour d'un même axe et forment une espèce de grappe, qu'on nomme régime. La fleur est au bout de celui-ci. Dans les pays chauds, le régime du bananier avec ses fruits fait la charge d'un homme ; deux celle d'un âne : végétation vraiment prodigieuse, si le fait est exact.

Notre visite faite, nous revînmes à Arpajon. Le peuple de cette petite ville saluait volontiers ; à part cela, il avait apparence de grossièreté. Les physionomies n'y étaient ni spirituelles, ni intelligentes ; elles dénotaient le paysan lourd et sans activité d'imagination : on aurait pu se croire à 400 kilomètres de Paris. Les mœurs ne passaient pas pour bonnes La coquetterie y était très avancée. Les vieilles femmes étaient coiffées de la marmotte, peu portaient le bonnet, le même que celui de la Beauce.

Nous n'avions aucun rapport avec la société du pays ; nous en formions une à nous tous seuls. Elle était gaie et aimable ; le bon mot y faisait fortune. L'objet de notre amusement était parfois une dame à large carrure, à abdomen proéminent, fort respectable, mais ayant oublié d'apporter l'esprit en venant au monde. Parfois elle nous ennuyait, surtout lorsqu'elle voulait faire l'entendue. Souvent elle ne pouvait achever sa phrase, l'expression ne lui venait point ; elle amenait ainsi, contre notre gré, le sourire sur nos lèvres. La finesse d'un jeu de mots ou le piquant d'une plaisanterie passaient son intelligence ; et sa repartie, en cette circonstance, nous forçait de rire aux éclats. A côté, une autre dame de Bâville, avait l'œil fin, la figure quelque peu chafouine, la taille svelte, la repartie vive. Elle disait les plus drôles choses avec beaucoup d'esprit ; matoise qu'on n'endormait pas. Le contraste entre ces deux femmes était frappant ; on pouvait juger de ce que sont la bêtise et l'intelligence. Un gros abbé à mine réjouie, excellent mangeur et avec profit, contait ennuyeusement ses pérégrinations hors France. De temps en temps il écorchait la grammaire et le dictionnaire ; ce n'était pas de sa faute, il les ignorait. Si l'on mettait de la complaisance à croire, ses récits étaient exacts. La critique les eût fait voir un peu chargés. La mémoire était infidèle ou l'imagination avait grossi les objets. Du mentir, ç'eût été bon pour un Gascon, et notre conteur ne l'était pas ; il n'avait point assez d'esprit pour cela : sa verve était de la grosse joie. Ses légendes, c'était à lui répondre : buvez de l'eau et croyez cela. Aussi absurde en politique qu'ignare en histoire, il n'eut pas fallu le contredire sur ce point ; le débat eût été dangereux : le camarade n'était point tendre. Le silence valait mieux, d'autant qu'il dit souvent plus que la parole et ne compromet pas. De déclarer que cet abbé m'amusait, non. Je crois que nous nous goûtions l'un et l'autre du bout des lèvres. Cela n'empêcha pas un bon rire tout le temps de mon séjour.

Chartres
(Décembre 1850)

Le 25 août 1820, j'avais été à Chartres avec mon père, je n'avais pas encore atteint ma onzième année, j'étais un enfant joyeux du voyage et de la nouveauté. Je regardai bien toute la route, et avec étonnement. Ce qui me frappa le plus furent les buttes Saint-Aubin : elles apparaissaient comme un nuage noir à l'horizon : en même temps, les clochers de la cathédrale pointaient sur la gauche.

Nous descendîmes à l'hôtel ou auberge du Grand-Sauvage, près de la porte Saint-Michel, qui n'était pas détruite. Je me rappelle les hautes murailles encore debout et que je vis abattre en 1828 ; ainsi que combler les larges fossés, remplacés aujourd'hui par une gentille promenade, entre deux rangs de belles maisons. Je me rappelle les grands arbres des buttes, tant celle de la place des Épars, qui a été nivelée en 1845 lors de la construction du chemin de fer, que celle des Charbonniers, existant encore. Je me rappelle la rivière, qui barra notre promenade, le pont neuf n'étant point encore construit : afin de gagner l'autre rive, il fallait faire un détour dans ce qu'on appelait les Petits-Prés, en distinction des Grands-Prés, qui s'étendaient plus loin et plus vastes sur la rive gauche. Ce fut entre la lueur douteuse du crépuscule et la nuit que je vis couler l'Eure, première rivière que je contemplai après la Loire. Ces deux rives devaient voir une partie de ma vie, la Seine une autre partie, car les circonstances ont été maîtresses de ma destinée plus que je ne l'ai été moi-même. Or, je serais tenté de m'appliquer une charmante pensée d'un poëte de ma ville natale, et mon parent :

> *Oui, contre moi, dans tout métier,*
> *Le sort bande son arbalète :*
> *Si le ciel m'eût fait chapelier,*
> *Il eût fait les hommes sans tête.*

(Guérineau de Saint-Péravy, né à Janville dans le cours du XVIII° siècle.)

Je me rappelle Saint-Aignan, église alors fermée, depuis rendue au culte et paroisse. Je me rappelle le vieux château des comtes de Chartres, devenu prison en 1793, en démolition lorsque je passais. La place Billard, du nom du maire qui l'a fait construire, l'a remplacé. Là se tient le marché aux légumes. Je me rappelle la vieille cathédrale, en particulier ses arabesques autour du chœur, parce qu'on me les avait spécialement fait remarquer, ainsi que la lieue de la nef, labyrinte de pavés noirs, qui, parcouru, équivaut à une lieue de chemin.

Tel fut mon premier voyage à Chartres. Je devais, 7 ans plus tard, en 1827, y venir habiter comme séminariste Je le quittai en 1832. Je revins y demeurer en 1838, et le quittai de nouveau en 1846. En considérant ceci et toute l'existence, on peut affirmer que l'inconnu est devant l'homme abordant en ce monde. Il sait où a été son berceau, il ne sait pas où sera son lit de mort.

En 1850, j'avais affaire en cette ville.

Décrire Chartres serait long. Ses rues sont étroites, tortueuses, petites, vilaines ; pas une seule qui soit belle. Son pavé n'est pas très bon ; mais on peut y marcher. La place des Épars est vaste. Elle est à l'extrémité de la Ville ; autrefois elle était en dehors, lorsque les vieilles portes de la cité existaient, ainsi que ses hautes murailles. A la suite est le Grand-Faubourg et celui de Bonneval. Ce dernier a de jolies maisons. De la place des Épars on va à la place et à la porte Châtelet, d'où l'on descend à la place et porte Drouaise. La grande route de Paris aboutit à celle-ci. On est dans la vallée de l'Eure. On traverse cette rivière sur un pont appelé Pont-Neuf, parce qu'il est le dernier construit. L'Eure sort de la ville un peu avant ce pont ; car cette rivière entre dans Chartres et y fait tourner des moulins à tan. Elle y passe sous sept ou huit ponts. Hors des murs est une espèce de canal. Il est bordé d'une longue allée de peupliers et d'ormes jusqu'à la porte Guillaume, seule porte qui reste du moyen âge ; encore a-t-on fait la sottise de la mutiler du côté de la ville. Il y avait de cela une quinzaine d'années. Elle date du IVe siècle. Son ouverture est une grande arcade ogivale, flanquée de deux tours réunies par une courtine. La courtine et les tours sont couronnées d'une galerie saillante de créneaux et de mâchicoulis. On aperçoit à la voûte la coulisse par où on laissait tomber la herse. On continue à suivre le canal, et, à peu de distance, on arrive à la porte Morard. Non loin d'elle est le déversoir d'où les eaux de l'Eure se précipitent dans le canal ou fossé des remparts. La chute de l'Eure est belle ; elle forme une cascade aux ondes blanchissantes. On franchit l'Eure sur le pont de la Courtille. La vieille route de Paris et celle d'Orléans aboutissent à ce pont. On monte une pente, autrefois très rapide, adoucie aujourd'hui par des travaux qui, de ce côté, ont dépouillé la ville de ses beaux arbres. Au haut de la pente est la porte Saint-Michel que je vis abattre en 1829. Une place la précède, ainsi que les portes Guillaume et Morard. Un joli petit boulevard conduit de la porte Saint-Michel à la place des Épars. Vers son milieu on a percé une rue, rue Régnier, qui mène directement à la place des Halles où se tient le marché au blé. Toutes les entrées de la ville sont dépourvues de grilles et de clôtures. Les promenades enveloppent la cité ; elles sont variées par l'accident même du terrain et agréables. De celle de la butte des Charbonniers on domine sur la campagne, sur les coteaux d'alentour et sur la vallée de Saint-Jean. Celle au long du canal a un aspect solitaire.

La gare du chemin de fer n'a rien de remarquable. Sa salle d'attente divisée en deux, est vaste et bien établie.

La belle vue de Chartres est de la hauteur de Saint-Chéron, près du cimetière et dans le cimetière même. La ville se présente en amphithéâtre avec sa majestueuse cathédrale, qui domine de beaucoup les maisons amoncelées en groupe tant autour d'elle qu'à son pied. Il y a, du cimetière, deux échappées de campagne admirables ; au milieu du feuillage pointe le clocher de l'hôpital Saint-Brice. En hiver, lorsqu'un rayon de soleil pénètre le givre, ce sont des cristaux dont les reflets éclatent au loin ; la neige des toits s'allie avec eux. En été, c'est un splendide panorama de verdure, auquel se joignent les maisons descendant de la hauteur en échelons jusqu'à la vallée. On contemple, on est ravi.

Chartres, divisé en haute et basse ville, a conservé en partie ses pignons sur rue : cependant les maisons tendent chaque jour à présenter une façade au lieu d'un pignon. Quelques rues qui conduisent à la basse ville ont une pente très rapide et dangereuse, d'autres ont des escaliers. Les voitures sont rares, on se sert de chaises à porteur.

Le peuple y est bon et froid. La simplicité des vêtements y a été conservée, ainsi que le costume beauceron.

Tel était Chartres en 1850. La population se montait à 18,000 habitants. Du temps de Jules César et au moyen âge, cette cité était en renom. Les Gaulois du pays des Carnutes étaient de vaillants guerriers. Au moyen âge les comtes de Chartres étaient en même temps comtes de Blois et de Champagne. Réuni à la couronne, il devint duché et le titre du fils aîné des ducs d'Orléans, branche cadette de la maison royale.

Chartres eut un évêque dès les premiers siècles. La plus vaste de France, il fut amoindri par l'érection de l'évêché de Blois sous Louis XIV. Supprimé au concordat de 1802 et réuni à l'évêché de Versailles, il fut rétabli par celui de 1817. En 1789 il comptait encore 810 paroisses, et un revenu de 25,000 livres ; aujourd'hui il n'en compte plus que 369 en 429 communes pour le civil. C'est le chef-lieu du département d'Eure-et-Loir.

Tous les jeudis du mois de juillet il se tient une foire appelée les landys ; c'est pour les laines et les moutons. Celle de Saint-Barthélemy, le 24 août, au faubourg de ce nom, entre la porte Guillaume et la porte Morard, et la foire de Saint-André, le 30 novembre, sont de même genre. Il se fait à ces foires un grand commerce de bestiaux. Deux autres foires ont lieu pour le commerce en général, l'une du 11 au 22 mai, dite foire des barricades, l'autre le 8 septembre, durant huit jours : son établissement est dû au pèlerinage, qui avait surtout lieu à la fête de la nativité de la Sainte-Vierge ; aussi se tient-elle autour de la cathédrale.

La cathédrale est la gloire de Chartres, non moins en notre âge moderne que dans les âges passés, si différents du nôtre. L'édifice est imposant, majestueux de loin, sévère de près. Ses clochers, d'inégale élévation, de structure dissemblable, sont d'un grand et bel effet lorsqu'on les voit poindre à l'horizon, ensuite se développer avec le monument en entier et s'élancer vers le ciel. L'effet devient magique, quand l'édifice avec ses deux flèches apparaît seul au milieu d'une vaste plaine, la ville cachée par les blés. La pensée s'immobilise comme le regard. On se demande qui a jeté un tel monument au milieu d'un désert ? car c'est ainsi que s'offre la perspective. Il paraît là comme pour indiquer la route au voyageur. On salue cette fière cathédrale, digne de Dieu et de la Vierge Marie. Je ne crois pas qu'il y ait un autre édifice dans une position aussi bien choisie, elle est sur le point culminant du plateau qui vient aboutir à la vallée de l'Eure. De quelque côté que ce soit, on aperçoit, à la distance de 26 ou 28 kilomètres, les clochers comme deux flèches élancées, à l'horizon. Bientôt l'édifice se montre lui-même, se développe majestueusement, verrières, galeries, portiques, tours inachevées, combles, ange doré au chevet : la ville n'apparaît qu'après tout cela. Ceci frappe le voyageur, lui fait concevoir une grande idée du monument, il a hâte de le visiter. Rien ne lui en cache la vue un seul instant, rien ne l'en distrait dans ces immenses plaines, monotones et riches par leurs céréales. Arrivé au pied de cette cathédrale, l'aspect en est sévère et imposant. Il en est de même à l'intérieur, œuvre magistrale s'il en fût jamais. Les pensées graves arrivent à l'âme et avec elles le sentiment religieux. Les riches vitraux, conservés presqu'en entier, n'y laissent pénétrer qu'une lumière mystérieuse et sombre. Le soir, lorsque le soleil éclaire de ses derniers rayons la rose occidentale, cette rose a un éclat de couleurs vif, magnifique, splendide, on dirait des rubis et autres pierres précieuses. Les roses du transept ne sont pas moins belles. Au siècle dernier, les chanoines, dans le but d'éclairer l'œuvre de Bridan, ont fait enlever les verrières du chœur et les ont remplacées par des verres blancs ; ce qui ôte à cette partie de l'édifice le mystérieux de la nef et des latéraux. Les bas-reliefs en marbre, beaux en eux-mêmes, déparent encore le chœur, n'étant nullement en harmonie avec le style de l'édifice. A l'extérieur est un riche travail du XVI° siècle, précieux quoiqu'il ne soit pas en rapport avec le XIII° siècle, date de la majeure partie du monument. C'est une galerie à jour, parfaitement ouvragée, renfermant l'histoire de la Vierge et de son divin Fils, à partir de la naissance de la mère du Christ jusqu'à son couronnement dans le ciel. Les statues sont de moyenne grandeur, sur les montants et les pleins du mur ont été sculptées de délicates arabesques, de la plus grande beauté de travail. En bas-relief se voient quelques empereurs romains : ceci sent tout-à-fait la Renaissance : la date est de 1515. Cette œuvre incomparable du XVI° siècle a été endommagée en 1793, époque de délire irréligieux et de destruction. Une suite et un ensemble de dais et de clochetons pyramidaux couronnent cette merveilleuse galerie. Autour du chevet sont des chapelles, séparées par leurs autels de style grec. La statue de la Vierge, dite la dame noire, sujet du pèlerinage, est posée sur un pilier, près de l'entrée de la sacristie, au latéral septentrional du chœur. Elle est en bois de chêne, noirci par le temps. La Vierge est représentée assise et tient l'enfant Jésus dans ses bras. On ne voit que les figures, la statue étant complètement habillée, avec plus ou moins de richesse selon le degré des fêtes et les solennités. Des cierges en grande quantité et de nombreuses lampes brûlent devant elle. Un prêtre, dit chapelain de la Vierge, se tient là toute la journée pour dire des évangiles. Il y a une très grande dévotion à cette statue. Il faut entrer dans la sacristie ; de l'époque de l'édifice, elle est remarquable. Elle est décorée de plusieurs tableaux. La crypte est la plus belle de France. Elle existe sous tout le contour des latéraux et possède plusieurs vastes chapelles à son chevet. Son état de dévastation en 1793 existait encore en 1850 ; elle a été réparée depuis, et l'on y a rétabli l'antique pèlerinage de Notre-Dame de Sous-Terre, pour parler le langage populaire chartrain. La vraie statue, objet du pèlerinage au moyen âge, a été brûlée en place publique en 1793, avec l'évangile : le fait m'a été raconté par un témoin oculaire. Il existe un caveau sous le sanctuaire, appelé le trésor, parce que c'était là où l'on cachait les richesses de la cathédrale en temps de guerre. On voit dans la crypte une cure baptismale du XI° siècle, alors qu'on baptisait encore par immersion. Cette cure en pierre n'a de curieux que son antiquité et le souvenir qui s'y rattache.

La masse des fondements mérite aussi d'être admirée ; elle montre la grande conception de l'entreprise. L'édifice à l'extérieur n'est pas moins digne d'étude ; sa richesse architecturale est prodigieuse dans ses détails. Il y a là toute la statuaire du moyen âge, la preuve de la féconde imagination de cette époque. La façade occidentale, accompagnée des deux hauts clochers, de forme si élégante, a de la sévérité, même un peu de crudité dans sa partie inférieure. Elle a sa galerie, les voussures de ses portes, leurs tympans, cependant elle n'a pas la beauté de plusieurs autres églises en cette partie. De longues et raides statues décorent les pieds droits de la grande porte. Le clocher du sud est le plus ancien, il est moins élevé ; il a 105 mètres de hauteur ; le clocher du nord, moins ancien en a 114 : l'un est de la fin du XIIe siècle, l'autre de la fin du XVe, et est l'œuvre de l'architecte Texier, connu sous le nom de Jehan de Beauce. Le vieux clocher a plus de hardiesse que le clocher neuf et renferme plus de difficultés vaincues, sa flèche forme un cône de plus de 50 mètres entièrement évidé à l'intérieur, sans poutres, sans charpente, sans barres de fer, pour soutenir et lier ses pierres ; il s'élève majestueusement vers le ciel sans autre appui que son parfait aplomb. Ses murs sont lisses et obliques à mesure qu'ils s'élèvent. La forme est octogone. Les pierres à l'extérieur sont taillées en écailles de poisson. Il n'y a aucune ouverture dans toute son étendue, si ce n'est celle qui donne passage pour grimper à son échelle de fer placée à l'extérieur. Les baies de sa base l'éclairent seules. Il est impossible d'exprimer la stupéfaction qu'on éprouve lorsque, placé dans son intérieur, on élève le regard vers la pointe : quelle hardiesse de structure ! on a 50 mètres sous ses pieds, 50 mètres au-dessus de sa tête dans un vide complet. Et depuis des siècles, ce hardi chef-d'œuvre de la conception humaine tient bon contre la violence des vents ; ils ont beau l'envelopper de leur fureur, ils ne peuvent déranger son équilibre. Que d'ouragans ont passé tourbillonnant autour de cette flèche, qui semble défier tout, même le feu, car l'effroyable incendie du 4 juin 1836, qui a détruit l'admirable et unique charpente du grand comble, n'a pu la détruire ; quelques pierres calcinées ont été remplacées, et le clocher en entier est encore debout, restant le témoin des vieux âges. Le grand clocher ou clocher neuf est d'un beau travail. La flèche est soutenue à sa base par des arcs-boutants. Le raisin, la feuille de vigne, le chien, la chauve-souris, le lézard et autres animaux y ont été sculptés. La pointe de cette flèche repose sur de minces colonnes, placées un peu au-dessous de l'échelle de fer servant à monter jusqu'au haut. Il y a de là 26 mètres. On y a mis, comme dans une lanterne, une grosse cloche sonnant les heures pour la ville, mais pas assez d'espace pour être sonnée à la volée. Les cloches de l'église sont plus bas, à l'un des étages de la base.

L'ancienne charpente, brûlée en 1836, était appelée forêt à cause de la quantité de poutres qui la formaient. C'était un chef-d'œuvre de charpenterie ; elle reposait sur une poutre soutenue en l'air par deux autres poutres sans point d'appui. La charpente actuelle est en fer de fonte. Elle permet d'embrasser d'un seul coup d'œil l'étendue de la voûte, au centre de la croisée : ce développement n'est pas sans magnificence. La couverture se compose de minces feuilles du cuivre rouge, oxidé maintenant. Elle est peu solide : l'ancienne était en plomb.

Il ne reste plus qu'à parler des deux beaux portiques du transept, divers en leur genre. Celui du nord est surtout remarquable par la multitude de ses statues et de ses statuettes, toutes symboliques ou historiques. Le portique du sud est d'une autre structure, plus estimée et plus élégante. Les grandes statues y sont nombreuses ; ce sont les rois de Juda, les patriarches, des évêques et des abbés : elles ont plus ou moins de raideur dans la pose et la forme : on y peut étudier la statuaire du moyen âge : à coup sûr c'est une curieuse étude.

On accède sous ces deux portiques par plusieurs marches, ce qui leur donne de la majesté et ajoute à leur grandiose.

Le palais épiscopal tient à l'un des côtés du chevet et l'enveloppe par sa belle terrasse. La vaste cour d'honneur est ombragée par de grands arbres et décorée d'un magnifique gazon entouré d'une allée sablée qui conduit au perron. Les grands appartements sont en enfilade et précédés de deux superbes salles des Pas-Perdus. Sur la seconde de ces salles ouvre la chapelle, qui a une belle mosaïque de roses avec leur feuillage et un pavé de marbre blanc. La terrasse agréablement dessinée, ayant arbustes et grands arbres peut servir de promenade par son étendue. A son pied est le jardin potager, avec un couvert d'arbres formant allée. La vue s'étend sur la basse ville et sur la campagne, malheureusement immense plaine nue qui n'a que la richesse des moissons. L'évêque qui habitait alors ce palais depuis 1824 était Mgr Clausel de Montals, homme qui aimait la lutte et y mettait de l'ardeur. Son imagination l'entraînait et le menait dans l'attaque plus loin qu'il n'aurait fallu. Il était d'un autre âge par ses idées et son opinion. De l'ancien régime, le nouveau régime lui pesait comme un cauchemar. Il subissait les faits accomplis, mais dans le fond de l'âme il ne les acceptait pas. Il aimait à être flatté, surtout à n'être pas contredit. Il avait, du reste, de la supériorité dans l'esprit, écrivait bien, parlait facilement et avec feu. Il était assurément un des grands évêques de l'époque. Il avait de la ténacité dans son vouloir, de la timidité dans ses actes, même impétueux. En face des gens il n'osait pas ; hors de leur présence il était plein de vigueur à frapper. Il n'avait pas la connaissance des hommes, ce qui, avec la pétulance méridionale de son caractère et de son imagination, lui fit commettre beaucoup de fautes en administration. Il se laissait prendre par une première impression soit fâcheuse, soit favorable, et il n'en revenait guère ; il jugeait d'après cela, moyen de se tromper souvent.

Le tact, la sagesse, la modération lui manquèrent dans l'administration de son diocèse : aussi blessa-t-il plus d'une fois. De petite noblesse, il avait toutes les idées de la haute aristocratie. La supériorité de son intelligence lui donnait un certain fond d'amour-propre. La bonté du cœur, c'est-à-dire la bienveillance qui attire et qui attache, n'était pas sa qualité. Hautain, il ne l'était pas ; au contraire, il avait du laisser-aller dans l'accueil, sans qu'on puisse dire que ce fût de l'aménité. Il aimait les traits d'esprit, et il se plaisait à en faire. Il eut du renom dans sa polémique ; mais ce renom, pour ainsi dire de circonstance, s'est effacé après sa mort. Cela tient spécialement à ce qu'il était gallican prononcé, au moment où l'ultramontanisme allait se montrer en plein et dominer. Aussi les ultramontains ont-ils pris soin d'ensevelir sa mémoire : cependant, c'est une figure, sinon grande, du moins digne de remarque dans l'histoire contemporaine de l'Eglise. En 1850, dans sa quatre-vingt-deuxième année, il n'était plus qu'un vieillard avec des infirmités incommodes. Cependant, affaissé sous le poids des années, il avait encore dans son intelligence et dans sa manière d'écrire la vigueur de l'homme de cinquante ans. On disait alors de lui qu'il mourrait sur la brèche, car il continuait sa polémique, et avec énergie. Il est indubitable qu'il a illustré le siège épiscopal de Chartres. Les historiens n'en parleront pas tout de même, peut-être aucun exactement. J'allai lui faire une visite. Il me parla de Mgr Dupanloup, de son mandement d'installation, de ses écrits. Je lui dis que je le trouvais verbeux dans son style et de beaucoup inférieur pour le talent littéraire à Mgr Fayet, son prédécesseur. Mgr Clausel convint que je pouvais avoir raison. Il m'entretint ensuite de Mgr Fayet. Sa tenue à l'Assemblée nationale ne lui avait pas semblé répondre à la dignité d'un évêque. Il m'ajouta : *Je comptais lui écrire ; je lui aurais fait mes observations : j'avais de l'influence sur lui, il m'aurait écouté. Mais il est mort, j'ai laissé cela là.* Je crois que Mgr de Chartres se trompait ; j'ai vu Mgr Fayet sourire sur l'administration de l'évêque son voisin. D'ailleurs Mgr Fayet avait un esprit assez entier pour n'accepter l'influence de personne. Il avait l'humeur méridionale comme Mgr Clausel, mais d'un autre genre. Ils étaient tous les deux languedociens, l'un de Mende, l'autre de Coussergues près de Rodez. Je répondis à Mgr Clausel que la position que Mgr Fayet avait prise à l'Assemblée me semblait de sa part une tactique politique ; que, dans la prévision du triomphe des rouges, il voulait se ménager des rapports avec eux dans l'intérêt de l'Eglise ; que j'en jugeais ainsi d'après ce qu'il m'avait dit le jour de l'Assomption 1848. Il voyait fort en noir, regardait tout perdu et pensait qu'une crise était inévitable. Il m'avait répété à plusieurs reprises que c'était dans la prière seule qu'il fallait chercher notre salut et l'attendre du ciel. J'ajoutai à Mgr Clausel que cette conversation du mois d'août, m'avait expliqué les votes de Mgr Fayet et sa position à l'Assemblée, position d'ailleurs que je n'approuvais pas, parce qu'en outre qu'elle n'était pas séante, elle n'aurait aucun résultat, le triomphe des rouges ayant lieu ; du reste, que Mgr Fayet me paraissait n'avoir aucune opinion politique arrêtée ; qu'il se ralliait au parti triomphant dans l'unique but de se maintenir au milieu de tous les changements ; cependant que je ne le croyais nullement démocrate ; que ses idées et la tournure de son caractère étaient plutôt pour l'absolutisme, si tant est qu'il eût une conviction quelconque. Les ennemis de ce prélat l'ont même accusé de n'avoir aucune conviction religieuse : je ne le crois pas. Les ennemis, surtout les ennemis politiques et de parti ne se font pas faute de calomnie. Il paraît que Mgr Fayet était d'humeur très joviale, peu digne pour un ecclésiastique : c'est ce qui lui a fait une mauvaise réputation. Pour moi, je ne l'ai vu que sérieux, parlant peu, mais en bons termes, avec sens et avec esprit. Il était comme écrivain et comme penseur une intelligence d'élite. Qu'on joigne à cela l'imagination ardente et le sang bouillant du Midi, est-il étonnant qu'il y ait eu de l'impétuosité dans son humeur et dans son esprit ? Il est facile de hasarder un jugement : mais connaître le cœur et la pensée intime appartient à Dieu seul. Nous mêmes, nous ne nous rendons pas toujours compte de nos pensées, ni de ce que nous sommes : c'est en cela qu'il est vrai de dire que Dieu nous connaît mieux que nous ne nous connaissons. L'âge, les évènements, les positions diversifient l'homme, le changent, le font dissemblable à lui-même à différentes époques de sa vie.

Mgr Clausel me parla également de Mgr Parisis, prélat qu'il trouvait au physique affreusement laid et d'une loquacité fatigante. Sur l'une et l'autre chose, je lui répondis qu'il avait raison. J'ajoutai que j'avais connu Mgr Parisis, troisième vicaire de Saint-Paul d'Orléans, alors ecclésiastique de belle tournure, d'un physique qui plaisait, d'une sobriété convenable de paroles. Evêque de Langres, il était devenu méconnaissable, deux gros yeux lui sortaient de la tête, lui qui dans sa jeunesse les avait un peu couverts ; ils le rendaient laid au delà de toute expression.

Mgr Clausel, inférieur à Mgr Fayet, était supérieur à Mgr Dupanloup et à Mgr Parisis, tel est mom sentiment. Il était essentiellement un homme de foi et à convictions très arrêtées. J'ai toujours admiré cette foi.

Je le quittai après une heure et demie d'entretien, car il était un grand et agréable parleur. Il me dit les choses les plus flatteuses sur ma mère que j'avais perdue depuis peu. Il me vanta son esprit ; il ne se trompait pas, ma mère l'avait supérieur, joint à une vive imagination.

Je reviens aux églises de Chartres. Dans la haute ville est celle de Saint-Aignan. C'est un édifice du XV° siècle vers la fin, ou du commencement du XVI°. La multitude de ses verrières en fait comme une lanterne, selon l'expression de Mgr Allou, évêque de Meaux, me parlant de cette église. Les deux latéraux circulent autour du sanctuaire. Il n'y a pas de transept. Il existe une crypte sous le chœur. Comme la cathédrale, la position est au bord de la pente qui descend dans la vallée de l'Eure. Située à pic, sa solidité en est un peu compromise. La tour, massive maçonnerie, ne dépasse pas les combles. On remarque dans les latéraux quelques verrières dont la vivacité des couleurs est fort belle. Les grandes verrières de la nef et du chœur sont en verres blancs. Cette église est petite. C'est une ancienne collégiale.

Non loin, dans la basse ville, est la jolie église de Saint-Pierre, ancienne église des bénédictins ou moines de Saint-Père-en-Vallée. La légèreté de ses arcs-boutants est remarquable. Celle de la partie supérieure de son chœur ne l'est pas moins. La voûte elle-même a une grande hardiesse, elle a à peine quelques centimètres d'épaisseur. En entrant dans l'édifice et se plaçant au bord de la nef, on est saisi d'admiration par la beauté des verrières ; elles semblent n'en former, pour ainsi dire, qu'une seule, séparée par de légers et gracieux meneaux. Il en est de même pour celles de la galerie autour du chœur. En abaissant les regards, on trouve dans la partie inférieure du chœur une sévérité vraiment religieuse. Les piliers autour du sanctuaire apparaissent sveltes, tandis que ceux du chœur sont lourds. Ceux de la nef, cantonnés de douze colonnettes et tous semblables, sont de belle perspective. Il en est de même des longues baies. Une galerie règne tout le long de l'édifice, moins riche à la nef qu'au chœur. Celle du chœur est à jour ; ses baies renferment des verrières coloriées. Les latéraux circulent autour du chevet, lequel est couronné de trois vastes chapelles. Dans celle de la Vierge sont douze émaux, œuvre de Léonard Limousin, ainsi qu'en fait foi une double L. L. sur le pommeau de Saint-Paul. Dans chacun de ces douze émaux est représenté un des apôtres. Ils viennent de la chapelle du château d'Amet. Ils ont pour marque la salamandre de François Ier et son chiffre F.

La nef et les latéraux de cette église n'ont point été finis ; une grosse tour carlovingienne ou mérovingienne y a mis obstacle. On peut s'en consoler en pensant que cette tour est l'unique reste du Chartres des premiers temps de la monarchie des Francs. Elle ne dépasse pas la hauteur des combles. Elle a été incendiée au IXe sicle par les Normands et conserve encore des traces de cet incendie.

Saint-Pierre est un édifice de trois époques, du XIIe siècle dans la partie inférieure de son clocher, du XIVe dans la partie supérieure, du XIIIe dans sa nef. Il y a au sud une caserne de cavalerie à laquelle elle est attenante. C'est l'ancienne abbaye, rebâtie au XVIIe siècle. Les soldats ont remplacé les moines.

Une autre église, ancienne collégiale, est devenue une grange à fourrage, Saint-André, dont le chœur était bâti sur l'Eure et a été détruit sous la Restauration. Il n'y a plus d'intéressante que la façade occidentale ; sa voussure est romane. Dans le pignon est une rosace dans le style flamboyant.

Chartres, avant 1789 avait sept paroisses : Sainte-Foi, Saint-Martin, Saint-Saturnin, Saint-Michel, Saint-Hilaire, Saint-Aignan et Saint-André, ces deux dernières étaient en outre collégiales. Hors de la ville, il y avait Saint-Martin au val, Saint-Maurice, collégiale, Saint-Chéron, monastère, et autres. Il n'y a plus maintenant que trois paroisses : Notre-Dame, église cathédrale ; Saint-Pierre, ancienne abbaye, et Saint-Aignan, simple desserte.

L'Hôtel de Ville et la colonne élevée à la mémoire de Marceau, général à 27 ans, n'ont rien de remarquable.

La bibliothèque publique est riche en manuscrits. Quelques-uns sont rares et curieux. Le musée est à l'Hôtel de Ville.

Le 14 décembre, je prenais le chemin pour me rendre à Paris. En sortant de l'embarcadère, on traverse la vallée de Saint-Jean sur un viaduc de 18 arcades et un remblai. Bientôt on coupe les grands prés, belle promenade en dehors de la ville et baignée par l'Eure. L'Eure coule à l'est des Grands-Prés. On la traverse sur un pont de trois arches, près de Rigeard, maison de campagne sur la rive droite et d'agréable perspective par son parc et ses jardins verdoyants et fleuris.

Après un déblai, chose des chemins de fer si ennuyeuse, on retrouve la vallée de l'Eure, gentille, mais sans pittoresque. On ne la quitte qu'à Maintenon, à 19 kilomètres de Chartres. Sur la voie sont les villages de Lèves, de Saint-Prest, de Jouy, de Saint-Piat et de Mévoisin. Leurs maisons ne sont point riantes, construites en torchis et couvertes en chaume : c'est laid, mais c'est poétique et propre à la peinture, d'autant que le paysage ne manque pas d'agrément. L'Eure serpente entre des prairies, des peupliers, des ormes et autres arbres au milieu de jardins agrestes, de jardins bien dessinés, aux belles corbeilles de fleurs, aux gazons pleins de fraîcheur, ornement des villes posées tantôt à mi-côte, tantôt dans la vallée. Le poète Colin d'Harleville a habité en cette partie de la vallée de l'Eure. Il y a passé de beaux jours. C'était un honnête homme, un poète de troisième ordre dont la poésie a peu de couleur.

On arrive en peu de temps à Maintenon. Les vieilles et gigantesques arcades, bâties en 1675 sous la direction de Vauban, apparaissent semblables aux ruines d'un magnifique aqueduc romain. Elles sont au nombre de 47 et ont 24 mètres au-dessus de l'Eure. Elles devaient en supporter d'autres ; la machine de Marly a fait abandonner le travail. L'élévation totale eût été de 72 mètres. A côté, 32 arcades supportent le viaduc du chemin de fer ; elles prennent l'acqueduc de Vauban à angle aigu.

Au sortir de la vallée de l'Eure, on se trouve au milieu de vastes plaines jusqu'à Épernon, petite ville qui se groupe sur la pente d'un mamelon escarpé et arrive jusqu'à la rivière de la Guesle. Des roches grises entrent dans le panorama, se montrent à travers le feuillage et parmi la mousse, mêlant le sévère au riant du paysage. Ce sont des grès.

On quitte bientôt le département d'Eure-et-Loir, et l'on entre dans celui de Seine-et-Oise, dont la première commune de ce côté est Saint-Hilarion, gros village du canton de Rambouillet. Le site a repris sa monotonie ; il la conserve jusqu'à Saint-Cyr. On aperçoit Rambouillet et son château à l'échappée. Charles X y abdiqua en juillet 1830 et mit fin à l'antique monarchie. L'ère nouvelle se dessina alors de plus en plus, et la confusion des idées fait qu'on ne sait où elle aboutira. La commotion est grande, c'est un changement complet ; toutes les passions bonnes et mauvaises sont en effervescence, tel est le résultat actuel de cette grande révolution commencée en 1789.

Dans le même château de Rambouillet mourut François Ier, le 31 mars 1547. Il appartenait alors à la famille d'Angennes. François, galant, léger, mauvais politique, aida, contre son intention, au développement de la réforme protestante en France.

Dans la nuit du 29 au 30 juin 1815, Napoléon Bonaparte, le plus grand tacticien des temps modernes, partit pour Rochefort d'où il fut conduit par les Anglais à l'île Sainte-Hélène. Rambouillet vit donc en 15 ans la ruine de deux royautés.

La station avant Versailles est Saint-Cyr. Les bâtiments de l'école militaire sont vastes et font effet dans la perspective. La vallée qui s'étend à la suite de ce bel ensemble de constructions a d'agréables lointains. On touche à Versailles ; on cotoye le flanc du plateau de Satory, couvert de sapins. Le château apparaît à très courte distance, majestueux dans son développement. Saint-Cyr et Versailles rappellent à l'esprit Louis XIV, Mme de Maintenon et Racine, trois diverses figures. Bellevue offre une perspective splendide, on domine sur la vallée de la Seine jusqu'à Paris, sur Sèvres, sur le parc de Saint-Cloud ; les collines s'étendent au loin ; le Mont-Valérien entre dans le panorama ; la Seine fuit à travers un site luxuriant. Meudon touche à Bellevue. A Clamart on est dans le département de la Seine. A 11 heures moins un quart nous étions à Paris. Je le trouvai tel que je l'avais vu en 1845 ; on n'aurait pas dit que la révolution de février et les journées de juin y avaient eu lieu.

Je rencontrai Mme de Lamartine chez un cousin-germain de son mari, M. C. de V***. Anglaise, elle en avait le maintien et la physionomie ; grande, sèche, raide, ayant dans le langage et les manières une certaine fierté. Elle me parut très piquée de ce que M. de Lamartine avait été évincé du gouvernement des affaires de la République. Elle était blessée de sa chute que son triomphe momentané rendait plus amère. Elle se montrait irritée contre la révolution de février. Hé ! qui avait aidé à la faire ? Qui en avait consacré le principe ? Si ce n'est Lamartine. Elle eut un mot piquant contre le président Louis-Napoléon : il tenait la place que Lamartine aurait dû occuper. Le dédain de la France, ingratitude à ses yeux, lui pesait sur le cœur. La France s'était aperçue que la brillante et vagabonde imagination d'un poète ne faisait point un homme de gouvernement. Lamartine courait après la renommée ; ses poésies la lui avaient donnée, il eût dû rester poète, c'est-à dire dans l'idéal qui convenait à son esprit. La politique l'a amoindri. Démocrate par accident, il était aristocrate par nature et par ses goûts. Il avait une âme généreuse, grande, belle, on le reconnaissait ; mais l'on se méfiait de son imagination ; on le croyait avide de gloire et sans jugement. Il séduisait par ses dehors, nobles et beaux, mais il ne parvenait pas à s'imposer, la supériorité politique et la puissance du génie lui manquaient : encore une fois, c'était un poète ; et il l'était dans toutes ses conceptions.

J'écoutais en silence Mme de Lamartine ; elle conversait avec humeur. Elle prétendait que M. de Lamartine avait perdu 600,000 livres par suite des événements de février : c'était une entreprise de librairie ; il eut la générosité de casser ses traités avec ses libraires, qui n'auraient pu, disait-elle, éditer ses œuvres qu'avec perte. Le fait est honorable, on peut le croire vrai, car l'âme de Lamartine était élevée.

Milly, Fontainebleau.
(Septembre 1851.)

Le 3 septembre, j'allais à Milly. Jusqu'à la station de Bouray, chemin de fer d'Orléans, on compte 8 kilomètres. La route est belle. Je pris à Bouray la voiture de La Ferté-Aleps, correspondant avec celle de Malesherbes. En arrivant au village de Bouray, on jouit d'une très jolie vue : deux collines au sud courent en sens inverse et offrent une perspective des plus agréables. Sur l'une d'elles, en face de Lardy, est une haute colonne, appelée la tour de Pocancy, hameau de 10 habitants, de la commune d'Anvers-Saint-Georges. La Juisne, venant d'Étampes, passe à Bouray. Ce village est fort bien bâti. Tout auprès est le château de Frémigny. On le dit remarquable par sa position et son architecture.

Après 9 kilomètres de chemin, la voiture s'arrêta au milieu de La Ferté-Aleps, bourg mal bâti qu'on décore de nom de ville, chef-lieu de canton de l'arrondissement d'Étampes. Autrefois, elle dépendait du diocèse de Sens, de l'élection de Melun, et ressortissait au Parlement de Paris.

Le clocher de son église est du XIIe siècle, quatre clochetons pyramidaux accompagnent la flèche à sa base.

L'Essonne circule autour de La Ferté. Au delà de cette rivière, on entre dans le Gâtinais : le sol est moins riche. Le village Dhuison est formé de pauvres chaumières ; l'aspect est abrupte et sauvage ; des monticules de grès représentent des forts du moyen âge en ruines ; en arrière-plan, sur la gauche, s'élève une colline dénudée ; sur la droite, entre l'ouverture de deux versants, on aperçoit une vaste plaine, celle de la Beauce. Après Dhuison, c'est le village de Vayres, le château et le parc de Bélebat, de la commune de Courdimanche, propriété de la famille de Rennepont. Le soleil jetait de pâles rayons sur quelques arbres dont la partie éclairée était d'un vert tendre, celle qui ne l'était pas, d'un vert sombre. Je considérais avec attention cet effet de lumière : il produisait la tristesse dans la pensée.

Le paysage de Dhuison, de Vayres, de Courdimanche et de Maisle ne diffèrent point. En face du parc du château de Maisle, se dressent des roches de grès de la manière la plus pittoresque : elles semblent de loin un fort immense muni de bastions. Toutes ces roches jusqu'à Fontainebleau offrent une perspective particulière.

De la Ferté à Maisle on compte 11 kilomètres et 6 de Maisle à Milly. La contrée qu'on parcourt jusqu'à ce dernier lieu est triste et abrupte.

Milly est un chef-lieu de canton de l'arrondissement d'Étampes. Voilà ce qu'en dit un religieux du XVIIe siècle, de Guillaume Morin, grand-prieur de l'abbaye de Ferrière-en-Gâtinais : *Les habitants de cette ville de Milly sont grands chasseurs, ce qui les rend du tout fainéants, et peu soigneux de travailler à cause des roches et des bois. Ce lieu est fort dangereux pour les passans qui y sont souvent volez, et s'y trouvent des hommes morts et assasinez quelquefois... La paroisse est l'église Notre-Dame, qui est d'ancienne fondation et est au milieu de la ville, où sont des chanoines et un doyen. (Histoire du Gâtinais*, édit. de 1630, in-4°, p. 404.)

Milly est arrosé par l'École, très modeste ruisseau en cet endroit. Cette petite rivière se jette dans la Seine. Elle prend sa source au village du Vaudoré, sous une pierre abritée par trois arbres. Du Vaudoré elle se rend à Noisy, de là à Chamberjut et à Milly, ensuite à Moigny, Courances, Dannemois, Poissy, Saint-Germain, Cély, enfin à Monthierry, hameau sur la route de Paris à Fontainebleau. Elle entre là dans la Seine, après s'être grossie de plusieurs petits cours d'eau à partir de Moigny. Elle commence et finit dans le département de Seine-et-Marne, après avoir traversé celui de Seine-et-Oise, de Milly à Saint-Germain. On prétend que son nom lui vient d'une maison d'école bâtie autrefois sur le pont auprès du pont de Milly ; je doute de l'origine du nom. Elle coule dans une large vallée sablonneuse et plate. Des tertres hérissés d'énormes et nombreuses roches la bordent au levant, des collines au couchant. Celles-ci sont couvertes de châtaigniers. En sortant de Courances, elle laisse à gauche, vers le nord-ouest, une vaste plaine sablonneuse, très triste d'aspect, d'autant plus que les alentours sont riches de verdure et d'accidents de terrain. Cette rivière coule au midi de la vallée qu'elle parcourt.

A l'extérieur, Milly a apparence de bourg ; à l'intérieur, d'une petite ville. Les rues sont bien pavées. A l'extrémité de sa longue place est une halle immense, où chaque jeudi se tient le marché. Il n'y avait pas une seule belle boutique. La mise du peuple était simple et à peu près celle de la Beauce. Les physionomies ne marquaient pas l'intelligence. Les enfants avaient mine niaise. Cette petite ville, où passait aux XVIe et XVIIe siècles la grande route de Paris à Lyon, se trouvait en 1851 éloignée des principales voies de communication. Elle était d'un abord difficile, surtout du côté d'Étampes. En général, l'aspect est triste à cause des roches et du terrain sablonneux. Il est riant du côté de Moigny, sur les bords de l'École, où sont quelques prairies et beaucoup de jardins maraîchers. Ces derniers fournissaient à l'approvisionnement des marchés de Melun et de Corbeil. On cultivait la mauve et la guimauve en plein champ pour les herboristes de Paris.

Le jeudi 4 septembre, mes neveux me conduisirent à la grotte aux Souris, monticule qui court de l'est à l'ouest. Dans les anfructuosités des roches existe un long conduit, à peine d'un mètre d'élévation, c'est ce qu'on appelle la grotte aux Souris. Je m'y coulai avec mes neveux et leurs camarades, n'y voyant rien d'intéressant, j'en sortis bientôt. Sur le plateau de ce monticule, est une petite ferme d'un nom assez bizarre : Coq-y-but. Les amas de roches sont nombreux, ils forment des tertres, des mamelons, des monticules d'un aspect aussi singulier qu'abrupt ; c'est assurément un site à part, qui frappe, mais n'a rien de grandiose. De cet endroit, Milly ne paraît qu'un village adossé à une hauteur, qui s'étend en cercle de l'est au nord par le midi et le couchant. Cette hauteur commence à la pointe orientale de la ville, elle a un large interstice à l'ouest, ou plutôt elle finit pour laisser place à une vallée, après laquelle commence une autre hauteur. Au nord, à un kilomètre de distance, se déploie en ligne droite une hauteur couverte de rochers. Du plateau de la Guichère, Milly a une meilleure apparence ; c'est un gros bourg, à l'extrémité ouest du bassin formé par les hauteurs d'alentour. On jouit, du sommet de la Guichère, d'une très belle perspective en regardant du côté du midi : le fond de la vallée offre des bois d'un vert sombre entrecoupés de champs ; au-dessus de ce fond verdoyant sont posés en tous sens des monticules de grès ; dans les vides laissés par les tertres apparaît en arrière-plan et fort au loin la forêt de Fontainebleau. Cette perspective est le plus beau point de vue de la contrée.

Milly a une église et un château dont il doit être parlé. L'église est à l'extrémité ouest de la ville, auprès du château et de la rivière de l'École. Elle est dédiée à la Sainte-Vierge. C'est l'ancienne collégiale du XVIIe siècle. Elle possède des reliques de saint Wulfran, qu'on dit être né à Milly. Saint Wulfran fut archevêque de Sens et apôtre de la Frise. Il vivait au VIIe siècle, se retira à la fin de sa vie au monastère de Fontenelle, où il mourut en 720. Détruite lors des guerres sous Charles VI, l'église de Milly fut reconstruite au XVIe siècle. Son clocher est du XIIe siècle.

Le château est un reste de l'ancien. Ses créneaux sont en briques. C'est un pavillon flanqué de deux tourelles, entouré de grands arbres. Il a soutenu plusieurs sièges, principalement sous Charles VII. La propriétaire, en septembre 1851, était la veuve du marquis du Lau d'Allemans, neveu de l'archevêque d'Arles, massacré aux Carmes le 2 septembre 1792. La marquise du Lau était de la famille de Moustier. Femme tout à fait excentrique par le costume et les habitudes, elle a publié des poésies qui ont quelque valeur.

Le château de Milly est dominé par une hauteur couverte de sapins et de roches et a nom la Garenne. Elle sert de parc. On voit du haut d'une roche le tertre blanc, monticule de sable à 8 kilomètres de distance. Lorsqu'il est éclairé le soir par les derniers rayons du soleil, il forme à l'horizon comme un nuage brillant.

Le mardi 9 septembre, nous dirigeâmes notre promenade vers le tertre appelé le Nid-d'Aigle, rochers amoncelés les uns au-dessus des autres et qui finissent par former un plateau ayant l'apparence d'un nid. Il domine les autres hauteurs. Son aspect est pittoresque ; le site qui l'environne est sauvage.

Le 10, notre excursion fut vers les grandes vallées. Un baudet portait nos provisions et tour à tour les plus jeunes de la bande : nous avions projeté un déjeuner sur l'herbe au milieu des bois. Le baudet jeta à bas les cavaliers : nous rîmes de l'aventure. Des hauteurs des grandes vallées on aperçoit le commencement de la forêt de Fontainebleau, les villages d'Arbonne, de Saint-Martin, le château de Fleury, propriété de La Rochejacquelein le Balafré ; dans le lointain Cély et Perthes, tous de Seine-et-Marne.

Nous allâmes à l'aventure vers Mont-Rouget ; nous nous trouvâmes bientôt dans une gorge formée par deux hauteurs courant parallèlement.

Un point de vue particulier nous fut offert par un tertre isolé et placé à la sortie de la gorge ; on eût dit une forteresse élevée là de main-d'homme pour la défense du paysage. Nous gravîmes sur le plateau afin de descendre dans la vallée de Mont-Rouget. Arrivés au versant, nous nous déterminâmes à l'aventureux parti de sauter de roches en roches, de nous glisser entre les vides qu'elles laissaient. Nous étions quelquefois suspendus presqu'à pic, appuyant le pied mal assuré sur d'énormes blocs de grès. Après avoir affronté bravement cette périlleuse descente au milieu de roches posées en tous sens, nous nous trouvâmes dans la vallée. En suivant le chemin au milieu des broussailles, nous arrivâmes au bas de Mont-Rouget, parmi les bâtiments de la petite ferme à laquelle il donne son nom. Une société d'apparence grivoise nous y avait précédés ; elle sautait gaîment en ronde, s'amusant d'un pauvre niais dont la manie était de faire des vers. Il avait nom Babin. Elevé dans ce site isolé et sauvage, ce pauvre maniaque s'était mis, quoique très ignorant, à composer des chansons en lesquelles le français et le bon sens manquaient complètement, idées et expressions incohérentes. En guenilles, sale, mal peigné, la mine sauvage, Babin chantait ses œuvres avec la bêtise la plus achevée. Il s'était fait chanteur ambulant, Rouen et Orléans l'avaient vu ; arrêté à Melun par la police, il fut mis fin à ses courses vagabondes. Sa physionomie était douce et sans expression. Ses yeux battus annonçaient plus de manie que de folie : mais il ne pouvait que devenir fou en continuant à versifier. C'était alors un homme d'environ trente ans, sauvage dans ses manières. Nous l'engageâmes à cultiver sa terre et à laisser là la chanson. Il nous répondit : « Quand on a une idée, on ne peut pas l'abandonner comme « cela, il faut la mettre au jour. » Ceci voulait dire qu'il continuerait à faire des vers et à se croire un poète digne de renom. La politique avait trouvé le chemin de sa solitude, car en notre temps elle pénètre partout. Son journal était un journal démagogique, dangereux aliment pour un cerveau malade. A la suite du 2 Décembre, il fut arrêté pour quelques chansons et bientôt relâché : c'est ce qu'on avait de mieux à faire ; le pauvre Babin était très peu redoutable pour le président Louis-Napoléon.

Nous déjeunâmes sur l'herbe à Mont-Rouget, et de bon appétit.

De l'autre côté de ce monticule, le site change d'aspect ; les versants des collines n'ont plus de roches de grès, ils sont couverts de céréales ou de bois.

Nous atteignîmes les prairies arrosées par l'Ecole ; nous nous dirigions vers Moigny, long village d'une population de 500 habitants. Les demeures annonçaient la pauvreté, quoique les gens soient les plus riches de la contrée. Nous fîmes visite au curé, breton de grosse pâte. L'église menaçait ruine. J'y remarquai un pilier roman. On voyait dans le cimetière une croix mutilée du XIII° ou XV° siècle.

Le vendredi 12, nous dirigeâmes notre promenade du côté de la route de Malesherbes et de celle de Nemours. Malesherbes est à 12 kilomètres de Milly et Nemours à 22.

En arrivant au village d'Oncy, le paysage est assez couvert ; il rappelle celui du Perche. Oncy est à 2 kilomètres de Milly. La route de Malesherbes, en passant entre le jardin de son ancien prieuré et le château de La Renommière, fait la limite des deux départements de Seine-et-Marne et de Seine-et-Oise. La Renommière, de la commune de Noisy-sur-École, appartient au premier, Oncy au second. Le château de La Renommière n'était plus qu'une maison de campagne, et il ne restait qu'une partie de son parc. A son sud-est est le hameau d'Auvert de 200 habitants. Nous montâmes sur une hauteur couverte de roches, puis nous descendîmes dans la vallée où est situé le château du Chamberjot : il est bâti en briques rouges, a ses portes et ses fenêtres peintes en vert. Sa position est agréable. L'École sépare son parc de prairies entrecoupées d'arbres. En face, une colline circulaire offre la perspective de bois et des quelques roches. Le parc a plus de 50 hectares. Le long est la route de Nemours. On aperçoit au loin Chapelle-la-Reine, chef-lieu de canton de l'arrondissement de Fontainebleau.

Le lendemain 13 nous allâmes à Courances. Le château en est très beau ; il a été construit au XVII° siècle. On y arrive par une superbe allée d'ormes. Une vaste pelouse précède la grille d'entrée. D'abondantes eaux l'entourent ; elles forment deux îles. On en rencontre également de tous les côtés dans son parc. On doit ceci à la quantité des sources. Elles sont ferrugineuses et renommées. Elles déposent sur les pierres de l'oxide de fer qui donnent à celles-ci une teinte rouge. Parmi les sources on distingue la fontaine du Roi, ainsi nommée parce qu'Henri IV, dit-on, y vint boire. J'y bus sans être roi. Charles X, pendant son séjour à Fontainebleau, y envoyait chercher de l'eau comme étant la meilleure de la contrée. L'on ne servait que celle-là à sa table. Il y est de fait qu'elle ne contient aucune matière calcaire ; or, on sait que moins l'eau en contient meilleure elle est.

Courances appartenait, lors de notre visite, à M. de Nicolaï, qui l'abandonna en 1830 pour aller habiter Genève : aussi rien n'y est plus entretenu. Les pièces d'eau, d'une très grande étendue et par là même fort belles, sont au nombre de cinq. Les joncs et les herbes les avaient envahies presque en totalité. Un tel abandon est précurseur de la ruine.

Un mot maintenant sur le lutrin de Milly, grotesque qu'on ne pourrait passer sous silence. Qu'on se figure deux petits hommes à demi-âge, arqués du dos, si bien qu'en devant ils formaient un commencement de voûte, maigres, chétifs, la prunelle sans étincelle, l'œil mort, laids à faire reculer de dix pas. Le premier chantait comme un mouton enroué qui essaie de bêler et ne rend que des sons rocailleux, allongeait le cou à chaque aspiration, ayant le nez enflé par le bout comme un bourgeon, le front ridé et surbaissé, le regard fixe du veau. Le second, ébauche d'homme, extrait informe de la nature humaine, tête petite, front proéminent et fort étroit, œil enfoncé dans l'orbite et abrité comme dans une caverne par l'os frontal, nez exigu jusqu'à l'excès et un peu relevé par le bout, posé sur une figure des plus plates, s'enfonçant par la racine de même que les yeux, s'effaçant, la mâchoire supérieure en arrière-plan, la mâchoire inférieure s'avançant par là même davantage, le menton effacé au point qu'on se demande s'il existe, la bouche s'arrondissant dans le chant comme l'orifice de l'anus d'une poule, la voix grêle, le souffle expirant, tel ce second chantre faisait parallèle au premier. Entre ces deux inimaginables grotesques existait un désaccord de chant parfois complet, mais la figure restant constamment imperturbable. Tel était le lutrin de l'église de Milly. Gresset eût pu de sa muse badine le décrire, et lui donner pour titre : *Le Lutrin inconcevable*.

Le bedeau, en huissier, n'était pas moins curieux à voir : c'était un petit homme à jambes en arbalète, le bras gauche suspendu en tierspoint ; celui de droite faisait arpenter le chemin à une longue canne. Le cou était incliné, la tête en avant, l'air niais outre mesure, la contenance embarrassée en toute la personne. Il fallait ajouter au tableau le vicaire, petit gringalet perché au haut d'une stalle. Le nez, accidenté à sa racine, filait ensuite droit sur la même ligne que le front, se plissant lors de la parole ou du chant, ne formant plus, pour ainsi dire, qu'une même pièce avec le visage. En chaire, ce petit homme avait façon d'Arlequin auquel on a attaché des ficelles afin que le mouvement fût invariable ; dans la déclamation, le ton était uniforme. La composition ne manquait pas de prolixité ; on pouvait dire qu'elle appartenait au genre diffus où les mots remplacent les idées. Dans ce débit, cet abbé écarquillait son petit œil de la manière la plus comique. A côté de moi était un séminariste à crâne dénudé, mais recouvert par une perruque tant soit peu posée à faux, ce qui n'était pas un enjolivement. De l'autre côté le curé offrait au regard une tête effilée, dont le sommet formait un angle aigu avec deux yeux singulièrement posés. Autour de cette collection si drôlement agencée était un petit troupeau disséminé au milieu de beaucoup de chaises vides. Ainsi fut le spectacle durant trois dimanches consécutifs, si ce n'eût été le lieu saint, il eût été désopilant. On pouvait, sans méchanceté, en rire au retour.

Reprenons nos promenades. De la hauteur de Péronne et de Mont-Royal, au sud de Milly, on jouit de deux vues très différentes. Tourné vers le nord-est, on a à droite et à gauche la vallée de l'École, de Noisy à Courannes, belle étendue où se mêlent les bois et les prairies, dodominée par des tertres aux roches grises. A l'horizon, la forêt de Fontainebleau se montre entre deux échappées. A l'opposé de ce site varié et gentil se déploie le plateau de la Beauce, nu, triste, monotone. Il arrive jusqu'à Milly.

Nous descendîmes à la Roche-Creuse. C'est un énorme bloc de grès posé perpendiculairement, excavé à l'intérieur, formant une voûte à nervures diverses et soutenue par des piliers s'épanouissant en branches ou veines à leur sommet. Ce travail de la nature est très curieux. Des noms et des dates sont gravés à l'intérieur, car l'homme le plus obscur aime à laisser un souvenir de son passage.

Le site de Milly, quoique plein d'intérêt, n'est pas gai ; l'âme n'y éprouve point de ces émotions qui l'enchantent. On contemple, on admire, on est étonné, mais on n'est pas non plus remué comme dans les sites gracieux et riants. On n'est pas non plus frappé comme dans les effroyables et majestueuses, perspectives des montagnes, où l'imagination est si fortement impressionnée. A Milly, il n'y a qu'un simple soulèvement de roches mises à nu par un épouvantable cataclysme, celui probablement du déluge universel. Néanmoins on s'en va très satisfait d'avoir parcouru ce site à part.

Milly possédait un établissement de Frères de Sainte-Croix, du Mans, au nombre de trois, un autre de Sœurs de Saint-André, de Poitiers, en même nombre. Elles étaient chargées de l'école communale des filles et de la visite des malades à domicile ; il n'y avait pas d'Hôtel-Dieu.

Le mardi 23 septembre, je partis pour aller visiter le château de Fontainebleau. Je pris par Melun. De Cély à Perthes on parcourt une vaste plaine, agréablement boisée ; elle l'est moins après Perthes, elle est même presque nue. Le tertre blanc entre dans la perspective ; il finit par disparaître. Un peu au-dessus de Perthes, la route de Paris à Fontainebleau vient couper celle de Milly à Melun. On traverse quelques petits bois qui, de temps en temps, nous voilent l'horizon. La route fait un coude sur le versant avant de descendre dans la vallée de la Seine. A deux kilomètres avant Melun, on traverse le joli village de Moulin-du-Lis. Melun se développe bien et paraît une ville plus grande qu'elle n'est en réalité. Au levant, un château, dont le vert feuillage s'unit à la ville, forme un agréable point de vue.

Nous fûmes bientôt par le chemin de fer à Fontainebleau. La gare est à deux kilomètres de la ville, à laquelle conduit une belle avenue. Les rues sont larges et longues, la forêt les enveloppe avec magnificence. L'animation manquait. L'église était petite et vilaine. Elle a été agrandie ou reconstruite.

Il y a une garnison de cavalerie. On la doit au château, ancienne résidence royale. Ce château, en renom, se développe sur une vaste étendue, mais sans aucune régularité : plusieurs époques y sont réunies, à partir de la Renaissance. Il reste à peine quelques traces du XIIIe siècle dans la chapelle Saint-Saturnin et dans un petit nombre de salles. La dissemblance de construction ôte à ce château de sa beauté extérieure, malgré son grand développement dans la cour d'honneur, dite cour du Cheval-Blanc. En cette cour est le grand escalier extérieur, à rampe maniérée, selon le goût de la Renaissance. Au-dessus, on lit au frontispice : *Carolus nonus 1545*.

L'intérieur est d'une très grande magnificence. Les appartements succèdent aux appartements innombrables. Nous commençâmes leur parcours par la galerie des porcelaines de Sèvres. Ces porcelaines sont autant de médaillons en forme d'assiette incrustés dans la muraille et tenus par un cercle en cuivre doré : c'est riche et beau. Chaque médaillon offre une vue de Fontainebleau, de son château, de sa forêt, ou un trait d'histoire relatif à ce domaine royal. Le dessin en est délicieux, un chef-d'œuvre de peinture sur porcelaine.

Nous parcourûmes ensuite les appartements occupés par le pape Pie VII lors de son séjour en cette demeure comme prisonnier d'Etat, fait de violence et d'iniquité de l'orgueilleux despote l'empereur Napoléon Ier. Ces appartements sont vastes. De riches tapisseries des Gobelins les décorent. Leurs sujets sont tirés de la fable et d'une nudité très peu convenable. Ce genre a été introduit par la Renaissance dans les demeures des puissants du siècle. La réaction du protestantisme avait mené au paganisme dans les idées et dans les mœurs. Les amours des dieux répondaient perfaitement aux lascives passions des hommes. Le duc d'Orléans, fils aîné de Louis-Philippe, occupait ces appartements pendant ses séjours à Fontainebleau. Son lit était à la place où avait été l'autel sur lequel le pape disait la messe. L'autel a été transporté dans la chapelle de la Trinité : il n'a rien de remarquable en lui-même, la chapelle non plus. Un meuble incrusté de porcelaines de Sèvres représente les diverses circonstances du mariage du duc d'Orléans : j'y reconnais l'abbé Liautard, curé de Fontainebleau à cette époque. Il était loin d'être philippiste. S'il eût encore vécu en février 1848, il eût été enchanté de la chute des d'Orléans. Je reconnus également l'abbé Galard, évêque de Meaux, joli homme dont les yeux verts ne disaient rien et dont la voix flutée agaçait les nerfs. Quant à ses opinions politiques, elles étaient à l'inverse de celles de l'abbé Liautard : 1848 lui eût apporté le même mécompte et probablement la même frayeur. L'un et l'autre ont disparu ; leur souvenir seul reste dans les porcelaines de Fontainebleau. La génération qui va succéder ne s'avisera probablement pas de demander leur nom ; elle verrra un évêque et un curé, peu lui importera quels ils auront été.

Après les appartements du pape viennent ceux de l'empereur. L'ameublement est le même que celui du premier empire, c'est-à-dire du plus mauvais goût. Les arts et la littérature étaient tombés, on ne s'occupait que de guerre et de conquêtes, le succès des batailles faisait la gloire des armes et était acclamé comme marque de génie. Le génie n'est pas dans le sabre, il est dans les conceptions de la pensée. Les costumes de cette époque étaient eux-mêmes ridicules ; celui de Napoléon drappé en empereur romain, ne l'était pas moins. On avait voulu parodier la célèbre république de l'antiquité, on avait abouti de même aux Césars. Mais observons qu'une parodie est toujours une copie ridicule. Les appartements de Fontainebleau conservent le mauvais goût du commencement du xixe siècle, il fait bien, car il faut que rien ne soit perdu dans les annales des temps, cela sert à l'instruction des générations à venir.

On vous indique la petite table ronde en acajou sur laquelle Napoléon Ier signa son abdication. On l'a mise sous verre. Le coup de canif légendaire n'y est point, pas plus que n'a existé le soufflet donné au pape. Les fausses anecdotes dans les luttes politiques et les luttes religieuses n'ont jamais fait défaut à l'esprit de parti. On les propage et on les accepte avec la même facilité ; l'on égare ainsi les esprits sur la vérité, et l'on porte une préjudiciable atteinte à la véracité de l'histoire

C'est être ingénu que d'admettre tout ce qu'on raconte. On n'est pas un esprit sérieux si l'on ne contrôle ni n'examine les dires et les faits.

La table de Fontainebleau n'a d'autre mérite que de rappeler un grand fait des temps modernes, l'apogée de la gloire et l'étonnante vicissitude des choses humaines. Le petit sous-lieutenant devenu empereur s'est évanoui dans l'obscurité : quelle leçon ! Alexandre de Macédoine avait rempli le monde de sa gloire et de son nom ; la terre, dit l'Ecriture, se tut devant lui pendant douze ans, et après ? Il mourut. (*Macch.*, t. 1er, c. Ier).

En continuant, nous vîmes les appartements préparés pour Marie-Antoinette. Son chiffre y est encore. Elle ne les occupa pas ; la révolution, en sa sanglante fureur, lui donna à la place un cachot pour demeure, la planche de l'échafaud pour dernier lit. Des splendeurs du trône, où elle était née, elle tomba d'une manière plus épouvantable que Napoléon. Encore là, quelle leçon !

Madame Lætitia, la mère La Joie comme la nommait les anti-impérialistes de l'époque, mère de l'empereur, et la reine Marie-Amélie, occupèrent ces appartements préparés pour la femme de Louis XIV. L'une et l'autre ont eu aussi leurs infortunes. L'ameublement en est de meilleur goût que celui de l'empire, quoique déjà colifichet et joujou ; on y reconnaît la désinvolture de la cour de Louis XV et le superficiel du XVIIIe siècle. La salle des bains respire la volupté, des glaces de toutes parts et des nudités dans de nombreux petits amours qui se jouent au milieu d'un feuillage grimpant. Ce décors prouve à lui seul la licence des mœurs de l'époque ; on ne peut que le condamner.

Nous entrâmes ensuite dans les immenses appartements du temps de Henri IV et de Louis XIII : ils sont sévères. Un miroir, glace de Venise, indique le lieu même où ce dernier prince vint au monde, le 27 septembre 1601, son parrain fut le pape Paul V, représenté par le Cardinal de Joyeuse. Le lit n'y est plus, ce roi mourut à Saint-Germain-en-Laye en 1643, le 14 mai, trente-trois ans jour pour jour après Henri IV, son père.

On nous fit arrêter devant une vaste table ronde faite d'un seul tronc d'arbre. Elle est une curiosité par l'étendue de sa circonférence et de son diamètre.

Nous arrivâmes aux appartements restaurés par le roi Louis-Philippe. La restauration n'en était pas d'un bon goût, profusion d'or, d'enluminures, de rinceaux et de cartouches. C'était sans doute riche et somptueux. La salle de danse où fut célébré le mariage civil et protestant du duc d'Orléans et de la princesse Hélène était splendide tant par l'étendue que par la dorure. Des fenêtres on a une magnifique vue du parc, des gazons, des eaux et des allées bordées de fleurs et de grands arbres.

On nous conduisit à la salle de spectacle. Elle était en mauvais état. On nous indiqua où se mettait Napoléon, où se mettait Louis-Philippe, où se mettait Louis XV, lorsque ces souverains cherchaient au milieu des joies mondaines à oublier les soucis du trône. Louis-Philippe se plaçait au fond de la galerie, Napoléon à gauche, dans une des loges des côtés, Louis XV dans la loge en avant à gauche.

Nous terminâmes par la partie appelée la partie de la reine Blanche, mère de saint Louis, et par la chapelle de Saint-Saturnin, remontant à Louis VII.

La porte d'entrée par les jardins a nom de porte dorée. Louis-Philippe la fit restaurer et couvrir de dorures.

Nous jetâmes un coup-d'œil sur la salle à manger, garnie encore de son immense table. Nous parcourûmes la galerie de Diane, intéressante par ses tableaux. Nous vîmes le lit nuptial du duc et de la duchesse d'Orléans, somptueuse couche qui n'a pas évité de grandes infortunes. La splendeur nous éblouit, cependant elle nous trompe ; nous croyons au bonheur sous des lambris d'or ; nous ne pensons pas à l'amertume qui s'y rencontre. Nous nous imaginons le malheur et la souffrance sous le chaume ; il en est presque toujours autrement. Le moyen de la félicité est de borner ses désirs : non point que cela soit facile, car le cœur humain est insatiable de sa nature. Notre cœur, a dit saint Augustin, est inquiet, *inquietum est cor nostrum*, jusqu'à ce qu'ajoute-t-il, il se repose en Dieu, pour lequel il a été fait, *donec requiescat in te, Domine, qui fecisti nos adte* (p. 155, n. 2.) Notre cœur, vagabond au milieu des diverses et trompeuses jouissances du monde, en courant ainsi, se fatigue par un vain travail, et n'est jamais rassasié, a observé saint Bernard, *per varia et fallacia mundi ablectamenta vagabundus animus, inani labore discurrens fatigatur non satiatur.* (tract. de dilig. Deo, c. 7, §8, t. 4, p. 58). J'ajoute la pensée de Bourdaloue, *rien qui nous emporte avec plus de violence que notre cœur* (*Pensées*, t. 2, p. 25). Notre cœur est inquiet, parce que notre esprit est vagabond, rien de plus vrai. Bernard et Augustin, grands penseurs, ont dû avoir un cœur tumultueux et bruyant, c'est pourquoi l'un et l'autre ont cherché la solitude : car, a remarqué Châteaubriand, *plus notre cœur est tumultueux et bruyant, plus le calme et le silence l'attirent* (*René*, p. 560, éd.

Lif. t. 2, in 8°, 1838). Le parc est peu étendu. Les arbres en sont magnifiques. Il y a une belle pièce d'eau, longue de plus de mille mètres, mais très étroite en largeur. Le parterre en face du château est bien dessiné. Il était couvert de fleurs. A son milieu est un bassin avec jet d'eau. Il répond à la pièce d'eau du parc dont le niveau est plus bas. Les constructions du château sont très irrégulières ; cependant en face du parterre il se présente avec une certaine régularité : au milieu s'élève un grand pavillon accompagné de deux moindres ; deux autres sont à chaque bout et reliés à la partie principale par un corps de bâtiment. Cette façade est gentille ; elle est de la Renaissance. La masse des constructions se montre à gauche. La cour d'honneur est celle du cheval blanc : elle est vaste. Au-dessus du grand escalier extérieur qui conduit aux appartements, on lit le nom de Charles IX et la date du 1545.

Le jardin anglais est à l'opposé du parc, à droite du parterre ; ayant peu de temps, je n'y entrai pas. J'allai jeter un coup d'œil sur la ville. J'arrivai au bout de la rue de France, sur la route de Paris : une plaque indique cinquante kilomètres de distance entre les deux villes : par le chemin de fer il y en a soixante-un. La forêt cerne la ville de tous les côtés et vient aboutir à ses maisons.

Le palais de justice n'a rien de remarquable : cependant il a un beau développement. Sur sa place a été érigée en 1851 une statue au général Damesme, qui fut tué aux journées de juin 1848. Il est représenté debout, penché un peu en arrière, la main droite appuyée sur un monceau de pavés, souvenir des barricades, le sabre à la main, l'habit ouvert sur la poitrine, le pantalon flottant. Sa pose est celle d'un homme qui attend l'attaque et se met en défense. Une rangée d'arbres forme autour les trois côtés d'un quadrilatère, le palais de justice le quatrième.

Je me hâtai de gagner la gare pour aller avec un de mes neveux, mon compagnon de voyage, coucher à Paris. Au départ un déblai voile la belle vue des hauteurs et de la vallée. On entre ensuite dans la forêt jusqu'au village de Bois-le-Roi, village éloigné de la station. On aperçoit bientôt la Seine, coulant paisiblement vers Melun. Après cette ville, on la franchit sur un pont ; on passe ainsi de sa rive gauche à sa rive droite. Jusqu'à Brunoy on est dans une vaste plaine peu boisée. Brunoy est situé dans la vallée de l'Yerre. Viennent après Montgeron et Villeneuve-Saint-Georges. Les côteaux et les lointains de la vallée sont charmants, on aime à les contempler, quoiqu'ils fuient vite vus d'un wagon et qu'ils changent de minute en minute. Villeneuve est un très joli village au bord de la Seine, au confluent de l'Yerre. A Conflans, la Marne entre dans la Seine. On est bientôt à Bercy. Paris était peu animé, nous étions à l'époque des vacances et de la villégiature. Je descendis au Bon La Fontaine, rue de Grenelle-Saint-Germain. Le 24, nous allâmes à Saint-Denys. Les murs et la voûte de la basilique, avaient été peints. La galerie à jour et les baies contenant quatre verrières dont deux forme ogivale, surmontées de trois roses, donnent un bel éclat à cette basilique, déjà magnifique par sa construction du xiv° siècle. Elle était nouvellement restaurée ; chaque autel avait été refait dans le style du moyen âge. Le gardien nous fit remarquer une croix d'autel du xii° ou xiii° siècle, en cuivre. Le travail en était plus curieux que riche et séduisant. L'oriflamme était appendue au chevet, étoffe rouge à trois pointes, ornées chacune d'un gland. Au milieu est le chiffre de Saint-Denys et deux branches de palmier, les palmes du martyre. On sait que le cri de guerre des rois de France au moyen âge était Monjoie et Saint-Denys, *meum gaudium*, et qu'ils portaient cette oriflamme à la guerre, l'allant chercher en pompe dans l'ancienne abbaye et l'y remettant de même.

Dans le latéral du midi est le tombeau de François Ier et de Claude de France, sa femme ; dans le latéral du nord est : 1° le tombeau de Louis XII et d'Anne de Bretagne : les douze apôtres sont rangés tout autour ; 2° le tombeau de Henri II. Ce sont trois magnifiques monuments.

La crypte date en grande partie de l'abbé Suger. Les tombes royales y sont nombreuses ; les siècles y ont accumulé les grandeurs humaines avec leur néant ; elles ne sont plus qu'un souvenir ; le silence s'est fait autour. Que reste-t-il de la vie d'ici-bas ? De la poussière. Ceci, en rappelant où toute chair aboutit, est propre à rendre meilleur : richesse, pauvreté, infortune, prospérité, joie, douleur s'engloutissent dans la tombe, l'homme pas plus que la feuille n'ont de durée. Mais, sorti de ce lieu sépulcral, le bruit du monde dissipe bientôt ces graves pensées ; on oublie la mort, comme si l'on devait toujours vivre ; on oublie la mort, et cependant on y arrive, d'ordinaire plutôt qu'on ne s'y attendait.

Une belle statue agenouillée de la reine Marie-Antoinette rappelle aussi de pénibles souvenirs. Les horreurs sanglantes de 98 ont souillé le mouvement de 89.

Nous remontâmes du lugubre lieu. J'aurais voulu donner plus de temps à l'étude de cette basilique. Je ne retrouvai plus la flèche gothique des tours, une réparation maladroite avait forcé de l'abattre. On a recouvert la base de la pyramide par un toit en ardoises à quatre pans. La perspective de ce bel édifice a donc perdu de son antique prestige.

Le roi Dagobert Ier fut le fondateur de l'abbaye en 630. Plus de douze siècles ont passé par là.

Rieux. Montmirail
(Octobre 1851)

Le 27 septembre, je retournai à Paris. Je ne fis que le traverser, je me rendais à Rieux, sur les confins de la Brie champenoise.

L'embarcadère de Strasbourg me parut beau à l'extérieur. A sa sortie, on aperçoit les buttes de Montmartre ; les hauteurs du côté de Vincennes sont à droite, le canal de l'Ourcq à gauche. Noisy-le-Sec était la première station. Nous fûmes bientôt dans la forêt de Bondy, célèbre autrefois par ses brigands : aujourd'hui on la traverse sans crainte. A son issue, sur la droite, est le joli château du Raincy ; vient ensuite Chelles, connu par son abbaye de femmes dans les temps anciens de la monarchie. Sainte Bathilde, femme du roi Clovis II, en fut la fondatrice, l'an 660. Chelles est situé dans la vallée de la Marne. Ses prairies sont fort belles ; ses peupliers lui donnent de la magnificence.

Loin des hommes et de leurs agitations fiévreuses, près d'une onde pure, au bord d'un verger, dans une prairie émaillée par les fleurs des champs, livrée aux riantes peintures de l'imagination, sans inquiétude, sans préoccupation du lendemain, on pourrait s'abandonner au rêve chimérique d'une vie heureuse, selon le précepte d'Horace : *Quid sit futurum cras fuge quærere* (l. 1er, ode 9).

Il ne reste plus rien de l'abbaye. Mais les magnifiques prairies du lieu me furent un nouveau témoignage que moines et moniales savaient choisir les sites et leur donner du pittoresque et de l'agrément par la culture et les plantations. En effet, il faut des ombrages à la solitude, les beautés de la nature à la vie contemplative, moyen d'approcher plus près de Dieu dans de pieuses et calmes émotions. C'était compensation à la vie dure et austère du cloître. Mais hélas ! les souvenirs du monde avec les passions viennent troubler les plus profondes solitudes : car l'homme ne se quitte jamais entièrement, à moins qu'il ne soit un saint ; et encore il y a les troubles de l'âme et les agitations du cœur. Le pain de la terre se mange à la sueur du front, à la même sueur se gagne le ciel.

Je contemplais avec ravissement cette riche et belle vallée de la Marne. Les circuits de la rivière y sont nombreux, cependant on la suit assez constamment jusqu'à La Ferté sous-Jouarre. Chaque fois qu'elle reparaît, elle embellit le site.

A un kilomètre de Lagny, les hauteurs s'avancent en angle ; la vallée et la Marne circulent autour. Pour les retrouver on franchit un tunnel de 194 mètres de longueur. On traverse la Marne avant d'arriver à la station d'Esbly. Vient ensuite celle de Meaux. On a parcouru 48 kilomètres depuis Paris. Du chemin de fer, la perspective de Meaux est celle d'une grande ville, s'étendant au loin vers la Marne. A la suite sont de beaux jardins maraîchers ; ils se succèdent nombreux. On traverse de nouveau un tunnel, celui d'Armentières, de 664 mètres d'étendue. A 6 heures un quart nous étions à La Ferté ; nous avions parcouru 66 kilomètres.

Le lendemain, à 10 heures, je quittais La Ferté. On aperçoit la vallée de Jouarre, ensuite celle du Petit-Morin, qui est plus belle. Le ciel était magnifique, la verdure des prés printanière. Loin du bruit et des affaires, on respire un air pur ; on peut s'étendre sur un moelleux gazon, se rafraîchir à une onde pure ; on est ignoré des hommes, c'est un bonheur, car on n'a à craindre ni leur inconstance, ni leur méchanceté. Rêve, ainsi qu'on en fait tant lorsqu'on laisse libre cours à son imagination. La réalité est que l'ennui, les soucis, les déceptions sont partout ; car l'homme ici-bas est à la peine, et ses joies ne sont pas le bonheur.

Nous montâmes la côte en longeant un bois fort beau qui nous voila le Petit-Morin et sa vallée. Nous étions sur la grande route de Châlons ; sa ligne est presque constamment droite. On rencontre de temps en temps quelques vallées. Des deux côtés ce sont de vastes plaines presque nues, offrant cependant des horizons boisés. On descend une côte en arrivant à Vieilles-Maisons, village du département de l'Aisne. C'était dimanche, on ne s'en serait pas douté ; point d'habits de fête, les boutiques étaient ouvertes ; on travaillait. La contrée n'est pas religieuse. La route décrit un long circuit avant d'arriver à Montmirail ; elle contourne une vallée, véritable entonnoir, mais agréable à la vue. Dans deux courants de cette vallée sont des amas de pierres meulières, roches très curieuses à visiter.

Montmirail ne vaut pas La Ferté. La tour carrée sans ouverture de son église est fort vilaine de perspective. Il y a deux places avec halle, l'une dans la partie haute de la ville, l'autre dans la partie basse.

Pour se rendre à Rieux on descend et l'on remonte la vallée du Petit-Morin. On traverse dans sa longueur le hameau de La Chaussée, situé au fond du vallon, près la rivière.

Au sortir de Montmirail, en se dirigeant vers La Chaussée, la vue est belle, les arbres sont superbes, les jardins maraîchers bien cultivés et encadrés dans les prairies. Tout était d'une fraîcheur ravissante. En avançant, le site perd de sa beauté. On arrive au fond du vallon et l'on remonte aussitôt le versant opposé, rude à gravir. Dès qu'on est au haut, en se retournant vers Montmirail, on jouit de nouveau d'un beau point, de vue ; la ville étend ses maisons sur le côteau, au milieu de la verdure, s'appuyant à droite du spectateur sur le parc du château de Mont-Léan, dont les grands arbres ajoutent de la magnificence à la perspective, déparée par la disgracieuse tour de l'église.

J'arrivai à Rieux vers deux heures et quart. On ne m'attendait plus, je surpris : mais je trouvai une famille heureuse de me voir. Les enfants avaient grandi, ils m'eussent ainsi appris, si je ne l'avais su, que j'avais pris de l'âge ; ils allaient à la jeunesse, moi à la vieillesse. Le figures fraîches et épanouies de cette jeune famille me firent éprouver une émotion de bonheur. Je goûtai durant mon séjour la douceur de l'intimité, bien inappréciable.

Le château venait d'être restauré et embelli. Il avait été construit en 1777 par M. des Roys, intendant des domaines du duc d'Orléans, père de Philippe-Égalité. M. Des Roys, grand-père du propriétaire actuel, avait été le premier échevin de la ville de Lyon. Sa femme fut sous-gouvernante des enfants d'Orléans. Elle se retira du jour où Mme de Genlis prit la direction de leur éducation. L'acquisition de Rieux avait été faite en 1776, possédé alors par M. Leclavier de Bellejoyeuse, seigneur de Villiers-Saint-Georges. La position en est belle, sur le haut d'un coteau, d'où la vue s'étend au loin. Une fontaine, située sur le versant, au pied du château, coule avec abondance et se précipite avec bruit du haut de quelques monceaux de roches. Elle alimentait autrefois une pièce d'eau, convertie aujourd'hui en gazon. Elle a une seconde chute, traverse ensuite une prairie et vient se jeter dans le Ru au fond du vallon. Le Ru, en été, c'est presque à sec, des filets d'eau entre des pierres et de nombreuses roches ; en hiver ou après une pluie d'orage, il coule à pleins bords et avec une telle violence qu'il renverse les plus grands arbres, les minant dans leurs racines. Il se jette, dans son impétuosité, tantôt à gauche, emporte les terres, met ainsi à nu les plus fortes racines au point que certains arbres semblent ne plus tenir à rien. C'est en la partie appelée les enfers que ce torrent est plus embarrassé de roches, là tout est bouleversé. J'aurai occasion d'en parler plus bas.

A l'est, au bas des pelouses, est l'église. Saint Laurent en est le patron. Son chevet tant à l'extérieur qu'à l'intérieur est remarquable, œuvre de la fin du XIII⁰ siècle, ainsi que le chœur et la croisée. Les piliers sont cantonnés de cinq colonnettes, ont des griffes à leur base, des feuilles d'arbres ou des plantes et des crochets à leurs chapiteaux. Les feuilles sont posées verticalement. Au pourtour du sanctuaire il y a galerie haute et basse, divisée en sept travées. Les entre-colonnements sont séparés par de petits piliers cantonnés de cinq colonnettes du meilleur effet. L'arcade monte jusqu'à la clé de voûte, disposition particulière. La voûte est en tiers-point et arcs-doubleaux. Les baies du sanctuaire se composent de deux formes ogivales, surmontées d'une rose. La galerie inférieure est à arcades trilobées. Chacun de ses entre-colonnements forme une espèce de niche où l'on pourrait mettre une statue de saint. Cette disposition me parut particulière et très rare. Le chœur n'a qu'une seule travée. La nef a dû être détruite. Celle d'aujourd'hui est accompagnée de deux latéraux montant jusqu'au sanctuaire. Un autel est placé à leur extrémité, l'un de la Sainte-Vierge, l'autre de Saint-Nicolas. La voûte de la nef et des latéraux est en berceau. Les arcades ont la forme ogivale. Les piliers sont massifs et carrés ; ils n'ont qu'une corniche en tailloir. Sous le badigeon des murs et des voûtes on découvre des traces de peinture. Le devant de l'autel de Saint-Nicolas était formé d'une boiserie à médaillons renfermant des figures de femmes à nez effilé et pointu : leur coiffure est à l'antique. Ces médaillons sont entourés de poissons fantastiques. Cette boiserie doit être du XVI⁰ siècle.

Rieux n'est pas, à proprement parler, un village, puisqu'il n'y a que l'église, le presbytère, l'école, deux fermes, deux maisons et le château. C'est le chef-lieu de la commune ; le reste est dispersé en hameaux, de trois, de cinq, de six, de huit, de douze maisons au plus. Le total de la population est de trois cents âmes. Il y a quelques habitations isolées. Elles sont ainsi que les hameaux au milieu des arbres et de petits bois, en sorte qu'on ne les aperçoit pas au loin, si ce n'est à l'échappée. Il en est de même des communes des alentours.

Au hameau de Mont-Robert, situé au nord du château, à peu de distance, est l'habitation de feu Jondat, auteur du *tableau historique des nations* et l'un des rédacteurs du *Journal des Débats*. Il mourut à Paris, le 15 mars 1834, mais il a été inhumé dans le cimetière de Rieux. Une simple pierre indique sa sépulture. Son fils occupait encore la demeure de Mont-Robert, achetée par son père à la famille Paré, cette maison était la même que Jules Paré, né en ce hameau et devenu Ministre de l'Intérieur après Garat en 1793, fit construire sur l'emplacement de celle de son père. La famille Paré habitait encore Mont-Robert. Ce sont des cultivateurs.

Le 1ᵉʳ octobre on nous conduisit à Montmirail. Nous allâmes visiter les roches meulières, curiosité de la contrée. La vallée où elles se trouvent forme deux branches. Il y coule des ruisseaux qui en hiver deviennent des torrents furieux. On a sur la route à traverser deux ponts. Nous laissâmes le premier, où se trouve une agglomération de roches de prodigieux effet : nous l'ignorions. Arrivés au deuxième, nous descendîmes dans la vallée ; nous nous trouvâmes au pied d'énormes blocs de pierres meulières couvertes de mousse et entassées pêle-mêle les unes sur les autres. Les eaux bruyaient au milieu d'elles. Nous gravîmes de roche en roche à travers les broussailles, sur des pierres glissantes, rendues telles par un dépôt de marne ou chaux grasse humectée par le jaillissement des eaux. Parfois nous foulions aux pieds un tapis de mousse du plus beau vert. Nous avancions sans savoir où nous nous engagions ; de temps en temps des roches menaçantes nous fermaient l'issue ; il nous fallait alors chercher un détour en cette périlleuse promenade. Nous nous arrêtions souvent afin de contempler ce merveilleux chaos. Il y avait du sauvage, parfois du grandiose. Nous quittâmes ces lieux dans l'enchantement de les avoir parcourus. Le torrent de la vague reçut de nous un dernier regard. Nous suivîmes la vallée ; elle nous conduisit à la sablière, autre merveille, c'est un banc de sable fossile, haut de quatre à cinq mètres. Il est rempli de coquillages marins de diverses espèces, de formes différentes. Des couches de terre glaise, brune, luisante et veinée, sont mêlées à ce banc de sable. Elles ont peu d'épaisseur.

L'église date du XVᵉ siècle. Elle se compose d'une nef et de deux latéraux. Le chevet est rectangulaire et orné d'une large baie renfermant quatre formes de verrières modernes, où sont représentés saint Charles, saint Étienne, saint Martin et saint Augustin. Au-dessus est une rose à six lobes, qui a à son centre la Trinité : le Père est en pape, tient entre ses mains le Christ crucifié ; sur le haut de la croix est une colombe, image du Saint-Esprit. Il y a en plus entre les deux grandes formes, qui contiennent chacune deux des quatre moindres, des trèfles. Sur le côté droit du sanctuaire sont deux verrières, contenant saint Bernard et saint Vincent-de-Paul. Le côté gauche est occupé par une tribune vitrée appartenant au château. Les chapelles latérales du chœur forment le transept. La nef n'a que trois travées.

Du temps de saint Vincent-de-Paul, le château de Montmirail appartenait aux de Gondi. Il passa dans la famille de La Trémouille, ensuite dans celle des Louvois, César Letellier de Louvois, connu sous le nom de maréchal d'Estrées, y vint au monde le 2 juillet 1693. Le château devint la propriété des de La Rochefoucauld par le mariage de Mlle Letellier de Louvois de Montmirail avec Ambroise Polycarpe de La Rochefoucauld-Doudeauville, ministre de la maison du roi sous Charles X. Il mourut en 1841.

Le château actuel, devenu en ce dernier temps possession de M. de La Rochefoucault-Liancourt du droit de sa femme par succession, a été construit par le célèbre ministre Louvois sur l'emplacement de celui des de Gondi : on y chercherait donc en vain quelque souvenir de saint Vincent-de-Paul. Le parc a ses vues sur la vallée du Petit-Morin : elles sont agréables.

Le lundi 13, nous fîmes une promenade dans le lieu appelé les enfers, nom bien choisi par le bouleversement de roches brisées qui y règne. Là le torrent est profondément encaissé entre de hautes berges. En été il disparaît sous les herbes, bruit contre les pierres ; en hiver il mugit, brise tous les obstacles, bouleverse tout sur son passage, entraîne arbres et roches. Il effraye, lorsque son lit à sec, il laisse voir ses ravages ; il effraye encore plus, quand il s'écoule furieux.

J'y vis un singulier jeu de la nature ; un jeune arbre, renversé par le torrent en travers du ravin et suspendu au-dessus. Deux jets avaient poussé sur sa ligne transversale et formaient deux arbres, ayant leur racine et prenant leur sève sur ce bois dépouillé de vie à l'apparence. Ils se trouvaient à 4 ou 5 mètres au-dessus du sol ; ils poussaient néanmoins avec vigueur.

Après avoir parcouru les enfers, nous remontâmes sur la hauteur ; le champ de la bataille de Montmirail du côté de la vallée se développa devant nous : c'était la partie qui fut occupée par les Français. Ceux-ci à la fin de la journée prirent Marchais et culbutèrent les Prussiens. Ce côté du champ de bataille est aujourd'hui un riche vallon où d'autres viennent aboutir. Il ne dit plus rien du sanglant combat ; une riante nature invite à la paix et aux douces jouissances de la campagne. De l'endroit où nous étions placés, de même qu'avaient été posés les bataillons français, nous avions à notre droite, vers le nord, le département de l'Aisne, à notre gauche, vers le couchant, celui de Seine-et-Marne : nous étions dans celui de la Marne, sur le territoire de Rieux.

Le 17 octobre, je voulus visiter une seconde fois la Sablière, j'allai à l'aventure, j'arrivai à un sol marécageux. Tiré de ce mauvais pas, je demandai mon chemin, afin d'éviter un nouveau mécompte. Quelques centimètres de terre végétale couvrent le haut de cette Sablière coupée à pic et qui a été ouverte pour en extraire du sable. Je contemplai longtemps et j'emportai un certain nombre de coquillages fossiles. Je ne me préoccupai pas des hypothèses de la science, je m'arrêtai au récit de la Bible, vieux livre voisin des âges reculés. J'avais besoin d'énergie et de philosophie, j'en trouvai dans la contemplation de la Sablière et en présence de la nature, dans la solitude. *L'âme a besoin*, a écrit Châteaubriand, *pour se développer dans toute sa force, d'être ensevelie quelque temps sous les rigueurs de l'adversité* (*Martyrs*, l. 7, p. 117, édit. Lefèvre). J'ajoute que la prospérité, en enivrant d'orgueil, énerve les forces de l'âme.

Je quittai la Sablière, où je m'étais instruit, où j'avais médité. Je cherchai un chemin direct. J'avançais paisiblement, lorsqu'au détour d'une maison isolée une chienne s'élança sur moi du seuil de la porte. Elle m'attaqua aux jambes ; ma soutane para la morsure, mais elle fut mise en lambeaux. Les habitants du lieu me firent des excuses du malencontreux incident. Il n'y avait pas faute de leur part, ni de la mienne : leur bête, peu accoutumée aux gens, encore moins à une soutane, avait aperçu en moi un ennemi ; elle allaitait ses petits, elle prétendait les défendre. La maîtresse du lieu me fit entrer et recoudre au bout les uns des autres les lambeaux de ma soutane : une couturière se trouvait là, heureux hasard ! Elle répara de son mieux et en hâte les ravages de la dent meurtrière de la vilaine chienne qui grognait furieuse derrière les ais d'une porte : on l'avait enfermée. Si on lui eût laissé la liberté, elle eût, je crois, déchiré l'homme. J'en fus quitte pour une soutane mise en loques. Je dis, en plaisantant, à la jeune ouvrière : « Vous ne vous attendiez pas à raccommoder aujourd'hui une soutane. » Le sourire ne gâte jamais rien, même au milieu d'une mésaventure. La famille se composait de huit enfants, cinq ou six barbouillés d'étrange façon, morveux, sales ; ils m'entouraient, je n'eus pas le courage de les embrasser. J'eus sans doute fait plaisir à la mère. Le ménage, comme les enfants, était malpropre. Ceci rend un logis plus misérable, tandis qu'une chaumière ne manque pas d'agrément, dès qu'il y a de l'ordre et de la propreté. Je craignais donc l'approche de ce petit monde crasseux et puant, et pour plus d'une raison. La mine de ces bambins était d'ailleurs niaise ; ce qui n'attirait pas vers eux. La figure de l'enfant est aimable, lorsqu'elle est fraîche, ouverte, expressive. L'opération du raccommodage de ma soutane achevée, je remerciai poliment la couturière et la maîtresse du logis, puis je quittai en hâte cette demeure, un peu confus de mon aventure.

Le lendemain 18, je me levai à la première lueur du jour. La nuit avait été froide, l'atmosphère était pure, le ciel bleu, éclatant à l'orient ; les prairies couvertes de gelée blanche étaient du plus bel effet. Le réveil de la nature me sembla magnifique ; je descendis le coteau en l'admirant. Les bois se dessinaient dans le lointain sur l'horizon ; ils n'avaient pas encore dépouillé leur feuillage. Je sonnai à la porte du presbytère ; le curé, aimable jeune homme, m'attendait, et me servit la messe. Il m'avait conté ses espérances et ses petits chagrins : je l'avais écouté. Quel jeune homme n'a pas été trompé par les illusions de l'avenir ? Le cœur à vingt ans espère et croit tout réalisable ; à quarante, il n'espère plus et croit à fort peu de chose, les illusions sont passées. La vie est un grand drame qui se joue au milieu de péripéties sans nombre. Je fis un cordial adieu au jeune curé. Vers les sept heures je quittais Rieux. Le soleil se dégageait de l'horizon ; un léger brouillard couvrait la vallée du Petit-Morin, il formait comme un nuage. Il montait jusqu'à Montmirail et s'arrêtait à moitié de la tour. Je planais au-dessus ; les objets autour de moi étaient dégagés de toute vapeur, le soleil les éclairait de ses rayons ; j'arrivai à me perdre dans le brouillard, peu intense dès que j'y fus, vrai nuage vu de haut. Il se dissipa vers onze heures. Je fus seul dans la voiture jusqu'à Vieilles-Maisons. En cet endroit montèrent deux dames et une jeune domestique. Les deux dames causèrent à mi-voix ; elles faisaient la critique des gens qu'elles venaient de quitter et qui les avaient reçues. Ouvrez votre maison, offrez votre table, et les remarques méchantes, caustiques, cruelles abondent. On vous aura remercié en termes les plus gracieux, et l'on ne vous pardonnera pas même votre bonne réception. Tel est le monde, faux et méchant. Je prêtais l'oreille, avec l'air d'être occupé de toute autre chose : j'apprenais pour la millième fois quelle était la critique mordante des gens, quelle était la duperie de les croire, lorsqu'ils vous font protestation d'amitié et de dévouement : ils ne pensent pas la moitié de ce qu'ils vous disent, si, de bonne fortune, ils ne pensent pas le contraire. Ils vous embrassent, ils vous pressent sur le cœur, puis ils diront de vous le plus de mal qu'ils pourront : la chose n'est pas rare. *Le monde*, a dit Massillon, *est un grand théâtre où chacun presque joue un personnage emprunté* (Serm. sur le Jugement universel, 1er dim. de l'av. 2e p.) : ceci est vrai.

Entre Vieilles-Maisons et Bussières, nous passâmes entre deux haies de soldats ; ils gagnaient à pied Châlons. J'aime l'allure et l'habit militaire. Je me figure que dans la poitrine du soldat il y a loyauté, franchise et dévouement. Je confierais ma personne à un militaire plus qu'à tout autre ; j'attendrais de lui défense et protection. Il me semble qu'il y aurait sympathie entre nous, parce qu'il y aurait de la part du soldat générosité et de ma part confiance. Rêveries peut-être, néanmoins instinct du cœur et de l'esprit. En outre, ce qui annonce énergie et noble fierté me plaît : la tenue militaire, au moins extérieurement, les annonce. Les petites passions, les sentiments étroits sont le partage des hommes d'affaires ; les froids calculs du cabinet leur appartiennent : or, il n'est rien qui rétrécit plus le cœur et l'esprit. Les hommes d'affaires ont les habiletés de la duplicité ; il n'y a rien de cela dans le militaire où tout est franchise et ouverture.

Depuis le 28 septembre, la belle vallée de Jouarre n'avait rien perdu de sa richesse ; ses prés et ses arbres avaient conservé leur verdure printanière. Il en fut de même de la vallée de Chelles. A une heure un quart nous étions à Paris. Je m'en retournai en Beauce avec un convoi de Californiens, gens sans aveu et sans ouvrage, envoyés dans ce pays lointain aux frais de la Compagnie du lingot d'or. Ils faisaient grand tapage ; un individu monté sur une chaise les pérorait. On aurait volontiers cru à un commencement d'émeute.

Dommerville
(Octobre-Novembre 1851)

J'étais en Beauce, vaste plateau presque sans vallées et sans rivières, pays de plaines immenses. Le vent y souffle avec vigueur : l'air y est froid et sec, le soleil brûlant, lorsqu'il darde de ses feux des champs sans ombrage. L'habitant y est sobre, travailleur, paisible, peu religieux, manquant de franchise, non point inintelligent, mais n'ayant pas de finesse dans l'esprit, grossier de manières et de formes. Il estime la terre beaucoup plus que les valeurs mobilières ; il tient à en posséder un petit coin, selon son expression. Casanier par nature, il n'émigre pas. D'imagination calme, il n'est point d'humeur aventureuse, non plus que guerrière. Sans être robuste, sa constitution est bonne. Il est de taille moyenne. Il est rare qu'il soit bel homme. La Beauceronne est proprette, quoiqu'il y ait peu d'ordre dans l'arrangement de son ménage. Elle aime le travail, la sobriété et l'économie. Elle ne craint point la fatigue. Elle est rangée dans ses mœurs, une fois mariée, elle l'est moins ; jeune fille : elle aime alors à avoir ce quelle appelle un amoureux, qu'elle épouse d'ordinaire, mais souvent après avoir fait une faute avec lui. C'est une jeunesse trop libre, mais non corrompue, car elle se range dès qu'elle est mariée et est très rarement infidèle. Elle n'est ni laide, ni jolie. Sa mise est simple ; sa coiffure est ce qu'elle a de plus coquet. D'une nature froide, elle n'a d'âme que pour ses enfants ; elle les aime, pour ainsi dire, plus qu'elle-même. Elle est serviable, sans aimer à rendre service. Elle n'est ni méchante, ni criarde. Docile au mari, en ayant soin, elle fait d'ordinaire bon ménage. Elle n'est point sans religion, mais il y a chez elle absence de piété.

La culture des céréales est à peu près la seule occupation des habitants de la Beauce. L'agriculture y étant en honneur, je vais parler de l'intérieur d'une ferme beauceronne. J'étais à Dommerville, non loin de la route de Paris à Orléans. Voici la ferme. Une grande porte cochère y donne entrée. A côté existe une petite porte pour les piétons. Les ais de ces portes sont grossièrement assemblés. Un abreuvoir assez large est à l'entrée de la cour. Il reçoit l'eau au moyen d'une pompe, mise en mouvement par un cheval. La pauvre bête a la vue bandée, dans la crainte qu'un tournoiement qui est continuel ne l'étourdisse. Ceci ménage le temps et les bras des gens de la ferme ; car l'eau en Beauce est à une profondeur de 25, 30 et 35 mètres. L'habitation du fermier est bourgeoise, car le fermier est moitié homme des champs, moitié homme de ville : il n'est plus celui d'autrefois, celui du commencement du siècle présent. Ce fermier-là était coiffé d'un chapeau déformé qui avait vu plusieurs saisons. Il était chaussé de gros souliers, munis de paille comme moyen de chaleur ; ils avaient à la semelle une quadruple rangée de gros clous. Des guêtres blanches en toile couvraient la nudité des jambes et montaient jusqu'au dessus du genou. La culotte, de peau ou de velours, était courte ; la veste de droguet en été, de velours en hiver ou de gros drap, avec un gilet à l'avenant, boutonné jusqu'au cou ; ce dernier était entouré d'une cravate de couleur et mise sans aucune façon. Une blouse de grosse toile bleue par dessus le vêtement descendait jusqu'aux cuisses. Les cheveux étaient longs, droits, aplatis sur les oreilles et sur le devant de la tête. Les sourcils étaient d'ordinaire épais ; les traits hâlés et heurtés ; le dos voûté ; les jambes arquées ; les lèvres grosses ; le sourire de même ; le parler lent et réfléchi. Toujours sur le même ton, la conversation devenait fatigante, pleine de ruse à l'égard des intérêts matériels. La demeure, à cette époque, était en rapport avec l'habillement. Une porte étroite et basse, près du lit, ouvrait sur l'écurie. La couchette était emboîtée dans une alcôve ou enfermée dans huit rideaux de serge verte. Le baldaquin, de même étoffe, était garni de galons de soie jaune. Quatre hautes quenouilles le soutenaient. Cette couchette était immobile sur ses pieds ; un bâton servait à faire le lit. Dessus étaient une énorme paillasse, deux lits de plume volumineux. Les draps étaient de grosse toile demi-blanche. Deux oreillers à taie d'indienne accompagnaient le traversin. Le tout montait presque au ciel du lit. Le long étaient deux ou trois chaises en grosse paille ; à la tête du lit un fauteuil en bois, bien frotté, bien clair et de forme antique. Son intérieur servait de coffre pour mettre les hardes. Une longue table occupait le milieu de la chambre : elle était brillante à force d'être frottée. Il en était de même des bancs posés à ses deux côtés. Les objets s'y reflétaient et formaient des ombres. C'était la table des grands jours. La table ordinaire, en bois brut, était dans le fournil. La cheminée était vaste et sans chambranle, ayant deux ou trois fusils posés le long de son mur à un dressoir. Contre l'âtre, il y avait deux grands et lourds chenets en fer, bien frottés. A l'opposé de la cheminée se voyaient une grande armoire et une commode ayant forme de buffet, avec tiroir et dressoir. Sur le dressoir étaient rangés en ordre les plats d'étain, les assiettes de faïence fleurie, les cuillers, les fourchettes, les verres sur lesquels étaient peints des oiseaux et des fleurs ; le dessin y manquait complètement. Tous ces ustensiles, ainsi que les deux meubles, éclataient de propreté. La lumière arrivait dans cette vaste pièce oblongue par une petite fenêtre placée à chaque bout, l'une donnant sur le jardin, l'autre sur la cour. Une simple targette les fermait. Elles étaient défendues au dehors par trois barreaux de fer et quelquefois par un mauvais volet de bois blanc. Chaque fenêtre était garnie d'un rideau de coton bleu flammé blanc. A côté de cet appartement du maître, il y avait une chambre ou cabinet plus ou moins vaste, où les enfants couchaient. Sa porte ouvrait dans la pièce principale. C'était d'ordinaire les filles qui l'occupaient ; car les garçons couchaient dans l'écurie. Cette chambre était éclairée par une petite fenêtre à quatre carreaux. A son opposé, sur le même côté du mur, une porte donnait accès immédiatement ou par un corridor dans le fournil. Là était dressée une longue table en bois blanc, posée sur des tréteaux et ayant un banc de chaque côté. Douze et même seize personnes pouvaient s'y asseoir. Les hommes de la ferme y prenaient dessus leur repas ; les servantes mangeaient debout. La maîtresse mangeait après, lorsque tout était fini, car c'était elle qui veillait au service. Non loin de cette table étaient le four et la cheminée, en laquelle assez souvent il se trouvait. Une longue et forte crémaillère tenait suspendue au-dessus du foyer une grande marmite, où se préparait le repas. Une alcôve contenait deux châlis destinés pour le coucher des servantes. Ils étaient posés l'un au-dessus de l'autre. Le fournil n'était pas carrelé ; une terre glaise, battue, inégale, raboteuse, formait l'aire. Il en était de même dans la pièce du maître. Lorsqu'elle était carrelée en briques, c'était du luxe. Le fournil recevait sa lumière par la porte, quelquefois par une petite vitre enclavée dans le mur. La porte, partagée en deux ais superposés, ouvrait sur la cour. Le pas de la porte était composé de deux pierres, mal jointes, de même que les deux ais, ce qui était tout à fait primitif.

Telle était, au commencement de ce siècle, l'habitation du fermier de Beauce. Il n'en est plus de même aujourd'hui. Le chef d'une ferme a encore la blouse, vêtement commode et même indispensable pour l'homme des champs ; mais ce n'est plus la blouse de grosse toile bleue, c'est un tissu fin de couleur grise, vêtement à épaulières, court, et plissé sur les épaules. Les souliers, encore forts, sont de cuir moins dur. Le pantalon a remplacé la culotte courte ; il est de molleton de laine durant l'hiver, de coutil gris pendant l'été, ou autre genre d'étoffe de fil ou de coton. Le gilet est ouvert, ainsi que la blouse, afin de laisser voir une chemise fine, bien plissée. La casquette a remplacé le bonnet de coton et le vieux chapeau. Aux grands jours, le fermier est en habit de drap fin, une cravate de soie au cou, les mains gantées. Le gros fermier ne met pas la main à la charrue, il commande et surveille seulement ; aussi ses mains ne sont pas calleuses, elles sont douces et bien soignées. Le logement vaut le personnage. En une belle cuisine sont rangés en ordre les ustensiles de cuivre. Les fourneaux ont des carreaux de faïence. La salle à manger est jolie, tapissée d'un papier convenable, des rideaux aux fenêtres, un buffet et une table en noyer verni, des chaises de même et de gentille forme. Il ne manque ni de porcelaine, ni de verrerie, ni d'argenterie ; il y a verres à Bordeaux, verres à Champagne. Le salon fait suite à la salle à manger ; le meuble en est complet, chaises, fauteuils, canapé, table de jeu, table à ouvrage, pendule, chandeliers, vases, et même candélabres, cela va parfois jusqu'au piano. L'acajou se fait remarquer ainsi que le tapis de pied devant le canapé. La table à ouvrage est chargée de journaux, de livres, de jolis objets de travail. Le plancher est un parquet bien ciré. L'écurie est encore à côté, car il n'est pas possible de la supprimer, mais elle n'ouvre plus dans l'habitation du fermier. Quant à l'odeur du fumier, on ne peut l'éviter, si l'on ouvre les fenêtres. On a beau faire, il en est comme du cardeur, qui sent toujours la carde. Les chambres à coucher, au premier étage, ressemblent au salon et à la salle à manger, elles sont élégamment meublées. La dame du logis, car on ne l'appelle plus la maîtresse, va, les mains gantées, voir ses vaches et ses brebis. Si elle est tête nue, ses cheveux sont lissés et pommadés, arrangés avec art. Si la tête est couverte, elle l'est par un élégant chapeau, à dire vrai un peu fané et d'arrière-mode ; la liberté des champs le permet. La robe, ou de soie ou de laine, accompagne le chapeau. Ce n'est plus l'ancienne cotte barrée de nos fermières d'autrefois, leur camisole de coton rouge, bleu ou violet, la manche courte, et le bras noirci par le soleil. La fermière d'aujourd'hui a la peau fraîche, la marche légère, le pied bien chaussé. On voit qu'elle est la dame du lieu ; il faut aller chercher la maîtresse dans la sous-fermière. Celle-ci a encore quelque chose de la fermière d'autrefois. Son logement est la vraie ferme, c'est-à-dire le fournil et la pièce à coucher. Mais, dans cette dernière pièce, il y a beaucoup moins d'ordre et de propreté que dans la grande pièce de l'antique ferme.

Autour d'une cour très vaste, à la suite de ce qu'on appelle le logement du maître et la ferme, sont rangées les granges, les écuries, les bergeries et les étables. Les granges sont vastes. Sur leur aire sont étendues des gerbes de blé, que deux pauvres cancres battent à la journée à coups de fléaux. Le bruit de cet instrument est cadencé de la manière la plus monotone ; il jette la tristesse dans l'âme. J'aime cependant à l'entendre, car c'est le premier bruit qui frappa mon oreille d'enfant. J'aimerai toujours mes blés, ma voiture de grains, ma grange, souvenir délicieux des jours de mon premier âge, quoique je ne sois pas né dans une ferme, ni au milieu des bestiaux, choses que j'aime peu. Les deux batteurs sont appliqués à leur ouvrage depuis cinq heures du matin jusqu'à la nuit, pour gagner, à l'époque dont je parle, 1 fr. 50. Ce métier ne demande pas d'intelligence ; il exige seulement du nerf dans les bras et de la force dans les jambes. Maigres, mal peignés, le visage et les vêtements poudreux, ces deux hommes ont les traits tirés, le regard sans feu, la physionomie morne. Leur parole est lente ; leurs termes sont peu variés ; ils n'ont la connaissance que d'un petit nombre de mots, ceux que l'usage fait revenir souvent. Rien ne paraît travailler dans leur esprit. Ils sont matériels comme les occupations qui forment leur existence. On ne saurait échanger avec eux de nombreuses paroles, ils ne vous comprendraient pas. Dès que vous leur avez demandé si l'avoine ou le blé rendent bien, vous n'avez plus rien à leur dire ; eux n'auraient plus rien à vous répondre, à moins que vous ne leur demandassiez s'ils ont une femme, des enfants, si ceux-ci sont savants à l'école. La plupart du temps ils vous répondent que le garçon a la tête dure, que la fille est plus réveillée ; qu'elle ne serait pas sotte, la gaillarde, si elle voulait apprendre, mais que ça ne lui dit pas. Vous comprenez aussitôt que ce sont de petits ignorants, plus ou moins sots, qui n'apprendront pas grand'chose ; qu'ils ressembleront à leur père et à leur mère.

Le charretier est plus avisé et plus rustre ; cependant la portée de son intelligence n'est pas encore très étendue. En général il est grossier, brusque, malhonnête dans son langage et dépourvu de toute politesse.

Les écuries sont belles. On y voit de magnifiques chevaux percherons, dont l'encolure est forte, le pas lourd : ceci leur vient de la charrue. Aux deux extrémités des écuries, sont plantés dans le mur de longs piquets supportant en long et en large plusieurs perches ; c'est le lit où chaque charretier prend son repos, ayant à surveiller les chevaux durant la nuit. Un peu de paille, un mince matelas, un drap plié en deux et de grosse toile, une couverture de laine forment la couche de ces hommes de travail. La fatigue supplée à la dureté de ce lit. Ils dorment bien, mieux probablement que ceux qui ont couche molle et somptueuse ; là les insomnies ne sont pas rares, car l'esprit a été plus agité durant la veille. Il y a ordinairement deux lits posés l'un au-dessus de l'autre. Le premier, moins élevé, est destiné au maître charretier ; cependant une échelle est nécessaire pour y atteindre. Le second, troisième ou quatrième charretier, occupe le lit supérieur. A trois heures du matin, le maître charretier se lève pour donner à manger aux chevaux, afin qu'au jour ils soient prêts à aller aux champs. Le soleil règle le lever et le coucher. En été, les charretiers dorment peu ; ils sont sur pied avant quatre heures, et ils se couchent à neuf ou dix. En hiver, au contraire, ils dorment beaucoup ; ils se couchent entre six et sept heures, et ils se lèvent après cinq heures. Le charretier, marié, ne va voir sa femme et son ménage que tous les huit ou quinze jours.

Les étables à vaches ont de la ressemblance avec les écuries, seulement, au lieu de chevaux, ce sont des bêtes à cornes. Leurs longs mugissements font plus d'une fois retentir la vacherie. D'ordinaire elles s'y tiennent couchées, vous présentent leur tête, formidable par leurs cornes, et n'offrent qu'un regard morne. Chaque vache a son nom. Il est inscrit au-dessus de la mangeoire. L'une s'appelle *Charmante*, et ne l'est point du tout ; l'autre *Pied-de-Biche*, singulière dénomination ; jugez le pied léger d'une vache. Celle-ci a nom *Bas-Bleu*, une épigramme qu'on ne s'attendait pas à rencontrer dans une étable ; celle-là a nom *Marquise*, on se demande pourquoi ? puis *comtesse Poulka* figure aussi là-dedans. *La rouge, la noire, la blanche, la brune* ont plus raison d'être, ainsi que *la caille*, qui signifie un pelage noir taché de blanc. Quant à *la framboise*, on se demande si c'est pour le parfum de son fumier.

Le taureau est en un coin, souvent même dans une étable à part. Sa tête est forte et monstrueuse ; le regard est farouche, le mouvement brusque ; le feu est dans ses yeux ; cet animal ne connaît que la furie ; il est très redoutable. Il n'a pas de cruauté comme les animaux carnivores, il a de la fureur, et il agit poussé par elle. Les vachers sont les gens de la ferme les plus hébétés ; ils ne sont bons qu'à traire les vaches et à remuer le fumier dans la cour. Leur air, leurs discours sont niais. Si un jeune vacher est éveillé, il deviendra charretier, plus tard, ou berger.

Les bergeries ont une odeur désagréable et forte ; elle est produite par le suint des moutons. Jette-t-on un regard en une bergerie, les brebis se précipitent les unes sur les autres sans savoir pourquoi ; le mouvement d'une seule cause cette panique. Les agneaux seuls sont gentils par leurs bonds prestes et légers. Les béliers sont à part. La structure de leur tête et leurs deux cornes enroulées et aiguës annoncent leur force : en effet, rien n'est plus fort ; avec leur tête, ils renverseraient un mur ; ils tueraient un homme en faisant un bond sur lui. Si le taureau c'est la fureur, le bélier c'est la force, mais la force brutale. Son regard n'a pas le feu de celui du taureau, il est hébété.

Le berger est parmi les gens de la ferme l'homme dont l'imagination et l'intelligence travaillent le plus. Son œil est plus vif, plus fin, moins sincère. Appuyé sur son bâton durant des heures entières, il médite, il réfléchit. S'il sait lire, il lit. Autrefois c'était dans quelques sots livres appelés livres de sorcellerie, *le Dragon rouge, le Grand et le petit Albert*, etc. Je mis un jour la main sur l'un de ces livres à l'étalage d'un bouquiniste, le long du quai du Louvre à Paris, en 1836, sur *le Dragon rouge*, je crois. A la première page étaient ces mots : *Tourne le feuillet, tu verras Grippet*. Grippet était le diable sous la forme d'un vilain dragon. Le livre contenait des obscénités et des sottises : c'était là toute la sorcellerie. Aujourd'hui les bergers n'ont plus la réputation de sorciers, parce qu'on ne croit plus aux sortilèges. Les sciences occultes du moyen âge étaient pour la plupart des connaissances secrètes sur la chimie et sur la propriété des simples, mêlées d'un peu de physique. De nos jours, ces connaissances, tenues autrefois par quelques adeptes sous le boisseau, ont été mises en lumière, ont été propagées et perfectionnées ; mais au lieu de spiritualiser nos pensées, elles les ont matérialisées. On cherche tout dans la matière, on veut tout expliquer par la matière : cependant, malgré la découverte d'agents chimiques et physiques, on ignore encore beaucoup, au point qu'on peut affirmer que le secret de cet univers est encore dans le sein de Dieu. Nous voyons des effets sans nombre, où est la cause primordiale ?

Je reviens aux bergers. Pour n'être plus sorciers, ils n'en sont pas meilleurs. Leur lecture n'est plus celle du *Dragon rouge*, elle est celle des livres immoraux, irréligieux, sceptiques, subversifs de tout ordre social. Au fond, hommes simples et ignorants, ils gâtent leur cœur et leur esprit par de pernicieuses lectures. Ils sont impies et immoraux.

Si de la bergerie on descend au toit à porc, on verra un énorme animal, grognant, se vautrant dans la fange, s'y plaisant, fort laid par ses petits yeux, ses longues oreilles pendantes, sa queue effilée et son groin pointu. Le porc n'a rien de gracieux, rien d'aimable ; sa nature est en rapport avec son physique.

Au milieu de la cour est le fumier. Tout le jour, une multitude de poulets de couleurs diverses y cherchent leur nourriture. Le coq se fait remarquer au milieu d'elles par sa belle queue retombante et sa belle crête. On sait quelle est la fierté de sa démarche, le feu de son regard : tout plaît en lui, jusqu'à son chant uniforme et mélancolique. On aime à l'entendre, surtout dans les longues heures de la nuit, lorsque l'insomnie vous tient éveillé. Il annonce le jour bien avant que le soleil apparaisse sur l'horizon. Il apprend, dans le silence où tout semble anéanti, qu'il y a encore des êtres vivants. Pour moi, le chant du coq m'a toujours été agréable ; mélancolique, il répond à la mélancolie de mon âme. Je l'ai aimé dès ma plus tendre enfance ; la sensation qu'il produisait en moi était douce et me portait à la rêverie. Cette sensation n'a pas cessé chez moi, surtout lorsque j'entends le coq chanter durant la nuit ; je suis ému presque jusqu'à pleurer, mais avec plaisir.

Rien n'est encore émouvant comme deux jeunes coqs entrant en lice. Leurs cous se tendent, les plumes s'en hérissent ; ils se regardent, ils se mesurent, ils se tiennent dans une longue immobilité ; leurs yeux sont pleins de fureur, le feu en sort avec abondance. Ces fiers champions, après s'être bien mesurés, se jettent l'un sur l'autre et se prennent au bec, tâchant chacun de renverser son adversaire. Ils s'acharnent à la victoire ; ils se séparent, la lutte n'est pas finie ; ils recommencent le combat comme par une orgueilleuse réminiscence : il faut alors qu'il y en ait un qui succombe ou qui cède. La lutte achevée, ils n'ont nullement l'air d'être ennemis ; elle a été leur ébat. Le coq est fier ; il a en lui la marque de la vaillance et l'amour de la lutte ; il semble qu'elle soit son jeu. En somme, c'est un bel animal.

On sait encore qu'il n'existe pas de meilleure mère que la poule. Comme elle tend ses ailes ; comme elle est heureuse d'avoir ses poussins dessous ! Comme elle leur cherche la nourriture ! Avec quelle dextérité elle gratte la terre et le fumier pour cela ! Avec quel doux gloussement elle les appelle, leur indiquant chaque grain ! Comme ils accourent à cet appel, mangeant avec sécurité à l'abri de leur mère, faisant entendre leur petit piaulement lorsqu'ils ont crainte ! Quelle n'est pas la fureur de cette mère, si vous approchez trop près de ses poussins et que vous tentiez de les saisir ! Si vous ne cessiez, elle vous sauterait aux yeux, vous les arracherait avec son bec et ses griffes. Sa couvée est tout pour elle ; un seul poussin qui lui manque la jette dans l'inquiétude et les alarmes : elle l'appelle, elle le cherche. Un tel amour pour sa couvée fait aimer la poule ; elle donne une belle leçon de la tendresse maternelle. Le petit poulet est de lui-même intéressant dans son premier duvet. Ces pondeuses bienfaisantes ne sont point effrayées, lorsqu'on leur jette du grain, elles accourent, elles vous entourent, mais elles veillent à leur liberté, elles fuient dès qu'on fait mine de les vouloir prendre. Elles se disputent parfois la mangeaille et donnent un coup de bec. Le coq, majestueux au milieu d'elles, les appelle, leur indique où il y a du grain.

Une ferme est-elle agréable ? Non. L'odeur de son fumier, le cri des bestiaux n'ont rien d'attrayant. Le soir, le sommeil vous prend vite, même avant qu'il soit l'heure du coucher, ce qui ne rend point les soirées attrayantes. Ayant le cultivateur assoupi d'un côté et la fermière de l'autre, on est forcé de chercher la somnolence en fermant l'œil droit, puis l'œil gauche ; on se trouve bientôt dans des idées confuses qui n'ont ni suite, ni sens. Si l'on a un journal à la main, on le laisse tomber à terre ; les longs articles d'une politique de redites provoquent eux-mêmes au sommeil, car ils ennuient.

De Dommerville, j'allai à Gommerville où je séjournai plus longtemps. Tous les villages de Beauce manquent de pittoresque, aussi ont-ils la monotonie des plaines dans lesquelles ils sont situés, on n'a donc point de description à en faire. Des tours à toit en bâtière les indiquent de loin en loin ; elles ne disent rien à l'imagination. Je décrirai cependant le jardin de Beauce. C'est un espace plus ou moins vaste de terrain enfermé entre quatre murs formant un parallélogramme. Le terrain est divisé en quatre, en six ou en huit carrés, le long desquels s'étendent des allées en ligne droite. Contre les murs règne une plate-bande et des espaliers, poiriers, abricotiers, pêchers, cerisiers et treilles au-dessus. Les murs ont environ un mètre et demi d'élévation. Une plate-bande encadre les carrés, en laquelle sont des arbres fruitiers ; au milieu des carrés sont les légumes, pois, haricots, pommes de terre, oignons, épinards, et parfois une ou deux couches de melons et un fossé d'asperges. Mais les jardins des simples journaliers ont moins de luxe, tant de légumes que d'arbres fruitiers ; ils sont mal cultivés, car le Beauceron sacrifie tout à ses champs. Les fraisiers forment bordure ; ils sont rarement plantés en plate-bande. Au nord, le long du mur, sont des noisetiers et des framboisiers. Dans les enclos vastes, il y a d'ordinaire un ou deux noyers séculaires. Lorsqu'une ferme est isolée, il y en a assez souvent quelques-uns à sa sortie. Le jardin de Beauce avec ses dispositions a en somme la tristesse et la monotonie du pays. Au soleil d'octobre, on peut se plaire à s'y promener de long en large pendant des heures entières, y deviser avec soi-même des choses de la vie, et, calme et tranquille, se mettre au-dessus des événements humains, eux si propres à troubler et affliger l'âme.

Le 22 et 23 octobre, nous allâmes à Dommerville faire la cueillette du raisin à de vastes treilles. Nous partîmes par un beau soleil, nous revînmes au milieu de la brume, tellement intense que nous ne distinguions point à vingt pas de nous ; il était 4 heures et demie du soir. Ce brouillard avait commencé à l'horizon ; le disque du soleil y apparaissait avec une teinte extraordinaire qui attira notre attention. Ce brouillard était l'annonce d'une belle journée pour le lendemain ; et elle fut belle.

Un ânon de mine et de tournure gentilles nous avait servi tour à tour de monture : Robin était son nom. Il avait ses caprices ; il fallait le stimuler pour la marche, sans cela le scélérat eût avancé *à pas comptés comme un recteur suivi des quatre facultés* (Boileau, sat. 3). Nous l'avions emmené, nous devions le reconduire le lendemain samedi à la ferme ; il était en liberté dans la cour et paissait l'herbe. Le cheval, son compagnon d'écurie, est attelé, est mis au trot et part. Robin, voyant cela, sans selle ni bride, serrant la queue comme bête faisant mal, s'élance et file d'un trait au milieu de nous, tous fort étonnés. Il se mit à suivre au grand galop le cabriolet, sans qu'il fût possible de le rattraper. Rien ne fut plus preste et plus curieux que cette fuite. Le jeune ânon n'était pas chez lui, son instinct lui dit que le cheval *Balançoire* y retournait ; il craignait sans doute d'être retenu prisonnier, il chercha de toutes ses jambes la liberté et son écurie. Tant qu'il le put, il suivit le cheval au triple galop ; lorsqu'il fut à bout de forces et dans des champs connus, il s'arrêta à peu de distance de la ferme et se mit à brouter. Cette fuite, exécutée avec tant de dextérité, nous amusa beaucoup.

Nous allâmes un jour à Mérouville, village d'environ 400 habitants, au milieu des terres, séjour où l'âme doit s'ennuyer. Une petite église et un pauvre presbytère y annoncent une position modeste et une vie de sacrifice. Plus d'un curé de Beauce n'en a pas davantage. Il est ainsi livré à lui-même fort jeune avec les dangers, à cet âge, d'être seul avec soi-même : aussi la vertu d'un curé de campagne est-elle une grande vertu, inconnue et non point célébrée dans l'apparat d'une haute et belle position.

Mérouville n'avait pas été le but de mon excursion, un autre motif m'y amenait. Il y avait près de ce village des ruines romaines, sur l'ancienne voie de la ville des Carnutes, Chartres, à la ville ou l'oppidum des Sénonois, Sens : j'étais curieux de voir ces restes d'une ancienne station romaine. Il n'y avait plus que des fondements de murs, au milieu desquels étaient des monceaux épars de poteries rouges et noires, des morceaux de meules à blé tant en béton qu'en pierre. On y trouvait de temps en temps des pièces de monnaie. Il y existait des traces d'incendie. Cette station aura probablement été détruite dans les guerres : à quelle époque ? on ne saurait le préciser, car il n'en est resté aucun souvenir, ni dans l'histoire, ni dans le pays ; on ignore même le nom du lieu.

Nous revînmes par Baudreville, village un peu moins triste, sur la route d'Angerville à Chartres. L'église y est proprette, construction du moyen âge. En y comprenant le hameau d'Ormeville, la population dépasse 400 âmes.

Je revins à Orléans le 5 novembre après trois mois et demi d'absence. Je revis ma demeure et mon chez moi avec plaisir.

Sens et Montargis
(Juin 1852)

Étant allé marier une nièce à Milly ; j'effectuai mon retour par Sens, ville en renom dès la domination romaine : *Senones, quæ est civitas imprimis firma, et magnæ inter Gallos auctoritatis* (César, *Commentaires*).

En arrivant à Sens, les hauteurs de la rive gauche se présentent en plans qui se coupent et se diversifient ; des gorges s'ouvrent de toutes parts, aussi riches en culture que la vallée.

La gare est à un kilomètre de la ville ; les maisons du faubourg sont à courte distance. Ce court faubourg est séparé de la ville par l'Yonne, qu'on traverse sur un pont en dos d'âne de trois arches. J'entrai dans la ville par la grande rue étroite et tortueuse, la plus vilaine de Sens et la plus commerçante. Elle traverse la ville dans sa longueur. Les vieilles boutiques et les pignons sur rue n'y manquaient pas.

J'allai pour faire visite au Grand-Vicaire, l'abbé Chauveau, que j'avais connu supérieur du Petit-Séminaire de Meaux ; je le rencontrai dans la rue. Il me fit un excellent accueil. Il était très expansif en ses manières, comme tout homme qui veut plaire, cependant qui ne se livre pas. Une telle courtoisie est agréable ; mais il faut la prendre pour ce qu'elle vaut, car il est bon de n'être dupe en aucune façon. Enfin l'abbé Chauveau joignait l'amabilité à la politesse, je n'en demandais pas davantage, puisque cela suffit pour donner du charme aux rapports sociaux. Ce fut ainsi que je pris le gracieux accueil du Grand-Vicaire de Sens.

J'allai au salut à Saint-Pierre. On y chanta l'antienne *O sacrum convivium, le Magnificat, le Pange lingua* à la procession, au retour, l'oraison du Sacré-Cœur dont on faisait la fête, et l'invocation *Cor sacratissimum*. La bénédiction fut donnée en silence, selon le rit romain. Le *Salve regina* termina l'office.

Le lendemain dimanche, je dis la messe à la cathédrale. Le chapitre avait adopté le rit romain depuis le premier janvier. Ce rit n'était devenu obligatoire pour tout le diocèse que depuis la Trinité : ainsi il était nouveau.

Plusieurs pains longs ordinaires, tel est le pain bénit ; l'archevêque a le grignon de l'un d'eux.

Comme à Meaux et à Bourges, son siège était une simple stalle, dont les accoudoirs et la miséricorde étaient couverts de velours rouge, pour distinction des autres stalles. Devant était un tapis avec un coussin.

L'archevêque d'alors, Mgr Jolly-Mellon, était un homme de 57 ans, bien conservé, sans trop d'embonpoint, assez grand, d'une physionomie peu expressive, plutôt commune que distinguée, plutôt dure que gracieuse. Sa voix forte et accentuée était commune. Ses manières manquaient de noblesse, elles avaient quelque chose de raide.

Une procession du Saint-Sacrement avait eu lieu immédiatement avant la messe : il y avait des reposoirs. On en fit encore une au salut, mais sans station. A cette dernière, l'archevêque portait le Saint-Sacrement. Le clergé et les jeunes personnes en blanc, les diverses confréries, avaient un cierge à la main. Quatre clercs en tunique portaient le dais. Quatre laïcs tenaient les cordons. Les insignes de l'archevêque étaient portés par derrière le dais.

Le chant, m'a-t-on dit, était du XIIe ou XIIIe siècle : il manquait de gravité. Celui des psaumes, moins chargé de notes et uniforme, avait de la monotonie. Seuls les antiennes et les graduels étaient joyeux.

L'édifice est du XIIe siècle : Quelques parties sont du XIIIe ; le transept du XIVe. Ses verrières s'étendent sur toute la surface des pignons ; avec leurs roses : c'est d'un effet splendide. Les autres verrières manquent d'élancement et de déploiement, elles sont du XIIe siècle. Il y a dans l'édifice la lourdeur de l'époque. La galerie n'existe qu'au chœur et au côté méridional de la nef ; elle est simulée au côté septentrional et n'existe en aucune façon au transept. Deux grandes ogives par travée contiennent chacune deux formes ogivales accolées l'une à l'autre.

Voici maintenant les proportions de l'édifice : longueur dans œuvre, 111 mètres 60 centimètres ; largeur de la nef et du chœur, 12 mètres 75 centimètres ; de chaque latéral, 7 mètres 95 centimètres ; largeur totale, chapelles comprises, 36 mètres 10 centimètres, longueur du transept, 43 mètres 80 centimètres ; hauteur de la voûte de la nef, 24 mètres 40 centimètres. Les latéraux circulent autour du chevet. La nef a quatre travées, divisées chacune entre deux entrecolonnements par un pilier cylindrique ; ce qui forme dans chacune d'elles deux arcades ogivales. Au-dessus de la galerie, chaque verrière est séparée en deux par un meneau et surmontée d'un trèfle. Chaque travée a donc deux verrières comme deux arcades. Il n'y a pas de rose à la façade occidentale. Le buffet d'orgues, très simple en lui-même, cache la nudité du mur. Le chœur a deux travées, le sanctuaire une, dans les mêmes dispositions que celles de la nef ; le chevet en a trois, mais non à double arcade. Une grille entoure le sanctuaire ; le chœur a une boiserie à l'intérieur, une muraille à l'extérieur. Un jubé fermait le devant ; il était revêtu de marbre à l'extérieur et sur les côtés au dedans du chœur. Une belle grille donnait entrée dans celui-ci. Les chapelles étaient pareillement fermées par de hautes et belles grilles du XVIIe ou XVIIIe siècle. Trois vastes chapelles occupent l'abside. Il n'y en a point sur les côtés du sanctuaire : mais il en existe le long du chœur et de la nef : on en compte quatre de chaque côté de cette dernière. La principale chapelle de l'abside est dédiée à saint Savinien, martyr et premier évêque de Sens. Le saint est représenté dans un haut-relief de bon goût au moment de son martyre. Il est renversé à terre et tenu par un homme d'un regard farouche. Un autre homme tient une hache levée et va frapper le vénérable vieillard. Ce haut-relief sert de rétable à l'autel ; il est en marbre blanc. La chapelle de la Vierge est au transept du midi ; celle des fonts-baptismaux au transept du nord. Elles sont oblongues et vastes.

Quoique d'un très beau marbre, le maître autel du chœur est médiocre. Il est couvert par un riche baldaquin supporté par quatre colonnes d'ordre corinthien. Quatre branches en spirales s'élèvent au-dessus et viennent se réunir pour porter la boule du monde, qui elle-même sert de piédestal à la croix. Un serpent entoure la boule de ses plis. Au-dessous des branches, par devant, est posté un groupe d'anges. La frange est formée de festons séparés par des glands. La base et le fût des quatres colonnes sont en marbre rouge, le reste est doré. Sur l'autel étaient douze chandeliers. La croix reste sur le tabernacle, même le Saint-Sacrement exposé ; un voile rouge en cache seulement le pied. A l'entrée du sanctuaire étaient deux riches candélabres soutenus par de jeunes enfants en bronze de couleur cuivre rouge.

Le chœur est pavé en marbre rouge et blanc, carreaux à quatre pans. Le sanctuaire était couvert en entier d'un magnifique tapis.

Au milieu du chœur s'élevait le mausolée du dauphin et de la dauphine, père et mère des rois Louis XVI, Louis XVIII, et Charles X. C'est un superbe morceau quoique les critiques en aient pu dire. Il est en marbre blanc. Les deux armes qu'il supporte sont en marbre vert, veiné de blanc. Sur le socle sont quatre statues de grandeur naturelle posées chacune à chaque coin, en enfant ou génie est aux deux extrémités. Sur les côtés ont été placés les écussons du dauphin et de la dauphine. Ils sont en cuivre doré, avec un feuillage de cyprès pour ornement, du bronze très brun, alliage de cuivre jaune et de zinc. Au-dessus des écussons est inscrite l'épitaphe des deux morts : le dauphin, 20 décembre 1765, 36 ans, date du décès; la dauphine, Marie de Saxe, 13 mars 1667, 35 ans. Ce fut sous l'épiscopat du cardinal archevêque Albert de Luynes. L'écusson porte sur quatre panonceaux croisés, champ or et argent, un dauphin et trois fleurs de lis. L'écusson de la dauphine porte de même, seulement, au lieu de fleur de lis, c'est un aigle et un chevalier à cheval, armes de la maison de Saxe. Le temps armé de sa faux tient le voile qui couvre en partie les urnes funéraires. Sur le devant, le génie a un compas à la main et le tient ouvert sur la sphère :

divers instruments de science sont posés autour de lui. Chacun des deux génies est assis.

Ce cénotaphe est l'œuvre de Guillaume Coustou fils, 1777.

Au-dessus de la boiserie du chœur, étaient deux tableaux. L'un représente le martyre de saint Thomas de Cantorbéry. Le saint en habits pontificaux se tient debout les yeux levés au ciel, la figure pâle, pleine de fermeté, de courage et de noblesse. Derrière lui est un clerc portant la croix archiépiscopale ; son teint est livide, ses yeux sont hagards, il est dans la stupeur. Trois chevaliers armés de toutes pièces, bardés de fer entourent saint Thomas. Leurs figures sont pâles et féroces, le noir de leur barbe fait ressortir la blancheur de leur teint : ils sont émus et tremblants de l'action criminelle qu'ils vont commettre. Un d'eux a saisi l'archevêque par son pallium ; un autre lève l'épée pour en frapper le saint. Le fond du tableau offre l'intérieur d'une église romane. Ce tableau, me parut excellent. Je ne sais de quel peintre il est. A côté est un plus grand tableau, œuvre inférieure au martyre de saint Thomas. C'est une procession de reliques : un archevêque les précède, une reine les suit avec le peuple. Ce sont les reliques de sainte Colombe, vierge et martyre de Sens. En face de ce tableau était un vieux cadran d'horloge ; l'horloge sonne les heures avec éclat. A la suite, un tableau représente Jésus guérissant un paralytique.

Il reste peu de verrières coloriées ; celles de la nef sont toutes en verres blancs. Six verrières du chœur sont en grisailles.

Dans le sanctuaire, une plaque de marbre noir fixée au pilier relate la succession des archevêques de Sens depuis saint Savinien. Le dernier mort est Mgr de Cosnac, en 1843. Chaque archevêque est inscrit après son décès. Mgr Joly-Mellon fera le cent onzième.

Au XIVe siècle, Pierre Roger, archevêque de Sens, devint pape sous le nom de Clément VI.

Au bas du chœur, contre le jubé, étaient deux autels en marbre, d'ordre ionique.

Dans la nef, contre un pilier, au côté nord, sont les restes du tombeau du père et de la mère de l'archevêque Tristan de Sallazar, que leur fils leur fit élever en 1515 ; ils sont très ouvragés selon le style de l'époque.

Un curieux rétable se voit dans une des chapelles du latéral du midi, celle de Saint-Eutrope. Les sujets sont tirés de la passion. L'œuvre date de 1531.

Dans la chapelle de Saint-Nicolas, au latéral du nord, est un sarcophage dont le couvercle est plat. Il est en marbre noir avec des bas-reliefs en marbre blanc. Ces bas-reliefs représentent l'entrée d'un archevêque-cardinal. Il n'y a pas d'inscription. C'est sans doute le sarcophage du cardinal Duprat. Contre le mur est un bas-relief, signé *Gois 1778.*

Tout le latéral du côté nord est roman. La voûte est ogivale. Il y a une arcature le long du mur, les piliers ont des chapiteaux historiés.

L'ogive, au lieu du plein-cintre, règne au latéral du midi, où il existe aussi une arcature.

On a mis des niches surmontées de dais et de clochetons aux piliers du chœur et de la nef, afin d'y placer des statues. Ceci est en désaccord avec le style du monument.

Au dehors, la façade occidentale est ornée de deux larges tours carrées, qui seraient très massives sans l'ornementation dont elles sont couvertes. La tour du nord dépasse à peine les combles ; elle est inachevée. Elle fut construite au XIIe siècle, sous le règne de Philippe-Auguste. Celle du midi ne s'élève au-dessus du comble que d'un étage. Elle est ornée à son faîte de petites pyramides et surmontée à l'un de ses coins par un campanile. Elle a été achevée et 1535. Elle a 73 mètres 17 centimètres d'élévation. La principale porte d'entrée est séparée en deux par un pilier ou pied droit, contre lequel est la statue de saint Etienne, patron de la cathédrale. La voussure a cinq cordons de statuettes. Les portes du transept sont également dans le style de l'édifice.

Le trésor est fort riche en objets anciens ; il mérite d'être visité. Sans nul doute ce sont des vieilleries, mais de précieux souvenirs s'y rattachent. J'en relaterai quelques-unes. Le premier objet qu'on vous montre est le magnifique Christ en ivoire de Girardon ; le travail en est aussi beau que remarquable. On nous fit voir ensuite une chasuble de saint Thomas de Cantorbéry, non ouverte sur les côtés, comme l'usage en existait encore au XIe siècle. Sa couleur est d'un violet foncé. Elle a vu huit siècles, aussi est-elle en mauvais état. Un pallium l'accompagne : il est dans le même genre que ceux d'aujourd'hui. On a aussi une mître en étoffe et traversée par une croix ; elle est basse, ainsi qu'en était l'usage au moyen âge.

Le trésor de Sens possède un très grand morceau de la vraie croix, enchâssé dans une croix d'argent à double croisillon et ornée de pierreries. C'est un don de Charlemagne.

Il y a aussi des tapisseries du XVe siècle et du XVIe. Elles sont rehaussées de fils d'or, œuvre flamande et don d'un duc de Bourgogne. Les couleurs commencent à en être ternes, à l'exception de celles du manteau d'une reine. Le manteau du sacre de Charles X était dans la même armoire, en velours violet couvert de broderies et de fleurs de lis d'or, avec une belle hermine. Charles X le donna à la cathédrale de Sens en mémoire de son père le dauphin.

On nous montra encore le siège de saint Loup, évêque ; c'est un pliant antique, à deux branches en ligne courbe, retenues en arrière par une longue bande d'étoffe : il est très peu ouvragé, un peigne du même saint, curieux pour sa forme et orné de pierreries au milieu : il est un peu large, mais long, ayant d'un côté les dents fines, de l'autre les grosses dents, de même que nos peignes modernes. Saint Loup vivait au VIIe siècle. Il mourut vers 623, après avoir souffert deux fois l'exil de la part des trois Théodoric et Clotaire, trompés par des calomnies sur le compte du saint. Saint Loup était de l'Orléanais ; Austrène, évêque d'Orléans, et Annachaire, évêque d'Auxerre étaient ses oncles ; lui fut archevêque de Sens. Son père se nommait Betton, sa mère Austregilde. Il mourut à Brienon, aujourd'hui chef-lieu de canton du département de l'Yonne et toujours du diocèse de Sens ; un collier de l'ordre de Saint-Michel et un cordon bleu, anciennes décorations d'ordres royaux ; une boîte en ivoire du VIIe siècle et plusieurs autres petits objets ; une lettre de saint Vincent de Paul, mais seulement signée de sa main, un grand nombre de reliques, le chef de saint Savinien. On voit sur le crâne le coup de hache qui le lui a fendu. Un coffre en bois renfermant les reliques de sainte Colombe. Il est couvert en parchemin, avec de légers ferrements ouvragés. On le donne comme une œuvre de saint Eloi. Avant 1793, il était enfermé dans une riche châsse d'argent. Un ciborium du XIIIe siècle, boîte ronde en vermeil, ayant un couvercle conique tronqué : un large dôme en argent est suspendu au-dessus, et le couvre. On sait qu'au moyen âge on conservait la sainte Eucharistie suspendue au-dessus de l'autel. Nos tabernacles sont relativement modernes. L'Eucharistie était ainsi constamment exposée aux regards des fidèles, c'est-à-dire la boîte qui la renfermait, nommée ciborium, du mot *cibus*, nourriture. Lorsqu'on la descendait pour la communion, on pouvait se rappeler la parole du Sauveur : « Je suis le pain descendu du ciel. »

Les autres églises de Sens sont petites et vilaines. Saint-Pierre possède un bas-côté de l'époque flamboyante, avec des vitraux de la même époque, plus un bas-relief représentant la châsse de saint Hubert.

Celle de Saint-Maurice est un édifice du XIIe siècle, avec une nef et deux latéraux circulaires. On y rencontre des retouches du XVIe siècle. Il est situé sur le bord de l'Yonne à l'entrée du faubourg qui conduit à la gare du chemin de fer. Les murs des latéraux sont ornés d'un arcature en plein-cintre. Saint-Fregts et Saint-Savinien sont deux petites églises fort laides. A la porte de Saint-Didier est Sainte-Mothée, annexe de la cathédrale, pauvre chapelle vilaine et nue. La sainte est en grande vénération dans la contrée.

Sens est une ville de 10 à 11.000 âmes, chef-lieu d'arrondissement du département de l'Yonne, autrefois baillage, élection, présidial de la généralité et du ressort du parlement de Paris, comté au VIIIe siècle, réuni à la couronne en 1055 par Philippe-Auguste.

Son archevêché dont Paris était suffragant avant 1622, date du IIIe siècle. Il valait avant 1789, 70,000 fr. à son titulaire. Le nombre des paroisses du diocèse était de 77 b. avec 34 annexes. L'archevêque s'intitulait primat des Gaules et de la Germanie.

Cette ville s'étend en cercle. On y a entrée par neuf portes. Elle est traversée dans sa largeur par deux rues en ligne droite, dont la place de la cathédrale est l'intersection. L'une a nom de rue Dauphine, l'autre celui de rue Royale. On embrasse ainsi d'un seul coup d'œil la largeur de Sens. Un arc de triomphe, de nul intérêt, forme l'entrée de la rue Dauphine,

De magnifiques promenades circulent autour de la ville et la séparent de ses faubourgs. Au sud-ouest et au milieu des promenades coule le limpide ruisseau de la Vanne, qui se rend à l'Yonne. Une grande partie de ses eaux arrosait les rues de la ville, y entretenait la fraîcheur et la propreté. L'Yonne coule au couchant, dominé par des collines très élevées.

Les murailles du commencement du IVe siècle étaient encore debout, on en avait cependant détruit une certaine partie. Leur soubassement, de 2 mètres et demi environ de hauteur se compose de larges pierres de grand appareil ; ensuite est un revêtement de pierres cubiques de petit appareil, enchâssées symétriquement dans un mortier rouge et rangées de même. De distance en distance, elles sont séparées horizontalement par trois couches de briques posées à plat. Ce genre de construction est du plus joli effet et d'une solidité extraordinaire. Derrière le revêtement de pierres de petit appareil, les murs ont une épaisseur de 2 à 3 mètres. La hauteur est d'environ 8 mètres. D'espace en espace, des tourelles sont engagées dans la muraille comme ouvrage de défense. Une partie refaite au moyen âge me mit à même de comparer la différence de construction ; c'étaient des pierres posées au milieu d'un mortier blanchâtre, aspect triste et sombre, tandis que les murailles romaines réjouissent la vue. Cette œuvre du grand peuple fut ce qui m'intéressa le plus à Sens. Ce qui me parut du vandalisme, c'est que la ville, afin de se faire de l'argent, vendait ses murailles aux particuliers. Ceux-ci les abattent pour s'ouvrir des vues sur la promenade.

Une porte en plein-cintre, étroite, tout en pierres de grand appareil est pratiquée dans ces murailles ; elle est maintenant bouchée : c'est assurément une des anciennes portes du temps des romains. Cette porte et ces murs me portaient à une époque bien reculée et dans une Société complètement différente de la nôtre, cependant ayant eu les mêmes passions qui agitent notre cœur, car les passions seules ne changent pas ; elles font le tourment et souvent le malheur de l'âme humaine.

L'endroit le plus beau des promenades est de la porte royale ou de Paris jusqu'à la porte Saint-Didier ; il y a là une superbe pelouse entre deux rangées de beaux arbres de chaque côté. Le soir, les Sensois viennent s'y promener en foule. L'Yonne complète ces magnifiques dehors de la ville. Elle y porte bateaux. Elle commence à être navigable dès Clamecy, en Nivernais.

L'arrivée du côté de Paris est fort belle ; de magnifiques prairies à gauche s'étendent à perte de vue, avec de superbes plantations de peupliers. A droite, des hauteurs majestueuses par leur élévation et leur pente presque à pic bordent l'Yonne, qu'on n'aperçoit pas : de riches champs de blé y conduisent. Le faubourg de Paris est très court. Au moment où j'en sortais, un train de chemin de fer se dirigeait vers la cité et du milieu des prairies le coucou faisait entendre son chant triste et monotone : c'était, par contraste, comme la vie et la mort, en même temps l'activité de l'âme et son repos dans une mélancolique rêverie.

Le lundi, avant mon départ, je visitai à l'Hôtel de Ville la bibliothèque, composée alors de 11,000 volumes. On me montra un manuscrit du XIIIe siècle, ayant une couverture en ivoire du IVe, ornée de sujets mythologiques ; une très belle corbeille en ivoire, délicat travail chinois ; la tête d'un chef des îles Sandwick et celle d'une égyptienne, momifiée, une partie des cheveux y était encore adhérente ; des fusils de l'origine de l'invention ; une pertuisane du XVIe siècle, hallebarde plus compliquée que la hallebarde ordinaire ; cinq ou six cheveux de Napoléon Ier. Le bibliothécaire les regardait comme l'objet le plus curieux ; pour moi il l'était le moins. Je n'avais pas l'amour du grand homme au point d'en vénérer ces reliques ; loin de là. C'était un grand génie, mais un vilain caractère, une nature tout-à-fait corse.

Je fis la connaissance de l'abbé Carlier, chanoine titulaire, frère puiné du préfet de police de ce nom. Il m'apprit que c'était le chapitre qui avait pris la liturgie romaine contre le gré de l'archevêque, qui ne voulait pas. Cet abbé me parut un ultramontain très avancé. Il me raconta une anecdote qui me le prouva.

Lors de l'inspection de bulles de l'évêque d'Autun, Mgr de Marguerie, pour leur enterrinement au Conseil d'Etat, ce fut l'ancien préfet de police, devenu conseiller d'État depuis le 2 décembre, qui eut à faire ce travail. L'abbé entra chez son frère au moment même où les pièces étaient déposés sur le bureau de celui-ci. il l'engagea à rayer les clauses restrictives et gardiennes des libertés de l'église gallicane: il lui dit que ces prétendues libertées avaient été la cause de nos révolutions religieuses, et nos révolutions religieuses celles de nos révolutions politiques Le conseiller goûta l'avis et biffa les clauses. Mais le cas était grave et compromettant, avant donc de porter son travail devant le Conseil d'Etat, M. Carlier crut devoir le soumettre au Président de la République, le prince Louis-Napoléon. Celui-ci de chez qui sortait l'évêque de Coutances, Mgr Robiou, et qui en avait reçu le conseil de maintenir comme une sauvegarde les libertés gallicanes, répondit qu'il fallait attendre ; que pour le moment il n'était pas assez éclairé sur la question. Mgr Cœur, évêque de Troyes, vint quelque temps après confirmer le président dans son opinion. On voit par ce récit qu'il s'en fallut peu que la simple observation d'un abbé obscur ne fît disparaître les formules conservatrices des libertés gallicanes, défendues avec tant d'ardeur dans les siècles précédents par les plus illustres prélats. Il se noue beaucoup d'intrigues dans les antichambres et dans les cabinets des puissants; plusieurs réussissent. C'est ainsi la plupart du temps que les hommes sont gouvernés.

L'abbé Carlier, décoré, je ne sais pourquoi, de la croix de la légion d'honneur, me dit qu'on allait consacrer 750.000 francs à la réparation de la cathédrale. Elle en avait besoin. Elle était, du reste, loin d'être bien tenue.

Sont nés à Sens, Pinart, orientaliste, en 1659, mort en 1717. Tarbé, imprimeur, littérateur, en 1728, mort en 1784; son fils, L. Tarbe, ministre des finances en 1791, né en 1755, mort en 1806; C. Tarbe, membre de l'Assemblée législative, né en 1756, mort en 1804; de Bourienne, en 1769, mort en 1824.

Le 21 juin, je retournais à Orléans par le Gâtinais. En sortant de Sens et se dirigeant vers Courtenay, on s'engage dans des gorges de collines boisées très rapprochées les unes des autres, offrant des ouvertures en tous les sens. On suit les bords de l'Yonne jusqu'à Paron, durant 4 kilomètres. Courtenay du Gâtinais français, dépendait du gouvernement de l'Isle de France, était du diocèse de Sens, dont il est à 24 kilomètres. Le diocèse de Sens s'étendait jusqu'à Boisseau en Beauce, près d'Angerville et touchait au diocèse de Chartres.

Courtenay est une petite ville ou gros bourg à 134 kilomètres de Paris. Il est situé dans une vallée arrosée par le ruisseau de Cléry. Son église a des bas-côtés à toits séparés. Elle a de larges baies.

Il ne reste plus aucun souvenir des célèbres sires et princes de Courtenay, descendants du roi Louis le Gros et en grand renom dans les guerres des croisades. Le septième fils de Louis, Pierre de France, épousa vers 1150, Elisabeth de Courtenay, dame de Montargis. La maison de Courtenay remontait à l'an 1000. Le dernier de cette maison fut l'abbé Roger de Courtenay, chanoine, comte de Lyon, prieur de Choisy-en-Brie, abbé commandataire de Saint-Pierre d'Auxerre, abbaye de moines Augustins, et des Echardis, diocèse de Sens, abbaye cistercienne, fondée en 1108. Il mourut en 1733.

Nous avions encore à parcourir 24 kilomètres jusqu'à Montargis. Nous étions dans une voiture à un seul cheval : mon unique compagnon de route était un commis-voyageur, nous échangeâmes quelques paroles. Il me parut avoir les idées socialistes, assez communes chez les hommes de son état. Nous allions petit train. De Courtenay à Montargis, et de Montargis à Orléans, le service était des plus mauvais, tel qu'il était partout avant les chemins de fer, excepté sur les grandes routes où il y avait des diligences et des voitures de poste, dont on se contenterait très difficilement aujourd'hui, mais progrès au commencement de ce siècle sur le XVIIe et XVIIIe siècle. Au moyen âge c'était bien pis.

Je raconterai ici comme on voyageait dans mon enfance pour aller de ma petite ville natale à Orléans, parcours de 9 à 10 lieues : c'est un souvenir de mœurs et qui ne manque pas d'intérêt. On mettait de sept à huit heures. Les voyageurs étaient empaquetés trois par trois dans la paille en une longue et large charrette. Le voiturier marchait à pied ou assis sur l'un des limons de la voiture, causant, branlant la tête, baillant ou fouettant son *ch'vau* par désœuvrement. La bête n'en allait pas plus vite, elle faisait seulement un mouvement et reprenait aussitôt le calme de sa marche. On partait au plus tard à 9 heures du matin, après le déjeuner. Deux chevaux vous menaient lentement par un chemin dit de traverse jusqu'à la route : il était dix heures lorsqu'on y arrivait. Là on restait avec un seul cheval, fort limonier à pas lourds, à humeur calme, hennissant à la rencontre d'une jument et recevant un coup de fouet pour son incartade. Il ne s'animait que dans cette circonstance. On arrivait à midi à Artenay. Chacun descendait, se secouait, se détirait, baillait un peu, étourdi d'une route si processionnelle Le cheval était mis à l'écurie. Il s'agissait pour le voiturier de dîner : une omelette, une soupe au lait, du fromage, jamais de vin (le voiturier ne l'aimait pas) il n'en était pas moins fort comme un athlète, tel était le menu. Pour dix sous on pouvait faire le même repas ; mais d'ordinaire on avait par économie ses petites provisions. Le prix de la voiture était de trente sous (1 fr. 50 centimes). Après une heure de repos et d'ennui, le voiturier, sans s'émouvoir de l'impatience des voyageurs, remettait lentement son cheval en limons. L'on partait plus lentement encore, chacun s'armant d'un peu de courage et s'empaillant de nouveau de son mieux. Le babil recommençait ; beaucoup de riens amusaient sans frais d'esprit. On arrivait à Chevilly, on touchait à la forêt, l'aspect changeait ; on se croyait dans un autre monde, les bois bornaient l'horizon et décoraient la route de leur verdure : alors on racontait des histoires de brigands et celle d'une bête féroce qui avait autrefois dévasté la forêt. Ce récit effrayait et récréait. Une fois à Cercottes on vivait d'espérance, on croyait toucher à Orléans : on avait encore deux mortelles lieues avant d'y arriver. A la Montjoie on poussait un long soupir, on exclamait avec bonheur : « Allons, nous voilà à la Montjoie, courage, nous serons bientôt arrivés. » C'était en effet un voyage que ces dix lieues. On pouvait compter une à une toutes les maisons du faubourg, cela pendant plus d'une heure. S'il venait à passer une diligence, on enviait sa vitesse. Si c'était une chaise de poste, on disait : « Ce que c'est d'être riche ! ». Ce n'étaient que les grands seigneurs qui voyageaient ainsi ; au moins on le pensait. A quatre heures et demie on arrivait à l'entrée de la rue Bannier, à l'auberge Saint-Nicolas. On descendait de voiture, on regardait un peu à sa toilette ; chacun y mettait tant soit peu d'ordre en pleine cour d'auberge, attendait la délivrance de son paquet, le portait où le faisait porter au lieu de sa destination. Tout petit enfant, après un tel voyage, Orléans me semblait bien loin. J'avais raison dans mon idée d'enfant, car je mesurais la distance non en elle-même, mais par le temps qu'on mettait à la parcourir. Aujourd'hui en neuf heures on fait près de cent lieues : or cent lieues pour un enfant c'est le bout du monde.

Le petit train de la voiture de Courtenay me donna le temps de penser à mon enfance : ce souvenir est toujours agréable ; on avait les larmes, car l'homme pleure dès le berceau, mais elles étaient vite essuyées on n'avait pas le souci, qui n'arrive qu'après les années de la jeunesse, pour être le campagnon de l'homme jusqu'à la mort.

Nous passâmes dans les petits villages de Thorailles et de La Chapelle-Saint-Sépulcre, situés dans la forêt de Montargis. La route allait en ligne droite, était belle et agréable. Au sortir de la forêt nous aperçûmes Montargis ; il apparaissait petit et de peu d'étendue. Sa perspective n'avait rien de subsistant. Avant d'arriver, on passe devant un beau château ; le conducteur me dit qu'il appartenait à la nièce du célèbre peintre Girodet, madame Despréaux. Girodet est né à Montargis en 1735 et mourut à Paris en 1824. Le conventionnel Manuel y est né en 1751, et périt sur l'échafaud le 14 novembre 1793. La fameuse madame Guyon y vit aussi le jour en 1648, et mourut à Blois en 1717.

Montargis est situé dans la vallée du Loing, cette ville est un des chefs-lieux d'arrondissement du Loiret. Avant 1789 elle était de l'apanage du duc d'Orléans, présidial, baillage et élection, du diocèse de Sens.

Elle est bien bâtie et possède deux belles rues et plusieurs autres forts convenables. La population est de 8.000 habitants. Il y a de l'animation. L'église est dans la grande rue qui est la plus longue et la plus belle. La seconde belle rue aboutit à cette rue et conduit au faubourg de la route de Lyon. Nous descendîmes sur la place qui précède ce faubourg

Je pris gîte à l'hôtel de la poste. J'y fus bien nourri et à peu de frais. Les gens y étaient plus affables et plus polis qu'à Sens. Je rencontrai là un commis voyageur, jeune homme de 22 ans, vif et spirituel. Il me demanda fort poliment quel était mon pays ; ce qui m'autorisa à lui demander le sien. Il était Suisse et des environs de Genève. Il avait de l'entrain et de l'amabilité. Il me dit qu'il avait usé de tout. Je lui répartis : « usé de tout, et peut-être abusé de tout. » Il convint de l'exactitude du dernier mot Il m'ajouta : « Sur le moment on est enchanté, mais on le paye bien. » A 19 ans, il s'était engagé dans les gardes mobiles, en avait déserté trois fois, s'était trouvé aux journées de juin, où il avouait que les jeunes gardes-mobiles, vauriens de 14, 15 et 16 ans, marchèrent bien parce qu'ils avaient derrière eux la troupe, qui ne les aurait pas ménagés ; que sans cela tous auraient tourné du côté des insurgés ; que plusieurs même s'y étaient mêlés. Il me dit encore que l'archevêque de Paris tué, on ne s'en était guère occupé : cinq ou six hommes seulement l'avait ramassé et l'avaient transporté au presbytère de

Saint-Antoine. « C'était continua-t-il, un brave homme, qui avait une bonne figure ; je l'aimais. Il y a plus d'un de ses confrères qui ne valent guère, mais lui était brave homme. » Après cette causerie faite avec esprit et amabilité, mon jeune homme me salua poliment. Il devait aller le lendemain à Châtillon-sur-Loing, et moi à Orléans. Il voyageait au compte d'une maison de commerce de Paris, en rouennerie. Mon autre commis-voyageur le faisait au compte de la maison de Basset, marchand d'images à Paris. Ces deux jeunes gens me parurent fort polis et fort bien. Je les ai rencontrés par hasard, je ne pensais pas que le hasard me les ferait rencontrer de nouveau.

Le soir j'assistai au départ de la diligence pour le chemin de fer, qu'on allait alors rejoindre à Fontainebleau : cela m'amusa. Une grosse dame, très délurée, ne se gênait guère en faveur des aristos. Etait-ce à mon adresse ? Elle faisait erreur, Tandis que j'entendais ceci de l'oreille droite, en souriant, il m'arrivait de l'oreille gauche, de la part des gens de service de l'hôtel, une conversation un peu plus que leste : je ne souriai point de ce côté. Mais propos de droite, propos de gauche, autant en emportait le vent.

J'employai ma soirée à visiter Montargis.

L'église dédiée à la Madeleine, est enclavée dans les maisons. Sa nef est du XIIe siècle, son chœur du XVIe, il est très élevé. Les latéraux circulent autour du sanctuaire. On compte cinq travées à la nef et trois au chœur. Le chevet a trois arcades semi-circulaires. Il y a trois chapelles au latéral du Nord. A côté d'une des chapelles du chevet est un Saint-Sépulcre, érigé par Mme Despréaux à la mémoire de son oncle le peintre Girodet. Girodet avait de la dureté dans le pinceau : c'est un peintre tout à fait de second ordre. Les hautes colonnes du chœur ne sont d'aucun style, le genre est original et vilain.

Je montai au château. Il ne reste de celui bâti en 1370 par Charles V que la base des murs à 3 mètres environ au-dessus du sol. Il formait un quadrilatère, il a été détruit en 1810. Le château de la Renaissance est en face de ses restes, et est lui-même à moitié détruit. De larges fossés l'entourent ; ils descendent ainsi que les murs jusqu'à la vallée, du côté du midi. Bâti sur un monticule, il domine de toutes parts le pays, et il offre de beaux horizons ; au nord-est la forêt présente un vert opaque majestueux. Au nord-ouest est le château de M. Souesme, qui a tristement figuré à Montargis le 6 décembre 1851. Enfin des bois, des clochers, des lointains remplis d'ombrages, une très riche campagne formaient un superbe panorama, surtout au moment du coucher du soleil.

Le canal de Briare circule autour de Montargis et s'y unit à la rivière du Loing. Il rencontre à trois ou quatre kilomètres de là le canal d'Orléans, qui se joint à lui. Le canal de Briare a été commencé sous Henri IV, en 1604 ; celui d'Orléans a été terminé en 1692, sous Louis XIV. L'un et l'autre partent de la Loire et la mettent en communication avec la Seine.

Il existait encore quelques restes des anciennes fortifications baignées par des eaux vives.

La promenade publique se nomme le Pâtis. A son entrée est le théâtre à l'une des portes de la ville, au nord-ouest. Cette promenade est fort belle, des ormes au sombre et frais ombrage, des peupliers à leur suite ombragent des prairies, et des blancs de Hollande aux bords des eaux.

Nous partîmes à 7 heures un quart du matin, nous arrivâmes à 3 heures et demie du soir, après nous être arrêtés environ cinq quarts d'heure à Lorris et à Châteauneuf, où nous relayâmes : Ce fut huit heures de marche réelle. Un seul et mauvais cheval était attelé à notre voiture : il marchait souvent au pas ; son trot était toujours petit.

Le Gâtinais orléanais, dont Montargis fait partie, s'étend jusqu'au delà de la forêt de Châteauneuf ; alors l'aspect change et prend bientôt celui du vignoble orléanais. La forêt de Châteauneuf se rattache à celle d'Orléans entre Combreux et Sury-aux-Bois ; d'un autre côté elle s'étend jusqu'au delà d'Ouzouer-sur-Loire. A mesure qu'on approche de la forêt les terres deviennent moins bonnes ; au milieu, il y en a de très mauvaises, semblables à celle de la Sologne.

Nous passâmes devant le château de Lamotte, de la commune de Chevillon, propriété du spirituel pamphlétaire de Cormenin. L'avenue aboutissait à la route : nous l'avions à notre gauche et Chevillon à notre droite : le village était caché par les bois. Nous avions aussi passé devant le château du général de La Salle, de la commune de Villemandeur.

Au delà du village de Lombreuil nous traversâmes le ruisseau de la Vésine, qui va, comme le Fessard, porter ses eaux au canal d'Orléans. Nous traversâmes le pauvre village de Thimory, et nous arrivâmes à Lorris, à 9 heures et demie, ayant parcouru 22 kilomètres.

Lorris se donne le titre de ville : c'est un bourg populeux. On comptait 2,000 âmes. Son église est romano-byzantine, du commencement du XII° siècle. Elle a une nef avec deux latéraux circulaires. Le chevet est rectangulaire. Une arcature simule une galerie ; au-dessus sont les baies deux à deux. La crudité des réformes me fit penser que cet édifice remontait à la dernière moitié du xie siècle. Elle est sous le vocable de Notre-Dame.

Lorris possède encore un autre monument, son Hôtel de Ville, édifice de la Renaissance, bâti en briques, dans le style de l'Hôtel de Ville d'Orléans.

Lorris a vu naître l'auteur du Roman de la Rose, œuvre qui eût une grande célébrité au moyen âge et qui en somme a peu de valeur. Guillaume de Lorris mourut en 1250 ou en 1261. Il a écrit en son roman : *Homs qui aime ne peut bien faire.* Dame raison dit cela en parlant de l'amour, dame raison disait vrai.

Je m'amusai durant la route à décomposer la physionomie de mes compagnons de voiture : c'était une étude physiologique. J'avais devant moi un gros homme à figure placide et épanouie, gros nez et double menton : il était le type de la bonhomie, du calme et de la bonté. A côté était un homme dont les traits aigres, tant soit peu tirés annonçaient un caractère peu aimable, bizarre plus qu'original, homme mal endurant et peu spirituel. Un picard infirme était du voyage, homme du peuple comme les deux autres. Fin picard, dit le proverbe : c'était vrai ; notre individu mettait de la finesse dans chacune de ses paroles. Ses yeux étaient fins plus que spirituels. Simple voiturier, avec un air de niaiserie dans les traits, il ne se serait pas laissé attraper, et il aurait pu très bien nous faire sa dupe. A Lorris monta avec lui une bonne vieille de 73 ans, à laquelle on en aurait bien donné 78, un large nez, un menton de galoche, un rire des plus naïfs, pour ne point dire niais. L'ingénuité était extrême, notre picard n'eut pas de peine à s'en apercevoir, il s'en égaya plus d'une fois. La vieille était sourde, elle n'entendait rien et ne soupçonnait pas même qu'il y eut malice ; lorsqu'on riait, elle riait disait-elle, de voir rire, pensant, mais ne le sachant, disait-elle, que le sujet devait être risible : elle riait donc bonnement et contait de même. Notre conducteur était un tout jeune homme, d'une vingtaine d'années, maigre, élancé, preste dans ses mouvements. Son teint, qui se colorait facilement, dénotait un tempérament sanguin, en conséquence un caractère léger et une manière de sentir impétueuse. Ses yeux ne manquaient pas d'intelligence ; ils annonçaient un amateur de l'indépendance et du plaisir. Ce jeune homme devait agir plus par entraînement que par perversité du cœur, facile aux impressions, mais non de fond méchant. Ces sortes de caractère se font pardonner aisement, parce qu'ils se font aimer. Monta un instant à côté de moi un jeune homme, campagnard égrillard, mal élevé, grossier, agissant par boutades. Son nez retroussé, sa lèvre pincée marquaient une nature méprisante, sachant peu endurer, un de ces caractères qui se suscitent des querelles partout, de ces tapageurs qu'on déteste, bout-en-train pour ce qui est joie et plaisir. Ces deux jeunes gens étaient deux blonds à caractère très certainement dissemblables. Le dernier me sembla mal-à-l'aise de ma présence ; ceci même m'engagea à être bienveillant. L'aura-t-il apprécié ? Je l'ignore. Une femme de 40 à 45 ans l'accompagnait : sa physionomie marquait une bonté simple, bonté plus de nature que de vertu. J'amusai ainsi la longueur de la route, tout en considérant les bois et les champs.

Entre Lorris et Saint-Martin-d'Abbat nous rencontrâmes trois étangs : l'un d'eux est séparé en deux par la route : il offrait une large nappe d'eau. La forêt présenta peu après un agréable point de vue, il y avait du calme et du silencieux, tels qu'il en existe dans la solitude. La solitude plaît à l'âme, elle ne saurait lui suffire ; elle est ramenée vers le bruit de la société, et les froissements au contact des autres hommes l'en éloignent sans cesse ; elle est ici-bas en perpétuelle souffrance, et le cœur en lutte avec lui-même. Telle est l'infortune de l'état présent.

Nous traversâmes Saint-Martin-d'Abbat. Son église a une très vilaine tour. A midi nous étions à Châteauneuf. Nous en partîmes vers une heure. Je comptai aux alentours plus de seize moulins à vent.

Le chœur de l'église de Châteauneuf est du XVe siècle. La nef est accompagnée de deux latéraux. On y voit le tombeau en marbre noir de Louis Philippeaux, seigneur de La Vrillière, ministre d'État sous Louis XIV. Dessus est la statue du défunt, en marbre blanc, à genoux, la main droite sur le cœur, l'air effrayé de la mort. Un ange, debout, le soutient et du doigt lui montre le ciel. Sur le revêtement en marbre des piliers, de chaque côté du mausolée est un squelette en pierre blanche d'une très belle exécution.

L'entrée du château est défendue par de larges fossés, que l'on a mis en parterres. Le château en lui-même n'a rien de remarquable. Le parc est beau. Il y avait de superbes orangers. Avant 1789 ce château appartenait au duc de Penthièvre.

En sortant de Châteauneuf on traverse une campagne triste et nue. Nous traversâmes un superbe bois de sapin et nous fûmes bientôt à Saint-Denis-de-l'Hôtel, gros bourg sur la rive droite de la Loire qui le sépare de Jargeau, situé sur la rive gauche. Il est bien bâti. La population est de 1,200 âmes. Jargeau, chef-lieu de canton, petite ville de 2,600 habitants, paraît fort ramassé. Sa position n'est pas riante, c'est la Sologne. Il soutint au xv⁰ siècle un siège devenu célèbre, où Jeanne d'Arc s'illustra.

Nous traversâmes le canal à Pont-aux-Moines, de la commune de Mardié. Nous ne tardâmes pas à être à Orléans.

Vichy, Clermont, Le Mont-Dore.
(Juin-Juillet 1853)

Le 15 juin 1853, à 2 heures et demie du matin, j'étais levé ; le ciel était magnifique, les étoiles s'effaçaient, le jour commençait à paraître. Je gagnai la gare du chemin de fer ; à 3 heures 25 minutes nous partions Lorsque nous atteignîmes le plateau de la Sologne, le soleil montrait à demi son disque, comme un monticule de feu placé à l'horizon. Il y eut dans l'atmosphère un refroidissement, effet physique au lever du soleil : l'astre attire sans doute les vapeurs humides de la terre. Il les dissipe bientôt par sa chaleur ou plutôt il les échauffe. Il en arrive de même à son coucher ; ces vapeurs se refroidissent, se condensent et tombent à terre : on éprouve alors une fraîcheur plus ou moins sensible.

Des vapeurs s'élevèrent des marais de la Sologne, formèrent bientôt, à l'orient, des montagnes vaporeuses d'un singulier effet.

Les oiseaux s'éveillèrent avec le jour et firent entendre leurs chants joyeux sous la feuillée des bois, sans nul autre souci que de jouir de l'heure présente.

La Sologne finit à Theillay, petit village de peu d'apparence : quelques maisons seulement se groupent autour de son clocher ; le reste est disséminé dans les landes et les pacages, et forme une commune de près de 1,400 âmes. Nous nous engageâmes dans le tunnel de l'Alouette, éclairé par 22 jours de forme ovale. Il décrit une courbe. Il a 1,225 mètres de longueur. A sa sortie on est dans le Berry, d'aspect moins désolé que la Sologne. Nous étions à Vierzon à six heures un quart. Sa rue neuve est une assez jolie rue. Une autre conduit du canal au Cher. Cette petite ville se divise en deux communes, Vierzon-ville, Vierzon-village : ce dernier se compose des faubourgs qui cernent la ville. Des droits d'octroi et d'autres charges mettaient obstacle à la réunion en une seule commune ; mais il n'y a qu'une paroisse. Vierzon-ville a l'église ; Vierzon-village le cimetière.

Le soir je me rendis à Massay. A la sortie de Vierzon est un joli château : il appartenait à M. Combarel, député. 4 kilomètres plus loin on traverse l'Arnon, dont la vallée est étroite, mais fraîche et agréable.

Massay, gros village sur l'ancienne route de Paris à Toulouse, s'étend en long : il y a en outre trois rues transversales. Il est bien bâti. Les maisons des paysans sont pauvres, mais propres ; les meubles clairs et bien frottés. Les lits sont garnis d'une très haute paillasse et d'un lit de plume fort plat. Les draps sont de grosse toile, mais blancs ; la couverture de laine ou de coton, étant relevée des deux côtés, au pied et à la tête, les laisse apercevoir : on ne la rabat que le soir. Ceci est spécial à ce pays. Le pêle-mêle des meubles, à cause de l'étroit du local, n'empêche pas la propreté.

Les prairies de Massay sont arrosées par le Gariot et le Ternai ou Tiernai, deux faibles ruisseaux. Le Gariot y fait tourner deux moulins. Le Ternai a sa source à la fontaine de ce nom, à 1,500 mètres du village, au couchant. L'irrigation des prairies se fait au moyen de rigoles ; on barre la rivière, on la détourne pendant quelques instants de son cours par une légère digue, l'eau alors se jette dans les prés. Dès qu'ils sont assez arrosés, on rétablit le cours.

L'église de Massay est celle d'une ancienne abbaye supprimée bien avant 1790. Le titre d'abbé et les revenus furent seuls conservés jusqu'à cette époque. Les revenus étaient de 5,000 francs. En 1784, l'abbé de Massay était un M. de Bouville, grand-vicaire de Chartres. L'église est un vaste édifice du XVe siècle, d'une seule nef. La tour, de la même époque, est seule remarquable. Elle a près de 40 mètres d'altitude. Sa forme carrée est massive. Il existe au haut deux galeries extérieures, l'une au-dessus de l'autre. La première fait saillie et décrit en dessous un demi-arc. De ces galeries on découvre le pays, plat et peu couvert. Des prairies bordent le Gariot, le reste se compose de champs de blé.

Dans la cour du presbytère est une chapelle de la fin du XIIe siècle, bien conservée, quoiqu'elle servît alors de grange et d'écurie. Sa porte principale, plus ancienne, est le romano-byzantin, le double zig-zag et le plein-cintre.

Les bâtiments de l'ancienne abbatiale sont en face de la tour, sur la route qui conduit à Issoudun.

Le plus beau point de vue de Massay est de la route de Vatan ou plutôt de Châteauroux ; le regard se repose sur une vaste plaine entrecoupée de vertes plantations qui s'étendent en arrière-plan jusqu'à l'horizon. Cette perspective est riante. On rencontre de ce côté le ruisseau du Ternai, dont les eaux bourbeuses abondent en écrevisses.

J'aperçus sur la route une croix au pied de laquelle était une multitude de petites croix ; on me dit que la coutume du pays était d'aller planter ainsi une de ces petites croix à la mort de chaque personne.

Voici un autre usage : aux mariages, on va au devant des mariés lorsqu'ils se rendent à l'église ; le premier qui les rencontre leur demande du gâteau. Les gens des noces s'en sont munis, on en coupe un morceau, on le donne au demandeur, auquel on verse un verre de vin. Au temps jadis, quatre hommes portaient sur leurs bras la mariée à l'église, en espèce de triomphe. La veille du mariage, les jeunes gens apportaient en pompe les souliers de la mariée ; celle-ci, avec les filles de la noce, se tenait cachée sous un drap, toutes ne laissant apercevoir que leurs pieds. Un des jeunes gens devait chausser la mariée ; s'il se trompait, en chaussant les pieds d'une autre fille, il était obligé de racheter les souliers. Pour qu'il eût moins le temps de la réflexion, on le mettait le dos à un feu ardent ; la chaleur le forçait de se hâter, par conséquent de commettre plus facilement une erreur. Ces naïfs usages sont aujourd'hui perdus ; il y a moins de franche gaîté dans la joie des fêtes.

Dans une promenade du soir, nous rencontrâmes une troupe de plus de deux cents glaneuses revenant des champs ; les unes avaient leur glane sur le bras, les autres sur l'épaule, très peu sur leur tête. Les bavolets de leur coiffe voltigeaient sur leur cou. Elles étaient toutes alertes et propres, même les vieilles. J'eus grand plaisir de voir ces glaneuses, je n'en avais pas vu depuis longtemps ; elles me donnaient le souvenir de ma Beauce et de mon enfance. Les glaneuses beauceronnes avaient moins de propreté dans leurs vêtements. On aurait pu en un tableau poétiser les glaneuses berrichonnes de Massay.

Après quelques jours passés dans ce bourg, je revins à Vierzon pour me rendre à Vichy.

Au sortir de Vierzon, nous nous trouvâmes dans la vallée de l'Yèvre, après avoir franchi un tunnel de 220 kilomètres. Cette vallée, assez agréable, n'a rien de bien riant. On y rencontre la petite ville de Mehun. Le roi Charles VII se laissa mourir de faim en son château, dans la crainte d'être empoisonné. Les restes de ce château apparaissent au milieu d'un bouquet d'arbres. Son donjon rappelle au voyageur un autre âge. En 1440, sous Charles VII, on inventait l'imprimerie, qui fut un moyen de propager les idées ; au XVIII° siècle, on trouvait la vapeur, moyen encore plus puissant de les répandre vite dans le monde entier.

Charles VII aimait son château de Mehun, parce qu'il était près de

Bourges, sa ville natale. Le pays n'a en lui-même rien d'attrayant ; mais le lieu de la naissance explique l'affection de ce roi.

Un long rideau de peupliers indiquait le canal du Berry ou du Centre. Il se joint près de Nevers au canal latéral de la Loire, le canal de Digoin. D'un autre côté il suit le cours de l'Aubois, traverse le faîte qui sépare la vallée de l'Allier de la vallée du Cher, se divise en deux ; une branche descend dans la vallée du Cher et remonte jusqu'à Montluçon en Bourbonnais ; l'autre branche remonte la vallée de l'Auron, celle de l'Yèvre et du Cher jusqu'à Vierzon, va aboutir près de Tours à la Loire sous le nom du canal du Cher. Nous traversâmes l'Auron. A Moulins-sur-Yèvre nous entrâmes dans la partie du Berry nommée Septaine, riche en blé, mais monotone comme les plaines de Beauce. Dès qu'on a franchi la plaine nue de la Septaine, on entre dans une contrée boisée et ornée de collines. De jeunes bœufs pâturaient dans les prés. On traverse un tunnel avant Nérondes, chef-lieu de canton de l'arrondissement de Saint-Amand. Il en est de même de La Guerche. En entrant dans le Nivernais, le site devient plus riant, le sol plus riche ; des coteaux bordent les rives de la Loire et de l'Allier.

Au Guétin je pris le train qui conduisait à Nevers. Nous revîmes le canal du Centre qui franchit l'Allier sur un pont de 38 mètres de longueur et de 14 arches.

L'Allier est là une large et belle rivière. Elle a les mêmes bancs de sable et les mêmes tarissements que la Loire. Elle prend sa source dans les montagnes du Gévaudan, département de la Lozère. Son cours est de 288 kilomètres. Elle se jette dans la Loire à 4 kilomètres au-dessous de Nevers. Nous la franchîmes à quelques pas du Guétin. Nous traversâmes sous un tunnel la hauteur qui sépare son bassin de celui de la Loire. Voilà ce que dit du site Mme de Sévigné, allant comme moi à Vichy : « *Je trouve le pays très beau et ma rivière de Loire m'a paru quasi aussi belle qu'à Orléans* » (lettre à sa fille, Nevers 15 mai 1676). Nous traversâmes ce fleuve sur un pont suspendu et nous fûmes dans la gare de Nevers.

Nevers fut érigé en duché-pairie en 1457, par Charles VII. Ses ducs battaient monnaie. Cette ville est aujourd'hui le chef-lieu du département de la Nièvre. La population est de 15,000 âmes. Il y a peu de vie ; le commerce n'y est pas actif. Les boutiques ne sont ni nombreuses, ni belles. La gare, beau bâtiment, fait face à une rue nouvelle qui conduit, en montant, dans l'intérieur de la ville. Il faut 5 minutes pour la parcourir ; on se trouve alors sur la place. En prenant à droite, on rencontre la cathédrale et l'ancien château des ducs de Nevers. La plus belle perspective de la cathédrale, est à son chevet, du côté de l'esplanade du château. Cette cathédrale n'a pas été terminée, elle s'arrête au transept, qui n'a été qu'ébauché et qui est fermé par un bâtiment carré, fort disgracieux à l'extérieur. Voilà ce qu'en dit Guy Coquille, historien du Nivernais au commencement du VIIe siècle : *L'église cathédrale est grande et spacieuse, et d'assez belle structure ; mais le chœur principalement est de grande beauté et grand artifice, avec une grande clarté* (*Hist. du Nivern.* p. 40, édit. in-4° de 1612). Cette cathédrale est du XIIIe siècle. La voûte est peu élevée. Les baies ont peu de développement. Elles en ont davantage au chœur et au chevet, en ce que la galerie, qui règne autour de l'édifice, est à jour en cette partie et s'appuie contre elles. La galerie paraît être du XIVe siècle. Au-dessus règne un chemin de ronde qui traverse les piliers, en sorte qu'on pourrait établir une seconde galerie. L'ensemble de l'édifice est monumental et de belle perspective. Du transept au chœur il y a quatre travées. Deux arcades en plein-cintre, après œuvre, existent dans le transept. Dans la construction qui termine l'édifice est une chapelle privilégiée dédiée à la Sainte-Vierge. Sous cette chapelle est une espèce de crypte. Les chapelles, le long de la nef et du chœur, sont du XVe siècle ; au chevet, du XIIIe. Il n'y a pas de façade occidentale. Au midi est la tour, œuvre du XVe siècle, peu élevée et de forme carrée. Elle est très ornementée de statues de saints et de sculptures nombreuses. Une campanile la surmonte. Cette tour est d'agréable perspective. On a élevé un vilain petit clocher sur le toit de la nef. L'extérieur avait été réparé ; mais l'intérieur était en fort mauvais état. Tenue avec une grande propreté, tout annonçait la pauvreté dans cette cathédrale dédiée à Saint-Cyr. Son maître-autel, sa chaire, son banc-d'œuvre étaient très vilains. Un simple dais en bois distinguait des autres stalles le siège de l'évêque. Le chœur, ouvert par devant, est fermé par un mur et une boiserie sur les côtés. La boiserie contenait, en médaillons, des empereurs romains, indice du XVIe ou XVIIe siècle. En face du siège épiscopal est la figure de Néron et au-dessus du siège un évêque enveloppé dans un manteau d'hermine. Le rapprochement est singulier ; est-ce hasard ? est-ce une épigramme ? Le premier évêque de Nevers fut saint Arc, Aregias, au VIe siècle. Cependant on fait remonter au Ve la fondation de l'évêché. On invoque saint Arc contre les fièvres. Cette cathédrale a 110 mètres dans œuvre, dimension qui la met entre la cathédrale de Bourges et celle d'Albi.

Le château des anciens ducs de Nevers est de la renaissance. Il a peu de développement, c'est un gentil palais, car il a de la grâce, mais rien de grandiose. Il se compose d'une tourelle au milieu, où se trouve l'escalier, et de deux tourelles aux deux angles, une petite qui contient un escalier particulier, une plus grande où sont les appartements. Ces quatre tourelles sont reliées à la principale par un corps de bâtiment de peu d'étendue. Sur le milieu de la toiture, de chaque côté, est une cheminée composée de quatre colonnes en pierre formant tourelle. Il y en a encore une à chaque bout de l'édifice, dans le même genre. On restaurait alors cet édifice. Il sert de tribunal. Son esplanade et la place qui la suit ont de l'étendue. Sur leurs bancs quelques rares petits rentiers devisaient au soleil. De quoi ? Probablement des affaires du temps et de la ville : car le petit rentier aime la politique et les nouvelles. Il régit l'État en son petit coin, souvent à la diable. Il est malin comme celui qui dit que, pour avoir un lièvre, il faut l'attraper ; sa politique à la coq-à-l'âne est parfois amusante, mais d'ordinaire elle est stupide. S'il parvient à lancer un faible calembourg, il se croit de l'esprit, et il n'en a pas ; seulement s'il avait du bon sens : or il en manque souvent. S'il est vieux, il tousse, il crache, il se mouche, puis raisonne de la manière la plus comique ; il sait ce qu'il faut faire et ce qu'il ne faut pas faire ; il parle de tout et ignore tout ; cependant il pense n'ignorer de rien. Sa grande science est de savoir épargner : aussi desserre-t-il difficilement les cordons de la bourse. Il est réglé en son lever et en son coucher ; il ne manque à aucune de ses habitudes ; il a l'heure de sa promenade. Je supposai les petits rentiers de Nevers semblables à ceux des autres pays. Dieu me pardonne, si je me suis trompé.

Du château je descendis à la Loire. Elle reçoit la Nièvre, petite rivière bourbeuse : c'est près du pont. Son cours est de 44 kilomètres. Elle sort de deux sources différentes qui se réunissent à 12 kilomètres au-dessus de Nevers. Le pont est plat, ses arches, au nombre de treize, sont basses et peu larges. Onze reçoivent les eaux de la Loire, deux celles de la Nièvre. En aval de ce pont est celui du chemin de fer, élégant en sa construction et n'ayant que sept arches. Je traversai le pont afin de mieux juger de la perspective de la ville. Elle s'étend en demi-cercle sur le penchant d'une colline. Le palais ducal paraît à peine ; la cathédrale, au contraire, s'élève au-dessus des maisons. Aucune autre tour, à l'exception de la sienne, aucun clocher n'apparaissent dans la perspective, qui a peu d'étendue.

Comme Orléans et Blois, Nevers est sur la rive droite, sur la rive gauche, il n'y a que quelques maisons dispersées au milieu des arbres, mais point de faubourg. Les alentours sont boisés et offrent au regard quelques collines ; ce qui donne de l'agrément au panorama. Le Nivernais est un pays accidenté, riche en pâturages, en bois et fertile. Il l'emporte sous ce rapport sur le Berry et le Bourbonnais.

La ville de Nevers, comme toutes les villes anciennes, est vilaine, composée de petites rues. Un quartier en la haute ville en renferme quelques-unes assez belles : là sont les boutiques et la vie de la cité. Ses deux plus belles rues sont celles du Commerce et de Lafayette.

En parcourant la ville j'arrivai à l'église Saint-Étienne, du XIe siècle, romane tant à l'extérieur qu'à l'intérieur. Ce dernier est sombre, éclairé, selon le style de l'époque, par d'étroites et petites baies. Les latéraux sont circulaires. Une galerie règne au-dessus d'eux. Elle s'arrête au chevet, où une arcature la simule. Il y a un narthex ou porche intérieur. Les piliers, carrés, ont quatre colonnes engagées. Leurs chapiteaux sont historiés. On y remarque le zig-zag byzantin. La voûte de la grande nef est en berceau, celle des latéraux ogivale. Il y a dans chaque bras du transept une arcade en plein-cintre surmontée de petits pleins-cintres et de baies aveugles. La façade occidentale est nue ; au haut existent de petites baies accompagnées de lourds pilastres. Saint-Étienne est une ancienne abbaye fondée par un nommé Colomban, sous le roi Lothaire, vers 600. En 1097 elle devint un prieuré conventuel de l'ordre de Cluny par une fondation du comte de Nevers, Guillaume II.

Je visitai ensuite Saint-Pierre, une des églises paroissiales de la ville. C'est une grande chapelle à peu près en forme de trèfle. Elle fut construite au XVIIe siècle. Une coupole occupe la croisée.

J'entrai dans la chapelle de l'ancienne Visitation, œuvre également du XVIIe siècle. Sa façade, d'ordre corinthien, est riche de sculptures. Elle appartient maintenant aux religieuses dites sœurs de Nevers. Elle me rappela le vert-vert de Gresset, œuvre plus égrillarde que satirique, mais où, on ne peut le dissimuler, l'esprit pétille.

Nevers n'a qu'une promenade, située à l'entrée de la ville, en haut de la rue de l'Embarcadère : on la nomme le parc, vaste enclos entouré de murs à hauteur d'appui, planté de beaux arbres donnant un ombrage épais. Les pelouses sont entrecoupées de larges allées sablées.

J'y liai conversation avec un vieux monsieur : il me donna des détails sur la ville. Il y avait, me dit-il, très peu de religion, et elle était nulle parmi les ouvriers. Ceux-ci me parurent éveillés et grossiers, mal endurants, selon l'expression de Guy Coquille. *Au commencement du*

XIVᵉ *siècle*, rapporte cet historien, *l'Université d'Orléans, à la suite d'un interdit sur cette ville, fut transportée à Nevers. Mais comme le peuple de Nevers est assez mal endurant et que entre les escoliers souvent se trouvent plusieurs mal complexionnez, ils n'arrêtèrent guères à avoir débat, et à certain cours plusieurs particuliers citoyens de Nevers prindrent la chaize du docteur en cholère, la portèrent sur le pont et la jettèrent en Loire, disans ces mots : Que de par le diable elle retournast à Orléans dont elle estoit venue.* Je crois que les habitants de Nevers sont encore de même au XIXᵉ siècle, et que les *mal complexionnés* seraient encore durement menés par *les mal endurants* : ils pourraient bien être mis en Loire de par le diable.

Ma dernière visite fut à la porte de Croux, construction du XIVᵉ siècle. Une courtine ornée d'une galerie à ciel ouvert relie deux tourelles qui sont en encorbellement.

J'oubliai de demander la maison de maître Adam, ce menuisier-poète du XVIIᵉ siècle. J'ai parcouru ses chevilles, il n'y a pas grande valeur de pensée. Maître Adam s'y montre demandeur jusqu'à la bassesse. Il aimait le vin avec excès, comme l'aime l'ouvrier. Sa chanson *aussitôt que la lumière* est très connue, qui a été refaite et fort embellie. Sa pièce *Gredines du Mont-Parnasse* est meilleure. Il la termine ainsi :

> *Je retourne à mes chevilles,*
> *Espérant d'un jeu de quilles*
> *Gagner plus que des neuf sœurs*

Il a encore deux autres œuvres, le *Villebrequin* et le *Rabot* : car il intitulait ses poésies d'un nom de ses outils de menuisier. Il mourut à Nevers le 19 mai 1662. Il fut un pensionné du cardinal de Richelieu, auquel il adressa une pièce de vers. Ceci attira les regards sur lui. Sans cette circonstance, il fut probablement resté un poète ignoré. On exagéra son talent.

Ayant vu Nevers je repartis. Je traversais ce pays pour la première fois, j'en examinai le site. Sur la droite, nous avions l'Allier tantôt près de nous, tantôt au loin. Cette rivière coulait dans une vaste plaine dominée par des côteaux ; à notre gauche la plaine était plus nue. Dans les prairies paissaient des bœufs au poil blanc, race charollaise, des porcs et des moutons blancs et noirs. Quelques vignes se mêlaient aux céréales et aux chenevrières. Nos deux premières stations furent Saint-Pierre-le-Moutier et Saint-Imbert, du département de la Nièvre. Saint-Pierre au moyen âge était une petite ville close par des murailles, ancien baillage, aujourd'hui chef-lieu de canton. Sa tour romane, basse et écrasée, n'est point belle d'aspect. Ce genre de tour est commun dans le Bourbonnais et dans la partie du Berry et du Nivernais qui l'avoisine. Les villages eux-mêmes sont mal bâtis. On traverse entre Saint-Pierre et Saint-Imbert un tunnel, et l'on est dans le Bourbonnais. Le paysan bourbonnais a comme le berrichon le visage placide, mais moins niais. La nouveauté du chemin de fer attirait sa curiosité. Il y a dans son fait de la grossièreté et de l'insolence : cependant il n'a pas l'avisé de l'auvergnat. En général, il est petit de taille, a le teint frais dans la jeunesse, ce qu'il doit à son tempérament lymphatique. Il est passionné, quoiqu'il ne soit ni vif, ni spirituel dans ses allures. Il diffère entièrement du nivernais, du berrichon et de l'auvergnat. La coiffure des femmes du peuple est originale. Elles portent toutes sur leur bonnet un chapeau de paille orné de velours noir formant des dessins. Il est retroussé aux environs de Moulins, par derrière comme la bouche des coquillages du genre baccin, ainsi qu'un tant soit peu par devant. Aux environs de Vichy, c'est un simple chapeau à longue et profonde passe qui rabat sur les yeux, de la manière que les bourbonnaises le posent sur leur tête. Il est orné d'un large ruban de velours noir, rarement d'autre couleur, avec un nœud. Ce chapeau fait de grosse paille est généralement jaune et sale à force d'avoir servi. Le bonnet consiste en un large fond et une bande peu large, ayant à sa partie supérieure une garniture en dentelle, à plis ronds et formant comme une couronne autour de la tête ; à la partie inférieure est une autre garniture de dentelle ou d'étoffe, à double rang et à gros plis tuyautés. Le fichu est largement étalé sur les épaules. Le tablier est à bavette ou pièce d'estomac. Le paysan bourbonnais est coiffé d'un chapeau rond, bas de forme et à larges bords. Il porte une veste ronde, à poche sur les côtés. Le gilet boutonne droit jusqu'au haut. Ce costume est de date ancienne. Il était le même que celui que les paysans de la Beauce portaient dans mon enfance. Hommes et femmes sont salement et pauvrement vêtus. Les jeunes filles ont le teint rosé Les femmes l'ont d'ordinaire pâle, huileux et fiévreux. Je remarquai durant mon séjour que les jeunes garçons et les jeunes filles s'attaquaient facilement, plaisantaient, folâtraient ensemble sans s'occuper du public, ce qui marquait une assez grande liberté de mœurs. Les bourbonnais sont peu religieux, par apathie plus que par incrédulité. Leur rire, comme leur physionomie, est sans expression, même passionné, ils paraissent froids. Ils n'ont point d'amabilité. L'habitant de la Sologne a l'air niais, celui du Berry l'air patelin, celui du Nivernais l'air méprisant, celui du Bourbonnais l'air quiet, en aucun n'existe un air d'intelligence : le regard n'est point vif.

Tout dans la gare de Moulins était encore dans le provisoire : l'ouverture du chemin de fer datait seulement d'un mois. Les habitants accouraient en foule, sans doute par curiosité de cette nouvelle manière de voyager. Mon sac de nuit à la main, je m'acheminai vers la ville, à dix minutes de distance. Arrivé sur la grande place, je cherchai un hôtel à l'aventure. L'hôtelière n'avait rien d'aimable, ni d'engageant ; néanmoins je pris gîte. Je vis arriver l'omnibus chargé de gens et de paquets. Il y eut dispute pour le prix entre le conducteur et les voyageurs : ces derniers criaient le holà sur l'excès du prix, 50 centimes. Le conducteur y tenait, même il prétendait que quelques-uns s'en étaient allés sans payer. Le début m'amusa. Je m'applaudis d'être venu mon paquet à la main ; j'avais fait une économie et évité une querelle ; je pouvais en plus rire des crieurs se prétendant volés. Le dîner fait, je m'occupai d'une voiture pour Vichy. J'allai dans trois bureaux, les prix variaient ; on demandait 7 fr. 50 c., 8 fr. 50 c., 9 fr. 50 c. Le lendemain, ajoutait-on, ce serait 11 et 12 fr. pour n'avoir pas arrêté sa place la veille, encore heureux s'il y en avait une. Je me méfiai, je voyais des exploiteurs ; je ne les écoutai point, je remis au lendemain, j'errai dans la ville, assez animée le soir. En rentrant, un des conducteurs que j'avais vu m'arrêta et m'offrit de me prendre pour 6 fr., m'ajoutant que, n'ayant plus que deux places, il me demanderait le lendemain 12 fr. J'acceptai. Je montai le lendemain dans l'un des coins du coupé, en compagnie de deux voyageurs, dont l'un avait payé 12 fr. et l'autre 9 fr. 50 c. Ceci montre la probité des voituriers bourbonnais. Ils appellent ce procédé moissonner de l'argent, un peu, ce me semble, dans le champ d'autrui, comme la glaneuse qui tire à la gerbe pour grossir sa glane.

Je parcourus Moulins ; il me parut une jolie petite ville, bien bâtie, bien pavée, sauf les quartiers du côté de la rivière qui, du reste, sont le vieux Moulins. La place d'Allier occupe le centre de la ville. Sa forme oblongue se termine vers l'église du Sacré-Cœur, alors en construction. Au milieu est une belle fontaine, autour de laquelle se tient, chaque matin, le marché aux légumes. Le soir, c'est le rendez-vous des ouvriers qui, de là, montent aux promenades par la rue d'Allier. Les promenades sont désignées par le nom de cours : il en est ainsi dans tout le Bourbonnais. Celles de Moulins sont belles et vantées. Elles sont de chaque côté des maisons et circulent autour d'une grande partie de la ville. A l'une des extrémités du cours Donjat est la préfecture, hôtel assez gentil

L'église qui sert de cathédrale est du xv⁵ siècle. C'était la chapelle de l'ancien château, complètement détruit. Elle est dédiée à la Sainte-Vierge. Elle a peu d'étendue ; ce qui en existe ne pourrait guère former que le chœur, si l'on en continuait la construction. Elle serait alors très belle. Elle possède de larges baies flamboyantes. L'évêché de Moulins date seulement du concordat de 1817. Il était autrefois de celui d'Autun. L'évêque actuel, Mgr de Dreux-Brézé, est son second évêque. Son premier a été Mgr de Fons.

L'Hôtel de Ville a une façade d'ordre ionique avec colonnes. Le beffroi est en face et de forme carrée.

Le pont, à tablier plat, a treize arches. Le long de l'Allier est une levée plantée d'arbres. Il n'y a pas de quais.

Le matin, en parcourant les vieux quartiers, je rencontrai un jeune Parisien ; nous nous reconnûmes pour avoir été la veille dans le même wagon. Il m'aborda avec beaucoup de courtoisie. Il se plaignait comme moi de la rouerie et de l'âpreté des gens du pays. Ennuyé à Paris, il allait à Marseille se promener. Nous allâmes ensemble voir le mausolée du connétable de Montmorency, décapité à Toulouse le 30 octobre 1632, par ordre du cardinal de Richelieu. Sa veuve, Félice des Ursins, se retira au monastère des Visitandines de Moulins, et fit élever en leur chapelle le sarcophage que nous visitâmes. C'est un très beau morceau de sculpture, en marbre noir. Les statues sont en marbre blanc. Sur le sarcophage sont représentés Montmorency et sa femme. Aux côtés du monument sont les statues de la Foi et de l'Espérance, d'un fort beau travail. Ce fut en ce couvent, devenu collège, que sainte Chantal mourut, le 13 décembre 1641, dans sa 70ᵉ année. La chambre où elle décéda est maintenant une salle de physique. Nous n'eûmes pas le temps de la voir, l'heure du départ de la voiture me pressait ; il était cinq heures et demie du matin. Nous fûmes obligés de frapper à coups redoublés pour faire venir le portier.

J'allai prendre la voiture à l'hôtel des Quatre-Vents, mes deux compagnons de route furent un Auvergnat et un Lorrain. L'Auvergnat, du Cantal, allait voir sa vieille mère âgée de 88 ans. Il y avait trente ans qu'il n'avait pas été au pays. Le Lorrain était un cultivateur des environs de Nancy ; il se rendait, comme moi, aux eaux de Vichy ; où nous nous revîmes En chemin, il me raconta diverses anecdotes sur le clergé de son diocèse, et me fit connaître son opinion avec franchise. Son ouverture me plut, car elle me prouvait que je lui avais inspiré de la confiance.

Nous étions à Vichy à midi et demi. Notre voiture s'arrêta rue de Paris, qui était la plus belle et la plus vivante du nouveau Vichy. A sa suite était une belle allée de noyers.

Notre voiture fut assaillie par un véritable essaim de filles d'hôtel, aussi bourdonnantes et aussi redoutables que les abeilles. Leur babil était vif et empressé. Elles avaient un teint frais et de rose. Leur coiffure était celle que j'ai décrite plus haut, et qu'à Vichy on nomme coiffure d'Auvergne. Elle a de l'originalité, mais point de grâce. Je déposai mon paquet au bureau, me débarrassai de l'essaim qui bourdonnait autour de moi et m'acheminai vers le vieux Vichy, à la recherche d'un des logements qu'on m'avait indiqués. J'arrêtai une chambre chez le sacristain de la paroisse, rue de la Laure, n° 18. Elle était spacieuse, propre, une véritable cellule. On y montait par un escalier en ligne droite, raide et étroit. Une fenêtre, à l'un des coins, l'éclairait ; sa hauteur était d'un mètre environ d'ouverture ; elle était loin d'atteindre le plafond. Elle fermait par une tringle en bois à bascule. Sur une tringle de fer étaient posés deux modestes rideaux blancs, qui n'atteignaient ni le haut, ni le bas de l'appartement, mais qui suffisaient pour dérober au public l'œuvre de la toilette. Le parquet était composé de longues planches qui n'avaient jamais vu le rabot ; disjointes, mal ajustées, elles formaient des vallées et des hauteurs. Les murs sans papier étaient d'un jaune pâle, le bas grisâtre avec un semé de points noirs et blancs. Le corps de la cheminée de la cuisine avançait, et la porte du grenier ouvrait en face du pied du lit. Le mobilier se composait d'une couchette en noyer, d'une table de nuit, d'une large armoire à longues fiches de fer aux deux battants, fiches qui n'avaient pas été frottées depuis longues années, une table et quatre chaises de paille, tous ces meubles en noyer. A un clou pendait un miroir un peu démembré et dépoli en plusieurs endroits. Il y avait un porte-manteau où les vêtements étaient rangés par ordre à la poussière et au bel air. Ce fut là mon salon, ma salle à manger, ma chambre à coucher, mon cabinet de toilette pendant mon séjour.

Mon logeur était un brave homme qui n'avait pas dégoût du vin ; il trempait plusieurs fois par jour une croûte de pain dans le nectar du Bourbonnais, afin, disait-il, de refaire ses forces. Il cumulait la fonction de barbier et celle de sacristain.

La logeuse avait l'œil moins franc. Son verbe était haut et chantant, selon l'accent bourbonnais. En cet accent le ton s'élève sur l'anté-pénultième, traîne et baisse sur la pénultième et la finale, où il s'achève en s'élevant un tant soit peu. Les *é* sont prononcés comme *ai*, et *ai* comme *é*. Ce parler est étourdissant, nullement agréable. Ma logeuse le possédait au suprême degré.

Dans la saison des Eaux, c'est-à-dire pendant quatre mois, Vichy est très animé. Il se divise en vieux et en nouveau Vichy. Le vieux est fort laid et très mal bâti, composé de petites rues très mal pavées. C'est la petite ville du Moyen âge. Au centre s'élève une vieille tour ronde, donjon de l'ancien château féodal, qui a disparu. Sa chapelle, petite et vilaine, sert maintenant d'église paroissiale sous le vocable de Notre-Dame. Elle a une nef, deux latéraux et un chœur.

Sur la petite place où se trouve la mairie est la maison qu'on dit avoir été occupée par Mme de Sévigné, lors de son séjour à Vichy. Elle est située à l'angle sud-est de la place. Quoique très vilaine, elle est celle qui a meilleure apparence. Les fenêtres ont été refaites à la moderne. Les gens du pays prétendent que la propriétaire actuelle, Mme veuve Ramin, a inventé l'histoire de la demeure de Mme de Sévigné en sa maison, afin de lui donner du relief et d'y attirer les étrangers de distinction. Cependant Vichy n'est nullement engageant de ce côté. Le nouveau Vichy, qui s'accroît d'année en année, est tout moderne par ses constructions. Ses rues sont larges et ses maisons sont belles. Il n'es pas pavé. Il possède un grand nombre de magnifiques hôtels où le luxe et le confortable sont déployés avec excès. De splendides salons y réunissent l'aristocratie du faubourg Saint-Germain, la haute finance de la Chaussée-d'Antin, les lords anglais, les princes de la Russie et les riches Américains. Ce monde-là, en grande partie, vient par de nouveaux plaisirs se délasser de ceux de Paris, ou plutôt les continuer : car il y a bals, jeux, spectacles, promenades, toilettes, causeries, le tout assaisonné de quelques verres d'eau minérale et de bains, pour soutenir une santé fleurie, peut-être un peu défraîchie par les joies hivernales de Paris. A Vichy, comme partout ailleurs, ce monde-là est désœuvré, vain, dissolu, orgueilleux, couvrant sous les dehors brillants de l'éducation et de la richesse une vie honteuse. Il médisait, il calomniait, il politiquait, il nouait des intrigues ; il voulait être adoré, il méritait le mépris. Je fus peu au courant de toutes ses histoires, car je ne l'abordai pas. J'observais, j'écoutais les récits qui me venaient sur son compte : étude de mœurs, étude fort importante pour la pratique de la vie et la connaissance des hommes.

Les plus belles rues étaient celles de Paris, de Nîmes, de Cunin-Gridaine. Cette dernière longeait le parc de l'établissement. Il y a beaucoup de vie en cette partie. L'établissement, tel qu'il est aujourd'hui, date de 1828. Il a été construit par les soins de la duchesse d'Angoulême, alors Dauphine. Il y avait eu antérieurement un établissement dû à Mesdames de France, Adélaïde et Victoire, filles de Louis XV, tantes de Louis XVI. Il avait donné de la célébrité aux eaux de Vichy. Ce fut en 1785. Cependant Vichy a été connu de tout temps par ses eaux minérales. Son nom même le prouve, *vicus calidus, vicus aquarum calidarum, bourg chaud, bourg des eaux chaudes.* D'autres le font venir du mot celtique wich, *lieu salubre.*

L'établissement est une belle construction, ayant 37 mètres de façade. Il a à chaque bout un long péristyle de 17 arcades en plein-cintre, l'un du côté du parc, l'autre du côté de la régie des eaux. A la suite de chacun d'eux est un vestibule et au milieu une galerie ou promenoir qui traverse en long l'établissement. Sur les côtés de cette galerie sont les chambres de bains, un côté pour les femmes, un côté pour les hommes. Trois fenêtres éclairent à chaque bout cette galerie, à droite et à gauche, ouvrant sur des cours où sont des bassins circulaires, réservoirs des eaux. Une large allée transversale conduit aux chambres de bains. Sa sortie, du côté des femmes, est sur la rue Cunin-Gridaine, du côté des hommes sur la place des Capucins. La galerie est le lieu d'attente pour les bains. Elle est garnie de bancs et le soir bien éclairée par plusieurs lampadaires en bronze. Elle sert également de promenade couverte. La foule y est nombreuse, le soir, lorsqu'il fait mauvais temps. Aux deux extrémités du vestibule de la façade, du côté du parc, existe un bel escalier qui conduit aux salles où se donnent les concerts et les bals. L'entrée de ces salles était libre de 7 heures à 9 heures du matin, pour les simples visiteurs. Pour avoir droit d'assister, durant toute la saison, aux bals et aux concerts, il fallait payer 20 francs. Ces salles étaient richement décorées. On y voyait les portraits de Mmes Adélaïde et Victoire, et de la duchesse d'Angoulême, Marie-Thérèse. Je trouvai ce dernier portrait un peu flatté, car dans ma première jeunesse j'avais vu cette infortunée princesse. Sa physionomie n'était pas agréable ; les traits en étaient gros et durs, les yeux éraillés. Les malheurs de cette fille de roi la rendaient digne de respect. Après les salles de jeux et de billard vient une rotonde, richement peinte à la voûte, richement décorée de lustres ; c'était la salle de danse et des concerts.

Le parc est une vaste promenade devant l'établissement. Les allées en sont ombragées par des frênes, des tilleuls et des platanes. Il y avait de vastes gazons. En 1853, ce parc possédait de beaux parterres du côté de la rue Cunin-Gridaine. Ils étaient dessinés à l'anglaise. Ce parc a été planté en 1812.

Sous le péristyle occidental de l'établisssement sont les sources dites de la Grande-Grille et du Petit-Puits ou Puits-Chomel. La première est thermale et alcaline ; la seconde acaline et sulfureuse. L'eau de la Grande-Grille contient 3,925 grammes d'acide carbonique, 164 d'acide sulfurique, 334 d'acide chlorhydrique, 75 phosphorique, 70 de silice 171 de chaux, 87 de magnésie, 182 de potasse, 2,488 de soude, et trace de protoxide de fer. L'eau du Petit-Puits contient beaucoup plus de ces matières diverses ; elle est en conséquence plus active.

Le source du Grand-Puits ou Grand-Carré, qui est à droite sous le vestibule, fournit les eaux pour les bains : elles sont alcalines, sulfureuses.

A l'extrémité orientale du parc est la place Rosalie, sur laquelle est situé l'hôpital civil. La source qui est au milieu de cette place en prend son nom, source de l'Hôpital. Son eau, comme celle de la Grande-Grille, est thermale et alcaline, mais moins forte. Voici sa quantité de substances minérales : acide carbonique, 3,797 grammes ; 164 sulfurique 324 chlorhydrique, 25 phosphorique, 50 de silice, trace de protoxyde de fer, 225 de chaux, 64 de magnésie, 228 de potasse, 2,500 de soude. Cette source fournit l'eau aux bains de l'hôpital. Elle est renfermée dans un vaste bassin circulaire, recouvert d'un pavillon chinois. Elle fait face à la rue du Pont et au pont jeté sur l'Allier, au delà duquel s'élève un verdoyant coteau. Sur cette place demi-circulaire étaient des boutiques en plein vent où se vendaient toute espèce d'objets, curieux ou utiles. Le modeste clocher de la chapelle de l'hôpital avait en face la rue de l'abbé de Larbre, minéralogiste d'Auvergne ; au bout était une vaste place où se trouvait le théâtre. Au delà de l'Allier, le clocher de Vesse fait perspective, à la suite de quelques maisons; sur le penchant d'une colline, au milieu de la verdure.

L'établissement des bains de l'Hôpital remonte à 1819. Des 113 lits de l'hôpital, 60 sont réservés aux buveurs d'eau indigents. Sept religieuses de Saint-Vincent-de-Paul les desservaient. Ce fut Louis XIV qui le fonda en 1696, tel qu'il était au moment où j'étais à Vichy, il datait de 1747.

Du côté du grand établissement est l'hôpital militaire, non loin de la rue de Paris. On y reçoit, jusqu'au grade de capitaine, les militaires envoyés aux eaux. Les officiers supérieurs n'y sont point reçus. Le service se fait par un détachement de quinze soldats, commandés par un sergent et un caporal. Près de cet hôpital est la source des Acacias, dite des Galeux. Ses eaux sont alcalines et sulfureuses, bouillonnent avec bruit à une certaine profondeur. Elles sont bonnes pour les maladies de peau et très peu fréquentées. J'ai pensé que peu de gens aiment à passer pour galeux.

L'eau de la source de l'Hôpital est bonne pour les estomacs délicats, susceptibles, nerveux, dyspeptiques. Elle me fut ordonnée par le docteur Durand-Fasdel. Ce docteur a publié un ouvrage sur les eaux de Vichy. Il dépensait peu en paroles. Petit homme maigre, à figure pâle, douce, sérieuse et intelligente. Il y avait dans sa physionomie un jeu qui dénotait de l'esprit. Il était d'une grande politesse.

La source des Célestins est située sur le bord de l'Allier, au bas de la hauteur où était un monastère de ce nom. Ses eaux sont salutaires à la gravelle et à la goutte. Une tente en manière d'auvent y abritait de nombreux buveurs, ventrus à teint coloré, frais et vermeil, à double et triple menton, à larges et fortes épaules, podagres qui n'avaient pas assez fait carême. Je parle en général, je pense qu'il y avait des exceptions. Mais la goutte se loge rarement dans un corps d'ascète. Quoiqu'il en soit, il y avait agrément à considérer cette collection de bonnes mines et d'embonpoints magnifiques, et sujet à réflexion.

La source des Célestins est la seule de Vichy qui soit froide. Sa nature est alcaline. Un parterre est devant, et à côté étaient divers jeux, amusement pour l'oisiveté à laquelle les eaux vous astreignent.

En gravissant sur le plateau où était l'ancien couvent des Célestins, on arrive à la source du Puits-Lardy, ainsi appelé du nom de son propriétaire. Elle jaillit d'un puits artésien de 150 mètres de profondeur. Son eau est alcaline et ferrugineuse, presque froide. Elle a un goût plus alcalin que l'eau de l'hôpital. Mon médecin m'ordonna d'en boire après mes repas, mais je ne pus la supporter.

Le couvent des Célestins avait été fondé, en 1410, par Louis II, alors dauphin ; il fut supprimé par Louis XV en 1774. La position en était belle ; on domine sur l'Allier. On a en face un joli coteau, à gauche les hauteurs qui courent vers la ville de Thiers. Leurs sommets, par leurs plantations, sont d'un vert sombre. Elles rattachent les montagnes du Forez à celles d'Auvergne. Les nuages leur fournissaient parfois d'admirables et saisissantes perspectives ; leurs cimes s'y perdaient, d'autrefois les dominaient. L'horizon, par derrière elles, offrait en certains instants un ciel différent et plein de clarté, rendant ainsi plus opaque le noir des nuées. J'aimais à contempler ces grands et sublimes effets des montagnes et de la nature : c'était surtout du pont où l'on pouvait mieux les saisir. Là j'y attachais mon regard avec avidité.

Il ne restait plus du couvent des Célestins que les granges. Sur le bord de l'Allier, au dehors de Vichy, au couchant, existait aussi, autrefois, un autre couvent, celui des Capucins. En 1853, l'emplacement en était désert et en très mauvais état. On se proposait de faire de cet ancien monastère un second établissement très luxueux. Les capucins vinrent à Vichy en 1614, sous Louis XIII.

Les eaux de Vichy furent connues des Romains, qui les fréquentèrent dès qu'ils furent devenus les maîtres de la Gaule.

En 1603, on créa une inspection des eaux sous le nom d'intendance. Ce ne fut qu'en 1802 que les intendants prirent le nom d'inspecteurs. Ses eaux sont gazeuses. Les deux autres catégories des eaux thermales sont les sulfureuses et les ferrugineuses.

Le climat de Vichy est d'ordinaire froid et humide à cause du voisinage des montagnes et des eaux qui sourdent de toutes parts, cependant très chaud en juillet, lorsque le soleil darde ses rayons.

La population normale était en 1853 de 2,000 âmes, dépendant du canton de Cusset et de l'arrondissement de La Palisse, sur l'ancienne grande route de Paris à Nîmes. On comptait 16 lieues de Moulins et 15 de Clermont, 38 de Lyon et 89 et demie de Paris. Le chemin de fer a changé ces distances.

Citons maintenant ce que Mme de Sévigné a dit de ce pays dans une lettre du 19 mai 1676. *Nous nous sommes promenés ce soir dans les plus beaux endroits du monde.* Du 24 mai : *La beauté des promenades est au-dessus de ce que je puis vous en dire. Cela seul me redonnerait la santé.* Du 1er et 4 juin : *Pourvu qu'on ne m'ôte pas le pays charmant, la rivière d'Allier, mille petits bois, des ruisseaux, des prairies, des moulins, des chèvres, des paysannes qui dansent la bourrée dans les champs, je consens à dire adieu à tout le reste, le pays seul me guérirait. C'est un endroit délicieux.* Du 13 septembre 1677 : *Nous sommes ici dans une jolie société : le temps est admirable ; le pays délicieux.* (Du 16 septembre) *Je bois l'eau la plus salutaire et par le plus beau tems et dans le plus beau lieu et avec la plus jolie compagnie qu'on puisse souhaiter.* Du 19 septembre : *Tous les buveurs sont contents de leur santé, et encore plus de la beauté du temps et du pays.* Le pays a bien changé, ou Mme de Sévigné l'a peint avec son imagination. Les mille petits bois ont disparu, car on n'en rencontre pas. Le défaut d'ombrage est un des désagréments de Vichy. Le site dans le lointain de la perspective y est beau, mais ce n'est pas un pays délicieux ; je n'oserais même dire qu'il est agréable à habiter. Mᵐᵉ de Sévigné ne voyait rien, ne sentait rien froidement. Elle avait un peu dans les veines du sang de sa grand'mère, sainte Chantal, qui fut aussi une imagination ardente. Continuons nos citations, voyons comme Mᵐᵉ de Sévigné parle des eaux. Du jeudi 16 septembre 1677 : *Bon Dieu! que ces eaux seraient admirables pour M. de Grignan ! le bien bon en prend pour purger tous ses bons dîners, et se précautionner pour dix ans.* Du 19 mai 1676 : *J'ai donc pris les eaux ce matin, ma très chère, ah ! qu'elles sont mauvaises. On va à six heures à la fontaine. Tout le monde s'y trouve ; on boit, et l'on fait une fort vilaine mine : car imaginez-vous qu'elles sont bouillantes et d'un goût de salpêtre fort désagréable. On tourne, on va, on vient, on se promène, on entend la messe, on rend ses eaux, on parle confidemment de la manière dont on les rend. Il n'est question que de cela jusqu'à midi. Enfin on dîne ; après dîner, on va chez quelqu'un : c'était aujourd'hui chez moi. Il est venu des demoiselles du pays avec une flûte, qui ont dansé la bourrée dans la perfection. Enfin à cinq heures on va se promener dans des pays délicieux ; à sept heures on soupe légèrement, on se couche à dix.*

Les eaux depuis Mᵐᵉ de Sévigné ont bien changé de température, elles ne sont pas bouillantes ; une seule source, celle du petit puits, est chaude ; les autres sont tièdes. Elles sont alcalines sans doute, mais personne ne fait la grimace après les avoir bues, si ce n'est peut-être pour celles du puits Lardy, source nouvellement découverte, en conséquence qui n'existait pas du temps de Mᵐᵉ de Sévigné. Les eaux de ce puits ne sont point agréables au goût. Les premières fois que j'en bus, je corrigeai cela par un morceau de sucre. Je racontai ceci à mon médecin, il en sourit. Son sourire me fit passer du morceau de sucre, quitte à faire la grimace. Comme du temps de Mᵐᵉ de Sévigné, on tourne, on va, on vient, on se promène : quelques-uns entendent la messe. On rend ses eaux, et l'on parle sans trop de confidence de la manière qu'on les rend. Cela dure depuis six heures du matin jusqu'à dix, heure à laquelle on déjeune. On se visite et on se promène entre le déjeuner et le dîner, qui est à cinq heures. Dans la soirée sont les plaisirs ou de nouveau la promenade jusque vers dix heures, heure à laquelle on se couche comme du temps de Mᵐᵉ de Sévigné.

Je vais maintenant raconter mes promenades au dehors. Ma première fut à la hauteur Saint-Amand, très haute colline ou petite montagne plantée en vignes, en céréales et en arbres frutiers. Il faut environ vingt minutes pour faire son ascension. Elle borde la route de Thiers. Je demandai d'abord à un paysan, ensuite à une paysanne, la voie la plus courte pour arriver au sommet de la hauteur ; ils me répondirent d'un air niais, stupéfait et placide, ne surent pas me donner une indication claire et précise : aussi je m'engageai dans d'affreux sentiers à travers les prairies, les vignes et les blés, gravissant par là même avec beaucoup de fatigue, mais avec courage ; je voulais voir le Puy-de-Dôme. Le paysan m'avait indiqué la Charrière, c'est le nom que les habitants donnent au chemin de traverse ; elle était si mauvaise, que je fus bientôt forcé de l'abandonner ; l'eau y sourdait de toutes parts, s'échappant des flancs de la montagne. Après de pénibles et nombreux circuits j'arrivai enfin à la cime, en face du village d'Abrest, situé sur la rive droite de l'Allier et traversé par la route de Thiers. Sur la rive gauche se développait en pente douce une vaste plaine formant une chaîne de collines ; par dessus apparaissait le Puy-de-Dôme, environ à 50 kilomètres à vol d'oiseau. A la suite s'élevait une chaîne de montagnes moins élevées. Peu après mon arrivée il fut enveloppé par le brouillard et se dessina moins nettement : c'était sur les huit heures du matin. Pour la première fois j'apercevais une véritable montagne, grande fut mon émotion ; je contemplai avec avidité. J'avais à ma droite Vichy, dont les maisons, la plupart neuves et couvertes en tuiles, serpentaient dans la vallée au milieu de la verdure et aboutissaient au pont jeté sur l'Allier. Ce pont était moitié en bois, moitié suspendu ; une île le séparait en deux. La partie en bois était du côté de la ville. A ma gauche s'étendait une suite de hauteurs de forme plus ou moins arrondie, derniers contreforts des montagnes du Forez. Leur sommet planté d'arbres et cultivé offrait au regard un vert opaque, presque noir. Sur la rive gauche, un peu au-dessus d'Abrest, se montrait le village d'Hauterive avec son vilain clocher roman. Après avoir contemplé ce panorama, nouveau pour moi, je cherchai un sentier pour descendre à Abrest ; j'en trouvai un ; il était des plus raides ; il me conduisit au bord d'une pente à pic, le long de laquelle coulaient des eaux. Il eut été imprudent de vouloir franchir cette espèce de petit précipice, je m'égarai donc de nouveau à travers les champs de la montagne ; je rencontrai enfin le vrai chemin.

Abrest est un pauvre village posé à mi-côte sur le bas de la pente de la hauteur Saint-Amant. Il se compose de masures couvertes en chaume, fort noires et fort sales à leur intérieur. Au milieu d'elles sont plusieurs maisons à un étage, ayant une couverture à quatre pans en tuiles. J'entrai dans l'église, très pauvre et très vilaine, ayant un plancher plat et très bas. Sa tour romane en poivrière est peu élevée, genre constant dans le Bourbonnais. Sa couverture écrasée est en tuiles à canal, un rang posé du côté de la partie concave, un rang posé du côté de la partie convexe. Ce genre de couverture est disgracieux.

Abrest avait encore son château du moyen-âge de peu d'apparence. On voyait un reste de fortifications. Ses fossés étaient pleins d'eau. Il s'élevait de deux étages. A juger d'après lui, les seigneurs du Bourbonnais étaient de petits garçons pour me servir d'une expression d'Henri IV.

J'arrivai à l'Allier après avoir traversé une longue grève. Cette rivière coulant alors à pleine eau, était en conséquence très large. Son lit est formé de gros sable et de gros cailloux, comme la Loire, dont elle est un affluent. Elle coulait rapidement. Son cours en cet endroit est sinueux. Elle laisse voir en été d'immenses grèves. Au moment où je la traversai elle coulait avec violence à cause d'une crue. Le passeur avait posé un câble en travers du courant, d'un bord à l'autre ; il s'en servait pour n'avoir pas la peine de ramer et afin de n'être pas entraîné par le courant. De la rive gauche la perspective d'Abrest est gentille.

Débarqué, je demandai le chemin à mon passeur, qui fut, comme tout bourbonnais, inhabile à me le bien indiquer. Je traversai un petit pont sous lequel coulait un ruisseau qui portait son filet d'eau à l'Allier. Je m'acheminai ensuite vers un groupe de maisons dominées par un bâtiment rond en forme de tour, inquiet cependant si j'étais dans ma route. Je n'y étais pas, ainsi que me l'apprit une paysanne du milieu d'un champ. Le hameau vers lequel je marchais avait nom du hameau de la Tour. Je rebroussai chemin. J'arrivai enfin à Hauterive. Ce village est aussi pauvre que celui d'Abrest. Son église n'a digne de remarque que son porche roman, de structure, du reste, informe et grossière. Elle menaçait ruine. Le curé songeait à la reconstruire ; il faisait pour cela des quêtes pendant la saison des eaux. Au bout du village est un petit château moderne. Les écuries ont été construites dans le style moyen âge. Une élégante tourelle renferme la sellerie. Il y a une jolie petite chapelle séparée du château, de même que les écuries. Je m'arrêtai à considérer ce petit castel. On me dit qu'il appartenait à un M. Besse, maire d'Hauterive. A un demi kilomètre de là est la source d'eau thermale. Elle est froide et arrive en bouillant à cause de ses gaz. Sa nature est alcaline, ferrugineuse. Elle fournit le bicarbonate de soude avec lequel on fabrique les pastilles de Vichy. Une allée de marronniers d'Inde nouvellement plantée y conduisait. La distance de Vichy est de six kilomètres. Il y avait quelques baigneurs.

Au retour je suivis la rive gauche de l'Allier jusqu'au pont de Vichy. De ce pont on a une double perspective très étendue. Au levant sont diverses cîmes des montagnes du Forez et la hauteur de Saint-Amand, au midi le coteau d'Hauterive et de Besse ; à l'ouest les plaines du Bourbonnais et leur vaste horizon. De ce pont j'ai joui de magnifiques couchers de soleil. Les eaux de l'Allier prenaient une teinte d'or ; le couchant avait un grand éclat au milieu du silence majestueux de la nature. A l'orient, les cîmes reflétaient les dernières clartés du jour parmi les vapeurs du soir et le sombre de la nuit qui commençait. Les arbres étaient tantôt calmes, tantôt mollement balancés par une brise rafraîchissante. Leur feuillage se dessinait sur le ciel et laissait passer les rayons adoucis de l'astre disparaissant sous l'horizon. La nature entière se taisait, elle invitait au repos encore plus le cœur que les membres.

Dans une seconde excursion, j'allai à Cusset, chef-lieu de canton de cinq mille habitants. Il possède le tribunal civil. La célébrité de Cusset est dans l'entrevue de Charles VII avec le Dauphin, son fils, et le duc de Bourbon, en 1440. La paix fut conclue entre eux ; ceci mit fin à la guerre dite du Bien public. On dit que la maison où eut lieu cette entrevue existe encore. On désigne sa situation sur la place publique. Ce que je puis dire c'est que lors de ma visite, cette place avait encore de très vieilles maisons.

Je me rendis à Cusset par l'Allée des Dames, le long du petit bras du Sichon. Ce jour là le Sichon coulait à pleins bords, torrent qui descend des montagnes. Son lit en cet endroit est plus haut que la prairie qui borde sa rive gauche. Une mince levée retenait ses eaux, qui, du reste, coulaient avec une grande vitesse à cause de la rapidité de la pente. De gros sable et de gros cailloux en composent le fond. Cette rivière, ayant de nombreuses chutes d'eau, fait tourner beaucoup de moulins.

Je vis là la manière de bâtir du pays. Les murs sont de terre mélangée de sable. On pose deux planches entre lesquelles on introduit cette terre, qu'on foule et qu'on bat avec une espèce de gros pilon en bois. De distance en distance on étend une couche de chaux ; afin de donner plus de consistance au mur ; ensuite on l'enduit d'un crépi de mortier, en sorte qu'on ne pourrait dire si c'est un mur de terre ou de pierre. Assez souvent les quatre pans sont d'égale hauteur ; ils forment un carré sur lequel on pose la toiture : il y a alors absence de pignons. La couverture est en tuiles à canal, qu'on enduit de chaux et de ciment en toute la longueur de l'égout, afin d'empêcher l'infiltration des eaux à l'intérieur.

Je passai devant un enfant que sa mère avait attaché à un arbre par une corde, punition, disait-elle aux passants, infligée à son fils parce qu'il était un menteur et avait tous les défauts. Le petit drôle de dix ou onze ans cachait de honte sa figure dans son mouchoir. Les peines de la vie commençaient pour lui : ce fut ma pensée. Beaucoup nous viennent de nos propres fautes, un certain nombre des circonstances et de la méchanceté des hommes. Le marmot avait déjà commencé : aura-t-il continué ou aura-t-il profité de la correction ? Je l'ignore, mais j'en doute : un vaurien de dix ans est d'ordinaire plus tard un mauvais sujet.

L'Allée des Dames, quoique vantée, n'est pas une promenade agréable. Près de Cusset existe une source d'eaux minérales ; on la nomme la Source des Dames. Elle est sulfureuse, ferrugineuse et alcaline. Peu avant d'arriver, le Sichon se divise en deux bras ; le grand s'en va à droite. Avant la division la nappe d'eau est très large. A l'entrée de Cusset est un établissement d'eaux thermales. Il était en construction. Son titre est Sainte-Marie-les-Vichy à Cusset. Il est bâti en briques rouges avec losanges en briques noires. Ce sont trois pavillons reliés par deux corps de bâtiment. Le pavillon du milieu est flanqué de deux tourelles. On compte quatorze fenêtres dans le développement. Le pavillon du milieu possède seul un étage.

Cusset a deux vastes promenades, nommées cours selon l'usage du pays. Leurs arbres sont des ormes et des platanes. Ces cours sont bordés de maisons, dont quelques-unes ont belle apparence. Elles s'élèvent de deux étages. Le cours qui avait nom Napoléon avait en face une pente en demi circuit, pleine de fraîcheur par ses arbres formant bois. Il y avait là beaucoup de monde ; c'était le jour de la louée de Saint-Jean. Les filles et les garçons à louer se tenaient sur la place, en face de l'église. Les jeunes filles, avec des vêtements fanés, de mode de vieille date, n'avaient point l'air timide ; elles agaçaient les garçons, les provoquaient, puis riaient bêtement : elles rient presque toujours, ainsi que font les niais. Elles avaient à leurs pieds de gros sabots ou de gros souliers. Leur sang lymphatique leur donne beaucoup de fraîcheur, ainsi qu'aux jeunes gens. La jeunesse passée, ce teint est blême. Un certain nombre de femmes ont le goître : ce sont celles des profondes vallées. Hommes jeunes et hommes vieux ont le même costume, la veste ronde, le gilet boutonné droit et à châle, une cravate à bouts pendants, une chemise de grosse toile, un pantalon d'étoffe grossière, bleue ou rayée de bleu ou de blanc ; quelques-uns avaient des pantalons à carreaux, à la mode du jour, de gros sabots à leurs pieds, hommes et femmes sont tous de petite taille. Leurs yeux sont sans expression, leur physionomie placide. Les hommes sont en général insolents, grossiers et fort jureurs. Ils me parurent peu religieux, peu moraux, quoique sans passions ardentes. Froids par tempérament, ils ne sont pas susceptibles d'impressions vives, non plus que de sentiments élevés et généreux. C'est un peuple pauvre, au milieu cependant de productions de toutes sortes et dans un pays bien cultivé, un peuple mendiant, étant peu actif, ayant peu d'énergie. La mauvaise foi y est assez commune. En somme, c'est une population peu agréable, nullement aimable, le cœur très peu ouvert à la reconnaissance, ne voyant dans l'étranger qu'un individu à exploiter. On m'a dit que les gens de Vichy et des villes voisines aimaient le plaisir et la bonne chère. Ces impressions qui sont miennes étaient aussi celles de tous les buveurs d'eaux, étrangers qui se plaignaient hautement de cette population.

Je vis à Cusset les paysans danser la bourrée. Voilà ce qu'en dit Mme de Sévigné : *Il y a ici des femmes fort jolies : elles dansèrent hier des bourrées du pays, qui sont, en vérité, les plus plaisantes du monde ; il y a beaucoup de mouvement* (26 mai 1676). *C'est la plus surprenante chose du monde ; enfin j'en suis folle* (8 juin 1676). *Cette bourrée dansée, sautée, roulée naturellement et dans une justesse surprenante vous divertiroit* (22 juin 1676). Elle m'a diverti moi-même. C'est une danse à caractère et qui remonte au moyen âge. A cette époque elle était la danse du beau monde, des grandes dames, sans doute un peu mieux dansée que maintenant. Figurez-vous d'abord deux poinçons sur lesquels deux ou trois planches sont posées et dessus deux chaises. Sur ces deux chaises sont assis deux gaillards, la figure niaise et de tournure passablement drôle : l'un joue de la vielle, l'autre d'une musette, deux instruments très appropriés par leur son à la bourrée, sept, huit, dix jeunes gens se rangent sur une même ligne ; vis-à-vis d'eux se placent autant de jeunes filles. Les garçons, les jambes arquées, tiennent leurs bras ballants, ne fixent pas leurs danseuses, ils fixent leurs regards vers la terre ou les égarent sur la foule. S'ils les portent sur leur danseuse de vis-à-vis, c'est furtivement. Les filles en font de même. De sorte qu'il y a là une apparence de timidité et de pudeur, qui donne du pittoresque à la danse elle-même. Du bout des deux mains, les danseuses lèvent un peu leur jupe et la font aller, tenant la tête baissée comme de craintives jouvencelles qui rougissent de se trouver en face d'un jeune homme et n'osent le regarder, ou ce n'est qu'à la dérobée qu'elles le fixent, comme une jeune fille qui redoute l'œil de sa mère, mais qui sent en elle une curiosité dont elle ne se rend pas compte, première aberration du cœur qui est la perte de l'innocence. Tout ceci donne à la bourrée un caractère particulier. Les danseuses s'avancent en sautillant ; les garçons reculent en sautillant de même. Ils s'avancent à leur tour ; les filles reculent, les garçons dandinant de droite à gauche, ce qui ne rend point leur pas plus léger. Ce mouvement d'aller et venue en avant et en arrière ressemble au va et vient d'une navette de tisserand. Le saut est cadencé à la mesure de la vielle, instrument fort agreste, mais où il y a beaucoup de passion dans son son précipité. La musette a du naïf. A un certain moment, filles et garçons se prennent par les mains, puis font volte-face tout d'une pièce, pour recommencer le même mouvement d'aller et venue. Après un certain temps tout se termine. Telle est la bourrée, pleine de mouvement comparativement au menuet de la cour de Louis XIV, où tout se faisait majestueusement. Le désinvolté ne vint que sous la régence où s'y joignait un libertinage éhonté.

J'examinais de loin cette danse ; la nouveauté et le pittoresque de ces sauts m'avaient engagé à une étude de mœurs du pays et en même temps à une étude d'une danse du moyen âge.

Je me mis à parcourir Cusset. Il ressemblait plus à un bourg qu'à une ville. Le vieux Cusset était ramassé, le nouveau éparpillé ; le vieux horriblement bâti, maisons sombres, sales, vilaines, le pavé, des cailloux, des rues étroites, petites, tortueuses, allant en pente, en un mot, la petite ville du moyen âge au fond de la province. Nos pères à coup sûr ignoraient le confortable ; il y avait de la rudesse dans leurs mœurs et jusque dans leurs passions, cependant si impétueuses, comme en convainc l'étude de leur temps.

Cusset possédait depuis 1835 un collège communal, long bâtiment à deux étages, de 17 fenêtres dans son développement. Il était peu fourni d'élèves.

L'église est vilaine et sans style. Son porche est roman. Une tour carrée le surmonte. Deux chapelles sont dédiées à la Vierge ; l'une sous le vocable de Notre-Dame-de-Pitié. On avait fêté, le matin, Saint Jean-Baptiste. La statue du saint était dans une niche ornée de guirlandes et posée sur un brancard. Devant brûlaient de nombreux cierges Une bannière portait l'effigie de sainte Ziste, servante. La fête avait été célébrée par les domestiques, hommes et femmes. Je doute que sainte

Ziste dansât le soir après avoir prié Dieu le matin. A la vérité elle était une sainte ; mais les Bourbonnais et les Bourbonnaises ne me parurent pas se vouer à la sainteté.

Le terrain de Cusset est le tertiaire moyen. Les armes sont de gueules au bras dextre d'argent sortant d'une nuée d'argent ombrée d'azur, tenant une épée à lame d'argent et à garde d'or supportant une couronne française formée d'or.

Le professeur en droit Duranton, naquit à Cusset le 25 janvier 1783.

Le lendemain à 9 heures du matin, par un temps frais et un beau soleil, quoique le ciel fut nuageux, je dirigeai ma promenade sur la rive droite de l'Allier, en aval. Cette rivière coulait à pleins bords. La rive gauche offrait un site assez gentil, dont le clocher et le village de Vesse au milieu d'un bouquet de verdure, font point de vue. La route de Clermont montait en ligne droite jusqu'au haut de l'autre versant de la colline. Je considérais, je rêvassais ; je songeais aux miens, neveux et nièces. En voyage le souvenir de ce qui vous est cher revient de temps en temps à l'esprit et ne laisse pas le cœur sans émotion. On pense au retour, au revoir ; les étrangers qui passent sous vos yeux ne vous émeuvent point, ils effleurent l'imagination par une sensation tantôt agréable, tantôt désagréable, et voilà tout ; la pensée et le cœur n'y restent pas.

J'allai jusqu'à Sichon, à l'endroit de son confluent. Il arrive à l'Allier par ses deux bras entre de îlots verdoyants. Son cours en cet endroit a perdu de sa rapidité. Le site de côté n'a rien de beau.

Une autre fois, j'entrepris à pied, un peu témérairement, la promenade de l'Ardoisière, à plus de 8 kilomètres de Vichy. On passe par Cusset. C'était jour de foire, les cours étaient remplis d'hommes de femmes, et de bêtes à cornes : cela avait du pittoresque, surtout par les chapeaux de paille qui se remuaient en tous sens dans ce tohu-bohu forain. On suit le cours du Sichon. En sortant de Cusset, on rencontre des jardins maraîchers : ils étaient frais et bien cultivés. Le Sichon circule là au milieu du plusieurs îlots. Il se précipitait avec bruit entre des débris de roches, bouillonnait avec fracas, se jetant du haut de déversoirs ou des pointes de rochers qui lui faisaient obstacle. Je me plaisais à contempler cette fureur et ce désordre, image parfaite des agitations de la vie humaine, jamais calme, au contraire sans cesse troublée tant par nos propres passions que par les passions des autres hommes. Pendant quelques temps une partie de ce torrent coule paisiblement dans un étroit canal, nouvelle image de la vie, humble, obscure, éloignée du choc et du bruit des affaires humaines.

La route que je suivais conduisait à Mayet-de-la-Montagne, chef-lieu de canton, et à Ferrières. Elle décrivait ses courbes entre deux montagnes, gorge où coule le Sichon. La gorge s'élargit en certains endroits. Là sont quelques champs cultivés. J'étais sur la rive droite ; la montagne, au bas de laquelle était la route, est presque toujours à pic, présente à nu plusieurs gros rochers, celle de la rive gauche est pareillement très rapide cependant elle est couverte d'arbres. J'y voyais çà et là des bourrées, je me demandais comment des hommes pouvaient s'y tenir afin de couper le bois et l'enlever. A une certaine élévation cette montagne n'avait plus qu'un friche très court. Je m'arrêtai en un certain endroit pour contempler, la perspective était pleine d'horreur et de beauté ; la route s'appuyait contre un rocher à pic de 70 mètres environ d'élévation ; au bas à 20 mètres de profondeur perpendiculaire, le Sichon se précipitait avec un effroyable fracas sur d'énormes roches. Ses eaux offraient au regard un effroyable bouillonnement. J'étais en présence d'un affreux précipice et contre un rocher menaçant. De l'autre côté du Sichon, la pente était complètement inculte. Les eaux sourdaient de toutes parts du rocher noirci par leur dépôt ferrugineux. Au milieu du bouleversement du Sichon, des arbres élevaient dans des îlots verdoyants leur cîme pleine de fraîcheur et embellissaient cette solitude remplie d'horreur. Je me trouvais pour la première fois dans les montagnes, surpris et étonné, j'admirais : ce spectacle parfait, grandement à mon imagination, seul, dans un lieu inconnu, c'était pour lors ce qu'il fallait à mon âme. Que me faisait le monde ? J'en étais loin.... Ainsi s'égarait mon esprit dans la contemplation d'une perspective horrible. Entre deux montagnes, dans une gorge où le soleil dardait en plein ; j'étais tout en sueur, mes vêtements en étaient imbibés, mais le désir de voir était chez moi encore plus ardent que les rayons brûlants du soleil.

A 2 kilomètres de Cusset était une filature de coton, celle des Grivats. On y occupait deux cents ouvriers.

Après une pénible marche d'environ 5 kilomètres, je traversai le Sichon sur un pont. Je le vis peu après encaissé dans un véritable précipice de 15 à 18 mètres de profondeur, spectacle effrayant lorsqu'on le mesure d'une rive à pic. Je le descendis bientôt dans la profondeur qui contient le lit du Sichon et je traversai de nouveau sur un modeste pont de bois cet impétueux torrent. A quelques pas de là était une maison isolée et comme enfouie dans cette profondeur dominée de tous les côtés par de hautes pentes. On pouvait s'y considérer comme séparé du monde entier. L'hiver, l'isolement devait être complet et l'accès difficile.

Ce lieu conviendrait à un ermitage. Etre ermite est beau en idée en réalité il n'en est pas de même.

Sur le sommet des montagnes s'élevaient les ruines d'un vieux château, nommé le Péroux, ancienne demeure, dit-on, des templiers. Je n'eus ni le temps, ni le courage d'y gravir. Ce qu'il a de curieux, ce sont ses vastes cheminées du moyen âge. Des dames qui y avaient monté m'en firent le récit et me donnèrent quelques regrets de n'avoir pas été jusque là. Il est posé sur la cîme du mont où se trouve l'ardoisière. Je me contentai de parcourir ce banc d'ardoises. J'en examinai le gîsement, gros blocs, qui apparaissent à la surface du sol comme de vieux troncs d'arbres abattus. Ce banc de Schiste argileux fournit des ardoises de mauvaise qualité ; elles n'ont aucune consistance ; impossible de les tailler, elles s'émiettent. Examen fait, je descendis de ce versant. J'y avais trouvé un mouchoir, ce qui fut pour moi l'occasion d'une rencontre utile et agréable. Le chemin était semé de paysans qui revenaient de la foire ; j'en saluai quelques-uns, c'est ainsi que j'obtins leur salut. Une calèche de louage emportait trois dames, je priai le cocher d'arrêter, afin de m'enquérir si le mouchoir que j'avais ramassé n'était pas à l'une d'elles. Aucune ne le reconnut pour sien. Elles pensèrent que des personnes du même hôtel que le leur l'avait probablement perdu ; je le leur remis et il fut convenu que s'il ne trouvait pas maître, il serait donné par elles aux religieuses de l'Hôtel-Dieu. Une place était libre dans leur calèche, elles me l'offrirent gracieusement : j'acceptai volontiers, car j'étais pressé par l'heure de mon bain, de plus, très fatigué de la route. Je fus donc en face de trois inconnues, une parisienne, une lyonnaise et une anglaise. A l'amabilité des manières, à la grâce du son de voix, j'eusse reconnue l'habitante de Paris, si elle ne se fut pas nommée pour être de cette ville. La lyonnaise, également jeune personne, ne manquait pas non plus d'amabilité, mais avec moins de grâce que la parisienne. L'anglaise, femme sur le retour, mentor des deux jeunes personnes, possédait le raide spécial aux insulaires d'Outre-Manche.

Un jour, j'abordai un ecclésiastique d'un flegme parfait, petit homme aux yeux verts. Je lui demandai qui il était. Impassible et de glace, il me répondit d'une voix sourde, avec un accent étranger, qu'il était Irlandais ; que depuis seize ans il venait aux eaux tant à Vichy qu'à Aix, en Savoie ; qu'il professait la physique au collège de Mainooth, séminaire catholique de toute l'Irlande, ayant 500 élèves. Il baragouinait passablement le français. Son flegme lui donnait un air malheureux :

peut-être l'était-il au fond du cœur ; je n'en ai rien su. S'il était un puits de science, c'était à coup sûr un puits fermé et scellé. Ce petit homme se promenait constamment seul. Je l'avais abordé par aménité, afin de le tirer de son isolement ; comme il ne m'aborda pas à son tour, je n'allai plus à lui. Je pensai qu'il préférait être seul, plongé dans sa rêverie. Tout est singulier aux eaux, on y rencontre des figures de toutes les façons, des mises qui du ridicule vont au comique. L'humeur gaie des Français y domine, ainsi que leur légèreté, leur insouciance joyeuse, leur entrain plein de gaîté, joint à d'agréables manières. Il y a des exceptions. On rencontre aussi parmi eux des maussades, des originaux, des bourrus, chez tous de la vanité, de même que la morgue chez l'Anglais, la vantardise chez l'Italien, la fierté chez l'Espagnol, la bonhomie chez le Hollandais, le calme chez le Suisse, l'impassibilité chez l'Allemand. Il y avait à Vichy la Société dorée parisienne, futile, aimant les aventures et les histoires scandaleuses. Un peu de dévotion était mêlée à tout cela : la dévotion était alors de mode et de bon genre. Du reste, en notre âge, il n'est pas rare que la femme qui prie Dieu le matin à l'église soit une coquette le soir au bal. La galanterie même chez les hommes n'exclut pas leur ardeur religieuse. Singulier amalgame, dont le diable s'accommode plus que le ciel. La dévotion facile était donc fort de mise à Vichy.

A côté de la joyeuse existence du monde aristocratique se rencontrait la petite bourgeoisie, plus modeste dans ses plaisirs, un peu faute d'argent ; puis le commerçant, dépensier à sa façon, le gros cultivateur, riche, mais calculant la dépense, le pauvre artisan, qui avec sa grosse veste frôlait parfois la robe de la grande dame. On voyait au milieu de ce pêle-mêle de nombreux ecclésiastiques, à chapeaux divers, à physionomies non moins variées, plus laides en général que belles, à l'exception de quelques-uns qui avaient fraîche mine, teint fleuri, traits assez fins. Quelques-uns ne manquaient pas d'abdomen. Sous le rapport moral, la tenue de tous était parfaite ; on y pouvait remarquer le clergé français avec sa dignité de mœurs. Si le nombre des abbés était grand, celui des religieuses l'équivalait, s'il ne le surpassait. Que de cornettes diverses ! Que de costumes de toute espèce d'inventions ! Il y en avait de réellement ridicules. La coiffe et la robe de la sœur de Saint-Vincent-de-Paul était ce qui allait le mieux. Le vêtement noir dominait et avait pour diversion le blanc, le bleu, le violet. Le vêtement blanc était celui des Augustines ; la robe bleue et le long scapulaire noir était celui des Sœurs de Saint-Joseph de Cluny. La robe violette avec le manteau était le vêtement de je ne sais quelle congrégation. Les coiffures étaient singulières. Elles prouvaient la multiplicité des congrégations.

Je retournai une seconde fois à Cusset afin de parcourir les bords du Zolan, torrent comme le Sichon et aussi rapide. Cette petite rivière de 3 à 4 mètres de large coule au nord de la ville. Des arbres ombragent son cours. Au delà de Cusset, du côté de Vichy, il y avait une fabrique de papier, appartenant à un M. Rabourdin, des environs de Paris ; je la visitai. On y fabriquait du papier pour l'imprimerie. Les chiffons, de toutes couleurs, sont mis en pâte et blanchis par un apprêt de chlore et de vitriol. Ils forment une pâte très blanche. On la délaye dans une vaste cuve, d'où elle s'échappe avec l'eau. Elle arrive sur une seconde machine ; elle y est tamisée, en sorte que l'eau s'écoule et ne laisse qu'une pâte très molle. Le tamis à travers lequel l'eau dégoutte est très serré ; il est étendu sur deux cylindres. La pâte débarrassée de l'eau se solidifie en papier sur une troisième machine. Elle est bientôt séchée à la vapeur sur une quatrième et s'enroule ensuite sur un cylindre. On forme ainsi de longs et larges rouleaux, qui sont coupés en deux par une cinquième machine, séparée du mécanisme des quatre autres. On les rogne en format in-folio et on les met ainsi en feuilles, qui sont livrées à des femmes chargées de les lisser au cylindre et de les mettre en ballots pour la vente. Il faut à peine cinq minutes pour faire d'une pâte molle et sans consistance un beau papier. J'admirai cet ingénieux mécanisme. Cette fabrique employait vingt hommes et cent femmes.

Je retournai sur la hauteur Saint-Amand afin d'y contempler le lever du soleil ; l'astre me devança. J'aperçus le mont Doré avec ses neiges, larges taches resplendissantes sur le flanc des monts. Je distinguai aussi dans les dômes la coulée de lave du Puy de Pariou et la brèche qu'elle y a faite. Les montagnes d'Ambert se montraient à gauche, allant rejoindre celles du Forez. Ce spectacle nouveau pour moi me ravissait et augmentait mon désir d'aller parcourir ces montagnes qui m'apparaissaient dans un lointain saisissant ; des coteaux, des bois, des champs, des maisonnettes, des châteaux, des villages m'en séparaient, perspective qui sans être grandiose, avait son pittoresque. Je regagnai Vichy avec un grand appétit, aiguisé par la course, par l'air vif et pur de la hauteur, très heureux de mon excursion matinale. Le soir je passai le pont de l'Allier, afin d'aller voir la fontaine intermittente, une des curiosités de Vichy. Le ruisseau du Sermon entre dans l'Allier près du pont ; la fontaine est au delà. Ses eaux sont sulfureuses. Elles déposent du sulfate de chaux sur la pierre. De trois quarts d'heure en trois quarts d'heure elles arrivent du fonds d'un puits artésien de 100 mètres de profondeur. On prête l'oreille, tout est silence dans le tube qui leur sert de conduit ; tout à coup un frémissement sourd se fait entendre et en quelques secondes l'eau monte en bouillonnant, sort par jets abondants et avec grand bruit. On dirait une fontaine en fureur. Elle coule ainsi de 6 à 7 minutes, puis tout à coup elle se retire ; le silence le plus complet se rétablit. Rien n'est plus curieux, surtout en ce que ces eaux sont réglées en leur marche ascendante et descendante, qu'elles arrivent furieuses pour se retirer aussitôt leur jet opéré. Cela est dû à des feux souterrains. En revenant, j'admirai les rives de l'Allier mille fois plus belles à la lumière douteuse du soir qu'à la clarté splendide du jour. Une lueur indécise a des charmes merveilleux ; elle invite à la rêverie douce et calme, elle apaise les agitations de l'âme, elle amène le repos du cœur, elle attire par un instinct inconscient vers le mystérieux, ce grand problème qui dure durant toute la vie humaine.

J'allai à *Thiers*, ville et site qu'on m'avait recommandé de voir. La distance de Vichy est de 37 kilomètres. Nous partîmes sur les 8 heures ; la matinée était belle. Je montai sur l'impériale, afin de mieux voir le pays. Mes deux compagnons de voiture étaient un tout jeune homme du collège Rollin à Paris, allant en vacances à Ambert dans sa famille, et un jeune ecclésiastique de la Congrégation de Saint-Sulpice, professeur de mathématiques au Séminaire de Rodez, plus le conducteur et le cocher. L'Allier, la plaine, les bois de Randan et le Puy-de-Dôme, à droite, les montagnes du Forez à gauche forment la perspective jusqu'à trois maisons appelées *nouvelle-maison blanche*, *maison blanche*, et *vieille-maison blanche*. On quitte là le département de l'Allier, on entre dans celui du Puy-de-Dôme, c'est-à-dire en Auvergne. Nous avions rencontré deux ruisseaux, le Courcet et le Garot, qui portent leurs eaux à l'Allier. Les montagnes de ce côté sont peu élevées et cultivées jusqu'à leur sommet ; seigles, avoines, blés, pommes de terre, noyers et châtaigniers les couvrent ; dans la plaine s'y entremêlent des prairies naturelles et des prairies artificielles. La moisson se terminait lentement. On entassait les blés en petites meules, les épis en haut ; on les couvrait de paille en forme de ruche. On ne les rentre qu'à la mi-septembre ou au mois d'octobre, et à cette époque on en a déjà battu la plus grande partie. On se met plusieurs hommes et plusieurs femmes pour les battre ; ce qui se fait au dehors. Les terres sont affermées à moitié. Près d'une meule étaient deux charrettes attelées de bœufs ; un homme jetait alternativement une gerbe sur chacune d'elles : telle est la manière de faire le partage. La première gerbe est jetée dans la charrette du propriétaire, et ainsi de suite.

Nous relayâmes aux maisons blanches. Le seul village que nous traversâmes fut Puy-Guillaume. Les maisons sont construites en terre, sans crépi ; leurs toits sont plats, avancent en forte saillie ; la couverture est en tuiles creuses, de couleur rougeâtre. Ce genre de construction, peu agréable à la vue, donne un air de misère aux villages de ces contrées. Les églises ne sont pas mieux construites ; une tour large, peu élevée, les fait à peine distinguer des autres constructions. Je considérais ce site avec attention, il jetait la tristesse en mon âme et des pensées graves.

Puy-Guillaume est arrosé par le ruisseau de l'Ancredogne. En avançant, on aperçoit le village de Palières. Quelques petits ruisseaux se rendent à la Dore. A l'approche de Thiers, la route s'engage dans les montagnes. Nous arrivâmes en cette ville, la plus singulière, la plus surprenante, la plus curieuse par sa position et ses constructions. Elle est située sur la crête et sur les versants appelés d'une montagne, en face de la Limagne, en face d'âpres rochers et d'une gorge. Elle s'étage depuis le pied du mont jusqu'au sommet, à une hauteur presque prodigieuse. Elle s'étend le long de la Durole, et, d'autre part, fait face à la Limagne. Elle fait partie de la basse Auvergne orientale, appelée le Livadais, entre le Forez et la Dore. Le Livadais a 12 kilomètres de longueur sur 2 de large.

La Dore passe à cinq kilomètres de Thiers. Elle va se jeter dans l'Allier en face de Ris, village du canton de Châteldon.

L'intérieur de Thiers est affreux, des rues en pente plus ou moins rapide, étroites, des maisons en pisé dans leur partie inférieur, en planches dans leur partie supérieure, ayant deux et trois étages, à toits plats avançant. Elles ont de nombreuses fenêtres sans régularité. Quelques-unes ont des galeries et leur escalier à l'extérieur. La perspective varie à chaque pas, en restant toujours celle des montagnes, des rochers et des cascades. Du bord de la Durole, on aperçoit sur différents plans, des vignes et des jardins entre les maisons qui s'étagent en gradins. Sur la montagne en face, de l'autre côté de la Durole, sont des marronniers plantés entre les interstices des roches, au-dessus d'eux des champs de blé s'élevant perpendiculairement, et plus haut une suite de rochers grisâtres et dentelés, se dressant formidables vers le ciel. Des quartiers de roche embarrassent le cours de la Durole ; elle mugit contre et serrée entre ces hauteurs, elle se précipite en cascades, couvre les roches de ses eaux écumantes, les excave en précipices.

Revenons à l'intérieur de la ville. La principale rue, pas mieux bâtie que les autres, a de la largeur. On y rencontre la sous-préfecture, maison bourgeoise à crépi blanc.

Une maison du XV⁰ siècle, en bois, est remarquable par l'irrégularité de sa construction et de ses nombreuses fenêtres. On la conserve comme souvenir de l'architecture du moyen âge.

Thiers est populeux et animé. On y compte plus de quinze mille habitants, sur lesquels deux cents protestants, qui possèdent un prêche. Cette population a le teint hâve, souffreteux, sale et crasseux, enfumé et noirci par les ateliers de coutellerie, qui sont fort nombreux, fort sombres et malsains : aussi les natures sont grêles et chétives. Il y a un air de misère dans le vêtement et dans l'habitation. On y est curieux et peu civil ; cependant on me saluait à cause de ma soutane. Malgré les idées avancées, il restait encore au fond des âmes les sentiments religieux de l'antique Auvergne. Une petite croix de bois était fixée au faîte ou au bord du toit de plusieurs maisons, pieux usage spécial à la contrée.

Les trois églises paroissiales sont Saint-Genès, Saint-Jean, et le Moustier, dans l'un des faubourgs. Nous visitâmes Saint-Jean et Saint-Genès, l'un et l'autre vilains édifices. Saint-Genès, église principale, est du XI⁰ et du XII⁰ siècle ; vingt-six marches conduisent dans son intérieur. Saint-Jean est du XV⁰ siècle.

Le donjon, de forme circulaire, est ce qui reste de l'ancien château. Il sert de prison.

Notre guide nous fit entrer au café Bertry, afin de nous faire jouir d'une belle vue sur la Limagne. Une vaste et riche campagne s'étend jusqu'à Clermont, et, sur la gauche, jusqu'à Ambert : elle est couverte de céréales et d'arbres. En face sont le grand dôme et sa chaîne ; en arrière, vers la gauche, les monts dores ; sur la gauche les montagnes du côté d'Ambert. Sur une hauteur est le château de Mauzun, ancienne maison de campagne des évêques de Clermont. Sa situation est pittoresque. Par un beau temps on aperçoit Clermont, à trente-huit kilomètres de là. Tout proche, la vue s'arrête sur les rustiques maisons de Thiers, qui dévalent au pied de la montagne et remontent à droite sur le plateau. Ce point de vue est réellement magnifique, il possède un ensemble de riant et de sévère : c'est beau, s'écrit-on, c'est beau.

En sortant de l'église Saint-Jean, notre conducteur nous mena au cimetière, qui est à côté. La position est imposante, ce cimetière s'étend sur le versant d'une hauteur qui domine la Durolc et s'appuie sur une masse de rochers, au pied desquels coule la rivière. En face, sur l'autre rive, s'élèvent en pente rapide des montagnes couvertes de pointes de rochers, de châtaigniers et des champs cultivés. La hauteur sur les trois faces de laquelle Thiers est bâti finit près de là et laisse voir une échappée de la Limagne et des montagnes lointaines. Un tel spectacle impose : les tombes l'ont devant elles ; mais les morts qu'elles renferment ne le voient pas ; ils sont dans le silence. On n'y pense pas, on est à contempler cette perspective et à l'admirer. Ma première pensée, comme ma première impression furent qu'il m'aurait semblé bon d'attendre le réveil de l'éternité sur cette pente où tout est saisissant pour l'œil et pour l'âme : mais, quand l'homme est poudre, que lui fait-il d'être dans la plaine ou sur un rocher ? Le spectacle est pour les vivants, qui passent et meurent.

Le cimetière arrive en pente au bord de la Durole ; mais il nous fallut bientôt descendre le rocher, afin d'arriver à l'une des cascades de cette rivière. C'était si rapide que nous descendîmes à plat pour ne pas me servir d'une expression qui ne conviendrait point, nous retenant par les mains aux anfractuosités des rocs. Lorsqu'à mon retour à Vichy, je contai l'aventure, on en rit beaucoup. Il y avait, en effet, un certain comique de s'acheminer ainsi vers les bords à pic du creux de l'enfer, car tel était le nom de la cascade de la Durole. Les eaux s'y précipitent avec fracas, enterrées entre deux rochers ; les ayant franchis, elles continuent tranquillement leurs cours. Ce précipice a de six à sept mètres de profondeur perpendiculaire : il est formé par des rochers. Nous descendîmes dans la gorge étroite où la Durole serpente ; une belle suite de rochers nus s'offrit bientôt à nos regards ; ils s'élevaient vers le ciel en pointes effilées et descendaient en larges bases jusque dans la profondeur de la gorge : perspective sévère, témoignage d'effroyables bouleversements. La rivière est bordée de fabriques de papier et de coutellerie, de moulins construits en planches et en terre, presque en ruine par leur vétusté.

D'un antique pont, notre conducteur nous fit considérer la cascade du creux saillant ; elle se précipite en trois chutes sur les rochers qui forment en cet endroit le lit de la Durole. De la première chute jusqu'en bas il y a environ vingt mètres. Par dessus les rochers est là une grotte profonde dans laquelle on ne peut arriver qu'à la nage : les eaux bouillonnent contre et la cachent aux regards.

Nous entrâmes dans une coutellerie, je tenais à prendre connaissance de ce genre d'industrie : c'était celle d'un M. Prodon, à la marque du trèfle, qui est celle apposée sur les objets fabriqués par cette maison. M. Prodon nous conduisit dans les divers ateliers. Le travail le plus pénible est celui des ouvriers qui donnent le fil aux couteaux. On les appellent les émouleurs. Ils sont couchés de tout leur long à plat ventre, la tête penchée au-dessus de la meule et de l'eau ; ils promènent sur la meule l'objet auquel ils ont à donner le fil : pénible labeur auquel un large salaire peut seul contraindre. Il faut être habitué d'enfance à ce métier. Je cherchai en vain un ouvrier qui eût le teint un peu frais ; les traits étaient tirés, les membres décharnés, le corps étique. Douloureuse pensée ! par la perversion du cœur ce dur travail n'est qu'en vue de la terre, tandis que, sanctifié par le sentiment religieux, il serait si profitable pour le ciel. L'ouvrier, la plupart du temps, en cherche l'allégement par le contentement d'instincts grossiers et par des jouissances dégradantes ; il s'abrutit, au lieu que la religion élèverait son âme. Tel est l'état actuel parmi les ouvriers, qui sont des instruments de mal entre des mains perverses, exploités qu'ils sont par elles. Ces pensées me préoccupaient en parcourant la coutellerie de M. Prodon.

Les ateliers noircis par le temps étaient sales et vilains. Nous en sortîmes, après avoir acheté quelques objets, qu'on ne nous vendit pas au prix de fabrique, mais bien au prix marchand.

Dans les papeteries, on fabriquait du papier à timbre pour l'Etat : nous le vîmes appendu au séchoir.

En remontant, nous aperçûmes sur un rocher isolé, la petite et pauvre chapelle dédiée à saint Roch : la situation en était pittoresque.

Quelques maisons étaient isolément situées sur une pente solitaire ; un sentier raide et pierreux y conduisait.

En revenant à Vichy, nous montâmes dans le coupé ; le voyageur qui était en troisième lia bientôt conversation avec nous. Il se trouva être un habitant de Chartres ; à cent lieues de mon pays, singulière circonstance des choses de la vie, je rencontrais un concitoyen que je n'avais pas connu pendant huit ans que nous avions habité la même ville et le même quartier.

Le château de Bourbon-Busset se développa à nos regards, un corps de bâtiment, deux tourelles, et un campanile au milieu. Un Bourbon l'habite, descendant des seigneurs de Bourbon, mais d'une autre branche que la famille qui régna en France depuis Henri IV. La parenté entre ces deux branches est très éloignée. Busset est le village où est situé ce château ; il compte 1,800 habitants et dépend du canton de Cusset. La position est sur une haute montagne.

Nous aperçûmes aussi le pont suspendu de Ris, élégamment jeté sur l'Allier. Deux tourelles en brique et reliées par une arcade ogivale en pierre, surmontée de créneaux, sont à l'un de ces bouts ; à l'autre, ce sont deux espèces de vedettes. La commune de Ris a 1,600 habitants.

Une de mes promenades fut aux Malavaux, au delà de Cusset : le site en est curieux ; c'est une gorge formée par les dernières hauteurs des montagnes du Forez. Le Jolan y coule au milieu de quartiers de roche qui embarrassent son lit et font mugir ses ondes.

A Cusset, je jetai un coup d'œil sur la maison où eut lieu l'entrevue du roi Charles VII avec le dauphin Louis, son fils, et le duc de Bourbon ; il y avait 414 ans. Cette maison du XVe siècle est en bois et mal percée ; le toit est aigu. Jusqu'au bout de Cusset on suit la route qui conduit aux Grivats, alors on tourne à gauche. Le chemin est garni de maisons et de tuileries. Après quelques instants de marche je demandai à un paysan s'il fallait poursuivre tout droit ; il me répondit de virer, c'est-à-dire de tourner à gauche, dès que je serais au bout des maisons. Lors donc qu'on a viré à gauche, selon l'expression du pays, on est dans le vrai chemin des Malavaux. On jouit bientôt d'un magnifique panorama de verdure sur une immense étendue et avec ondulation de terrain due aux collines. En arrière-plan, au fond de la perspective, à 28 ou 30 kilomètres, sont des hauteurs vaporeuses. Tout près, sur la droite, est le hameau de Genat, de la commune de Cusset. Il est posé d'une manière pittoresque dans le fond de la vallée. Des fontaines sourdent en divers endroits. On arrive au Jolan, au moment où il sort de la gorge. On entre dans cette gorge ; des roches se dressent sur les flancs des hauteurs. La gorge est étroite et décrit plusieurs courbes. Le Jolan y a plusieurs chutes ; son bruit seul interrompt le silence de ces lieux. On ne voit que quartiers de roche, de la fougère et des ronces. Une maison assez bien construite était comme perdue en cet endroit de désolation. Le Jolan coule devant. Au-dessus était un petit jardin, et un petit bois couvrait le flanc de la montagne. Un jeune homme et deux jeunes filles y gravissaient. Je fus moi-même obligé de gravir le rocher sur la rive opposée, la rivière interceptant le passage en cet endroit. A la descente, j'arrivai à une cascade dont les jets bouillonnaient contre les roches ; l'un retombait en gerbe de perles, l'autre s'élançait en l'air. Je traversai non loin la rapide rivière sur de gros quartiers de roche amassés au milieu de son lit. Je l'avais déjà traversée sur un pont rustique. Les émotions se succèdent dans les courses au milieu des montagnes ; le fond en est toujours la mélancolie ; on y sent l'amour de la solitude, si attrayante pour la pensée rêveuse, loin des bruits du monde. Un admirable rocher se dressait vers le ciel en face de ces quartiers de roche donnant passage sur l'autre rive. Je m'arrêtai à contempler ce groupe de roches lancées vers le ciel, puis je continuai ma marche, cherchant dans la sinuosité de cette gorge des émotions nouvelles et de nouveaux spectacles. Une masse énorme de rochers m'offrit bientôt ce que je cherchais, je considérai quelques instants dans l'immobilité de la pensée, sublime effroyable.

J'avais rencontré des parisiens qui, comme moi, employaient leur temps à parcourir les alentours de Vichy ; au sortir de la gorge, ils m'offrirent une place dans leur voiture, j'acceptai : car j'avais gagné la sueur et la fatigue : il y avait environ 6 kilomètres pour revenir à Vichy. Trois vieilles pauvresses, deux ou trois jeunes enfants avaient accompagné ces promeneurs sous le prétexte de leur indiquer le chemin, en réalité pour en avoir quelques pièces de monnaie. M. Antoine, me dit en souriant : « ces trois vieilles ont l'air de véritables sorcières ; il ne leur manque rien, elles ont même en main le fuseau. » On en eût pu faire les trois parques, Clothon, Lachésis et Antropos. Elles n'avaient pas le fil d'or entre les doigts ; elles eussent pu filer mes jours, car l'or n'y était guère mêlé. Leur chapeau en avant de la tête, leur figure ridée, leurs petits yeux roulant avec vivacité dans leur orbite, leurs mains décharnées et noires, leurs vêtements en loques et sales en pouvaient bien faire trois sorcières, j'acceptai donc la réflexion de M. Antoine. Ces trois petites vieilles sur les rives du Jolan étaient en cette solitude un véritable tableau, achevé par les petits malotrus qui les accompagnaient, la mine barbouillée et morveuse.

Je me promenais souvent seul ; j'étais un rêveur qui s'amusait des physionomies, pensant à fort peu de chose ou plutôt à rien : je reposais mon esprit. Cette manière misanthrope de me promener me plaisait : cependant un compagnon m'eût fait plus d'une fois plaisir. Un dimanche, au soir, je m'assis ennuyé sur un des bancs de la galerie de l'établissement ; un jeune homme aussi rêveur que moi était à l'un des bouts. Nous nous regardâmes l'un et l'autre plus d'une fois. Voyant qu'il était silencieux, je pris la parole et j'engageai la conversation. Cette figure souffrante et morne s'anima ; ce jeune ouvrier, car c'en était un, me raconta toutes ses douleurs : il y avait de l'intelligence dans son regard et dans son narré, de plus de la finesse dans ses appréciations. Je n'oublierai pas ce mot spirituel qu'il me dit : *Les vrais malades ici sont ceux qui n'ont pas d'argent.* Il avait saisi les dépenses folles de l'aristocratie ;

il y voyait une insulte à la souffrance et à la pauvreté. Forcé, pour subvenir à sa petite dépense des eaux, à un labeur pénible et contraire à sa guérison, son âme avait compris l'infortune de celui qui n'a pas à côté des prodigalités sans mesure de celui qui a. Si j'avais été plus riche, je lui aurais volontiers offert ma bourse, mais je n'avais que ce qu'il me fallait pour ma modeste dépense. Ne pouvoir donner a été bien des fois une des souffrances de ma vie. Mon jeune ouvrier demandait la santé pour gagner son pain par le travail : c'était juste. Il avait, me disait-il, désiré bien des fois la mort au milieu de ses souffrances et devant l'aspect de la misère, faute de pouvoir travailler. Il avait 26 ans, son mal datait de l'âge de 14 ans. Son teint pâle et ses traits tirés annonçaient un mal intérieur qui le minait sourdement. Tailleur de son état, il ne pouvait le mener, étant obligé dans ce genre de travail d'avoir l'estomac plié : or sa souffrance était là et dans les entrailles. Quand donc, m'ajouta-t-il, en sera la fin ? Humble ouvrier, il s'énonçait bien et avec facilité. Il me dit qu'il était de Charolles ; que sa mère, veuve, devait être inquiète depuis quatre mois qu'il était absent. J'aime entendre parler à un jeune homme de sa mère, cela indique qu'il y a au fond de son âme un bon sentiment. Comprendre le cœur maternel, c'est soi-même avoir un cœur tendre. La mère, du reste, est la pensée qui suit l'homme partout ; les brutaux mêmes parlent avec émotion de leur mère, souvent c'est le seul sentiment qui remue leur cœur. C'est que l'homme sait que l'amour de la mère est l'amour le plus invincible et le plus dévoué. Les justes et profondes tristesses de ce jeune ouvrier me firent peine. Hélas, que de douleurs passent dans le cœur de l'homme sans autre remède que la souffrance, puis la mort ! *Tous ses jours*, a dit l'Ecclésiaste en parlant de l'homme, *sont pleins de douleurs et de chagrins, cuncti dies ejus doloribus et ærumnis pleni sunt* (c. 2, v. 23). *Nous avons beau être distingués en la condition de vivre*, écrivait Malherbe à la princesse de Conti, *nous sommes tous égaux en la nécessité de mourir.*

L'agriculture dans ces contrées était en retard. Les habitants sont morts au travail et routiniers. Leur charrue était encore primitive, un simple pic ou un mauvais contre. Ces charrues traînaient à terre. Deux bœufs les tiraient lentement. Elles retournaient la terre en larges sillons, à peu de profondeur, de sorte que la plupart des mauvaises herbes étaient simplement enterrées, mais non détruites. Le sol est moins bon que celui de la Limagne et de la Beauce. La culture du chanvre y est assez étendue. Les bœufs servent aussi au charriage. Les chariots sont montés sur quatre roues, les charrettes sur deux. Les uns et les autres sont très grossièrement faits, peu élevés. Leurs ridelles sont posées obliquement comme les rateliers. Il est impossible d'y mettre grande quantité de fourrage ou de blé, ce qui, avec la marche lente des bœufs, prolonge la durée des récoltes. Les bestiaux ne sont pas beaux. Les vaches sont maigres ; elles appartiennent à la race charollaise : elle disparaît du côté de Vichy.

Il était curieux de voir hommes, femmes, jeunes filles et enfants entassés pêle-mêle sur un peu de paille entre les deux singulières ridelles des charrettes et voiturés ainsi à pas lents par les bœufs. En Auvergne, je trouvai l'ancienne carriole de Beauce, mais ouverte aux deux extrémités, en sorte que les gens se placent dos à dos, deux en devant, deux en arrière : il y a double marche-pied. Les ridelles décrivent une courbe en forme d'arc surbaissé. Les carrioles sont pour les fermiers et les propriétaires, la charrette, de même genre, pour le menu peuple. En 1853 les cabriolets et autres voitures de ce genre me semblèrent n'être point en usage aux environs de Vichy et en Auvergne ; je n'en ai jamais rencontré.

La vigne n'est point plantée en rayon comme dans l'orléanais, elle l'est en lignes irrégulières, rampe à terre ou est soutenue par quelques minces bâtons. En la Limagne on l'accole à trois bâtons disposés en forme de ruche.

Je termine en disant un mot de la dépense pour le vivre à Vichy. Du temps de M. de Sévigné, *on y faisait la meilleure et la plus grande chère du monde* (13 sept. 1677). *La vie n'y coûtait rien du tout ; deux poulets valaient trois sols, et le tout enfin à proportion* (24 mai 1676). En 1853, je payais un franc cinquante centimes un poulet moins gros qu'un pigeon de volière, le veau rouge quatre-vingt centimes les deux cent cinquante grammes. Les légumes, les fruits, le beurre, les œufs, le poisson étaient très chers. Le marché ouvrait à cinq heures du matin, se terminait à huit heures ; après on ne trouvait plus de denrées. Je payais le vin cinquante centimes le litre, vin de Chantel, une des meilleures côtes de la contrée, cependant petit vin. On pouvait encore faire bonne chère en 1853, mais au prix de huit, dix et douze francs par jour : à ce dernier prix les tables étaient somptueuses.

Je partis pour Clermont et l'Auvergne le 7 juillet, à sept heures et demie du matin. Après avoir traversé le pont, nous tournâmes à droite, du côté de Vesse, village éparpillé, et nous eûmes à monter en ligne droite une longue côte, durant quinze minutes. Au haut, à gauche, nous eûmes la perspective d'une profonde vallée bien boisée, où coule le

Sermon. Sur l'un des versants était un beau château. Nous fûmes bientôt au milieu des bois ; la route était bordée de chênes et de châtaigniers. Une longue descente nous fit arriver au fond d'une vallée assez agréablement plantée et arrosée par le ruisseau du Beron. Nous traversâmes ensuite le village de Cognat, du canton d'Escuroles, ainsi que Vesse. Le ruisseau du Chalon y passe. Sa tour, de forme octogone et son église, situées sur une hauteur isolée forment point de vue. Le 6 janvier 1568, les catholiques et les protestants se livrèrent bataille dans les plaines de ce village.

Deux kilomètres plus loin, nous traversâmes Lyonne, un de ses hameaux. M. de Montlaur y possédait un beau château. On est à six kilomètres de Gannat, et l'on traverse la Toulenne avant d'y arriver. Le ruisseau de l'Andelat baigne les murailles en ruines de Gannat. Il y a une source d'eaux minérales.

Nous devions déjeuner en cet endroit. A la descente de la voiture nous fûmes assaillis avec importunité par des mendiantes, qui faisaient de l'aumône un métier. Dans le Bourbonnais et en Auvergne on demande effrontément, soit à titre de pour boire, soit à titre d'aumône.

Gannat passait pour une ville rouge, c'est-à-dire démagogique. Les figures ne m'y parurent point aimables.

Le fameux abbé Châtel, fabricateur de l'église française, est né en cette ville. On sait que son entreprise schismatique n'eut aucun succès : cela devait être ; l'époque n'est pas à créer des religions ; l'entreprendre, c'est de tomber dans le ridicule ou dans le discrédit.

Je déjeunai dans un hôtel assez mal tenu ou plutôt dans une auberge. Les gens y étaient moins que gracieux ; la fille de la maison avait un air grognon et maussade, à peine si j'étais servi, tout en payant. Des dames qui voyageaient avec moi en firent la remarque et ce fut le sujet de notre conversation une partie de la route Je n'ai jamais rencontré pareille maussaderie ; il fallait que cette fille se fût mal levée ; je n'en étais pas la cause, je trouvai étrange d'en subir les conséquences. Mon mauvais déjeuner me coûta un franc cinquante centimes, des côtelettes charbonnées, qui se firent longtemps attendre un autre plat, des fraises et du vin détestable. On avait très mal choisi cet hôtel pour le relais. Le bourbonnais à Gannat, à Vichy, à Moulins fut peu poli et peu plaisant.

La route jusqu'à Aigueperse était ombragée par de beaux noyers. Nous revîmes la Toulenne, qui va jeter ses eaux dans l'Andelat au-dessus de Gannat ; nous la traversâmes sur le pont du Roé. Nous aperçumes la butte Montpensier, où sont les restes de l'ancien château de ce nom. Elle est à un kilomètre d'Aigueperse, qui était le chef-lieu du duché de Montpensier. Aigueperse a de trois mille à quatre mille habitants. Elle est formée d'une très longue rue et de quelques rues adjacentes. C'est un simple chef-lieu de canton. Sa distance de Clermont est de vingt-huit kilomètres. Le ruisseau du Baron l'arrose. Nous étions en Auvergne, dans la Limagne, car la butte de Montpensier est la limite du Bourbonnais.

Jacques Delille, plus versificateur que poète, est né à Aigueperse, le 22 juin 1738. Il mourut à Paris le 16 mai 1813, à près de soixante-quinze ans. Près de cette même ville, au château de La Roche, naquit le célèbre chancelier de l'hôpital, en 1505, mort en 1573.

La Limagne est une vaste plaine d'environ soixante kilomètres de long sur une largeur très variable. Elle s'étend du bas des montagnes jusqu'en Bourbonnais. C'est un riche sol, fort vanté par les Auvergnats. Elle est arrosée en tout sens par de nombreux petits ruisseaux et traversée dans sa longueur par l'Allier. Elle a à son levant les montagnes du Forez, à son couchant les montagnes qui portent les dômes, les unes et les autres granitiques. Ses champs de céréales sont parsemés d'arbres fruitiers et de vignes : ces dernières couvrent les versants des montagnes. La bonté de la terre et la multitude des cours d'eaux la rendent très productive. Les montagnes augmentent la magnificence de sa riche perspective.

Delille, c'était juste, a chanté son pays dans son poème de l'homme des champs (chants 3 et 4).

En sortant d'Aigueperse, le Puy-de-Dôme semble n'être qu'à deux kilomètres, il est à vingt-cinq ou vingt-huit : la perspective des montagnes est trompeuse. A mesure que nous avancions ce majestueux dôme s'éloignait : il disparut deux ou trois fois.

Le chapeau des femmes bourbonnaises était remplacé par un bonnet à double bande à gros plis ronds, passe petite et fond large.

Nous traversâmes le hameau de Cheix. Auprès du tracé du chemin de fer en voie d'exécution nous franchîmes sur un pont le ruisseau de la Morges. Plus loin, à l'est, on apercevait le bourg d'Ennezat, chef-lieu de canton. Nous atteignîmes Riom, dont nous ne vîmes que les dehors, la route n'entrant pas dans la ville. Nous avions à parcourir quinze kilomètres jusqu'à Clermont.

La poussière et la chaleur nous incommodaient fort, nous avions hâte d'arriver ; enfin nous touchâmes à Mont-Ferrand, ville de plus de quatre mille habitants, réunie depuis 1735 à la commune de Clermont. La distance entre les deux villes est d'un kilomètre et demi. Nous traversâmes Mont-Ferrand dans toute sa longueur. C'est une vieille ville, dont les maisons, comme celles de Clermont, sont contruites en pierre de Volvic. Leur aspect noir sombre est vilain. Elles ont quatre ou cinq étages. Une partie est sur une éminence, une partie sur une pente.

Mont-Ferrand fournit à l'histoire un singulier fait. En 1793, lors du siège de Lyon, où tous les hommes capables de porter les armes se rendirent, les femmes s'organisèrent en garde-nationale, formèrent quatre compagnies, ayant capitaine, officiers, caporaux et tambours. Leurs armes furent des piques. Chacune fit son service, qui consistait en factions de jour et de nuit aux portes de la ville, afin d'arrêter les malfaiteurs. Le capitaine visait les passeports des voyageurs. Ceci dura jusqu'au retour des hommes.

Au moyen âge, cette ville fut une des bonnes places fortes de l'Auvergne. On l'appelait et on l'appelle encore Mont-Ferrand-le-Fort; on ajoute Clermont le riche, Riom le beau. Le chroniqueur Froissard a écrit : *Mont-Ferrant est ville en laquelle gist grand trésor, et de pillage : car elle est riche de soy et bien marchande, et y a des riches villains à grand foison.*

L'abbé Girard, auteur des synonymes français, y est né en 1677. Il mourut en 1748. Le cardinal Giraud, archevêque de Cambrai y est également né, le 11 août 1791. Son père était un simple ouvrier. Sa sœur n'a cessé son état de lingère qu'à la mort de ce prélat, dont l'héritage en fit une petite rentière. Mont-Ferrand est encore le lieu de la naissance de Laurent Dalbiat, évêque de Tulle au XIV° siècle ; du Père Montbrun, jésuite, poète latin ; de Jean de Boissière, auteur d'une histoire des croisades, de Louis Giry, de l'Académie française, traducteur de plusieurs ouvrages, né en 1575, mort en 1665 ; de l'abbé Pasturel, auteur de poésies en patois auvergnat ; du Père Thomas Pasturel, auteur de plusieurs ouvrages en vers et en prose.

La bourgeoisie de Mont-Ferrand est aujourd'hui peu nombreuse. La population se divise en vachers, en vignerons et valladiers. Les vachers exploitent les grandes fermes de la Limagnes : ils sont riches et fiers. Les vignerons sont la plupart à gages pour la culture de la vigne. Les valladiers, hommes des montagnes, sont au service des vachers et des vignerons. Lorsque les valladiers sont domestiques dans les fermes ont les appelle *gouris*.

Mont-Ferrand a soutenu plusieurs sièges. Les grands jours d'Auvergne s'y tinrent en 1481 et 1520. Il faisait partie du comté d'Auvergne et entra dans le dauphiné de ce pays par le mariage d'une de ses comtesses.

Son église est dédiée à Notre-Dame de Prospérité.

De cette ville à Clermont la route est en ligne droite. La voiture s'arrêta sur la place de Jaude. Malgré l'obsession des filles d'hôtel et de commissionnaires empressés, je pris en main mon sac de nuit et je me rendis à l'hôtel de l'Europe, à peu de distance du bureau et sur la place même. J'y fus bien.

J'étais arrivé à deux heures, j'employai mon avant-dîner à visiter une première fois la cathédrale. Elle est située au point culminant de la ville, à 410 mètres au-dessus de la mer. Clermont est bâti sur un monticule environné de tous les côtés par les montagnes, si ce n'est du côté de la Limagne, du nord-ouest au midi. Il s'étage autour du monticule, ce qui le fait paraître moins étendu qu'il n'est. Sa population est d'environ 40.000 âmes. Sa perspective n'a rien de saisissant à l'extérieur. A l'intérieur, la pierre noire de Volvic la rend sombre, triste et sévère, malgré la grande largeur des principales rues et leur animation. Les boutiques y étaient peu nombreuses, sales, obscures et vieilles ; aucune qui fût belle. Cependant elles étaient garnies de bonnes et belles marchandises : l'œil toutefois n'était pas flatté par l'extérieur. Clermont était encore à cette époque comme l'entrepôt entre les provinces du midi et Paris : les chemins de fer ont tout changé. La rue commerçante était celle des Gras, qui de la cathédrale descend aux rues Saint-Louis et de l'Écu. Elle fait face au Puy-de Dôme. Les maisons ont quatre, cinq et six étages. L'irrégularité de leur élévation et de leur façade ôte une partie de leur beauté aux places et aux grandes rues. Les nouvelles rues sont larges et belles, mais les anciennes rues sont étroites et vilaines : elles étaient nombreuses.

La principale et grande place de Jaude est au bas du monticule. Elle forme un parallélogramme de 262 mètres de long sur 82 de large. Elle serait une place très belle, s'il y avait régularité dans ses maisons. Elle sert de place d'armes et de marché aux chevaux les jours de foire. Le mercredi et le samedi on y vend de petits fagots de bois et du charbon de terre. Les Clermontais disent aller en Jaude, lorsqu'ils parlent de se rendre sur cette place, de même qu'ils disent devant Clermont en parlant de la partie de la ville qui est au nord de la cathédrale. A l'extrémité de la place de Jaude, à l'orient, est la statue du général Desaix, l'illustration moderne de l'Auvergne. Il est représenté debout, son manteau jeté sur l'épaule gauche. Il donne de la main droite un commandement ;

il s'appuie de la gauche sur le pommeau de son épée. C'est une belle statue de bronze. Desaix naquit à Saint-Hilaire-d'Argat en 1768 ; il fut tué à Marengo en 1800.

Sont nés en cette ville vers 400 l'empereur Avitus, proclamé en 455 et mort en 457 ; le jurisconsulte Domat, en 1625, le 30 novembre, mort à Paris le 14 mai 1696 ; Bompart, médecin de Louis XIII, en 1597 ; Pascal, le 19 juin 1623, mort à Paris le 19 août 1662 ; ses sœurs Gilberte, en 1620, et Jacqueline en 1625 ; Thomas, de l'Académie française, en 1732, mort en 1785 ; Chamfort, également de l'Académie française, en 1741, mort en 1794 ; Dulaure, historien et conventionnel, en 1755, mort à Paris en 1835 ; de Montlosier en 1755, mort en 1838.

En une seconde visite, j'étudiai la cathédrale. Elle était alors inachevée. Elle remonte au XIIIe siècle et au commencement du XIVe. Elle fait face au Puy-de-Dôme ; on a ainsi en présence l'œuvre imposante de Dieu et l'œuvre de l'homme : celle de Dieu a une grandeur incomparable. La façade par le fait de l'inachèvement était des plus vilaines. La pierre qui a servi à la construction, de la nature de celle de Volvic, rend peu agréable la perspective de l'édifice tant à l'extérieur qu'à l'intérieur. La partie inachevée était la nef : elle n'avait que trois travées. On en compte deux étroites au transept et trois au chœur, plus sept arcades au chevet. Les latéraux sont circulaires et doubles à la nef. Les piliers sont sveltes et les arcades hardies par leur élévation ainsi que celles de la magnifique galerie qui circule dans tout le pourtour de l'édifice. Les verrières elles-mêmes ont un grand développement. Tout ceci a fait dire à Châteaubriand *que la voûte ogivale de la cathédrale de Clermont est soutenue par des piliers si déliés, qu'ils sont effrayants à l'œil : c'est à croire que la voûte va fondre sur votre tête* (voyage à Clermont). Les verrières possèdent presque en totalité leurs vitraux. Les couleurs en sont vives.

Les magnifiques verrières du transept renferment une rose : leur effet est splendide, déparé cependant par la nudité du mur qui règne au-dessus. Les plus belles verrières sont celles du chevet. On compte sept chapelles autour du sanctuaire. Le latéral-sud du chœur en a trois. La sacristie est au latéral-nord. Chaque bras du transept en possède une, ainsi que le bas de la nef, des deux côtés. La chapelle du chevet est sous le vocable de saint Jean-Baptiste. A sa suite, du côté du sud sont celles de Saint-Jacques et de Sainte-Anne, de Saint-Ronnet, de Sainte-Foy et de Sainte-Marguerite, de Sainte-Agathe, de Sainte-Arthème ; du côté du nord, celles de Sainte-Marie-Madeleine et des saints Agricole et Vital, de

Saint-Austremoine, patron de l'Auvergne, de Saint-Georges ; ensuite la sacristie.

La chapelle de la sainte Vierge est au transept méridional. Le caveau où sont inhumés les évêques de Clermont est dans la chapelle de la Vierge noire. On voit en cette chapelle le buste en relief du dernier évêque de Clermont défunt, Charles-Antoine-Henri Du Val de Dampierre, mort à l'âge de 93 ans, après 31 ans d'épiscopat, le 8 juin 1833. Cet évêque était très aimé et très vénéré à Clermont. En une autre chapelle est une pierre tombale du moyen âge ; la figure est sculptée en creux. Le chœur et ses latéraux sont élevés de quatre marches au-dessus de la nef. En l'état inachevé où elle était, cette cathédrale avait 100 mètres de longueur. Son élévation sous clef de voûte est de $33^m 30$. Ses fondements furent jetés, dit-on, en 1248, sous l'épiscopat de Hugues de La Tour, 66e évêque de Clermont. Elle est dédiée à la sainte Vierge. On y a travaillé jusqu'au XVe siècle : on pensait à l'achever dans le courant du XIXe. Les dorures, selon le goût de l'Auvergne, sont prodiguées dans les chapelles. Le maître autel et son tabernacle sont en bois doré. La Vierge, qui a le visage, les mains et les pieds noirs, est toute dorée ainsi que l'enfant Jésus qu'elle tient assis de face sur le bout de ses genoux. J'en avais vu une semblable dans l'église de Cusset. Un riche rétable grec existe à l'autel de la chapelle de la Vierge. Dans le bras septentrional du transept on remarque une horloge où deux faunes frappent sur le timbre. On peut dire en somme que cette cathédrale est un bel édifice. Sa couverture est en plomb. Son unique tour, peu élevée, est à la porte septentrionale du transept. Elle est surmontée d'un campanile terminé par un clocheton à jour, que l'on cite comme une curiosité, et qui ressemble à une cage à oiseau. Une cloche y est suspendue.

Châteaubriand rapporte qu'on fit disparaître en 1793 le tombeau de Massillon. Le fait est qu'il n'y a aujourd'hui nul souvenir de cet illustre orateur. Les Clermontais m'ont paru avoir gardé peu mémoire de cet évêque, qui, du reste, se déplaisait en Auvergne et regrettait le séjour policé de Paris, ainsi qu'il le marque en ses lettres. Il trouvait les Auvergnats fort grossiers ; c'était pour lui un grand disparate avec la cour de Louis XIV.

Le dimanche j'assistai à la grand' messe. Elle se dit à neuf heures. On célébrait la fête du Sacré-Cœur. Les cérémonies s'y firent sans grâce, avec brusquerie. On chantait à plein gosier. Les enfants de chœur portaient la mosette rouge. Les servants de messe et les turiféraires, tous enfants de chœur, étaient revêtus de tuniques. La manière de porter leur chandelier me plut ; ils le posaient sur leur côté droit et appuyé contre leur épaule, le soutenant en dessous de leur tunique de leur main gauche.

Leur dextérité en cette manière de porter leur chandelier était admirable. Ils le déposaient à l'entrée du sanctuaire, s'en armaient, c'est le mot, chaque fois que le célébrant chantait. Ils se tenaient alors en regard l'un de l'autre, présentant le côté à l'autel. Ils faisaient la génuflexion avec dextérité, tout en le portant. Tous la faisaient au nom de Jésus. Un des enfants de chœur se tenait contre un des piliers du sanctuaire pour sonner quand il fallait et pour avertir l'organiste. Pendant le psaume *Judicame*, le sous-diacre, portant contre sa poitrine le livre des évangiles, était placé au milieu de l'autel, en face du célébrant et le dos tourné au tabernacle. Lorsque celui-ci monta à l'autel, le sous-diacre à genoux lui donna à baiser le livre. La couverture de ce livre était d'une grande richesse ; au milieu s'y voyait un beau christ. On ne porta pas la croix pour le chant de l'évangile, mais seulement les chandeliers. Le *Domine salvum* fut chanté entre l'élévation et le *Pater*. Ce fut dans des corbeilles qu'on apporta le pain à bénir, et non sur un brancard. Les servants de messe s'asseyaient sur les marches de l'autel, le visage tourné vers le chœur. Ils avaient alors l'air de deux petites statues qu'on avait mises là pour l'ornement. Le prône fut fait par un mauvais prédicateur, missionnaire dans les pays infidèles.

Mgr Féron assistait à l'office. Il était d'une figure commune, d'une physionomie sans jeu, petit, laid, brun. On me dit qu'il était parvenu à l'épiscopat par la protection du roi Louis-Philippe, qui avait eu les père et mère pour fermiers. Mgr Féron, lors de sa nomination, était curé de la cathédrale d'Évreux. On me raconta aussi qu'il lui avait fallu sept ans avant de se faire à l'Auvergne.

Durant la grand'messe le marché se tenait sur la place de la cathédrale.

Dans une rue adjacente au transept, du côté du nord, est un édifice d'une certaine beauté, mais d'architecture lourde, construit en 1824, avec cour intérieure entourée d'une galerie en forme de cloître. Il contenait la mairie, le tribunal et la prison.

Je reviens au jour de mon arrivée. Après mon dîner je m'acheminai avec le garçon de salle de la préfecture vers Royat, afin d'en visiter la vallée et la grotte. Mon guide me fit remarquer un reste de construction romaine, appelée dans la contrée la muraille des sarrasins. A un kilomètre environ de la ville est le village de Chamalières, de 1.000 habitants de population. Il est bien bâti et embelli par des villas, des vergers, des vignes et des jardins maraîchers. Son église, romane, ayant nef et deux latéraux, date du XIe siècle. De Chamalières nous montâmes à Saint-Mart, village adossé au Puy-de-Gravenoire, élevé au-dessus de la mer de 822 mètres. Il est à pic du côté de Saint-Mart. Sa cinérite est de teinte rouge. Saint-Mart était alors un hameau de la commune de Royat. Il doit son nom à un saint bénédictin qui a vécu en cet endroit et y est mort. Il possède des eaux thermales. On était alors à construire un bel établissement. Les eaux contiennent du muriate et du sulfate de soude, du carbonate de chaux et de magnésie, de la silice et de l'oxide de fer, et beaucoup de gaz carbonique, toutes substances actives. L'une des sources porte le nom de César. Le souvenir de ce vainqueur des Arvernes et de Vercingétorix est vif en Auvergne. On y rencontre d'ailleurs beaucoup de constructions romaines. Les eaux de Saint-Mart sont connues sous le nom de bains de Royat. J'étais un peu étourdi de la nouveauté du site, je saisissais tel quel en passant. Nous arrivâmes à la grotte et à la vallée, gorge resserrée entre deux montagnes, plantée confusément d'arbres, ayant de l'eau partout, lieu au-dessous de la renommée. Cependant sa grotte et la chute des eaux méritent une visite. La grotte a été formée par une coulée de lave du Puy-de-Gravenoire. Sa nature est basaltique Elle est ombragée par des arbres qui ont pris racine dans les fissures du rocher. Sa profondeur est de 8 mètres sur 9 de large, et sur 3 1/2 d'élévation. Elle ouvre au nord. Elle possède sept jets d'eau. L'eau sort avec impétuosité du sein de la roche, se précipite avec bruit. Sa température est de 9 degrés centigrades. J'en bus ; elle me parut excellente. Au moyen de canaux on en fournit les fontaines publiques de Clermont. Royat est à 4 kilomètres de la ville.

La chute du torrent saisit davantage ; il se précipite du haut d'un rocher dans la vallée ; les eaux jaillissent avec fureur, elles mugissent, elles bouillonnent, elles écument. Il est devenu une véritable cataracte depuis l'inondation du 16 juillet 1835. Il vient des hameaux de Fontanat et de Lafond. Arrivé dans la vallée, il y fait tourner plusieurs moulins et plusieurs usines.

Nous montâmes au village. Il est situé au sommet de la pente qui domine la vallée. Ses rues sont étroites ; ses maisons ont plusieurs étages. Sa population est rustre et malpropre. Les femmes ont des coiffes à barbes ou pendantes, ou retroussées. Plusieurs ont le goître, infirmité due à la fraîcheur et à la crudité des eaux. Le paysan auvergnat est ordinairement grand, fort, mais mal fait. Il a le visage large et plat, les traits rudes et heurtés, le regard vif et dur. Son caractère se décèle dans sa physionomie : le fond en est l'insolence et la grossièreté. L'Auvergnat est colère, emporté, brutal, mendiant, amateur de l'argent et fripon. S'il est bien élevé, il est vaniteux et vantard. Il a la langue méchante. Il est curieux et vous interroge facilement. L'homme du peuple est violent et homme d'action ; il est joueur et buveur. Il a souvent des juremeuts à la bouche, même les femmes. Enfin il est peu sociable. Il parle du gosier, ce qui donne un accent à sa voix. L'Auvergnat des campagnes parle un patois peu intelligible. Il entend d'ordinaire le français, n'en saisit cependant pas tous les mots. Par malice, lorsqu'il voit un étranger, il parle patois de manière à faire soupçonner l'injure ou la lubricité. Massillon, dans ses discours synodaux, peint le peuple d'Auvergne comme un peuple grossier, brute et sauvage. Chateaubriand a dit que *s'il y a encore des Gaulois en France, il faut les chercher en Auvergne* (voyage à Clermont). Il y a entre l'Auvergnat et le Bourbonnais une dissemblance complète pour le sang, le caractère et les mœurs. Dans Royat, les femmes me regardèrent, quelques-unes insolemment. Plusieurs vieilles femmes me firent la révérence. L'Auvergnat n'est pas religieux. Je relate l'appréciation d'un homme du pays : *Les Auvergnats des montagnes*, me dit-il, *sont des philosophes grossiers et ignorants ; ils ne croient à rien, même en conservant un extérieur de religion*. J'eus lieu de croire à l'exactitude du dire. *Dans la Limagne*, continua-t-il, *c'est un peuple fier de sa richesse, occupé de sa culture, méprisant le prêtre, irréligieux déclaré, quoique moins philosophe que celui de la montagne.*

L'église de Royat est du xie siècle. Ses murs et sa tour sont crénelés : c'était un lieu de défense. Un dôme s'élève au-dessus de son chœur. Il y a une crypte. Le jour finissait lorsque nous y entrâmes, beaucoup de femmes y priaient. Devant l'église est une croix en pierre, beau travail du xiiie siècle. A elle seule, elle mériterait l'excursion de Royat. Cette croix, à travers les générations, a dû être la confidente de bien des désirs, de bien des souffrances, a dû recevoir grand nombre de serments confirmant les chartes et les donations. On a prié et pleuré à son pied depuis plus de six cents ans. Ce souvenir émeut, car il rappelle les âges écoulés, leurs luttes, leurs passions, leurs changements, choses que les âges à venir continueront : et, si cette croix du xiiie siècle n'est pas renversée, elle en sera encore témoin.

Nous descendîmes du village ; nous traversâmes sur un pont le torrent, afin de visiter l'autre pente, celle du Puy-de-Chateix, élevé de 600 mètres au-dessus de la mer. Il est en partie formé de roches de grès. Son versant, du côté de la vallée de Royat, est couvert de châtaigniers et de noyers. On y trouve des cristaux de sulfate de baryte.

Sur le Puy-de-Chateix était le château de Waiffre, duc d'Aquitaine, que Pépin assiégea et détruisit en 762. A mi-côte est ce qu'on nomme le grenier de César, où l'on ramasse des morceaux d'argile grisâtre contenant des grains de blé brûlé. C'est tout simplement un éboulement de terrain qui, sans doute, eut lieu après la destruction du château de Waiffre.

Durant mon séjour, je dis la messe à Saint-Genest, ancienne église des Carmes. Elle est insignifiante comme architecture, ainsi que celle de Saint-Pierre-des-Minimes, sur la place de Jaude et de Saint-Eutrope. Les deux autres églises paroissiales sont la Cathédrale et Notre-Dame-du-Port, intéressant monument du XIe siècle. La façade a une grande crudité. Ses deux baies géminées sont courtes. Une tour carrée s'élève au-dessus de la dernière travée de la nef. Le dôme de forme octogone occupe le milieu de l'édifice. On a posé dessus un petit clocher moderne. Une espèce de mosaïque dans le genre byzantin donne un caractère d'ornementation spéciale à l'extérieur de l'édifice. L'intérieur offre une nef et deux latéraux circulant autour du sanctuaire : il n'y a pas de chœur. On compte six travées à la nef. Au centre du transept est le dôme. L'arcade des bras du transept est surmontée de petites arcades et de piliers. La voûte de la nef est en plein-cintre, tandis que celle des latéraux est un tiers-point. Les baies, géminées, sont courtes et étroites. Notre-Dame-du-Port me rappelait Saint-Étienne de Nevers. Il y a une crypte. Elle est sous le sanctuaire. Sa voûte est en tiers-point; elle est en conséquence moins ancienne que l'édifice lui même. En cette crypte est un puits dans lequel, d'après la tradition, fut trouvée la statue de la Vierge noire, objet de pèlerinage et de vénération. On attribue à l'eau de ce puits une vertu miraculeuse. Je fus étonné de cette opinion dans une contrée où il y a tant de sources d'eaux minérales très efficaces pour les guérisons. On ne peut disconvenir que le Moyen âge a suscité beaucoup de dévotions populaires, respectables sans doute, mais qui n'engagent pas la foi : on peut à leur égard avoir son sentiment.

Un matin, je visitai la fontaine incrustante de Saint-Alyre, une des curiosités de Clermont. Je fus accompagné par un vieux prêtre en retraite, excellent homme sans malice, ni sans trop de science. On me conduisit à la baraque en bois où s'opèrent les incrustations. Il y avait auprès une vache et un cheval incrustés. Les objets sont placés sur des planches, l'eau tombe sur eux en pluie fine, y laisse un dépôt de carbonate de chaux. Ce carbonate se solidifie par l'évaporation de l'eau : il faut un mois pour cela. Les formes des objets ne sont pas détruites ; cependant elles sont un peu grossières. Les objets sont des fruits, des végétaux, des branches d'arbre, des oiseaux, des nids, des œufs et autres. A côté de la baraque est un pont qui a été formé par le sédiment que les eaux déposent. Le ruisseau de la Tirtaine passe dessous. Un autre pont, près de l'établissement des bains, était en train de se former. Il y avait déjà vingt ans qu'en était le commencement ; il fallait encore une quinzaine d'années pour qu'il fût achevé. Au-dessous les eaux de la fontaine se jetaient dans la Tirtaine. Ces eaux sont gazeuses. J'en bus ; je leur trouvai le goût de celles du puits Lardy à Vichy.

On me conduisit au cabinet où sont les objets incrustés. Il me fallut en acheter un : on me le vendit cher.

La bibliothèque publique possédait un magnifique cabinet de minéralogie ; j'y vis de superbes échantillons de minéraux. Les manuscrits sont peu nombreux. L'autographe que je considérai le plus fut celui de Massillon, écriture particulière, quoique dans le genre de l'époque, XVIIe siècle. Entre autres autographes d'hommes célèbres modernes, je remarquai ceux de Guizot et d'Orfila. Cette bibliothèque possède aussi un portrait de Massillon. La figure est ronde et peu expressive. Il y a dans la physionomie une certaine nonchalance. On sait que cet orateur était paresseux de son naturel : on retrouve cela dans ses traits, l'énergie y manque. Il fut un écrivain fleuri, à pensées brillantes, mais monotones par leur uniformité. Il n'était pas un profond penseur, mais un esprit d'éclat qui saisit vite les travers de l'âme humaine et les erreurs du cœur. Il en a fait de beaux tableaux. On voit aussi en cette bibliothèque la statue de Pascal. C'est le penseur et l'homme de génie en son regard et en ses traits. Le buste de Montlosier présente une physionomie insignifiante. Montlosier était à la fois religieux et voltairien, un esprit de travers, même singulier. On connaît son libéralisme sous la Restauration et sous le gouvernement de Juillet. Il y avait aussi les portraits de Dumont et de Desaix.

Le cours Sablon, créé en 1800 par le maire de la ville de ce nom, est formé de deux allées d'arbres, entre lesquelles passe la route. De chaque côté sont des maisons, mais sans boutiques, ce qui rend triste cette promenade renommée par les Clermontais. La place de l'Étoile, plantée d'arbres, y est adjacente. Sur le cours est un bel hôtel, celui du général commandant la division militaire dont le siège est à Clermont. A l'un des bouts du même cours se trouve la place Delille. Après est la place d'Espagne, plantation d'arbres qui fait suite à un second cours. De la place d'Espagne on domine sur la Limagne et sur les hauts coteaux qui forment la base des dômes. Ces coteaux sont couverts de vignes parsemées de petites maisonnettes d'une éclatante blancheur. On leur donne le nom de tonnes. La perspective en est singulière. Châteaubriand en fait un tableau plus beau qu'elle n'est en réalité Il avait commencé par dire que *la position de Clermont est une des plus belles du monde*. Cet illustre rêveur a jugé beaucoup de choses d'après son imagination, et sa plume les a embellies ou noircies, selon qu'il était à leur égard en bonne ou mauvaise humeur.

Une immense place sépare le cimetière de la ville. C'est de ce côté que s'est tenue, à ce que l'on croit, l'assemblée où le pape Urbain II prêcha la première croisade et où tous s'écrièrent *Diex el volt*. L'élan de ces âmes tenait tant à la foi qu'à l'ardeur des combats et à l'amour de la vie aventureuse. Ils délivrèrent un instant la Terre-Sainte, mais le tombeau du Christ resta aux mains des infidèles, malgré le cri *Diex el volt, Dieu le veut*. Les hommes dans leur zèle ou leurs passions interprètent souvent la volonté de Dieu. Néanmoins la première croisade fut un bon et chaleureux mouvement de foi.

De l'esplanade ou place de la Poterne on a la vue sur l'un des faubourgs, du côté de la fontaine Saint-Alyre. On aperçoit, à deux kilomètres, dans les prairies, une plantation de noyers appelée les Bages ; c'est, les dimanches d'été, un but de promenade pour les Clermontais.

De l'esplanade de la Poterne on descend sur la place Saint-Hérem, place où stationnaient alors des voitures de roulage ; elles y étaient nombreuses.

La place Saint-Hérem communique à la place de Jaude par les rues de l'Écu et de Saint-Louis. A la même place de Jaude aboutit la rue de la Préfecture, qui se joint à la rue de l'Hôtel-Dieu Sur la place de Jaude est la halle aux toiles ; la halle au blé est à l'extrémité de la rue Ballainvilliers ; à l'autre extrémité de cette rue est la place du Taureau, plantée d'arbres. C'est de cette place que Châteaubriand admira la Limagne. Le point de vue est, en effet, un des plus beaux de Clermont

La plus belle fontaine est celle érigée en 1515 par Jacques d'Amboise, évêque de Clermont, frère du ministre de Louis XII. Elle fut placée à cette époque sur la place méridionale de la Cathédrale, place nommée derrière Clermont. La place du côté du nord est dite place devant Clermont. Voici l'explication de ces deux dénominations. Dans des siècles reculés, une forteresse avait été bâtie sur le point culminant du monticule appelé *Clarus mons ;* au bas était la ville, *urbs arverna*. On construisit plus tard autour de la forteresse, devant et derrière ; puis, au IXe siècle, la ville prit le nom de Clermont, du nom de sa forteresse, de là les deux dénominations devant et derrière Clermont. Je pense, en outre, que Notre-Dame-du-Port, appelée autrefois Notre-Dame la principale était la Cathédrale de l'*urbs arverna*.

La fontaine de 1515 est un élégant travail de la Renaissance. Elle a 7 ou 8 mètres de hauteur. Dessus est la statue d'un homme poilu, espèce de sauvage, portant l'écusson des d'Amboise.

Le 9 juillet, je me fis éveiller à deux heures du matin, me proposant de faire l'ascension du Puy-de-Dôme. A deux heures et demie je me mis en route avec un guide, qui portait dans un bissac des provisions, du pain, des œufs et un fromage de Saint-Nectaire. Nous prîmes par Chamalières. La nuit était belle ; les étoiles brillaient Nous montâmes pendant une heure et demie. Pour abréger notre chemin, nous évitions les tournants de la route en prenant par ce qu'on appelle dans le pays les traversières, sentiers de rude montée, raboteux, couverts de morceaux de roches. Nous rencontrâmes le long de la route des voitures traînées par des bœufs ; elles amenaient du foin et du bois au marché. Elles venaient du pays dit de la montagne. Il n'y avait dans les traversières nul être vivant, si ce n'est moi et mon guide. Le jour se fit peu à peu ; à quatre heures nous étions à la Baraque, à 7 kilomètres de Clermont ; le soleil était encore au-dessous de l'horizon ; ses rayons commençaient à en atteindre les bords. Nous entrâmes dans un cabaret. Le maître du logis nous salua : mais nous fîmes fuir deux jeunes filles encore en coiffe de nuit et très étonnées de voir à cette heure une soutane en leur logis. Elles se rassurèrent bientôt. Sur l'ordre de leur père, l'une d'elles nous apporta du vin. Nous avions gagné de l'appétit à cette montée d'une heure et demie : mon guide tira de son bissac du pain frais et du fromage. Ce premier déjeuner fait, nous nous remîmes en route. En bon Auvergnat, d'ailleurs bedeau de paroisse, mon guide avait eu le soin de faire remplir de vin sa gourde, prétendant qu'il fallait ce confortable pour gravir le Puy-de-Dôme. Sur ceci, ma foi n'était pas trop forte : enfin, nous avions de quoi boire ; c'était un point important pour mon Auvergnat. Nous suivîmes un instant la route qui menait à Pontgibaud, route de Clermont à Limoges. Nous étions sur le vaste plateau des hauteurs qui servent de bases aux dômes et qu'on nomme la plaine de la montagne, à 836 mètres au-dessus de l'océan. Les dômes ou pays s'y développent du sud-est au nord-ouest. On compte environ cinquante pays ou montagnes dans un espace de 20 kilomètres de longueur.

La Baraque dépendait de la commune d'Orcines, village situé au pied du Puy-de-Dôme. J'entendis le tintement de sa cloche, il inspirait des pensées graves et sérieuses en cette solitude âpre et triste ; l'heure matinale y ajoutait. De toutes parts étaient des débris volcaniques. L'*Auvergne*, dit le géologue Razet, *(Traité élémentaire de géologie), est, sous le rapport des volcans éteints la contrée la plus remarquable de toutes celles connues ; c'est là que l'observateur doit aller étudier les phénomènes volcaniques anciens, et, s'il les a bien compris, il aura une idée assez exacte de ce qui se passe à l'Etna et au Vésuve ; il ne lui restera plus qu'à contempler une éruption de ces volcans fameux pour compléter ce que l'étude de l'Auvergne lui aura montré de phénomènes volcaniques : cratères parfaitement conservés, courants de lave intacts, scories, cendres, tufs, bombes*, etc.

Au milieu de ce bouleversement volcanique il y a quelques champs de seigle, et un court friche là où la lave n'a pas mis à nu le terrain. Voulant ramasser des scories, nous allâmes à l'aventure, nous dirigeant vers le Puy-de-Pariou, sur l'indication d'une vieille femme, car mon guide, tout Clermontais qu'il était, n'y avait jamais été, en ignorait même la position. Cette vieille femme menait paître ses deux vaches dans le friche de ce désert. Comme tous les gens du pays elle me demanda qui j'étais. *Êtes-vous de ce pays ?* Elle savait bien que je n'en étais pas : c'était pour arriver à me demander de quel j'étais et ce que je venais faire en ces montagnes. Je satisfis à ces questions. Lorsque je lui dis que j'étais des environs de Paris, ce fut comme si je lui eusse parlé d'une contrée très lointaine. Je produisis le même effet sur tous ceux qui me demandèrent d'où j'étais. Moi-même, lorsque j'étais enfant, je me figurais, comme Chateaubriand, que l'*Auvergne était un pays bien loin, bien loin, où l'on voyait des choses étranges, où l'on ne pouvait aller qu'avec de grands périls*. L'Auvergnate qui m'interrogeait était une vieille petite bonne femme coiffée d'un chapeau de paille sale renversé sur le nez ; elle avait l'air d'une sorcière des montagnes : sa petite voix grêle, son œil poché contribuaient à donner cette idée. A coup sûr, elle n'avait pas vu Paris, et ne le verra jamais. Elle nous indiqua assez bien le chemin ; elle nous cria encore au loin pour que nous prissions juste le sentier.

Des vaches, conduites par de petits pâtres, descendaient des montagnes ; elles étaient menées dans les étables, afin qu'on puisse les traire.

Avant d'arriver au Puy-de-Pariou, nous passâmes devant deux rochers volcaniques qui avaient été évidemment séparés par les eaux. Je gravis avec ardeur le Puy-de-Pariou, j'étais arrivé à l'accomplissement du rêve de toute ma vie, voir les montagnes, dont, avant de les avoir vues, j'avais une idée très imparfaite. Le Puy-de-Pariou avait un intérêt spécial, il allait offrir à mon regard le cratère d'un volcan éteint. Je m'étais figuré un grand désordre, je vis un vaste bassin couvert de verdure jusqu'au fond, ayant 310 mètres de large à la superficie et 90 environ de profondeur. Une coulée de la lave existe encore du côté du nord. Cette coulée qui a fait brèche s'aperçoit de très loin et distingue le Puy-de-Pariou des autres puys. Quoique ce cratère soit fermé de toutes parts, les eaux n'y séjournent pas, ce qui prouve qu'elles s'écoulent à l'intérieur et que cette montagne est caverneuse. J'eus la preuve de ceci, lorsque je lançai une pierre contre son flanc ; il se produisit aussitôt un retentissement comme si j'eusse frappé fort avec la main sur un tambour. Le Puy-de-Dôme rendit le même son. Ce phénomène m'impressionna singulièrement. Ce que j'admirai également, c'étaient les boutons d'or en grande quantité et les pensées nombreuses qui couvraient le Puy-de-Pariou. Ces petites fleurs formaient l'ornement de la montagne. Je me baissai pour cueillir une de ces pensées ; elle me mit en mémoire les miens : à ceux qui n'étaient plus, je souhaitai la paix de la tombe ; je la souhaitai spécialement à ma mère. Le souvenir de ceux qui ne sont plus émeut toujours l'âme ; il reporte à des temps aussi disparus, aux premières années de la vie, années des douces et pures émotions, suivies hélas ! des combats et des douleurs de l'existence terrestre, où se rencontre le flux et reflux de sensations diverses, flux et reflux qui amène plus de tristesses que de joies, et dont la dernière vague est la mort. Je souhaitai pour les vivants l'aide de Dieu, seule force contre l'adversité, seule consolation vraie dans les maux. Ce fut ainsi, en cueillant une pensée sur le Puy-de-Pariou, que je songeai à tous les miens, au milieu de cette austère nature, parée cependant de timides fleurs. Enfin les pensées se pressèrent dans mon âme presque aussi nombreuse que celles évanouies à mes pieds.

Nous descendîmes sans suivre aucun sentier ; le flanc de la montagne était presque à pic. L'élévation de ce Puy au-dessus de la mer est de 1,215 mètres. Nous marchâmes environ une heure pour gagner le grand Puy-de-Dôme. Au pied du petit Puy-de-Dôme nous vîmes le creux volcanique dit le nid de la poule, cratère moins profond et moins intéressant que celui du Puy-de-Pariou.

Le grand Puy-de-Dôme est facile à gravir. Nous suivîmes le sentier appelé la Gravouse : il est du côté du nord. Il s'attache à la montagne en plis et en replis. Du reste, c'est le seul moyen de gravir les montagnes. Le grand Puy-de-Dôme, qui est le centre des pays auxquels il a donné son nom, s'élève, selon l'annuaire des longitudes, à 1,465 mètres au dessus de la mer, d'autres lui en donnent 1,468. Sa cime est à 638 mètres au-dessus de sa plaine et à 1,100 au-dessus de la Limagne. Trente-six des montagnes de l'Europe sont plus élevées que lui. De près comme de loin son énorme masse est d'un prodigieux effet, on le contemple avec saisissement. Il s'élève à pic de certains côtés. Avant d'arriver à son sommet, on rencontre un plateau inégal, de deux ou trois arpents ; on le nomme la plaine du Puy-de-Dôme. On racontait, au moyen âge, que tous les sorciers de la France y tenaient leur assemblée générale le mercredi et le vendredi de chaque semaine. Là où l'homme s'effraye, il cherche le merveilleux : le merveilleux plait d'ailleurs à son imagination ; car le merveilleux tient à l'idéal, et l'esprit humain aime à y vivre. Nous arrivâmes à la cime à neuf heures. J'y trouvai un petit papier sous une pierre ; trois noms y étaient inscrits à la date du 7 juillet ; j'y écrivis le mien à la suite : *l'abbé Poisson, de Janville, Eure-et-Loir, 9 juillet 1853.*

De cette cime on aperçoit parfaitement la chaîne des Monts Dores et leurs neiges ; le pic de Sancy, leur plus haut point paraît être à six ou sept kilomètres. On découvre aussi les montagnes du Forez, du Velay et du Vivarais Le ciel était brumeux à l'horizon, nuageux en certains endroits : ceci arrive d'ordinaire dans l'ascension des montagnes et gêne la perspective du panorama. Clermont apparut à peine pendant assez longtemps, il était couvert par l'ombre d'un nuage ; il se dessina enfin comme un gros bourg aplati contre terre. La plaine était vaporeuse. Ce qui me fit le mieux juger de l'élévation du Puy-de-Dôme, ce furent des moutons qui paissaient au pied de la montagne ; ils semblaient être de petites pierres blanches qui se mouvaient en groupe dans l'herbe. Les deux bergers qui les gardaient, paraissaient de petits hommes de quelques centimètres du haut. Ils avaient de quinze à seize ans. Les vaches étaient à peine grosses comme des moutons. L'Allier, qui coulait à trente-cinq ou quarante kilomètres de là était rapproché de vingt-cinq ou trente kilomètres ; il serpentait dans la plaine avec l'apparence d'un faible ruisseau. A ce spectacle et à cette hauteur, au bord d'une pente à pic exposée à des courants d'air froids et violents, je sentis que l'homme dans l'espace était un être faible et misérable, cependant cet être faible renferme en lui une grande force, celle de l'intelligence. Je m'étais assis sur les bords du cratère du Puy-de-Pariou, je m'assieds sur le sommet du Puy-de-Dôme. Mon guide et moi nous y fîmes un second déjeuner, avec un appétit non moins bon que le premier. La tasse en bois dont mon guide s'était muni avait une odeur fétide qui donnait à la boisson un goût désagréable, j'eusse volontiers, comme Diogène, cassé l'écuelle et bu dans le creux de ma main. Nous bûmes en commun dans ce vase d'odeur vraiment nauséabonde : la soif et la faim me firent faire de nécessité vertu.

Du haut de cette cime, où les nuages abordent, l'air était piquant, le vent soufflait fort : nous ne retrouvâmes l'atmosphère chaude qu'en descendant ; celle de la plaine était brûlante. Nous mîmes à peu près une heure et un quart à arriver à la base de la montagne ; ensuite nous eûmes encore deux heures de descente. Nos deux jeunes bergers, si petits du haut du Puy-de-Dôme, étaient de bonne taille. L'un d'eux me demanda un sou : l'auvergnat mendie facilement et avec hardiesse.

Nous prîmes notre route par Frontanat. Nous traversâmes, avant d'y arriver, la plaine de la montagne sous un soleil brûlant. Fontanat est un affreux village posé sur le versant méridional de la gorge qui forme la vallée de Royat ; il fait partie de cette commune. J'y vis la fontaine qui fournit d'abondantes eaux à la vallée ; elle sort de dessous quelques pierres. A mesure qu'on avance, on voit les eaux sourdre de toutes parts ; elles s'en vont tomber en cascade dans la vallée. On les emploie deux fois la semaine, du 25 mai au 25 août, à l'irrigation des prairies situées sur les rapides versants des hauteurs. Je bus à plusieurs reprises de ces eaux ; elles étaient très froides. Nous entrâmes à Fontanat dans une maison de paysan. Elle n'était éclairée que par la porte, horriblement sale, noire, enfumée, occupée par une nombreuse famille. Le plus petit était à terre, couché dans un berceau en forme d'auge : on pouvait le bercer avec le pied. On m'offrit du lait à boire. On me le versa dans une jatte. Quoique frais tiré, il était mauvais et d'un goût peu agréable. J'aurais volontiers refusé, mais j'avais accepté avant d'entrer ; d'ailleurs ces bonnes gens me l'offraient de bon cœur.

Nous rencontrâmes quelques vieilles auvergnates qui se levèrent respectueusement et me firent une révérence profonde. L'antique foi régnait encore en elles. Leur bonnet était la coiffe à barbes et sans plis, la même que les beauceronnes portaient autrefois en signe de deuil. Chateaubriand *fut frappé et charmé de retrouver dans l'habit du paysan auvergnat le vêtement du paysan breton ;* je le fus autant que lui en retrouvant en cet habit le vêtement du beauceron de mon enfance. Chateaubriand voyait cela en 1805 ; encore moins d'un quart de siècle, les chemins de fer auront changé *et les vêtements et les mœurs d'autrefois.* Le paysan auvergnat dès l'âge de sept ans a pour couvre-chef un chapeau rond à forme basse et à très larges bords, porte la veste ronde, collet et revers droits, et le pantalon de gros drap bleu. Ce costume vieillit les enfants, d'autant qu'ils ont des traits forts, et une figure fraîche et jeunette. Les petites filles ne sont pas mieux. Tout sur ces enfants annonce la pauvreté et la malpropreté. Ils sont un peu ébahis en voyant un étranger.

Les auvergnates portent au marché leurs denrées dans de longues corbeilles ovales et plates, posées sur leur tête. Les hommes se servent de longues hottes sans dos qui dépasse. Elles sont emmanchées dans deux longs bâtons, qu'ils posent sur leurs épaules et auxquels sont attachées deux cordes partant du bas de la hotte.

Rentrés à Clermont, je fis servir à rafraîchir à mon guide, qui ne se fit pas prier pour ingurger son vin. Un auvergnat qui était là à la fin de son repas, me vanta beaucoup l'Auvergne. Les auvergnats sont très fiers de leur Limagne et de leurs montagnes ; ils emploient hyperboles sur hyperboles pour en parler : on sent déjà l'homme du midi. A entendre mon auvergnat, Royat et la Limagne étaient deux merveilles qu'on ne rencontre nulle part. Je n'étais pas tout à fait de son avis, et je le suis encore moins aujourd'hui où j'ai quelque peu voyagé.

Le dimanche j'allai à Riom dans l'après-midi. Cette ville est à quinze kilomètres de Clermont, dans la plaine de la Limagne. Un omnibus vous y conduisait pour cinquante centimes. Plusieurs de ses rues sont larges et longues ; la principale et la plus belle est celle du Commerce. Les maisons ont cinq et six étages. Le dimanche donnait du mouvement dans la population.

Riom est chef-lieu d'arrondissement et le siège d'une cour d'appel. Elle a été la capitale des ducs d'Auvergne. Sa population est d'environ 13,000 âmes. Il y a deux paroisses, Notre-Dame du Mathuret et Saint-Amable. Notre-Dame du Mathuret est un édifice du XVe siècle. Les deux latéraux circulaires sont très étroits ; la nef est large. La porte principale est divisée en deux par un pilier. La tour est carrée et surmontée d'une coupole reposant sur de légères colonnettes. La chapelle de la Vierge est sur le côté et vaste. Un tableau de Müller, l'entrée de Jésus à Jérusalem, me sembla remarquable. Cette église est dans la rue du Commerce, ainsi que la tour de l'Horloge, œuvre du XVI° siècle, d'ordre corinthien.

L'église en titre est Saint-Amable. Elle date de la fin du XI° siècle. Les latéraux ne sont point circulaires. La nef, manquant de fenêtres, est sombre. Elle est vaste. Elle a à son pourtour une galerie simulée, à arcades en plein cintre. Les piliers, de forme carrée, sont cantonnés de quatre colonnes engagées dans leur plein. Leurs chapiteaux sont ou historiés ou à volutes. Il n'y a point de chœur, mais seulement un sanctuaire. Le chevet est rectangulaire. Le maître autel a double face. Le tabernacle en est riche. La façade extérieure est de style grec. La tour, de forme octogone, se termine par une balustrade. La sonnerie est fort belle ; je l'écoutai avec plaisir. Saint-Amable, patron de cette église, était curé de Riom au V° siècle. On l'invoque contre les serpents.

La promenade nommée le Pré-Madame, de peu d'étendue, est en face du palais de justice. On y jouit d'une magnifique perspective de la Limagne ; la vue domine sur une riche plaine bordée de montagnes. Il y a une fontaine, pyramide en granite, élevée à la mémoire de Desaix.

Vis-à-vis du Pré-Madame se développe avec magnificence le palais de justice. Sa grande chambre et celle du conseil sont remarquables. En cette dernière est un très beau portrait du chancelier de Lhôpital et un autre du président Grenier, mort à Riom, en 1843. La Sainte-Chapelle date du XV° siècle. Les baies en sont spacieuses. Elle était, quand je la visitai, en très mauvais état et en complète réparation. Remise à neuf, elle sera un beau monument.

Ce palais occupe l'emplacement de celui des ducs ou comtes d'Auvergne.

Riom possède une maison centrale. Elle avait alors 1,000 détenus. L'aspect en est aussi triste que formidable, de hauts murs, de distance en distance des sentinelles l'arme au bras et chargée. La vue de cette prison me serra le cœur, car il est pénible qu'on soit forcé d'en venir à une telle mesure envers l'homme afin d'assurer la sécurité de la société. Les instincts mauvais écoutés mènent loin, jusqu'au crime ; ils rendent même féroce. Ces soldats silencieux, ces hauts murs attristèrent donc ma pensée.

Riom me sembla plus religieux que Clermont ; on y observait le repos du dimanche. Chaque famille était assise devant la porte de sa maison. Peu de personnes se promenaient. Aux vêpres, je trouvai l'église de Notre-Dame du Mathuret pleine d'assistants.

Je circulai de tous côtés ; je fis le tour de la ville. Les hommes jouaient à la gagnoche. Ils juraient hardiment le nom du bon Dieu : cela tient à une mauvaise habitude contractée dès l'adolescence et à leur humeur colère.

Riom a vu naître Génébrard, archevêque d'Aix, en 1537, mort en 1593 ; Anne Dubourg en 1521, pendu le 20 décembre 1559 pour avoir embrassé la Réforme. Son corps fut brûlé après l'exécution. Il était prêtre et conseiller clerc au parlement. Il avait professé à Orléans ainsi que Calvin. Sont encore nés à Riom le père Sirmond, jésuite, en 1559, mort en 1651 ; le janséniste Jean Soanem, évêque de Sénez, en 1667, mort en 1740 ; Danchet, de l'Académie française, en 1671, mort en 1648 ; les conventionnels Rommi, en 1744, mort à Rochefort en 1805, et Soubrany, en 1750, mort sur l'échafaud en 1795 ; Malouet, en 1740, de l'Assemblée constituante, ministre de la marine en 1814 ; de Chabral, en 1714, mort en 1792 ; de Chabral de Crousal, en 1771, ministre de la marine, mort en 1836 ; de Chabral de Volvic, préfet de police sous la Restauration ; de Barante, le 10 juin 1782. On fait naître aussi à Riom Grégoire de Tours, en 559, mort en 593.

L'Auvergne a fourni un certain nombre d'hommes capables. Je n'en suis pas surpris. Le regard de l'auvergnat est fin et avisé, son esprit d'une forte trempe : or il suffit que l'éducation développe ceci pour faire des hommes supérieurs.

En revenant, je vis à Mont-Ferrand et à Clermont des promeneurs de tous les côtés. On chômait le dimanche.

Le lundi je me mis en route pour le Mont-Dore. J'eus pendant trois jours à débattre le prix de la voiture ; on venait me faire des offres de diminution jusque sur la place : l'époque des eaux avait établi des concurrences ; donner le prix demandé au bureau eût été duperie. On me demandait six francs cinquante pour l'aller ; je finis par conclure à neuf francs pour l'aller et le retour. A ce prix je fus encore doublement dupe, car j'aurais pu, comme mes compagnons de voyage, aller pour quatre francs, et au retour n'en payer que trois ; de plus, au lieu de revenir par la même route, je serais revenu par la grande route, ce qui m'aurait procuré l'avantage de voir le pays en deux différents sites. J'allai donc au Mont-Dore par la petite route, et je revins par la même voie. On quitte la grande route à deux kilomètres au delà de La Baraque. On passe au pied du Puy-de-Dôme. De là jusqu'au Mont-Dore on traverse un pays inculte, sauf quelques champs de seigle, non pas que le terrain soit mauvais, mais la température froide et variable de la contrée, couverte de neige une partie de l'année et exposée à des vents violents, ne permet pas la maturité des productions. On n'aperçoit ni arbre ni buisson ; à peine y en a-t-il autour des villages, éloignés les uns les autres à de grandes distances. De nombreux troupeaux de vaches paissent au milieu de ce sol inculte. Elles sont la richesse de la contrée. Un site de ce genre, où il y a de toutes parts soulèvement de terrain, est sévère, triste, imposant et sauvage. J'y entendis cependant le chant de l'alouette, oiseau chéri de mon enfance. Oh, que j'aimais à la voir s'élever vers le ciel par une belle matinée de printemps et à entendre son chant diminuer peu à peu à mesure qu'elle montait, se perdre enfin dans l'immensité des airs ! Mes yeux la contemplaient, mes oreilles l'écoutaient avec ravissement. L'alouette d'Auvergne me rappela ces douces émotions de mon enfance. J'avais pris des années, mon amour pour son chant n'avait pas vieilli, je l'écoutai l'âme émue ; je la suivis des yeux dans son ascension. Si le chant du rossignol est plus suave, celui de l'alouette est plus solennel à cause de la gradation même qu'il subit par le **vol ascendant de** l'oiseau.

Le premier village que nous rencontrâmes au milieu de cette solitude fut Laschamps, hameau de deux cents âmes, de la commune de Saint-Genès-Champanelle. Nous nous trouvâmes bientôt engagés dans les cendres de lave ; notre voiture y enfonçait jusqu'au moyeu ; une poussière rougeâtre s'élevait autour des chevaux : ils étaient haletants. Je m'étais placé sur la banquette, en haut de la voiture, afin de mieux voir le pays. Le flanc d'une montagne nous présentait une large coulée de lave. Je ne sais si c'était le Puy-de-la-Vache ou celui de Lassolas, ou autre, car nous étions entourés de Puys ; il y avait celui de Laschamps, celui de Mouchie. Nous rencontrâmes peu après la verdure des bois : on la devait au fameux de Montlosier, célébrité originale dont les auvergnats étaient fiers, philosophe moitié voltairien, moitié religieux, de jugement faux et singulier. Montlosier essaya l'agriculture au milieu de ces terres volcaniques. Il parvint à faire pousser quelques bois et des seigles. Cependant l'aspect sauvage et de solitude est resté à la contrée. Son modeste castel annonce lui-même la pauvreté des lieux. On nomme cet endroit Randanne. Il n'y a qu'une seule auberge, à cinq minutes du château : elle dépend de la commune d'Aydat du canton de Saint-Amand-Tallende. On s'y arrêta pour déjeuner. Je le fis en compagnie d'un jeune dauphinois. On nous servit en abondance d'excellentes fraises. Nous nous attendions à être rançonnés, le prix ne fut pas cher ; nous en fûmes surpris. On prend une heure et demie de repos : on en a besoin, car de Clermont jusqu'à cet endroit on monte presque toujours et par une mauvaise route. Randanne est dans un bas, au pied du Puy-de-Monchaud. M. de Montlausier est enterré là, selon sa volonté. On sait que Mgr Fréron lui fit refuser la sépulture ecclésiastique à cause de certains écrits où il attaqua sous la Restauration les tendances cléricales et en particulier les Jésuites. Ce refus m'a paru être resté profondément dans l'esprit des Clermontois ; Mgr Fréron n'en était pas aimé. L'influence de M. de Montlausier était grande en Auvergne, pays libéral et avancé. Je voulus voir sa tombe. Le monument qui la renferme est dans le style du XVIe siècle et en forme de chapelle. Une croix de bois est au-dessus de la tombe avec ces mots : *c'est une croix de bois qui a sauvé le monde.*

M. de Montlausier est mort le 9 décembre 1838 : il y avait presque quinze années qu'il était là, en une tombe éloignée de tous les bruits de la terre, perdue parmi les montagnes incultes de l'Auvergne, cachée au milieu des bouleaux, appuyée contre le Puy-de-Montchaud. Chaque voyageur qui passe par cet endroit va y faire comme un pèlerinage.

De Randanne au Mont-Dore on traverse une plaine de pacages entourés de montagnes. Des troupeaux de vaches par centaines y errent à l'aventure.

Nous montions toujours ; nos chevaux étaient forcés d'aller au pas. Tout le long de notre route nous vîmes accourir des petits garçons et des petites filles, grotesquement vêtus, gros sabots, gros bas de laine, veste ronde et culotte de gros drap, l'une et l'autre rapiécées en mille endroits, un gilet non moins vieux, une chemise de grosse toile, laissant voir par son ouverture une poitrine fortement musclée, enfin un énorme chapeau de forme ronde, à très larges bords et qui couvrait en entier ces visages d'enfant. Les petites filles avaient un chapeau de grosse paille, un cotillon en aussi mauvais état que le vêtement des garçons. Ces gardeurs de troupeaux venaient mendier un petit sou, *un petit chou.* Ils suivaient la voiture jusqu'à plus d'un kilomètre ; ils y mettaient une incroyable persévérance, importunant par leurs clameurs les voyageurs qui, s'ils eussent donné à tous ces petits éhontés, eussent aisément vidé leur poche. On voit par ceci que l'Auvergnat est élevé dans l'amour de l'argent : car ce n'était pas la pauvreté qui forçait ces petits importuns à mendier le sou du voyageur : le conducteur nous en montra un dont le père possédait de 25 à 28 mille francs de biens. Dans le sou de l'étranger, l'Auvergnat ne voit que le moyen d'augmenter son avoir. Nous eussions pu faire courir plus de deux kilomètres pour la plus légère pièce de monnaie ces petits lurons à air affamé et suppliant. Nous en aperçûmes accourir à toutes jambes à la vue de notre voiture et faire le tour d'un champ de seigle à plus d'un kilomètre, afin de se trouver juste à notre passage : en effet, ils avaient parfaitement mesuré la distance, ils arrivèrent sur le bord du chemin en même temps que nous. Cela nous amusait, tout en nous affligeant ; car un tel amour de l'argent est une honte, de plus il ouvre le cœur aux sentiments bas et aux instincts grossiers. Je m'expliquai alors la persévérance des petits ramoneurs de nos villes à demander un sou et à nous poursuivre pour l'obtenir. Ceci me rappela la réponse que me fit à Chartres un de ces petits Auvergnats. — Que feras-tu de mon sou, lui dis-je ? — *Je le garderai, et avec tous les sous que j'aurai amassés, j'achèterai un champ en mon pays. Je connais un de mes camarades qui en a déjà acheté un de cinquante écus.* — Voilà mon sou, lui répondis-je, pour t'acheter un champ. A cette époque j'estimai cela un sentiment d'ordre et d'économie ; je vis, en parcourant l'Auvergne, que c'était un sentiment de cupidité.

Nous traversâmes le hameau de Pessade, de la commune de Laquenille, canton de Rochefort. La montée devint si rapide que notre conducteur nous pria de mettre pied à terre, afin d'alléger ses chevaux. En compagnie de six ou sept hommes, je gravis à travers les sentiers et la rase pelouse de cette montagne dont le sommet allait nous mettre en présence des vallées des Monts-Dores : c'était le Puy-de-Baladaud, élevé de 1,400 mètres au-dessus de la mer. Nous mîmes près d'une heure. Nous arrivâmes à la cime bien avant la voiture. Nous remontâmes, et nous fûmes plus d'une heure et demie à descendre jusqu'à la vallée du Mont-Dore. Quelle effroyable descente ! des pentes rapides entrecoupées de distance en distance par des filets d'eau qui, en hiver ou après de grandes pluies, sont des torrents furieux. Les chevaux étaient lancés au grand galop. Après de nombreux tournants, nous arrivâmes en face de celui de *Prends-t-y-Garde*. A l'aspect de ce tournant en renom et du haut d'une pente de la plus extrême rapidité, de telle sorte que la voiture inclinait en avant, mon jeune Dauphinois, d'humeur assez plaisante jusqu'alors, commença à serrer les oreilles. Il avait taquiné le conducteur au point de le faire mettre en colère : l'Auvergnat, du reste, est peu endurant et très irascible, n'est ni plaisant ni n'entend la plaisanterie : le nôtre cependant était assez bon homme. Or le Dauphinois le pria d'aller moins fort. Il lui observait que, si, par accident, la mécanique venait à se casser, les chevaux ne pourraient plus retenir la voiture lancée à toute vitesse. Le conducteur lui répondit qu'il était sûr de ses chevaux, que, la mécanique cassant, ils retiendraient la masse qu'ils traînaient. S'ils étaient entraînés, ajouta-t-il, que sans doute nous serions précipités dans l'abîme, lui comme nous, et que nous ne nous en relèverions point. Telle fut sa manière de raisonner avec le Dauphinois, heureux de le taquiner à son tour. Je pris alors la parole, j'observai à notre homme qu'il était sage et plus prudent de mettre les chevaux au pas. Il le fit, et de bonne grâce. Le Dauphinois n'eût peut-être rien obtenu ; l'Auvergnat se serait plu à lui donner la peur. Pour moi, je ne fus pas effrayé, je crus en ce moment, et pour la première fois, à la bonté de mon étoile ; je pensai que Dieu me réservait pour un autre instant. Mais, en avançant en ligne droite, sur une pente rapide, vers un précipice d'environ 250 mètres de profondeur, en haut de l'impériale d'une voiture, le plus intrépide ne pouvait s'empêcher d'un frémissement d'horreur. En deux ou trois minutes nous arrivâmes au bord ; pas le plus petit parapet ; nous avions l'abîme en face, nous plongions du regard jusque dans sa profondeur ; les chevaux avaient, pour ainsi dire, la tête suspendue au-dessus. Je pensai qu'une seule piqûre de mouche pouvait les faire s'emporter, et il y avait de gros vilains taons qui les harcelaient : j'en avais reçu moi-même la cuisante piqûre. Ils détournèrent aussi paisiblement que s'ils eussent été en une vaste plaine ; l'espace était la largeur de la route. C'est admirable à les voir tourner les diverses pentes des montagnes, mouvement de manège des plus intéressants. Etonnantes bêtes que ces animaux ! On se sent le cœur libre lorsqu'on a *Prends-t-y-Garde* derrière soi. J'eus cependant contentement d'avoir eu à me trouver ainsi en face d'un effroyable précipice.

Si le tournant de *Prends-t-y-Garde* est une sublime horreur, il est aussi une magnifique perspective ; il domine de bien haut la superbe vallée de Queureille. Elle est une de celles qui a fait donner aux Monts-Dores le nom de Petite Suisse. Une cascade à blanche écume se précipite en ondulations légères d'un escarpement de basalte prismatique d'environ 20 mètres : c'est le ruisseau du Puy-du-Barbier. Il tombe dans a vallée, où il serpente au milieu des pierres et de la verdure. L'unique ouverture de cette vallée est au nord-ouest. La grande et la petite route de Clermont s'y réunissent à son issue. Le village du Mont-Dore, dans la vallée de ce nom, est à un kilomètre de distance. Il est à 1.040 mètres au-dessus de la mer ; le pic de Sancy s'élève au-dessus de lui à 846 mètres. La vallée du Mont-Dore n'a non plus qu'une ouverture. Le village, exposé au midi, s'adosse à la montagne de l'Angle. Sa population monte à près de 800 âmes. Ses maisons sont couvertes en chaume fort épais ou en pierres plates. Celles-ci, comme toiture, produisent un effet singulier. On les tire de la roche Tuillière, un des buts de promenade du Mont-Dore. Le village est bien pavé. Il possède quelques beaux hôtels.

A la base de la montagne de l'Angle sont quelques champs de seigle, des prairies et un petit nombre de jardins. La cime perpendiculaire de la montagne a une cinquantaine de mètres. Les habitants paraissent abruptes et sans culture ; on s'aperçoit qu'ils sont confinés en un coin et comme perdus en cette vallée. Que serait-ce, s'ils n'avaient pas pendant deux mois chaque année le contact des baigneurs ? L'établissement des bains est au milieu du village. Il y a quatre sources, la fontaine Sainte-Marguerite, la source de la Madeleine, dont les eaux sortent fumantes et très chaudes du sein de la terre : leur température dépasse 45 degrés centigrades ; les bains de César, enfermés dans une grotte, et le grand bain. On prend les bains dès deux heures du matin ; à dix tout est fini, bain et boisson. Ces eaux par leur chaleur excitent à la transpiration : aussi est-on amené aux bains et ramené en chaise à porteur. Ces chaises sont loin d'être élégantes ; ce sont des espèces de boîtes en bois, fermées sur le devant par un petit vitrage. Deux forts Auvergnats en sabots les portent.

On vient au Mont-Dore pour les affections de poitrine et de larynx. Il n'y a guère que des malades, à la différence de Vichy. La température est presque continuellement froide, la neige commence à tomber dès la mi-septembre, au plus tard au mois d'octobre ; elle ne cesse qu'en avril et ne fond qu'à la fin de mai. Il en reste toujours. Au moment où j'y étais, on en voyait de tous les côtés, jusqu'à 3, 4 et 5 mètres d'épaisseur. Elle s'agglomère dans les interstices des rochers et des ravins ou dans les creux des pentes exposées au nord. Elle forme de petits glaçons arrondis, comme ceux de la grêle. Les eaux qui se précipitent du haut des montagnes s'infiltrent par dessous, se font un passage, en sorte que la neige est suspendue au-dessus en forme de grotte. Une masse de neige se dessinant en voûte à l'intérieur, restant à l'extérieur une surface plane et compacte, a son genre de pittoresque.

Les Romains eurent un établissement thermal au Mont-Dore ; en faisant des fouilles pour l'établissement actuel, on a découvert plusieurs débris d'architecture. On a placé ces fragments sur une plate-forme, enceinte de parapets et dominant sur la petite promenade du village. Ils représentent l'emblème de Rome, la louve allaitant deux enfants, Romulus et Rémus. Ils sont en outre chargés de sculptures. La Dordogne, formée dans la vallée même par les deux ruisseaux la Dore et la Dogne, passe devant la promenade. Elle est là un simple ruisseau, bruyant, coulant avec rapidité entre de nombreux morceaux de roche entraînés des montagnes dans la vallée par les torrents.

A la descente de la voiture, nous fûmes entourés par une foule de filles d'hôtel en tablier blanc ; elles nous poursuivaient de toutes parts, nous assourdissaient de leurs clameurs, nous persécutaient, nous vantaient le confortable de leur table d'hôte et de leur hôtel. Je m'en débarrassai avec peine. Il n'y a pas de ruche d'abeilles qui bourdonne mieux que cet essaim de bonnets blancs à la descente de voiture aux eaux. Il faut leur dire mille fois qu'on a un hôtel, qu'elle vous laissent tranquille. On m'avait indiqué deux hôtels ; je pris le moins cher, 4 fr. 50 par jour. Il était quatre heures et demie : nous avions mis près de onze heures pour faire 42 kilomètres. Le dîner sonna. Notre table était peu nombreuse. Un gros abbé vint s'y asseoir : je l'examinai, il me regarda, ni l'un ni l'autre nous ne nous reconnûmes, pourtant nous nous étions vus, il y avait de cela quatorze ans. J'avais prêché dans son église. C'était le curé de Dammartin-en-Brie, devenu chanoine titulaire de Meaux, l'abbé Gallois. Je sus son nom le soir par des dames qui dînaient avec nous. Le lendemain nous fîmes de nouveau connaissance. Il venait au Mont-Dore pour une maladie de larynx, moi pour m'y promener. Il mourut dans l'année d'une tumeur à l'estomac Il me parla des ecclésiastiques qui étaient aux eaux ; il me dit qu'il y en avait d'aimables et de fort maussades. Je lui répondis qu'il en était de même à Vichy. Quant à moi, voulant être rangé dans la catégorie des ecclésiastiques aimables, je fis des frais d'amabilité, et je m'attirai des sympathies. On insista pour me faire rester un jour de plus, me témoignant le regret d'une si courte apparition.

Un jeune homme de Saint-Étienne m'invita, si jamais je passais dans cette ville, à venir le voir et lui demander à dîner. Nous nous donnâmes une poignée de main à mon départ. Nos idées politiques, je crois, étaient les mêmes ; elles firent en secret nos sympathies de cœur. J'avais franchement dit ma façon de penser ; j'y avais ajouté des anecdotes recueillies à Paris. J'ai toujours tenu à rester moi-même dans mon indépendance entière d'apprécier les hommes et les choses. J'ai reconnu d'ailleurs, par l'étude et la réflexion, que nul n'avait le droit de m'imposer sa manière de voir : de même que j'ai constamment respecté celle des autres, soit qu'elle me fût déplaisante, soit que je ne l'approuvasse pas.

Le lendemain de mon arrivée, je commençai mes courses dès 6 heures du matin. Je suivis la rue qui fait face à l'établissement ; je traversai la promenade et le pont suspendu au-dessus de la Dordogne par des fils de fer. Un autre pont, à peu de distance, est en amont de celui-ci. Je me rendais au pic du Capucin, ainsi nommé parce que de loin il offre la forme d'un moine. L'effet d'optique s'évanouit à mesure qu'on en approche. Arrivé au pied de la montagne, il faut la gravir. Je me serais probablement égaré dans cette ascension, sans un monsieur qui m'indiqua le chemin et le suivit avec moi. Les zig-zag ascendants de ce chemin se développaient au milieu d'une belle plantation de frênes et de sapins. De distance en distance des écriteaux indiquaient la route. Sur un rocher s'élevait une croix en fer, avec l'inscription : *Jubilé de 1851.* Ce sentier parmi les sapins me plut beaucoup. Des branches pendaient de longs filaments de mousse, dont le vert pâle tranchait avec le vert sombre des pins.

Ces arbres sont l'ornement des montagnes ; ils leur donnent une merveilleuse perspective ; leur teinte est sévère comme elles ; ils annoncent de même une nature à la fois triste et grandiose. Le village apparut deux ou trois fois dans une position charmante, mais offrant l'aspect d'un petit lieu isolé dans la vallée avec sa pauvre église. Les nuages filaient en festons sur le pic de Sancy ; ce jeu de la nature est une des beautés des montagnes ; couronnées de nuages, portant les vents et la tempête, elles sont majestueuses dans leur élévation. Les nuages eux-mêmes, poussés par les courants d'air, s'avancent sur ces monts avec une certaine majesté. Tout est grand devant cette nature grandiose, l'homme seul se sent petit : cependant sa pensée est transportée loin de la terre, elle va se perdre dans l'infini : l'âme à ce spectacle est fortement impressionnée. Après une montée de plus d'une heure, nous nous trouvâmes sur un vaste tapis de verdure, appelé le salon du Capucin. Pour arriver à la roche de ce nom, il y a encore à gravir pendant une demi-heure : je ne l'entrepris pas, voulant ménager mes forces pour l'ascension du pic de Sancy. Celui du Capucin est à 1471 mètres au-dessus de l'océan. La montagne qui porte ce rocher se nomme le Rigolet. Elle a 450 mètres d'altitude au-dessus du village. Mon compagnon de promenade eut l'obligeance de descendre avec moi l'autre revers de la montagne, afin de m'indiquer le chemin des enfers. Nous traversâmes des torrents mugissants sur des ponts improvisés avec des baliveaux et des fascines. Nous rencontrâmes des sapins tombés à terre par vétusté : tout arrive à la mort, l'arbre, l'homme, l'oiseau, commun partage de tout ce qui a vie. Le bois de ces sapins est si peu compact qu'il est impossible de s'en servir pour le travailler ; d'ailleurs l'exploitation en serait plus coûteuse que le produit. Ils vieillissent et tombent sans avoir servi à autre chose qu'à donner de l'ombrage. Dans ce pays, où il fait huit ou neuf mois de froid, on se sert peu de bois ; les gens habitent et couchent pêle-mêle avec leurs bestiaux. En hiver, ceux du Mont-Dore fraient un chemin dans la neige pour sortir de leur village. Ils attendent que le soleil ait fait fondre la neige, afin de conduire leurs vaches et leurs chèvres sur la pelouse verte des montagnes. Ils moissonnent leurs seigles et coupent leurs prairies en juillet. La saison des bains est juillet et août.

Arrivés au bout du bois de sapins, mon compagnon me salua, m'indiquant ma route, que je ne compris pas. Il regagna les frais ombrages, me laissant exposé à l'ardeur du soleil. Je gagnai la vallée à l'aventure ; le village du Mont-Dore était à trois kilomètres de distance : pas une seule personne pour m'indiquer le chemin. Mes pas étaient arrêtés à chaque instant par le bouleversement des roches et par les courants d'eaux qui bruyaient sur les pierres. Il était vers neuf heures ; ne sachant comment me guider, je rebroussai chemin et m'engageai dans des rochers au milieu des sapins. J'entendis un cri aigu, répété par l'écho des montagnes, ce qui me trompait. Je cherchais ; plus j'avançais, plus l'isolement se faisait. Ne pouvant arriver à cette voix qui frappait mon oreille, je retournai sur mes pas ; j'aperçus bientôt un chevrier et un jeune garçon ; ils conduisaient un nombreux troupeau de chèvres. La voix aiguë que j'avais entendue était celle du chevrier : je passai sans lui rien demander, son air sauvage ne m'attirait pas. Il parlait en patois à ses chèvres et à son jeune gars. Ce troupeau de chèvres était charmant. La chèvre a le pied léger et marche par bonds. Ses hautes cornes et sa barbiche lui donnent un air agreste qui enchante, car il n'est pas sans grâce. Je regardai avec délice ces animaux bondir. J'admirai leur docilité à la voix de leur conducteur. Je m'engageai décidément dans la vallée, prenant deux burons pour les deux maisonnettes que mon compagnon de promenade m'avait indiquées, placées, m'avait-il dit, à l'entrée de la vallée de la cour. Le buron est une espèce de vacherie où l'on réunit les vaches afin de les traire ; car, errantes qu'elles sont dans les montagnes, il serait trop long de les ramener à l'habitation. En ces huttes mêmes, de leur lait on façonne des fromages. Je n'allai point vers ces burons, je voyais bien qu'ils n'étaient pas dans la direction de la vallée des enfers ; j'errai çà et là, ayant renoncé à mon projet. Je me trouvais à peu près à quatre kilomètres du village. Je cherchai des minéraux au milieu du grand désordre produit par les torrents, surtout par ceux de la Dore et de la Dogne. Je ramassai des morceaux de granite, de trachyte, de busanite variolitique, d'alloïte, etc., etc. Je me mis à chantonner. Ce furent d'abord des sons confus ; bientôt me vinrent à l'esprit, je ne sais comment, ces paroles *ò quàm lucida est veritas (oh, combien est lucide la vérité !).*

Je les chantonnai longtemps, en admirant le pic de Sancy et ses nuages, la vallée et ses désordres, le village et son aspect sauvage, en écoutant le mugissement des eaux qui écumaient et se brisaient sur les pierres. Toute mon âme était à la pensée de la vérité, elle que j'aime tant et qui est si peu sur la terre. Mon esprit s'éleva bientôt vers Dieu, éternelle, impénétrable et suprême vérité : je sentis mon cœur ému. Le site aidait à ma méditation. Mon âme se plongea tout entière dans les profondeurs du ciel, j'aspirai vers Dieu. De temps en temps je me détournais, je considérais la vallée et les monts, j'écoutais le bruit des torrents. Mon âme s'attendrit; je pensai à ma mère, elle maintenant dans cet inconnu où nous allons tous : mes yeux furent près de se mouiller. Ah ! c'est que ma mère avait laissé un grand vide dans mon existence. Depuis longtemps je n'avais fait une si délectable méditation : je sentis mon cœur rafraîchi. De vilains taons vinrent me taquiner ; ils me firent songer aux misères d'ici-bas, qui viennent troubler notre aspiration vers Dieu. Les eaux des torrents à franchir me fournissaient encore une autre image, celle des difficultés de la vie. Toute ma pensée était là ; j'y ramenais toute mon existence à partir de mon premier vagissement dans le berceau et de ma première larme. Combien parfois les émotions de l'âme sont grandes ! Je fus troublé en ma méditation par une jeune fille qui traversa le torrent. J'arrivai au village avec un grand appétit. Un quart-d'heure après mon retour on sonna le déjeuner. La table d'hôte était modeste, quoique suffisamment fournie : mais je pouvais dire

avec Horace : *Jejunus raro stomachus vulgaria temnit* (sat. 2. l. 2.).
Sitôt après le déjeuner, je me dirigeai de nouveau vers la vallée, afin de faire l'ascension du pic de Sancy. Un asthmatique qui m'accompagnait lâcha bientôt pied. Nous avions fait fausse route et nous nous étions fatigués à gravir pour nous remettre dans le chemin. De la vallée on aperçoit la grande cascade (je n'en ai point encore parlé ;) elle est au sud-est. Elle se précipite du Mont-Dore, dont le bord va en ligne droite et dont la pente est perpendiculaire, de sorte que les eaux tombent à pic de vingt-sept mètres de haut dans une espèce de bassin ou précipice, pour arriver, par une pente rapide, jusque dans la vallée. L'escarpement d'où cette cascade se jette a une élévation de deux cents à deux cent vingt-cinq mètres. Une autre cascade un peu plus loin tombe des rochers en quatre chutes ; une troisième près d'elle en fait deux. Ces cascades étincellent au soleil. Leur perspective est ravissante.

Je me trouvai de nouveau seul, ignorant le sentier qui au juste conduisait au pic de Sancy. J'apercevais confusément la croix plantée sur son sommet.

J'avançai au hasard à travers la vallée. J'aperçus deux hommes à cheval, qui m'eurent bientôt rejoint, je les saluai et leur demandai s'ils allaient au pic de Sancy. Ils me répondirent oui, et que c'était pour la première fois. Je vis ensuite dans le lointain une cavalcade précédée d'un guide ; elle se dirigeait du côté opposé à mes deux cavaliers ; je crus qu'elle devait être plus qu'eux dans la route, puisqu'elle avait un conducteur et qu'ils n'en avaient point : je me dirigeai donc sur ma droite. Bientôt les montagnes accolées au pic de Sancy me le firent perdre de vue. Les distances ne paraissent rien au pied des montagnes, en réalité, elles sont énormes. Je cheminais à travers la vallée, j'atteignis tout en sueur la cavalcade, qui avait mis pied à terre. Elle prenait du repos et batifolait. Elle attendait des dames portées par des hommes de peine dans des fauteuils posés sur deux brancards. Je m'assis, afin de laisser apaiser ma sueur. Je feuilletai un livre sur l'Auvergne, ouvrage mal fait. Après une grande demi-heure de repos, je me levai et m'engageai dans une gorge semée de quartiers de roches et d'énormes roches elles-mêmes. Cette gorge allait en montant ; un torrent y coulait au milieu du plus affreux désordre de pierres. A droite pendaient du flanc de la montagne à pic d'énormes rochers dont un inclinait vers le sol d'une manière effrayante. Un jour il s'en détachera et obstruera la gorge. J'admirai ce spectacle d'horreur. A gauche, sur la haute cime de la montagne s'élevaient en forme de véritables aiguilles d'autres rochers non moins formidables : on a appelé ce pic le pic des aiguilles. Son élévation au-dessus de l'Océan est de mille huit cent soixante-un mètres. Cette autre perspective était d'une majestueuse hardiesse. Je gravissais à travers les roches, j'en escaladais des quartiers amoncelés. Je finis par perdre de vue ma cavalcade. Je cherchais un sentier, celui que je supposais devoir être le sentier du pic de Sancy. Je me trouvai, en détournant à gauche, en face d'une montagne pleine d'affreux escarpements, ayant dans leurs interstices des amas de neige et laissant échapper de son flanc le torrent qui mugissait dans la gorge : mais nul chemin, nul sentier, nulle issue. Où étais-je ? Le spectacle était effrayant, le bouleversement était horrible ; déconcerté, je n'avais qu'à revenir sur mes pas. J'aperçus la cavalcade qui montait ; il y avait un kilomètre entre elle et moi ; je me dirigeai vers elle. Elle avançait lentement, admirait la sublime horreur de cette gorge sans issue ; j'atteignis enfin l'un des promeneurs ; je sus de lui que j'étais dans la vallée des enfers, que ces rochers où il n'y avait aucun sentier était le chemin du diable, le torrent la Dogne, qui, se précipitant de ces effroyables rochers, allait se joindre à la Dore. Il m'indiqua ensuite au loin le sentier du pic de Sancy, situé en face de la vallée des enfers, à plus de deux kilomètres. Je repris courage, d'autant plus que mon erreur m'avait procuré l'heureux hasard de parcourir la gorge où les diables, disent les gens du pays, viennent dans la nuit du vendredi au samedi tenir leur sabbat à l'heure de minuit. Le lieu est favorable pour pareille assemblée : qui oserait aller la troubler ? Minuit, l'heure fatale dans tous les livres des sorciers ; minuit, l'heure où tout dort d'un profond sommeil, où le génie du mal, dans les ténèbres et le silence, peut faire ce qu'il veut ; minuit, l'heure de la crainte et de la peur. Nos bons aïeux croyaient ainsi ; les auvergnats du Mont-Dore le croient peut-être encore. L'épouvantable lieu des enfers, son affreuse solitude sont très propres à inspirer l'effroi, surtout lorsque l'imagination se le représente à minuit, dans une obscurité profonde ou à la lueur douteuse de la lune, lueur capable de créer des fantômes dans les objets mal saisis ; là les fantômes peuvent être facilement pris pour des diables ou des farfadets.

Malgré ma fatigue, j'entrepris résolument de gagner le sentier indiqué. Je rencontrai un monsieur qui lisait, je l'interrompis de sa lecture, afin de lui demander de nouvelles indications. Il me les donna avec obligeance. Il me fallut gravir une pente extrêmement rapide ; je faillis rouler dans la profondeur de la vallée avec les pierres qui dégringolaient sous mes pieds. J'animai mon courage, je me dis avec une volonté énergique : tu monteras. J'arrivai au sentier ; je n'eus plus qu'à le suivre. Il est sur le revers d'une montagne opposée au pic de Sancy ; on a en conséquence une espèce de plaine à traverser, allant en montant. Un troupeau de vaches descendait du faîte des hauteurs. Les deux hommes que j'avais rencontrés allant au pic de Sancy en descendaient à pied ; nous échangeâmes quelques paroles sur le site et sur la route. Le froid commençait à se faire sentir, l'exposition était au nord ; des neiges apparaissaient de divers côtés ; les vaches les traversaient, je me trouvai au milieu d'elles. Je causai un instant avec leur gardien, qui me dit de n'avoir pas peur de ses chiens, homme à mine sauvage, rude et grossière. Il me demanda d'où j'étais, ce que j'étais venu faire au Mont-Dore : isolés du monde entier, ces montagnards sont curieux, ils aiment à apprendre les nouvelles. Je lui parlai de Paris comme d'un pays lointain, et il était tel pour lui qui peut-être n'était pas sorti de ses montagnes, pas même pour aller à Clermont. J'étais un étranger pour ce pâtre ; il était pour moi un homme d'autres mœurs. J'examinai les neiges formant voûte au-dessus des eaux qui se précipitaient des montagnes ; c'étaient celles de la Dore qui s'en allait dans la vallée. J'arrivai enfin au pont de neige, dont le monsieur qui m'avait indiqué le chemin m'avait parlé. Le sentier était tracé au milieu ; quoique j'eusse vu les vaches marcher dessus, je n'osai le traverser, j'y fis seulement quelques pas ; j'étais seul dans ce lieu désert, je crus sage de ne point m'y aventurer davantage, puisque, dans un accident, j'aurais été sans secours. Je suivis le contour de cet amas de neige et je retrouvai le sentier. Ma pensée devenait grave en ces hauteurs inhabitées et inhabitables. Quelle solitude ! Quelle nature sévère, pas un seul buisson, un friche à ras-terre, des neiges, un air vif et froid ! Je montais depuis une heure et demie, j'arrivai enfin à la partie du sommet où il est impossible de gravir avec un cheval ; le sentier est à peu près perpendiculaire. Le pic de Sancy est un vrai pic ; il n'offre qu'un sommet d'environ 5 mètres de large sur 10 ou 11 de longueur. Une pierre quadrangulaire est posée dessus, ainsi qu'une croix en bois. La croix en ce lieu est une grande idée, elle domine de là l'Auvergne entière. Je saluai de toute mon âme cet instrument du salut par les paroles *O crux ave*. J'y priai pour ma mère, pour mes parents défunts et vivants. De si haut ma prière me semblait solennelle ; je me croyais plus près du ciel sur ce pic que le matin j'avais vu couronné de nuages. Je compris que les premiers hommes allaient prier sur les hauts lieux ; ils s'y sentaient en quelque sorte dégagés de la terre et plus près de Dieu ; ils s'y trouvaient plus inspirés : tous ces sentiments passèrent en mon âme au haut du pic de Sancy. On n'ose regarder en bas, ni s'approcher du bord, on s'exposerait à éprouver un vertige et à tomber au fond de quelque précipice ou à rouler en bas d'une hauteur prodigieuse. Je regardai à ma montre, il était trois heures et un quart de l'après-midi.

Sur la pierre quadrangulaire était écrit à la face orientale : *point trigonométrique 1811* ; sur la face de l'ouest : *hauteur au-dessus du niveau de la mer 1884 mètres*. L'annuaire du bureau des longitudes en donne 1886. D'après cet annuaire, c'est la 27e hauteur des montagnes de l'Europe. Quelques-uns donnent à cette élévation 1895 mètres. Les montagnes de l'Auvergne font partie du système celtique. Leur groupe forme à leurs pentes opposées le bassin de l'Allier et celui de la Dordogne. Du haut de cette élévation le spectacle est imposant et sévère : au nord les dômes, au midi les montagnes du Cantal et leur plomb, qui s'élève comme une masse énorme et pesante. L'horizon en entier était alors cerné par des nuages ; la plaine entre les montagnes était brumeuse, les montagnes elles-mêmes étaient vaporeuses. J'aperçus un lac sur le sommet d'une montagne et un autre lac. Je ne saurais dire lesquels ; cependant l'un m'a semblé être le lac Pavin, l'autre ou le lac Chambon ou le lac Guéry, dont la veille j'avais traversé le ruisseau sur un pont fort agreste.

Je restai à peu près vingt-cinq minutes sur le sommet du pic. J'y serais resté plus longtemps, mais l'heure me pressait. Vingt-cinq minutes de mon existence se sont écoulées sur le pic de Sancy, telle fut ma réflexion en méditant sur l'inanité de la vie humaine. J'étais là seul, lancé au milieu de l'immensité des airs ; j'éprouvai une certaine tristesse d'esprit, un certain détachement de toute chose ; des pensées graves et profondes occupaient mon âme. Ayant considéré de toutes parts ces lointains de trente, peut-être de cinquante lieues, je me mis à descendre : c'est alors que l'on comprend l'effrayante rapidité de la pente ; un sentier demi-perpendiculaire nous conduit au bord du pic, c'est-à-dire en face d'au moins 400 mètres. Pour n'y être pas précipité, il me fallut descendre de côté. Des petits fragments de roche arrêtent nos pas, les ralentissent, nous empêchent ainsi d'être entraîné malgré nous, ce qui serait très dangereux. Un sentier parfaitement uni empêcherait la descente. On frémit malgré soi, sans avoir positivement frayeur. On respire plus librement lorsqu'on est arrivé à une pente plus douce et moins dangereuse. Ce fut ce que j'éprouvai en descendant le premier gradin du pic de Sancy. Je rencontrai un peu plus bas un individu qui montait. Je traversai cinq ou six torrents avant d'arriver au village. Il était près de six heures du soir, le dîner était à la fin ; je fis rapporter quelques plats, je mangeai avec un appétit monstre. Je quittai le Mont-Dore le lendemain matin. Le jeune décrotteur de l'hôtel voulut me faire payer le cirage de mes souliers, pour lequel j'avais déjà donné la pièce. Il m'aborda à la voiture, fut insolent : il pensait ainsi me déconcerter, il ne me déconcerta pas ; je tins bon. Le jeune garçon avait de quinze à seize ans. Sa taille était svelte, son teint pâle, ses cheveux longs. Ses yeux bleus avaient une certaine animation spirituelle en ses grossièretés. Moi, je lui montrais un visage déterminé, qui lui faisait voir que ses injures, sa colère, sa violence ne m'effrayaient pas. Ceci même le mettait en fureur. Je lui dis : Je vous eusse donné la pièce, si vous n'eussiez pas été aussi insolent ; je veux vous apprendre à vivre. Je le laissai ensuite se dépiter et crier avec fureur tant qu'il voulut, je n'eus pas même l'air d'y faire attention. Si ce n'eût été compromettre ma dignité, je lui eusse volontiers donné la pièce pour son esprit pétillant et son air avisé. Il n'était pas embarrassé dans ses termes et les débitait avec une aisance maligne et un mouvement plein d'âme. C'était un petit drôle auquel Dieu avait donné l'intelligence. Tout décrotteur qu'il était, mon jeune garçon avait donc beaucoup plus d'esprit que grand nombre de hauts personnages, infatués d'eux-mêmes, de leurs dignités et de leurs beaux habits, et qui sont des sots. J'aime à trouver de l'intelligence dans l'enfant du peuple ; j'en bénis toujours Dieu, qui prouve par là que le pauvre, à ses yeux, n'est pas inférieur au riche, et que sa paternelle bonté veille avec amour sur le déshérité de la fortune. Je ne crains donc pas de dire que moi aussi j'aime l'enfant pauvre et lui porte un spécial intérêt.

A Randanne nous rencontrâmes un jeune auvergnat de même âge que mon jeune garçon du Mont-Dore, également très éveillé, mais fort complaisant. Il revenait de dessus mer, où il avait fait le métier de mousse : il s'était engagé à treize ans, étant ramoneur. Il retournait au pays, plein de gaîté. Il n'avait nullement envie de recommencer l'état de mousse ; il y avait, disait-il, reçu trop de coups de fouet : *métier de chien et de galère*, exclamait-il. Il saluait ses montagnes incultes avec le même bonheur que nous saluons nos plaines fertiles. Je vis en ceci la puissance du lieu natal sur le cœur de l'homme ; on aime toujours le sol qui a vu notre enfance : ah ! c'est qu'il nous rappelle les heureuses heures de la vie, heures qu'on ne rencontre jamais plus, même au milieu des plaisirs les plus enivrants et des plus grandes prospérités. Le pain noir lui-même de l'enfance n'a pas d'amertume, tant il y a alors de joie dans le cœur. L'enfant secoue sa chevelure, c'est ainsi qu'il semble jeter au vent toutes ses petites peines ; elles se dissipent aussi facilement que le nuage léger ; le doux bonheur du jeu rend la sérénité à son visage ; dès qu'il joue, tout pleur est effacé, est oublié. Le jeune mousse par sa gaîté franche en approchant de ses montagnes me fit revenir en mémoire les ineffaçables impressions de l'enfance. Il était heureux de revenir au village, de revoir les parents et les amis du jeune âge ; il respirait l'air de son Auvergne. J'étais heureux moi-même de voir ce jeune garçon heureux : lorsqu'un cœur sait sentir, il répond vite à un autre cœur. Puis, ce jeune mousse me semblait heureux, par ce qu'il allait avoir à raconter ; il dirait aux habitants des montagnes les élancements de la mer, autre merveille de la grandeur et de la puissance de Dieu. Il nous amusa pendant le temps d'arrêt. Il était fier de ses vêtements, ce n'étaient plus ceux du petit ramoneur. Il était empressé à indiquer l'heure, pour qu'on vît sa montre. Qu'il allait paraître changé et beau aux habitants de son village ! On se demanderait si c'était bien lui, cet enfant à la grosse culotte, à la veste rapiécée, maintenant si bien vêtu. Ces pensées me semblaient être dans son âme ; son visage au moins disait tout cela.

Nous repassâmes au pied du Puy-de-Dôme, mais nous prîmes notre route par les hameaux du Thedde et de Pascedon, le long du Puy-Noir ou du Puy-de-la-Maye. On domine sur une vallée très agréable par la variété des plantations. En certains endroits elle se rétrécit en gorge. Le versant était presque perpendiculaire ; chaque rampe était occupée par la largeur de la route. Nous descendions au grand galop ; nous atteignîmes ainsi la base du volcan de Gravenoire. Nous eûmes la vue de quelques villages du côté de Montrognon et de Gergovia. Clermont nous apparut sous différentes perspectives, tantôt devant nous, tantôt à droite, tantôt à gauche, tantôt derrière nous ; ceci était dû aux tournants de la route. Nous dominions aussi sur Mont-Ferrand et sur la Limagne. C'était un beau spectacle, en descendant des hauteurs. De ce côté Clermont se présente presque en amphithéâtre et avec l'aspect d'une grande ville. La teinte noire de sa cathédrale offusque le regard. Après de nombreux circuits, nous arrivâmes à Saint-Mart, en face même de l'établissement des bains. Nous rentrâmes à Clermont par Chamalières.

Le 14, la bonne auvergnate qui m'avait été d'un grand secours me donna à déjeuner avec deux ecclésiastiques. Je ne pus refuser. Elle y mit tout son cœur.

Je profitai de l'après-midi pour aller à Montrognon, vieille forteresse démantelée par ordre de Louis XIII, en 1634, alors que le cardinal de Richelieu achevait de détruire avec vigueur le dernier reste de la féodalité. Montrognon avait été bâti en 1196 par le premier dauphin d'Auvergne. Aujourd'hui il est en ruine complète. Il est situé sur une hauteur très escarpée, à peu de distance du Gergovia de César. De la place de Jaude les vieux murs de Montrognon produisaient un effet tout à fait pittoresque. En réalité, ils ne valent guère la peine qu'on se donne pour aller les visiter. Je pris par le village de Beaumont, gros bourg de deux mille âmes, de perspective fort laide du côté de Clermont, fort jolie du côté de Montrognon, se présentant en gradins. Il est sur une hauteur, ainsi que son nom l'indique. Je le traversai. Ses rues sont très resserrées, mal pavées et vilaines. Ses maisons ont plusieurs étages. On le dit bâti sur une coulée de lave du volcan de Gravenoire. Sa tour carrée et en forme de colombier est loin d'avoir de la beauté. Dans le bas du village est une vieille tour gothique. Etait-ce le reste de l'abbaye bénédictine, détruite avant 1790, fondée au VIIe siècle ? Je l'ignore. Le pays est vignoble. L'Artier arrose les prairies de Beaumont. On m'indiqua mal le chemin de Montrognon, j'errai à travers les vignes et les champs de blé, montant toujours, gravissant à travers de rudes sentiers. J'y mettais un vouloir énergique, afin d'avoir le plaisir assez stérile de dire : j'ai vu. Arrivé à la base de Montrognon, il me fallut gravir parmi les pierres, il n'y avait aucun sentier : c'était une véritable escalade. Ces pierres étaient les débris du château. A la cime s'élevait le donjon : il en restait encore une partie des murs. Sa forme était circulaire. La construction était en basalte avec assises, de distance en distance, de pierres plates et blanches, pierres calcaires. A côté du donjon existait encore une tourelle. Ce château a dû être au moyen âge une forteresse formidable. Au moment où j'y étais, un vent impétueux soufflait du Puy-de-Dôme, seule hauteur que Montrognon ne domine pas. Tout à l'entour de ce point élevé, la vue s'étend sur des villages dont les toits plats en tuiles à canal n'ont rien de riant. Dans le fond de la vallée, au nord-est, est le village d'Aubières, commune de plus de trois mille cinq cents âmes. Auprès de Gergovia, celui de Romagnat rappelle les Romains et les combats de César autour de la cité des Avernes, commune de deux mille deux cents âmes. Le temps me manqua pour aller jusqu'à Gergovia. Je vis cette hauteur d'assez près de la cime de Montrognon.

On aperçoit un long terrassement en ligne droite, c'est un reste de fortification, devant laquelle César se retira : *cum Vercingentorix nihilo magis in æquum locum descenderet, in aeduos* (César) *castra movit* (Guerre des Gaules l. 7. c. 8.). Je descendis du côté opposé par des sentiers à peine tracés entre les blés. De Montrognon on domine sur toute la Limagne, contrée riche, fertile et peuplée. Je revins par le village de Ceyrat, d'une population de plus de mille cinq cents âmes. Je le laissai à droite. Un peu avant j'avais rencontré un homme qui lia conversation avec moi ; il voulait savoir qui j'étais, quel pays j'habitais. L'auvergnat est curieux et n'est pas timide. Il me quitta à Ceyrat.

De retour à Clermont je parcourus de nouveau la ville. Devant le bel hôtel du général de division les hussards exécutaient des morceaux de musique qui me parurent excellents. Plus loin, sur la place de l'étoile, les soldats de la ligne faisaient aussi de la musique, moins bonne que celle des hussards. Il n'y avait autour ni femmes élégantes, ni belles toilettes. J'entrai au Jardin des plantes, il est peu spacieux et était mal entretenu. Ce jardin date de 1781. On y voit la statue de Desaix renversé de son cheval. Je m'arrêtai sur la place du Taureau à considérer le Puy-de-Dôme couronné par un nuage que le soleil couchant éclairait en sa partie supérieure. Ce nuage s'était avancé lentement ; il s'arrêta environ un quart-d'heure sur la cime : c'était beau et majestueux, et nuage, et montagne, et reflets du soleil déjà sous l'horizon.

Je parcourus la rue Pascal : on ignore au juste en quelle maison le célèbre penseur y est né ! L'évêché est dans cette rue.

Je quittai Clermont le vendredi 15, à six heures du matin, pour retourner à Vichy. En huit jours tout était en partie renouvelé ; je trouvai de nouveaux visages. Les moissons avaient jauni. On commençait à couper les blés, non avec la faux, mais avec la faucille, selon l'ancien usage.

Je bus au Puits-Lardy ; il s'y réunissait une nombreuse société de gens de positions diverses. Il y venait aussi les quêteurs d'argent. C'était Polichinelle, marionnette à laquelle nous nous amusions tous, comme de grands enfants. Une autre fois c'étaient des chanteurs. Un dimanche, un homme, mendiant bien vêtu, imita le chant de plusieurs oiseaux, parfaitement celui du rossignol. C'était le 24 juillet. Nous eûmes le même jour un ouragan épouvantable qui, de toutes parts, soulevait la poussière ; le courant électrique poussait les nuages les uns contre les autres ; ils étaient rapidement emportés.

Le samedi 23 juillet, je retournai à Hauterive. On avait affiché que la mendicité était défendue à Vichy pendant la saison des eaux, et l'on était assailli de mendiants, jeunes et vieux ; ils nous sollicitaient avec importunité. Au bout du pont, je rencontrai un tout jeune garçon de cette espèce, fort et très valide ; je lui dis que je ne donnais pas aux jeunes garçons dans la force de l'âge et capables de travailler. Après maintes sollicitations pleines de mensonges, il me répondit : *Hé bien, allez au diable.* Je cite le mot, il fait connaître l'impudence grossière de ce peuple mendiant, qui se plaît dans la fainéantise, là où il y a de quoi travailler et gagner son pain. Sans aller au diable, je continuai ma route. Le village d'Abret se présentait gentiment en demi-cercle à la base de la côte de Saint-Amand, au milieu de la verdure. A peu de distance était un hameau dans une position non moins pittoresque ; ses maisons se groupaient en gradins sur la dernière rampe du versant.

Je trouvai à Hauterive des Charentaises coiffées à la mode de leur pays, large coiffe carrée, plus large du haut que du bas, montée sur une toque ou serre-tête en piqué, avec deux rangs de garniture soit à plis ronds, soit à plis plats. Cette coiffure, quoique ridicule, donne une certaine majesté à la tête qui la porte. L'une de ces Charentaises avait un riche fichu en velours à fleurs d'argent et de soie, avec une frange de soie noire garnie de grosses torsades d'or : c'était une mode de l'Angoumois ou du Puys-d'Aunis. Ces femmes avaient un beau port et une grande fraîcheur de costume. Elles devaient appartenir à la petite bourgeoisie de la Charente.

J'étais venu pour voir faire le bicarbonate de soude. La source, nommée la Grande-Source, a ses eaux chargées d'acide carbonique. Elle est enfermée dans un cabinet noir bien clos, afin que le gaz carbonique ne puisse s'évaporer. Dans ce cabinet sont rangés des morceaux de soude, que le gaz pénètre en se dégageant de l'eau au sortir de la terre ; il en fait évaporer la partie aqueuse, s'identifie avec la partie saline, et forme en huit jours du bicarbonate. Ce travail fait, on retire les morceaux de dessus les tamis ; on les expose ensuite à l'air sur des claies, où ils sèchent et se durcissent. Je goûtai de l'un de ces morceaux exposés à l'action du gaz cabonique, il était salé à l'excès. La soude vient de Marseille. Les pastilles de Vichy sont confectionnées avec ce bicarbonate. Lorsqu'on vous ouvre le volet du cabinet, il ne faut pas avancer la tête, ou serait immédiatement asphyxié par le gaz délétère de l'acide carbonique.

Je bus de l'eau de la petite source ; elle est très froide et d'une saveur très piquante.

Pendant mon séjour, j'allais souvent, comme tous les buveurs, flâner le long des boutiques, examinant les objets, les marchandant ou les voyant marchander, passe-temps entre les verres d'eau, surtout sur la place Rosalie où, durant toute la saison, il se tient comme une espèce de petite foire, boutiques et étalages au vent. J'entrai plusieurs fois chez Percepied, marchand en renom pour les incrustations de Saint-Nectaire : j'y achetai ; mais je fis un meilleur marché chez Allègre. Il faut marchander les objets. Je visitai aussi la boutique d'un Suisse qui vendait des objets de son pays, ouvrages en bois blanc et en hêtre artistement travaillés par les jeunes bergers de la Suisse. Ils se servent d'un instrument très simple. Telle est leur occupation en gardant leurs troupeaux. Ce marchand avait une impassibilité extraordinaire, rien ne le faisait sortir de son flegme, quelle que chose que vous lui disiez sur le prix et le travail de sa marchandise. Son ton était toujours le même, sa voix ne variait pas. Je lui offris un prix de divers objets que j'avais choisis ; *je ne puis vous les donner*, me répondit-il. J'eus beau pérorer sur l'avantage pour lui de faire une concession, il me répondait toujours avec un calme déconcertant : *je ne puis pas ; cela me coûte davantage ; il faut payer 7 1/2 % en entrant en France*. Je m'en vais, reprenais-je. Il me laissait aller sans dire mot, sans s'émouvoir en aucune façon. Je revins ; il m'accueillit avec la même humeur, avec le même calme. Un flegme semblable me paraissait la chose du monde la plus étrange, accoutumés que nous sommes à la pétulance et au babil des marchands français. Une autre marchande d'objets suisses offrait un parfait contraste, parleuse intarissable, surfaisant admirablement bien sa marchandise, ayant l'air de vous faire une concession en vous ôtant quelque chose avant même que vous le demandassiez : elle était française. Je la taquinai un peu sur le prix de sa marchandise ; elle affirmait qu'ailleurs je ne trouverais ni mieux fait, ni moins cher. Je finis par lui dire que je ne ferais pas affaire avec elle, puisqu'elle tenait le prix trop élevé. *Allons*, me dit-elle, *je vais vous donner du cachou blanc pour vous adoucir ; quand vous aurez mangé mes bonbons, vous serez de meilleure composition*. Je pris quelques bonbons. Après, comme elle tenait à son prix, je lui dis : vos bonbons sont excellents, mais, malgré toutes vos douceurs, vous ne me mettrez pas dedans ; voilà mon prix, dites oui ou non. Elle ne l'accepta pas, je la quittai, et j'allai faire affaire avec mon impassible Suisse, véritablement amusant par son flegme. C'était la troisième fois ; il rabattit de son prix, voyant qu'enfin j'étais déterminé à ne pas en donner davantage.

Le 26 juillet, je partis pour retourner chez moi. Comme tous les baigneurs, je vis avec un très grand plaisir mon séjour de Vichy se terminer. Le mouvement des eaux est divertissant pendant huit jours ; le désœuvrement devient ensuite un ennui.

Buxières-d'Aillac
(Septembre 1853)

Je consacrai une partie du mois de septembre 1853, à un voyage à Buxières-d'Aillac. Je partis le 6. La Rère, qu'on rencontre avant Theillay, me parut séparer le Berry de la Sologne. Dès qu'on l'a traversée, le site change, en ce qu'il est moins désolé et moins plat. Je considérai les œils de bœufs au sommet de la voûte du tunnel de l'Alouette ; ils produisent tour à tour des effets d'ombre et de lumière qui offrent des arcades à perte de vue, tantôt dans les ténèbres, tantôt éclairées, perspective saisissante à laquelle s'unit le nuage de fumée de la locomotive.

Au delà de Vierzon, après avoir franchi l'Yèvre et l'Auzon, le train prit la ligne de Châteauroux. Le Cher s'offrit bientôt à nos regards. On le traverse sur un pont de plusieurs arches. A droite, se dresse sur une hauteur un vieux manoir flanqué de tourelles, perspective qui a son pittoresque et rappelle des âges qui ne sont plus.

La première station fut celle de Chéry. On entre dans la vallée de l'Arnon : cette rivière y serpente agréablement au milieu de prairies et de beaux peupliers. Elle prend sa source dans le Bourbonnais et se jette dans le Cher non loin de Reuilly, seconde station qu'on atteint bientôt. Le château de la Ferté-Gilbert, qu'on rencontre peu après, en dépend. Il est situé entre la Théols et l'Arnon qui viennent y mêler leurs eaux. Ce château est joli. Le chemin suit la vallée de la Théols jusqu'à Issoudun. Cette rivière serpente au milieu d'un sol ingrat et dans un site qui a fort peu d'agrément. Issoudun passerait inaperçu sans son vieux donjon. En quittant la vallée de la Théols, le chemin de fer entre dans les tristes plaines du Bas-Berry, après avoir franchi cette rivière sur un pont-viaduc. On rencontre le ruisseau de Tournemille avant Neuvy-Pailloux. Après avoir traversé un bois, on aperçoit Châteauroux et le beau clocher de l'ancienne abbaye de Bourg-Dieu ou de Déols. Le chemin de fer franchit l'Indre, peu large en cet endroit. Sa source est dans le département de la Creuse ; elle sort d'une fontaine qui lui donne son nom, située en une prairie appelée la Villandière, de la commune de Saint-

Priest-en-Marche. Elle entre dans le département par la commune de Pérassay et va se jeter dans la Loire près de Tours.

Châteauroux n'a pas l'aspect d'une grande ville. La partie moderne commençait à se construire. Le vieux Châteauroux avait l'apparence d'un bourg. Le théâtre, de date récente, était un bel édifice. Il y avait devant une plantation d'arbres, et auprès la promenade formée d'une allée et de deux contre-allées, de peu d'étendue.

On m'avait envoyé chercher en calèche. J'y fus seul, je pus donc considérer à loisir la contrée. J'étais sur une belle route. La Bouzanne la traverse, rivière marécageuse qui va se jeter dans la Creuse. Les alentours de Châteauroux sont bien cultivés. On avoisine la Brenne, contrée la plus pauvre du Berry, contrée de marais, de bruyères, de pacages, alors inculte en beaucoup d'endroits. On essayait à l'aide de la marne à fertiliser ce sol argileux, à lui faire produire du blé au lieu de seigle et de sarrasin.

Buxières-d'Aillac est à 21 kilomètres de Châteauroux, il avait anciennement ses franchises et ses coutumes. Elles dataient de 1278. Elles lui furent accordées par Ythier de Magnac, seigneur des clos ; furent confirmées en 1284 par Guillaume de Chauvigny, sire de Châteauroux, seigneur suzerain, et vers 1285 par le roi Philippe-le-Hardi. Buxières consiste dans l'église, le château, une maison et le presbytère ; tout le reste est dispersé de côté et d'autre. Il fallait aller pour toute espèce d'approvisionnements à Neuvy-Saint-Sépulcre, à 7 kilomètres. Un jour nous manquâmes de pain ; nous fûmes forcés de manger du pain de sarrasin mélangé de seigle, pain noir qui a un arrière-goût de pain d'épice. Il était sec, sans être dur : je le trouvai bon.

La propriété où j'étais reçu se composait de 700 hectares divisés en cinq domaines et en quelques locatures. Une avenue de 700 mètres conduisait du petit castel à la route. Le domaine le plus près était celui de l'Orme, d'où la maison a pris son nom de château de l'Orme. On le désignait aussi sous celui de château d'Aillac.

Nous allâmes, le 13 septembre, nous promener, au domaine de la Prugne, à travers les pacages, les bois et les prairies. Nous traversâmes l'Auson sur une pièce de bois demi-pourrie, servant de pont. La position du domaine de la Pragne me ravit ; on apercevait du milieu de la prairie des domaines de divers côtés parmi la verdure et sur des plans différents, avec quelques accidents de terrain et un beau bois au sud-ouest ; dans le lointain, à peu près à l'est, le petit clocher de Buxières. Il y avait dans ce point de vue un beau mélancolique. Nous entrâmes au domaine, demeure enfumée et sale. Les jeunes filles de la maison y pétrissaient du pain de seigle. Je voulus goûter de ce pain ; il est mou et compact, par conséquent indigeste : il n'était ni bon, ni appétissant.

En cette partie du Berry, les hommes et les femmes ont de grands yeux sans expression, de gros traits, la physionomie niaise, le teint brun ; il y a de la tristesse dans leur air. Les fièvres sont fréquentes : on le doit aux marécages, à la mauvaise nourriture et aux habitations peu aérées.

Les fermiers des domaines sont appelés métayers. Ils donnent à leur propriétaire et à sa femme le titre de *noûte maitre, noûte maitresse, noûte dame*. Les métairies, appelées domaines, sont louées à cheptel. Les bœufs sont fournis par le propriétaire. Le labour se fait avec ces animaux. On en attelle quatre à une charrue ; un homme tient le manche de l'instrument aratoire, un jeune garçon touche les bœufs avec un long bâton armé d'une pointe par le bout. La charrue, primitive comme celle que j'avais vue à Vichy, se nomme *ariat* dans le Berry. L'homme qui me la nomma ainsi me dit que ce n'était pas la vraie charrue, dont on se sert peu dans cette partie du Berry

J'interrogeai sur les mœurs de la jeunesse ; on me dit qu'elles n'étaient pas *fameuses*, c'est-à-dire pas très bonnes. Les solitudes couvertes par des haies favorisent en cette contrée le libertinage : tel fut mon sentiment. Le libertinage aime le voile et le secret, lorsqu'il reste dans les esprits un certain sentiment de moralité. Où ce sentiment n'existe plus, le libertinage n'a plus de honte, il se montre à découvert, il s'affiche même et il se fait gloire.

Le dimanche à la messe, je vis autant d'hommes que de femmes. Ils ne savaient pas lire pour la plupart ; aussi les femmes s'occupaient avec leur chapelet ; les hommes regardaient. Ils se tenaient bien, assistants plutôt que priants. Tenant un genou en terre, ils s'accoudaient sur l'autre. Le curé était un bon gros berrichon, excellent homme dépensant peu de paroles, son imagination me parut fort calme. Il avait, dans les manières une bonhomie qui me plut. Son nom était assez singulier, Mialon. Il lut la passion avant la messe, usage du Berry de mai jusqu'à octobre : c'est pour les biens de la terre. En récompense, chaque métayer donne au curé un boisseau de blé ou de seigle ; ce qui lui fait un petit revenu. Le pain bénit fut présenté avant la messe. La personne qui l'offre le porte sur son bras gauche et enveloppé d'une serviette bien blanche. Elle se met à genoux pendant qu'on le bénit. Il est distribué dans une corbeille emmanchée à un long bâton.

Au prône, comme en Bourbonnais et en Beauce, le curé lut une longue liste de défunts : ce qui me fit voir que cet usage était ancien. Ce souvenir des morts au milieu de l'assemblée des fidèles est touchant. La religion nous rappelle les défunts si vite oubliés dans le tourbillon du monde et des affaires. Autour du tombeau, il n'y a pas qu'un silence, il y a la plupart du temps un grand oubli ; nous y sommes comme si nous n'avions jamais été.

Le 15, en notre promenade, nous entrâmes dans quelques demeures de paysans. Elles sont basses et mal éclairées, ne recevant le jour que par la porte et une petite fenêtre. Elles sont enfumées et sales. Les meubles étaient placés pêle-mêle au milieu du logis. La même chambre contient plusieurs lits, fermés par des rideaux de grosse toile grise ou par une étoffe en serge. Dans l'une de ces demeures on faisait le pain ; la ménagère le dressait dans des corbeilles ; il vint à lui en manquer une pour le dernier pain ; elle ne se déconcerta pas, elle prit une chemise sale jetée sur un des lits, la retourna du côté le moins crasseux, je pourrais ajouter le moins problématique, et y enveloppa la pâte. Cette malpropreté exécutée avec un naturel capable de déconcerter l'esprit le plus sérieux amena involontairement sur mes lèvres un sourire. En une autre demeure on faisait des pruneaux ; les sacs de blé étaient au milieu d'un inconcevable pêle-mêle : c'était, nous dit le mari, pour éviter que le blé ne fût mangé par un tas de *rateries*, c'est-à-dire par les souris et les rats. Nous ne nous arrêtâmes en ces demeures que sur le seuil de la porte ; on n'aurait pu s'y asseoir, tant c'était malpropre. Les habitations des domaines étaient mieux tenues : cependant c'étaient de grosses chaises de paille, une table en bois blanc, toute noire de graisse.

Le 14 septembre nous allâmes à Châteauroux, j'en profitai pour visiter Déols et l'ancienne abbaye de Bourg-Dieu. Une belle et longue allée d'arbres, bordée de maisons y conduit, faubourg qui va jusqu'à l'Indre, qui sépare Déols de Châteauroux. On la franchit sur un pont de cinq arches. Elle coule à travers des prairies magnifiques, où paissaient de nombreuses vaches. Il y avait du mouvement dans Déols, c'était l'heure du déjeuner des ouvriers, neuf heures. On compte plus de 2,000 habitants. Le clocher de l'antique abbaye est du XIe siècle. L'église a été abattue. On voit quelques restes de ses arceaux : ils sont romans. Le clocher est de forme carrée, à quatre étages, surmontés d'une flèche sans ornementation et sans aucune baie. L'élévation m'a paru d'environ 35 mètres. Quatre clochetons pyramidaux sont à la base de la flèche. Au quatrième étage il y a deux baies sur chaque face, ce qui mettait cette partie complètement à jour. Là étaient les cloches. Le troisième étage est beaucoup plus élevé que les trois autres. Quatre longues baies aveugles occupent ses faces. Les chapiteaux des pilastres sont historiés ; quelques-uns sont un simple listel orné d'étoiles. Sur les pilastres mêmes sont des grotesques et des ornements de fantaisie. L'archivolte en plein cintre de la porte a pour ornement des points de diamants. On remarque aussi le zig-zag byzantin soutenu par des corbeaux fleuronnés. C'était le roman byzantin dans toute sa splendeur.

Au bas de la tour, dernière ruine d'une belle église, était un asile d'orphelines tenu par des sœurs de la charité de Bourges ; j'y entrai. J'allai à la chapelle édifiée dans le goût du moyen âge. On me montra deux salles de l'ancienne abbaye, salle du xve siècle et voûtées. Dans le jardin se trouvaient les restes du cloître, dans les arcades aujourd'hui murées annonçaient le xiiie ou xive siècle. La porte qui du monastère conduisait à l'abbatiale existait encore. L'abbaye s'étendait jusque sur les bords de l'Indre. Elle fut fondée en 917, par Ebbes, seigneur de Déols. On rapporte qu'il fut tué près d'Orléans à la poursuite des Madgyars (hongrois), sur lesquels il remporta une victoire. Il fut inhumé à Saint-Aignan de cette ville. Ebbes ou Ebbon était neveu de Saint-Géronce, archevêque de Bourges, son fils céda aux religieux son château de Déols. Il alla en bâtir un sur l'autre rive de l'Indre, à une demi-lieue de son ancien domaine. Il se nommait Raoul ; de lui vint le nom de Château-Raoul, puis Châteauroux : ce fut de 930 à 950. Le nom latin de l'abbaye était *Burgidolum*. Les patrons de l'église étaient la Sainte-Vierge, saint Pierre et saint Paul. Les religieux étaient des bénédictins. Cette abbaye fut supprimée en 1622 et devint une collégiale. L'église fut dédiée en 1107 par le pape Pascal II. Le pape Alexandre III y vint en 1161, et le pape Honoré III en 1223.

Je me rendis à l'église du bourg, vieille et vilaine ; le tombeau de saint Ludre m'y attirait. C'est un monument romain du ive siècle. Ce tombeau est d'un seul morceau de marbre blanc, de Paras dit Grégoire de Tours. Le couvercle est plat et de même marbre. La forme est un carré oblong, forme d'auge. Le devant est chargé de sculptures en relief ressortant beaucoup : c'est une chasse au cerf, au sanglier et au lion. Il y a plusieurs hommes, les épaules couvertes d'une pèlerine. Leur type est romain. Les traits sont grossiers. Le lion et un cheval sont d'une belle sculpture. Le lion est attaqué par un cavalier qui lui enfonce dans le cœur un dard au moment où il lève la patte pour attaquer le cavalier et le cheval. Le couvercle a une frise où sont sculptées des scènes de la vie chrétienne. Saint Ludre était le fils d'un sénateur romain, saint Léocade, gouverneur dans cette partie des Gaules devenue le Berry. Il vivait du temps de saint Ursin, premier apôtre de la contrée.

On invoquait et on invoque encore saint Ludre contre les fièvres. Il était d'usage de râcler le marbre de son tombeau afin d'enlever une poussière qu'on mêlait à certains breuvages comme un remède souverain.

Les reliques de saint Ludre furent brûlées par les protestants, fanatiques sectaires au XVIe siècle. Ils firent plus de ruines et exercèrent plus de dévastations que n'en ont fait et exercé les fanatiques révolutionnaires de 1793 ; je dis fanatiques, car qu'on ne se méprenne pas, il y a le fanatisme impie comme le fanatisme religieux, qui l'un et l'autre ne doivent qu'inspirer de l'horreur, et sont dignes de réprobation tant au point de vue social que religieux.

De retour de Déols, je parcourus Châteauroux. On y voit peu de maisons à deux étages. Les boutiques sont dans deux ou trois rues. Les marchands y étaient polis, mais froids. Le château des anciens comtes est dans une agréable position ; il commande l'Indre et ses prairies. Il est du XVe siècle, irrégulier et flanqué de grosses tourelles. Il sert maintenant aux bureaux de la préfecture, édifice moderne qui est à côté. On a dessiné un jardin Anglais dans les fossés. On aperçoit, de l'autre côté de l'Indre le gentil clocher et le village de Saint-Christophe, qui fait partie de la commune de Châteauroux et compte plus de 2,800 habitants. La ville même n'en a que 13,000.

Outre Saint-Christophe, il y a deux autres paroisses, Saint-André et Notre-Dame.

Vichy, Issoire, Tulle, Brive, Figeac, Decazeville, Rocamadour, Cahors, Bordeaux, La Mer, Nantes, Angers, Saumur, Tours.
1854.

Au mois d'août 1854, je fis un second voyage à Vichy.

En quittant cette ville, je pris par les montagnes de l'Auvergne. La matinée était délicieuse, la pureté du ciel magnifique ; une agréable odeur répandait comme la vie dans tous les membres. Les bois descendaient somptueusement dans la vallée. La perspective était fort belle en descendant de Cognat vers le village de Lyonne. La voiture s'arrêta à Gannat.

Gannat est une très petite ville, consistant en une longue rue étroite et tortueuse et quelques rues adjacentes transversales. Au bout de la ville, du côté de Moulins, est une petite promenade ; du côté de Clermont, est un vaste emplacement avec une pelouse entourée d'arbres. Un pan de muraille et quelques tourelles sont les restes des anciennes fortifications : le ruisseau de l'Andelot coule à leur pied. Sur la petite place Hennequin est l'église, édifice du XIIIe siècle, avec nef et deux latéraux, le long desquels sont des chapelles dans tout le pourtour, au nombre de dix. La chapelle de l'abside est dédiée à sainte Procule. La sainte tient sa tête dans sa main en signe du genre de son martyre. Elle était du pays des Arvernes. Chrétienne, elle voulut conserver intacte sa virginité, on lui trancha la tête.

On compte à la nef quatre arcades, deux au chœur et cinq au pourtour du chevet. La nef et le chœur sont étroits. Il existe dans la nef une galerie du côté de l'évangile ; il y en a une simulée du côté de l'épître. Le chœur n'en possède pas. Les chapiteaux des piliers sont historiés et à volutes. On remarque une jolie petite chaire dans le style du Moyen âge, avec statuettes à l'abat-voix et au fût. Cette église est régulière et gentille. Sa tour quadrangulaire est plus moderne. Sur la même place Hennequin était encore debout une maison du XVe siècle, avec galerie à l'extérieur.

En passant, je considérai de nouveau la butte Montpensier et ses quelques ruines. Le roi Louis VIII mourut en ce château, en 1226, à l'âge de 39 ans ; il revenait de faire la guerre aux Albigeois.

La ville de Riom se présenta un peu en amphithéâtre. L'arrivée en était belle, un double rang de peupliers vous conduisait en ligne droite au faubourg nommé rue de Paris. L'intérieur de la ville était moins agréable par le sombre de la pierre de ses maisons.

Si Riom se présente bien, Mont-Ferrand se présente mal. A gauche de la ville on aperçoit les vastes bâtiments du grand Séminaire. Clermont, de ce côté, offre une agglomération de maisons dominée par la Cathédrale. Quelques tours et clochers font partie du panorama. Nous y fûmes à 2 heures et demie. La chaleur était très intense. On parlait de quelques cas de choléra. Les familles riches avaient fui dans la montagne. On se plaignait en outre de la cherté des vivres. Le mouvemen des rues était grand. Sur la place des petits arbres, près de la Préfecture se tenait une foire, ouverte le 16 août. Elle consistait en deux rangs étroits de mauvaises baraques. Les ouvriers Clermontais s'y portaient le soir comme à chose curieuse.

A 8 heures du soir je partis pour Aurillac.

Nous commençâmes à respirer en sortant de Clermont, les montagnes nous envoyaient leur air frais. La lumière douteuse de la lune éclairait peu la campagne. Celle des lanternes de la voiture en se projetant sur les feuilles des peupliers y produisait un effet de neige. Plus nous avancions, plus la température se refroidissait. Elle fut très froide de minuit jusqu'au lever du soleil. Le ciel était sans nuage et bien étoilé.

Nous traversâmes le pont d'Aubières, le Petit-Pérignat, le pont d'Orcet, autant de hameaux. Orcet vit naître en 1756 le trop fameux Couthon, mort sur l'échafaud en 1794. Orcet est à 12 kilomètres de Clermont. Ces villages ont des maisons d'une blancheur éclatante, élevées de deux et trois étages, irrégulièrement percées de beaucoup de fenêtres petites et étroites, ce qui est disgracieux.

Notre second relais fut à Coudes sur l'Allier, Coudes-Montpeyroux, ainsi surnommé d'une montagne que nous côtoyâmes sur notre droite avant d'y arriver. A sa sortie, nous eûmes sur la droite, le mont Rounière et le Beaurny : nous avions à gauche l'Allier et la vaste plaine qui se termine aux montagnes d'Ambert.

A 11 heures et demie nous étions à *Issoire*, que je ne pus juger. La Crourne l'arrose et va se jeter à peu de distance dans l'Allier.

Issoire a vu naître deux hommes qui parvinrent aux hautes dignités de l'Église, le cardinal Bohier, archevêque de Bourges, et le cardinal Duprat, chancelier de France et archevêque de Sens. Antoine Duprat y naquit le 7 janvier 1463, d'un Antoine Duprat, sieur de Verrière. Il fut le principal ministre de François Ier, travailla à l'abolition de la Pragmatique sanction et au Concordat qui la remplaça. On le peint comme amateur de l'argent, comme astucieux. L'ambition lui fit faire fortune. Il mourut dans son château de Nantouillet le 9 juillet 1535, à 72 ans et demi.

A 11 kilomètres après Issoire, ce fut Saint-Germain-Lembron, chef-lieu de canton. Nous montâmes beaucoup pendant plusieurs heures ; nous atteignîmes le sommet, nous nous trouvâmes dans ce qu'on appelle la plaine de la montagne : on me l'a dite productive. Le terrain était noir, c'est-à-dire volcanique, tel que je le vis jusqu'à Aurillac.

De temps en temps nous rencontrions de petites voitures de rouliers ; ces rouliers, en passant, échangeaient quelques mots avec notre conducteur, presque toujours en patois, singulier effet pour le voyageur qui ne le connaît pas ; ce jargon, qui n'est pas une langue, en a pour lui l'apparence ; en pleine France il est comme s'il était à l'étranger.

Des maisons au crépi blanc, de distance en distance sur cette route semblaient perdues au milieu de la plaine. Ces lieux, traversés à la lueur des étoiles et par un froid vif, étaient d'une grande tristesse. Au bout est la pointe des grêlés. Nous commençâmes à descendre à la première lueur de l'aurore ; la route allait en serpentant sur le versant rapide de la montagne ; on apercevait dans l'obscurité les profondeurs qui la bordent ; des arbres, de l'eau, des prairies les couvraient : c'était beau et horrible, telle était l'émotion qu'on éprouvait en les considérant. Le soleil manquait pour donner la vie à cette perspective. Parvenus à la base de la montagne, nous nous trouvâmes au milieu du pauvre village de Grenier-Montyon. Quelques gens s'éveillaient et apparaissaient sur le seuil de leur porte ; ils nous regardaient ; nous aurons dans la journée fait sujet de conversation : tout est événement pour un petit lieu. Peu après, nous traversâmes un pont et nous entrâmes dans la pittoresque vallée de l'Alagnon : nous fûmes alors sur la route d'Aurillac. L'Alagnon coule dans une gorge entre deux chaînes de montagnes. En certains endroits, celles-ci s'élèvent à pic avec majesté. Elles sont couvertes de roches, d'arbres, de graminées et de broussailles. Où la gorge s'élargit on a seulement une étroite vallée. L'Alagnon s'en va se jeter dans l'Allier ; nous le remontions sur sa rive gauche. La route, attachée au flanc des montagnes, en suivait toutes les sinuosités ; elle ne cessait de monter. La perspective était aussi imposante que pittoresque, de hautes montagnes hérissées de rochers de toutes formes, tantôt masses énormes, tantôt apparence de châteaux en ruines, de doubles enceintes fortifiées, tantôt entassés les uns sur les autres en grand désordre et menaçants, laissant croître des broussailles dans leurs fissures, ayant des traces de coulées de lave. Dressés au-dessus de votre tête, ces rochers effrayent ; des précipices de 100, de 150, de 200 mètres, d'autre part, inspirent non moins d'effroi, et même plus, car on est en danger d'y être jetés si le moindre accident faisait dévier la voiture. On les mesure de l'œil, et l'on est surpris de la hardiesse de l'homme qui ose tracer un étroit chemin sur ces flancs menaçants ; ose les affronter avec un lourd véhicule et de mauvais chevaux. Ceux-ci, nés dans les montagnes, semblent habitués à ces horreurs, ils marchent d'un pas tranquille au bord des précipices ; ils s'élancent au galop dans les descentes, qui sont elles-mêmes des abîmes ; ils suivent impassibles les tournants, ayant devant eux un précipice et en rencontrant aussitôt un autre au détour ; ils méprisent la peur, selon l'expression de Job, *contemnit pavorem*.

Au milieu de ce sublime désordre, l'Alagnon coulait en filet d'eau à travers les pierres : mais à la suite d'un orage ou à la fonte des neiges il devient un torrent furieux. Quel site pour le peintre et pour l'âme qui se plaît à contempler les merveilles de la nature ! Les points de vue se multiplient, ne cessant d'être de sublimes horreurs.

Le soleil se levait, ses premiers rayons éclairaient le sommet des montagnes, tandis que les ombres couvraient encore les gorges et les vallées. La lumière descendit peu à peu des cimes ; elle se projeta sur les arbres le plus haut placés. Ceux qu'elle n'éclairait pas offraient une teinte sombre qui rendait plus frappante la partie éclairée : ceci donnait davantage de solennité au silence de la nature. Insensiblement la lumière arriva jusqu'au fond de la vallée : alors tout fut vivifié ; mais la chaleur devint aussi intense que le froid l'avait été.

Nous rencontrions de temps en temps de petites voitures. Je considérai avec intérêt les petits chevaux du Cantal, maigres et nerveux. Ils montaient les pentes avec une extrême lenteur ; ils les descendaient au galop. Leur léger collier allait à leur encolure ; il était à point au sommet, à oreilles effilées, et recouvert d'une peau d'une blancheur éclatante. Les hommes qui les conduisaient étaient nerveux, de petite taille, à traits énergiques et durs. Le patois était leur langage.

Après Massiac ce fut La Roche, ensuite Aurouze avec son château démantelé et en ruines, posé sur un rocher. Après vint une série de petits villages pauvres, à maisons délabrées, couvertes en chaume ou en pierres plates.

Nous rencontrâmes, après le pont du Vernet, les villages de Charmansac et de Joursac, du canton d'Allanches. La gorge s'ouvrit et nous laissa voir une plaine au milieu des montagnes et commandée par deux châteaux du Moyen âge, posés sur deux points culminants à l'entrée de la gorge. Je demandai le nom de ces forteresses féodales, nul ne put me le dire ; je saluai par la pensée ces ruines d'un autre âge, étonnantes même au milieu de ces grands soulèvements de terrain, qui attestent eux aussi d'immenses révolutions, autrement formidables que celles suscitées par les passions des hommes.

La plaine n'avait rien de riant ; cependant l'esprit se sentait récréé au sortir de l'âpreté du site que nous venions de parcourir.

Nous fûmes bientôt à Murat, petite ville de 3,000 âmes. Elle est adossée à une montagne. Il était 9 heures du matin. Nous relayâmes pour la sixième fois : ce fut long.

A la sortie de Murat est un petit village, que le conducteur me dit se nommer Presse-Bas ; il est gentiment posé dans la vallée ; il distrait l'esprit après l'aspérité des montagnes. A partir de là, la vallée a un aspect moins désolé et moins rude ; la nudité des roches cesse, de vertes prairies montent jusque sur les pentes ; elles tranchent admirablement avec le vert des sapins : ceux-ci nous apparaissaient pour la première fois. En ce nouveau site ils se montraient nombreux, ils couvraient le flanc des hauteurs. Au-dessus, des rochers dépouillés de toute végétation montraient leurs cimes aiguës. La solitude, la pauvreté et le sublime étaient unis.

Nous arrivâmes bientôt en face des monts qui terminent la vallée de l'Alagnon et la séparent de celle de la Cère. Les sapins y formaient une admirable perspective ; de la cime des hauteurs ils descendaient jusqu'au fond des précipices, qu'ils couvraient de leur noir ombrage. Nous plongions du regard dans cette ténébreuse profondeur ; l'horreur s'y unissait au splendide : spectacle imposant, on ne saurait décrire l'émotion qu'il produit en l'âme. Nous nous écriions : « Que c'est beau ! que c'est sévère ! L'imagination s'égare au milieu de cette austère somptuosité de site et de plantations. » On nommait cet amas de sapins le bois noir ; d'autres l'appellent la forêt du Lioran. L'Alagnon y prend sa source. La route, s'élevant dans la montagne, formait plusieurs circuits, bordée de fondrières de 120 à 150 mètres de profondeur, que l'œil ne mesure qu'avec terreur. L'eau y mugissait parmi les pierres ; elle venait d'une cascade qui se précipitait avec bruit dans le ravin pour aller alimenter l'Alagnon. Nous laissâmes la cascade à droite, montant toujours la rampe qui conduisait à la percée du Lioran. Nous passâmes sur plusieurs ponts jetés à des hauteurs immenses. Le pont du Lioran est à 1,201 mètres au-dessus de la mer ; le Lioran est, après le plomb du Cantal, la plus haute montagne de cette contrée. Sa chaîne court de Murat à Salles. On y a pratiqué un tunnel de 1.410 mètres. Sa largeur est de 6 mètres 50 centimètres. Il fut commencé en 1839 et terminé en 1847. Des lampes placées de distance en distance l'éclairaient ; elles produisaient un effet de lumière qui avait sa beauté. Des demi-portes aux deux entrées interceptaient le courant d'air. Après l'avoir traversé, on entre dans la vallée de la Cère ou de Vic. C'est une agréable surprise après la sévérité de la vallée de l'Alagnon, c'est un coup d'œil qui enchante, tout est riant. La Cère sort, comme l'Alagnon, du Lioran, mais en sens opposé. Elle passe à Roquebrune dans le Limousin pour aller se jeter dans la Dordogne. L'une et l'autre rivières arrivent à l'océan, par deux différentes voies. N'en est-il pas ainsi de chacun de nous ? Le chemin n'est pas le même, la prospérité ou l'infortune, mais le terme est semblable, la mort et le mélange commun dans le sein de la terre, qui nous a portés heureux ou malheureux.

Nous rentrâmes un instant dans la sévérité des montagnes au pas de Compain. Nous passâmes près du plomb du Cantal, le point le plus élevé de la chaîne des montagnes de ce nom. Cette chaîne court de Saint-Flour à Aurillac. Son étendue est d'une quinzaine de kilomètres. Plusieurs pays se groupent autour de cette hauteur et lui donnent un aspect lourd et massif, qu'on a rendu par le mot plomb. Le mont Cantal s'élève à 1.858 mètres au-dessus de la mer : cependant il ne produit pas l'effet du Puy-de-Dôme, ni du pic de Sancy, parce que d'où on le voit on est déjà soi-même à une grande élévation. Son sommet est une pointe aiguë un peu inclinante. Dans le lointain il est plus saisissant. A ses flancs s'attachent le puy Cantalou et le puy Brunet. Au bas est le petit village de Saint-Jacques-des-Blats, humble et pauvre, séquestré du monde dans ce col commandé de toutes parts par de hautes montagnes.

Le pas de Compain franchi, on jouit de la magnificence de la vallée de Vic, nommée ainsi de son principal bourg. Les pentes des montagnes sont cultivées ; les arbres et les prairies font l'ornement de la vallée elle-même. Le site est riant et gracieux. Il y manque des châteaux et de belles maisons de campagne. Le soleil y était chaud, cependant tout paraissait avoir autant de fraîcheur qu'au printemps. Cette vallée me fit une telle impression qu'elle est restée en mon esprit un des plus délicieux souvenirs de voyage ; je rêvai d'y retourner.

Nous déjeunâmes à Thiérac : Les mets furent nombreux, mais la viande et la cuisine d'Auvergne ne valaient rien. La servante avait le costume cantalais, bonnet à barbes relevées, le corset en pointe par devant, et, au moyen de baleines, à distance respectueuse de la poitrine, costume sans charme, mais non sans pittoresque. Il fallait ajouter à cela l'air gauche et un peu sauvage de celle qui le portait, de gros traits et des membres trapus.

Les cantalais, à la différence des auvergnats du Puy-de-Dôme, sont en général de petite taille, trapus, à forts muscles, à traits prononcés, gros et épais. Leur regard est astucieux, mais sans finesse. Leur coiffure est le chapeau à haute forme, plus basse cependant que celui de la mode actuelle. Les bords en sont larges et droits. Les femmes portent la plupart le bonnet d'Auvergne, sur lequel elles posent un chapeau de paille noire ou blanche, qu'elles tiennent fort incliné sur leur front. Certaines ont le bonnet à barbes retroussées et tenu autour de la tête par une large fontange, coiffure du temps de Louis XV. La marque du veuvage est la coiffe noire. Elle est également celle des filles qui ont renoncé au mariage et font preuve d'une dévotion particulière.

Nous nous remîmes en route vers midi. Nous fûmes bientôt à Vic-sur-Cère ou en Cardalès, gros bourg où il y avait de l'animation Sa position est fort belle, en face d'une magnifique et riche vallée, au milieu des montagnes. Il y a une source d'eaux minérales. Les étrangers doivent y être attirés, ne fût-ce que par l'aspect du pays, qui offre de belles promenades à faire. Les eaux thermales sortent d'une source au bas du mont Griffoul, à cinq minutes de la ville. La saison est du 15 juin au 15 septembre.

Nous quittâmes la belle vallée de Vic pour entrer, à droite, dans la vallée de Marzerolles arrosée par le petit ruisseau de l'Auze, elle est moins spacieuse et beaucoup moins riche, elle est même un peu triste. La riante vallée de Vic se montra deux fois entre les gorges des montagnes ; elle charmait toujours nos regards. Nous entrâmes enfin dans la vallée de la Jordane, vallée riche et étendue, mais qui le cède en beauté à celle de Vic.

Aurillac nous apparut au bout de la vallée, qui un instant se rétrécit et perd de sa beauté. De ce côté, c'est le nouvel Aurillac avec ses maisons blanches irrégulièrement percées de beaucoup de fenêtres ; leurs toits de tuiles rouges tranchent vivement sur l'éclat de la blancheur des murs. On compte trois et quatre étages. L'arrivée est belle, de vertes prairies allaient se perdre dans le lointain. Les dernières hauteurs des montagnes d'Auvergne ceignent la ville ; à son couchant, ce n'est plus qu'une haute colline. La Jordane arrive des montagnes du Mas, à une dizaine de kilomètres au-dessus de la ville, qu'elle vient arroser ; puis elle continue son cours jusqu'à la Cère, en laquelle elle se jette non loin du village d'Arpajon, à cinq ou six kilomètres d'Aurillac.

Notre voiture s'arrêta sur la place d'armes, immense place où il y avait de la vie et du mouvement : il était deux heures. Le peuple de cette ville me parut grossier, plein d'insolence et amateur de l'argent.

Les Auvergnats, a dit un écrivain du XVII° siècle, *sont accorts et rusés, laborieux et ardents au gain, violents en leurs actions.* Ils n'ont pas changé : cependant *accorts*, non ; *rusés*, oui.

Une multitude des décrotteurs nous assaillit à la descente de la voiture, tous nous offraient leurs services, celui-ci pour brosser nos souliers, épousseter nos habits, celui-là pour porter notre malle, quittes à vous adresser de grossières injures si on ne les payait pas largement ou à vous regarder de travers si on ne les employait pas. Ils nous étourdissaient, on ne savait à quel entendre. La femme qui tenait le bureau n'était pas plus agréable.

Je ne trouvai pas à Aurillac l'urbanité française ; et il n'est pas que là qu'elle n'existe point.

La chaleur était intense, j'en étais accablé. L'azur du ciel était très pur et d'un bleu très vif. Je n'avais pas encore vu un tel ciel, ni une telle chaleur. J'étais dans le midi de la France. De hautes montagnes me séparaient de son nord et de mon pays. Je trouvais aussi d'autres mœurs et un autre caractère.

Tout le nouvel Aurillac est bien bâti et a des rues spacieuses. C'est tout le contraire dans le vieil Aurillac ; les maisons y sont laides, les rues étroites, petites et tortueuses ; les boutiques y sont affreuses, mal éclairées le soir par une chandelle ou par un mauvais lumignon. Leur intérieur est sombre, sale, et garni de peu de marchandises. Tel était le vieil Aurillac en 1854. La population ne dépassait pas 11,000 âmes.

La garnison se composait d'infanterie et de cavalerie. Je vis celle-ci faire l'exercice sur la place d'armes, et l'infanterie sur la promenade du gravier. Les casernes étaient neuves et belles.

Une vaste fontaine était sur la place d'armes ; chacun y venait chercher de l'eau dans des seaux de cuivre rouge, étamé à l'intérieur. Les femmes les portent pleins sur leur tête avec un aplomb surprenant ; elles les posent sur leur chapeau de paille, lequel plie sous ce poids sans en paraître endommagé. Cette manière a du pittoresque.

Je sortis, après un peu de repos, afin de visiter la ville. Je me rendis à l'ancien château des comtes d'Aurillac, devenu un monastère au X° siècle par la munificence de Saint-Géraud, l'un de ces comtes. On y établit alors une école en renom, d'où est sorti le célèbre Gerbert, devenu pape sous le nom de Sylvestre II. Les abbés prirent le titre de comtes d'Aurillac. En 1561, le pape Pie IV sécularisa l'abbaye. Aujourd'hui ce sont les Frères de la doctrine chrétienne qui occupent l'antique abbaye, l'antique château. Il est en dehors de la ville, sur une hauteur qui la commande ; il débouche sur la plaine qu'il domine également. Il a peu d'étendue. Sa façade, du côté de la rivière, présente à chaque bout une tourelle engagée dans la construction ; le donjon est par derrière, tour carrée bâtie sur le roc. On prétend que la partie inférieure de cette tour date du temps même du comte Géraud. Les Frères étaient en retraite, je fus reçu par l'aumônier, gros homme qui me parut épais d'esprit. Il me montra la chapelle moderne, construite et ornée par les Frères ; il me la fit voir comme ce qu'il y avait de plus curieux : il n'était pas archéologue ; l'antique m'eût beaucoup plus intéressé. La chapelle avait du luxe dans son ornement, mais rien de remarquable. Par sa situation le château est isolé.

Je retournai à la ville ; je revins sur la place d'armes, qui, par son étendue, ferait la gloire d'une grande ville ; les nouvelles rues, dont j'ai déjà parlé, y aboutissent en ligne droite. La seconde église paroissiale de la ville, Notre-Dame, est située sur cette place : c'est un édifice d'une seule nef, pauvre d'architecture. J'y dis la messe. Des femmes et des hommes y priaient avec ferveur, ceci dénotait l'esprit religieux d'Aurillac. Cependant un des vicaires m'avait constaté la veille un fait qui annonçait que la foi n'y empêchait par les désordres moraux. J'avais remarqué que les jeunes personnes étaient éveillées, libres et provocantes à l'égard des jeunes gens, j'en parlai au vicaire comme un indice que la piété devait manquer dans ce peuple. *Oui, sans doute*, me répondit-il, *nos jeunes filles sont légères, vives, et se laissent facilement entraîner ; mais ont-elles fait une chute, elles viennent aussitôt la déplorer au tribunal de la pénitence avec d'abondantes larmes et des protestations vives qu'elles ne failliront plus.* Il m'ajouta ; *souvent il arrive qu'au bout d'un an, de six mois elles tombent une seconde fois et viennent pleurer comme des madeleines.* Je pensai que la facilité et la promptitude de la rechute n'indiquait guère le repentir sincère de la première faute. Je conclus que la corruption des mœurs s'alliait en ce pays avec le sentiment religieux. Je laissai le vicaire dans son illusion ; mais je ne m'engageai pas à croire à la vertu des jeunes filles d'Aurillac. Je restai avec mon impression qu'elles étaient des éveillées qui faisaient la part du diable belle et large.

Je parcourus à son tour le vieil Aurillac. Les maisons élevées de ses rues étroites empêchent le soleil d'y pénétrer : on se garantit ainsi de la grande chaleur, très forte aux jours d'été. Les femmes travaillaient aux portes, afin d'avoir un peu d'air et de lumière. Un grand nombre faisaient de la dentelle ; les fuseaux et les fils jouaient entre leurs doigts avec dextérité. C'est la grande industrie de la contrée : mais les dentelles sont grossières.

J'allai me promener le long du canal et de la Jordane : on y rencontre plusieurs moulins à tan. Les maisons, vieilles et mal bâties, y avaient des galeries extérieures et l'escalier en dehors ; quoique laides, elles ont le singulier qui attire l'attention et intéresse.

Sur le bord de la Jordane est la belle promenade du Gravier ou cours Monthyon. Un parapet contient la rivière dans son lit : elle était en ce moment à peu près à sec. Au bout de la promenade avait été élevée dernièrement une statue à la mémoire du pape Sylvestre II. Il est représenté debout, revêtu de la chape et du pallium, la tiare sur la tête, la main droite élevée vers le ciel, la gauche tendue vers la terre, dans la posture d'un homme qui annonce la parole divine. Sa figure de vieillard annonce l'énergie et la volonté ferme. Cette statue est de David d'Angers. Le piédestal porte : *A Gerbert, Sylvestre II, premier pape Français, mort à Rome en 1003, l'Auvergne sa patrie 1851.* Les bas reliefs sont : 1° Gerbert pâtre ; 2° Gerbert instruit par les moines ; 3° Gerbert entrant dans Rome comme pontife. Il fut élu pape en 999 et mourut le 12 mars 1003. Simple pâtre dans son enfance, les moines de Saint-Géraud l'attirèrent dans leur monastère ; ils avaient remarqué son intelligence. Le génie du jeune pâtre s'y développa. Il devint le précepteur de Robert, fils du roi Hugues Capet, archevêque de Reims, et enfin pape. Sa grande science le faisait en son siècle passer pour un magicien. Il entreprit la première horloge à balancier. On y substitua la pendule en 1650. Il a été une des grandes figures du Xe siècle. Son tombeau fut ouvert en 1648, dans la basilique de Latran. Silvestre était revêtu des ornements pontificaux et parfaitement conservé : mais, lorsqu'on voulut y toucher, il tomba en poussière. Ce pape naquit près d'Aurillac, au hameau de Sébillac, de la commune de Saint-Sigismond.

Sur la même place où est la statue de ce pape il y a une colonne élevée à la mémoire de Monthyon, intendant d'Auvergne avant 1789 : il est connu par sa philanthropie et sa fondation du prix de vertu. Né le 26 décembre 1733, il est mort le 29 du même mois 1820.

Les Anglais assiégèrent Aurillac aux XIVe et XVe siècles ; et il le fut au XVIe siècle, tant par les ligueurs que par les protestants.

Je quittai Aurillac à 3 heures de l'après-midi, me dirigeant vers Tulle. Nous laissâmes à gauche les riches prairies arrosées par la

Jordane ; ayant monté la hauteur au couchant, nous fûmes en face d'une belle et vaste plaine allant se perdre dans l'horizon. Les montagnes avaient disparu, il n'y avait plus que des ondulations de terrain : nous étions sur les confins de l'Auvergne et du Limousin, dans la direction du Quercy. Nous traversâmes les hameaux des Quatre-Chemins, du Pontet et de Saint-Paul des Landes.

A partir de Saint-Paul le pays était complètement inculte jusqu'au Pont d'Orgon : ce sont des bruyères arides. On apercevait à droite, dans le lointain, les montagnes d'Auvergne : nous allions les laisser derrière nous pour ne plus les revoir. Nous retrouvâmes les arbres au Pont-d'Orgon, hameau de quelques maisons dans une vallée arrosée par un faible ruisseau. Au delà ce sont des bois de sapins et de châtaigniers qui portent le nom de forêt d'Orgon. Un assez beau château était perdu là au milieu de la solitude et de l'aridité. Nous atteignîmes Montvert, dernier village du Cantal de ce côté. Des vaches paissaient, gardées par de petits garçons et par de petites filles avec leur costume d'auvergnats, mouvant tableau, amusant à voir par sa singularité même.

Deux kilomètres après Montvert nous étions dans le département de la Corrèze, c'est-à-dire en Limousin ; une maison isolée était sur le bord de la rue, Maisonneuve. Des landes l'entouraient de toutes parts : un tel séjour, si rempli de tristesse et de désolation, ne semble pas fait pour la demeure de l'homme, cependant l'homme y habitait. Plus loin était encore une maison isolée, l'Arbre de Mesmin, sans doute de ce qu'un arbre l'abritait ; à côté était un pauvre jardin, unique ressource et seule récréation dans ce désert de landes où l'on apercevait par hasard un champ de seigle. Il en fut ainsi jusqu'à Sexclès, situé au sommet d'une montagne. Nous laissâmes le village à droite et descendîmes aussitôt, les chevaux nous menant à fond de train dans un ravin admirable ; les châtaigniers couvraient les pentes de leur épais feuillage, embellissaient le site à gauche, tandis que sur notre droite nous avions des hauteurs s'élevant à pic. Cette forêt de châtaigniers s'étageait de la cime jusqu'à la base. Une fraîcheur qui approchait du froid ajoutait à la sensation du spectacle. La nature était là luxuriante, riche tableau d'ondulations de terrain, de pentes hardies, d'épais et vert feuillage, de précipices et de sommets menaçants, l'eau mugissant sur des cailloux polis par son frottement

D'abord rapprochées, les pentes des montagnes finissent par s'éloigner l'une de l'autre et laissent ainsi un plus vaste espace à la vallée. Elles ne sont point incultes. Les maisons y sont disséminées au milieu des arbres et des accidents de terrain. En avançant vers Argental, la vigne se mêle aux diverses plantations des coteaux : on peut donc cueillir à la fois la douce châtaigne et récolter ce raisin dont le jus jette au cerveau de gaies et agréables pensées, dissipe les soucis, fait oublier les chagrins, vivifie le cœur de l'homme, selon l'expression du psalmiste.

Nous étions dans les montagnes de la Corrèze ; nous ne devions plus les quitter jusqu'à Tulle. Elle se rattachent à celles d'Auvergne ; elles en diffèrent en ce qu'elles sont moins élevées et plus productives. Comme dans le Cantal, la pauvreté des maisons et des habitants contrastait avec la beauté du site. Les habitations y sont accolées au flanc des montagnes et ont un ou deux étages. Le rez-de-chaussée est occupé par l'étable, la grange et le cellier. Au premier étage est le logement de la famille ; on y monte par un escalier placé en dehors et qui accède à une galerie, où se trouve la porte d'entrée de la demeure.

Tout-à-coup la Dordogne nous apparut, large rivière en cet endroit : je l'avais vue modeste torrent en la vallée du Mont-Dore ; je l'y avais vue divisée en deux ruisseaux, la Dore et la Dogne. Ici elle n'était plus un torrent incertain, elle était une superbe rivière qui allait se joindre à la Garonne pour former la Gironde et se jeter avec elle dans l'Océan. A Argentat elle débouchait des montagnes et arrivait au milieu de la magnificence d'arbres merveilleusement étagés sur des pentes parallèles. Un beau pont suspendu était jeté dessus. La beauté du panorama était achevée par les maisons d'Argentat le long de la rive. Nous payâmes le péage pour traverser le pont, construit en 1829 par M. Alexis de Noailles. Ce pont a 100 mètres de longueur ; ses piles 25 mètres au-dessus du niveau de la rivière. Elles sont percées à jour et portées chacune sur quatre voûtes élégantes. La Dordogne commence là à être navigable.

Argentat est une petite ville à 31 kilomètres de Tulle. Sa population dépasse 5,000 âmes.

Le jour arrivait à son déclin ; nous relayâmes pour la troisième fois. Beaucoup d'hommes entourèrent notre voiture. Ils parlaient entre eux le patois limousin. Leur manière était vive et impétueuse, ce qui me donna à penser que les passions étaient violentes et le caractère peu endurant. J'eus le temps d'examiner les physionomies, car nous restâmes longtemps au relais. Il y avait en ces hommes une allure de grossièreté et de grande liberté de mœurs ; je ne sais jusqu'à quel point cette dernière était poussée : mais mon impression fut défavorable.

Après Argentat, nous entrâmes dans la vallée de la Souvigne, rivière qui vient se jeter dans la Dordogne près de cette ville. Cette vallée n'avait pas la beauté de la vallée de la Dordogne et de la vallée de Fontanges. Les versants continuaient à être couverts de châtaigniers ; à la nuit, nous aperçûmes à divers degrés d'élévation, à travers leur feuillage, la lumière des habitations ; c'était pittoresque en son genre. Ces demeures isolées étaient habitées probablement par de pauvres paysans, simples dans leur goût et se contentant de peu. Il y avait sans doute des joies en ces chaumières, mais encore plus de souffrances, au moins des privations, quoique l'inconnu et l'ignorance bornassent les désirs. Cependant en ces cœurs il y avait des passions. Etait-ce des instincts grossiers et brutaux, par manque d'instruction, des vices moins raffinés que ceux des grandes villes, ou étaient-ce des mœurs retenues, une simplicité crédule, mais religieuse, la crainte de Dieu, le sentiment du devoir, la modération des désirs, le contentement du peu, le respect de son semblable, l'obligeance dans l'âme ? Telles étaient les demandes que je me faisais en considérant avec attention ces lointaines lumières éparses à de grandes hauteurs. S'il y avait là un vertueux montagnard, béni soit-il. La vertu est plus belle avec la naïveté des mœurs.

Nous eûmes bientôt à gravir la montagne ; on adjoignit deux chevaux aux traits de notre voiture. Notre conducteur, afin d'abréger le chemin, au lieu de la route nouvelle, prit l'ancienne. On ne l'avait pas réparée depuis trois ans et demi, aussi était-elle très mauvaise ; des précipices profonds la bordaient, nous en apercevions l'horreur à la lueur de la lune. La voie était si étroite qu'une seule voiture pouvait y passer. J'étais juché sur l'impériale : nous fîmes l'observation au conducteur sur l'imprudence de s'être engagé dans une route si peu large. *Bah !* nous répondit-il, *jamais deux voitures ne se rencontrent en cet endroit*. Nous échappions du tournant de la montagne qu'une voiture se présenta à nous ; heureusement la voie avait pris plus de largeur ; nous passâmes contre le rocher, elle, près du précipice. Notre conducteur nous dit qu'il passait par là, même dans la mauvaise saison et à la nuit obscure. Les montagnards ont une témérité incroyable et un sang-froid que rien ne trouble ; ils comptent sur leurs chevaux habitués aux routes de montagne.

Nous arrivâmes à Tulle à dix heures. Le lendemain, dès le matin j'allai dire la messe à la cathédrale. Elle est dédiée à la Sainte Vierge. Son chœur a été détruit en 1793 ; il ne reste plus que la nef, composée de cinq travées avec deux latéraux : selon toute apparence elle remonte au XIII⁰ siècle. Elle est étroite et peu élevée. Les piliers, de forme carrée, ont quatre colonnes engagées dans leur massif. Les chapiteaux n'ont aucune sculpture. La corniche, où la voûte vient retomber, est soutenue par des consoles. Il y a nudité et crudité en cet édifice. Il a été construit en pierre du pays. Le chœur a été établi dans l'une des travées. Il existe quelques autels, mais point de chapelles. La cathédrale de Tulle est en somme une vilaine église et pauvre. Le clocher est du XII⁰ siècle et de bon effet, quoiqu'il ait pareillement crudité dans sa construction. Son élévation est d'environ 50 mètres. Outre la base, on compte trois étages jusqu'à la naissance de la flèche. Celle-ci est accompagnée de quatre clochetons. En dessous est le porche. Là étaient inhumés les vicomtes de Turenne, seigneurs du Limousin.

Le vieux Tulle, où habitent les pauvres, est situé sur la pente d'une hauteur ; il est affreux, rues courtes, étroites, sales, non pavées, maisons en bauge et en bois, où la misère semble avoir établi son domicile. La préfecture est en haut de cette vieille ville. Elle n'est pas belle, non plus que l'Hôtel-Dieu. La chapelle de celui-ci est une rotonde avec trois nefs. L'évêché et le grand séminaire sont sur la hauteur opposée à celle du vieux Tulle. Ils sont comme séparés de la ville, qu'ils dominent de leur éclatante blancheur. Le nouveau Tulle s'étend dans la vallée sur les deux rives de la Corrèze. Des maisons riantes et jolies embellissent les quais. La rivière est contenue par des parapets en belles pierres de taille.

Cinq ponts sont jetés dessus, le pont de la Barrière, ceux du Palais-de-Justice, de Milet-Moreau, de Choisinet et des Carmes. L'hôtel de ville et le tribunal sont sur la rive gauche ; la caserne, bâtiment spacieux, est sur la rive droite, du côté du vieux Tulle. Sur les hauteurs sont quelques maisons isolées et le couvent des Carmélites.

Les anciennes maisons s'élèvent de trois et quatre étages, possèdent des galeries extérieures et des balcons, ont de nombreuses fenêtres.

Tulle compte 12.000 âmes de population. Elle est située au confluent de la Corrèze et de la Solane. Elle était autrefois la capitale du Bas-Limousin ; elle est aujourd'hui le chef-lieu du département de la Corrèze. Au XIV⁰ siècle elle resta fidèle aux rois de France dans la guerre avec les Anglais.

L'historien Baluze est né en cette ville, le 24 décembre 1630. Il mourut à Paris le 28 juillet 1718, dans sa 88⁰ année. Il fut inhumé à Saint-Sulpice.

Mascaron en a été évêque de 1671 à 1676, année où il fut transféré à Agen. Il y mourut le 16 novembre 1703, à l'âge de 69 ans.

La population de Tulle me parut pauvre. Le vicaire de Saint-Pierre, deuxième paroisse, que je rencontrai à Rocamadour, me dit qu'elle n'était pas religieuse ; que les idées démocratiques y étaient très avancées, presque démagogiques. Ceci était dû en grande partie à la manufacture d'armes. Je le remarquai moi-même en la visitant : il y avait dans les allures quelque chose qui annonçait les passions mauvaises. En parcourant la France et en observant, je me suis aperçu (ce qui va paraître un paradoxe) qu'il y a de la religion partout et qu'il n'y en a nulle part, c'est-à-dire que la foi baisse et que le scepticisme augmente : l'extérieur est catholique, le fond ne l'est guère, à l'exception d'un certain nombre d'âmes d'élite.

J'allai visiter la fabrique d'armes ; elle appartient à l'État. On me fit voir les diverses pièces dont se compose un fusil et les différents fusils de guerre. Les premières ébauches de ces armes se font à un kilomètre de la ville, en un lieu appelé l'Estabournée, à Souliac. Je visitai cet établissement. En y allant, j'aperçus une nombreuse troupe d'enfants du peuple et de pension qui s'ébattaient tout nus dans la rivière et sur les rives, petits polissons qui apprenaient à ne pas rougir. La chaleur était extrême, la fraîcheur de l'eau les invitait à se baigner, mais leur joyeuseté n'en était ni moins vilaine, ni moins condamnable. Par un tel début, il n'est guère possible qu'ils ne soient pas à l'âge des passions des libertins éhontés. Le lieu n'était pas à l'écart, il était sur la route ; la police de Tulle aurait dû y voir.

Tulle était plein d'animation, c'était le jour du marché, le samedi ; il se tenait non loin de la Corrèze, devant et autour de la cathédrale. Les paysans affluaient. Les femmes, salement vêtues, avaient pour coiffure un bonnet rond, garni d'une simple bande non plissée. Tout annonçait la pauvreté en ces campagnes. Ils parlaient en patois. Parler français, me dit la femme du concierge de la fabrique d'armes, était prendre des airs de fierté : aussi en la ville même le langage habituel était le patois.

On conservait la coutume d'autrefois, on dînait à midi. On déjeune le matin, on soupe le soir. L'hôtelière me proposa la soupe à mon déjeuner d'onze heures, je la remis au soir, voulant rester avec ma coutume moderne, peut-être moins bonne que l'ancienne : car les soupers d'autrefois étaient fort agréables ; ils sont un doux souvenir de mon enfance.

Une remarque encore, à Tulle, à Aurillac, dans le midi on commence à sonner l'*Angelus* par la grande volée, on finit par les trois tintements ; c'est le contraire du nord.

Ce même samedi, 2 septembre, je quittai Tulle, après avoir attendu longtemps le départ, trompé par l'indication des voituriers qui ne se gênent point en ceci avec les voyageurs.

Nous fûmes à la presse, la voiture était fort étroite et les voyageurs en grand nombre. Nous suivîmes les bords de la Corrèze, dans une vallée étroite, entre les montagnes. Celles de la rive droite présentaient de roches granitiques et de basalte. En traversant la rivière, nous eûmes un beau point de vue, les hauteurs s'éloignaient, se rapprochaient, se coupaient en divers sens ; l'œil cherchait à pénétrer dans les vallons ouverts et fermés tout aussitôt. L'inconnu, comme la demi-lumière, a toujours des attraits pour l'homme ; son imagination peut créer, et elle crée. De la rive gauche nous passâmes une seconde fois sur la rive droite, que nous suivîmes jusqu'à Brive. L'arrivée de cette ville est magnifique, un beau pont jeté sur la Corrèze et une superbe allée de grands arbres. On dit Brive-la-Gaillarde : sa situation l'est en effet, au milieu d'une vaste plaine couronnée de riches et riantes collines, sous un ciel chaud et pur.

Tout poudreux, tout fatigué de chaleur, j'allai chercher l'hôtel qu'on m'avait indiqué comme un des meilleurs.

Le lendemain, à mon lever, je me rendis à l'église la plus voisine Saint-Martin. Brive avait deux paroisses ; la seconde était dédiée à Saint-Sernin. Les boutiques étaient ouvertes, les marchandises étalées au dehors. Il y avait une grande activité et un bruit de patois singulier : on tenait un très fort marché sur la vaste place même de l'église. En cette partie du midi on fait, le dimanche, le commerce jusque vers une heure ; les gens de campagne des villages environnants affluent dans les villes. Je fus étonné. J'entrai dans l'église, elle était comble de femmes et d'hommes, presque tous debout, les femmes dans la partie inférieure, les hommes dans la partie supérieure. On finissait la première messe ; je fus invité à dire la seconde : l'affluence fut aussi grande. Plusieurs femmes lisaient pieusement leur messe et priaient avec ferveur. Le plus grand nombre n'avaient pas de livre et assistaient assez machinalement au divin sacrifice ; quelques-uns étaient distraits et causaient : les femmes disaient leurs patenôtres sur leur chapelet. A la grand'messe, l'église se remplit également, mais un peu moins qu'aux messes basses. Quant aux vêpres, l'assistance est petite. On n'y chante point les complies, et le salut est court. A part la vente du matin, les travaux manuels sont interrompus. A Brive, les gens étaient à leur porte, causaient entre voisins, quelques-uns se promenaient. Les jeunes gens jouaient aux boules ou aux quilles sur le Cours. La seule infraction au dimanche était l'achat et la vente.

Saint-Martin, principale paroisse, est une église grande et belle, ayant une nef et deux latéraux d'égale et haute élévation. Les retombées des voûtes sont soutenues par de hautes colonnes dans le genre de celles de Saint-Eustache de Paris. C'est une œuvre du xve siècle. Le transept et les murs des latéraux sont du xie et xiie. L'intérieur est roman. Son seul petit clocher, fort bas, est roman pur. Saint-Martin est donc une église rebâtie en sous-œuvre.

Le rit du diocèse de Tulle était alors le parisien. Le célébrant en allant à l'autel tenait une petite croix entre les mains. Il n'y eut pas de procession avant la messe. Le surplis à ailes et le rochet sans manches étaient encore en usage. Les deux choristes avaient en main le bâton cantoral. Les enfants de chœur faisant l'office d'acolytes et de thuriféraires portaient une écharpe en travers, à la Henri IV, attachée sur l'épaule et sur le côté. Ceci avait plus de grâce que les mozettes mises en usage depuis quelques années dans les divers diocèses de France. D'ailleurs la simple aube va bien à des figures enfantines et adolescentes, la taille svelte serrée par une ceinture ou un cordon ; ces enfants et ces adolescents conservent ainsi leur air agile, une des grâces de leur âge. La mozette nuit à l'élancement du corps, une des beautés de l'enfant et du jeune homme. Elle ne convient pas davantage à sa figure ingénue et maligne tout à la fois, à la vivacité et prestesse de ses mouvements. Les enfants de chœur de Brive avaient cette dernière avec la pétulance méridionale qui sied à merveille à l'enfant. Le sang ne laisse point de calme aux enfants du midi ; cela leur donne une physionomie, sinon spirituelle, au moins fine et enjouée. Ce fut à Clermont que j'en fis pour la première fois la remarque.

Le pain bénit fut du simple pain.

Il y eut après la messe une procession extérieure en l'honneur de saint Fiacre, patron des jardiniers. Ceux-ci avaient chacun un cierge à la main et fort peu d'apparence de dévotion ; ils riaient, ils causaient, en s'avançant au dehors au chant du *Veni Creator*. Je laissai cette procession traverser la foule du marché.

Sur la place de la halle, au côté nord de l'église, est une statue en bronze. Voici l'inscription : *J'institue Brive ma ville natale ma légataire universelle. Paris le 20 juillet 1834. Majour.* Majour est debout et vêtu d'une longue redingote, dite à la propriétaire, selon la mode de l'époque.

Près de la route de Paris, à l'entrée de la ville, est une vaste place, à sa suite une promenade : là a été élevée une statue à la mémoire du maréchal Brune, fils d'un avocat de Brive. Voici l'inscription : *Brune, né à Brive le 13 mars 1763, mort à Avignon le 2 août 1815, ses frères d'armes, ses concitoyens.* Sur chaque face du piédestal : *Bergen, Le Helder. Kastrium. Stralsund. — Poméranie. Dunholm. Minuo. — Italie. Adige. Fribourg. — Helvétie. Neucheck. Pacifications de l'Ouest. Ambassade de Constantinople.* Brune est debout, le manteau jeté sur les épaules. Il s'appuie de la main droite sur son bâton de maréchal, de la main gauche sur son sabre.

Brive a aussi vu naître le trop fameux cardinal Dubois, le 6 septembre 1656, mort le 10 août 1723. Son père était apothicaire. Il végéta à Paris jusqu'à ce qu'il fut introduit auprès du duc de Chartres, le futur régent, dont il devint le protégé. Saint-Simon, avec l'âcreté de sa plume, en a fait un très vilain portrait, réel au fond, mais chargé. Au physique, c'était *un petit homme maigre, effilé, chafoin, à perruque blonde, à mine de fouine, à physionomie d'esprit* (mémoires). Cet homme, qui était bien de la Régence, a été une honte pour l'Église, laquelle néanmoins n'en est pas responsable, car elle ne peut l'être des passions et des intrigues qu'elle condamne, mais qu'elle ne peut empêcher, puisque ces choses dépendent du libre arbitre et de la corruption ou de la méchanceté de l'individu, c'est une plaie qu'elle a eu à subir dans tous les temps, mais qui n'ôte rien à la sainteté et à la pureté de sa doctrine. Si vigilante qu'elle soit, elle ne peut répondre de la perversité du cœur et de l'esprit.

Les autres hommes de renom qui virent le jour à Brive sont Algay de Martignac, traducteur d'Horace et de Virgile, en 1620 ou 1628, mort en 1698 ; le naturaliste Latreille en 1762, mort en 1833 ; le conventionnel J.-B. Treilhard en 1742, membre du Directoire, mort à Paris le 1er décembre 1810 : son père était avocat ; le comte Charles-Philibert de Lasteyrie, le 4 novembre 1759, mort le 3 novembre 1849, à Bellevue, près de Paris, agronome et l'un des inventeurs de la lithographie.

Sur la même place de la statue de Brune est le château d'eau. Il fournit de l'eau à toute la ville au moyen d'une pompe refoulante et d'une pompe aspirante, l'une et l'autre mises en mouvement par l'eau.

J'y montai. Du haut de sa colonne on jouit de la perspective de Brive et de toute la plaine. Vue de là, Brive paraît petite et n'a rien de pittoresque ; mais sa plaine et les coteaux qui l'environnent en rendent la position délicieuse : la Corrèze lui donne la fraîcheur et en même temps la richesse.

Si, à l'extérieur, Brive est une jolie ville, il n'en est pas de même à l'intérieur, ses rues sont étroites et sombres, de plus, mal pavées. Les promenades ont remplacé les anciens fossés ; elles sont garnies de belles maisons d'un ou deux étages, à façade somptueuse précédée d'un jardin. Les promenades elles-mêmes sont magnifiques. La Sous-Préfecture, un peu à l'écart, est un bâtiment fort modeste ; le Tribunal, au contraire, est un véritable édifice avec un péristyle orné de quatre colonnes ioniques. Comme la Sous-Préfecture, il est sur la promenade.

L'église Saint-Sernin, seconde paroisse de la ville, n'est qu'une vaste chapelle, à une seule nef avec trois chapelles sur les côtés. La chapelle des Ursulines consiste en une longue et vaste nef. Elle possède une belle chaire.

Brive du bas Limousin, dépendait du Périgord avant le roi Charles V. Les meilleures truffes se trouvent dans ses environs. Sa population va à près de 9.000 âmes. En 585, Gondebaud, qui se disait fils de Clotaire, y fut proclamé roi d'Aquitaine.

J'allai visiter la chapelle Saint-Antoine, à un kilomètre de la ville, tout près de la grande route de Toulouse. C'est un pèlerinage populaire, mais la chapelle, à cause de son mauvais état, était alors interdite par l'évêque de Tulle ; ce qui n'empêchait pas les pèlerins d'y affluer. Il y a deux différentes chapelles, dont l'une sous le vocable de la Sainte-Vierge, toutes deux sous le rocher. Les statues étaient affreuses, motif d'être plus en vénération populaire, parce que ceci même, aux yeux du peuple, atteste une vieille date et la respectable consécration du temps ; des successions de générations ont prié devant. Tel est le sentiment populaire. A la place de ces effrayantes figures, les figures mondaines de nos statues modernes, où l'art est souvent douteux, n'inspirent pas de dévotion.

La chapelle Saint-Antoine était alors une propriété particulière. Le propriétaire faisait spéculation du pèlerinage ; des plateaux étaient là pour les offrandes volontaires : on ne manquait pas d'y mettre. On brûlait aussi beaucoup de cierges, dont les bouts de cire restant étaient encore un bénéfice. J'entrai et je priai. Le propriétaire, qui soignait à son affaire, m'aborda, me saisit, pour ainsi dire, au collet. Il me conduisit à une grotte d'où filtraient les eaux, grotte humide et fraîche, propre à une élégie ou à une idylle. Au retour il m'invita à entrer chez lui, même m'y força. Il me raconta ses griefs contre l'évêché ; je l'écoutai, et je m'esquivai le plus tôt possible : je n'avais affaire de la querelle du fidèle et de l'évêque.

Je quittai Brive à une heure du matin, après une attente de trois heures au bureau et avec crainte de ne pas trouver de place. On laissa des voyageurs ; on encombra l'impériale de plusieurs pauvres diables qui se rendaient aux forges de Decazeville pour travailler, les uns à l'usine, les autres au chemin de fer. La voiture venait de Limoges. Je montai dans l'intérieur, où l'étroit espace des banquettes, courtes et trop rapprochées, nous tenait à la presse.

La route monte pendant huit kilomètres, jusqu'à Noailles, lieu originaire de la famille de ce nom. Non loin sont les grottes de l'Amoureux, curiosité du pays. La nuit était profonde, je ne vis rien. En arrivant à Martel, toute la plaine était éclairée. Martel est une petite ville du Quercy, de 3,000 âmes. Son apparence est celle d'un gros bourg. Elle possède un collège communal. Nous nous y arrêtâmes assez longtemps. L'air était froid. Quelques-uns des ouvriers que le conducteur avait entassés sous la bâche de l'impériale vinrent remplir les places vides de l'intérieur. Ils se plaignirent beaucoup de la manière qu'on les avait casés. Dans le midi, les conducteurs sont peu complaisants, les voitures étroites, mal tenues, toutes disloquées, les routes sans ombre, le soleil ardent, la poussière épaisse, tel est en raccourci la manière d'y voyager, là où il n'y a pas de chemin de fer. Aux hôtels les gens n'y sont point agréables, et la propreté est douteuse : Je parle de 1854.

Nous étions dans la Guienne, immense bassin de formation jurassique et craieuse entre les chaînes granitiques du Limousin, des Cévennes, des Pyrénées et de l'Océan. Elle était un des plus grands gouvernements de l'ancienne France. Elle renfermait deux provinces la Guienne et la Gascogne. Dans la Guienne étaient le Bazadois, le Périgord, l'Agenois, le Quercy et le Rouergue ; dans la Gascogne, les Landes, le Condomois, l'Armagnac, la Chalosse, le pays des Basques, le Bigorre, le Comminges et le Couserans. On désigne d'ordinaire sous le nom de gascons les habitants de ces deux provinces. Le Quercy, partie de la Guienne où j'étais, a en long et en large 72 kilomètres. César nomme les habitants de ce pays *cadurci*.

Quoiqu'il fût matin, il y avait déjà grand mouvement dans Martel.

Nous continuâmes notre chemin. Bientôt nous fûmes dans le Quercy, pays semé de pierres et de hautes collines, terrain calcaire, siliceux, en quelques endroits, terrain ingrat qui çà et là porte de petits chênes rabougris. Le chêne est l'arbre de cette contrée, qui même en tire son nom de Quercy, *quercus*. Des petits murs d'environ un demi-mètre de hauteur, en pierres sèches c'est-à-dire sans ciment, entourent chaque champ. Ces champs sont la plupart presque entièrement couverts de pierres.

La nature a de la rudesse : cependant les collines et les accidents de terrain donnent au site une perspective spéciale, qui a de l'intérêt pour le voyageur. On s'amuse à contempler, sans être égayé. Chaque site amène à l'esprit des sensations diverses. Il en est de profondes, qui ne s'effacent jamais, dont le souvenir plaît, charme le foyer et la solitude de la demeure. Le Quercy eut un véritable intérêt pour moi, j'avais encore peu voyagé, le site était nouveau ; quoiqu'il manquât d'attrait, je le trouvais curieux à voir. Tandis que je considérais, nous atteignîmes Grammat. Cette petite ville a l'apparence d'un gros bourg. Sa position est sur un monticule. Du côté de Figeac, la pente est très rapide. Nous passâmes dans les villages de Thémines, de Rudelle, formé d'une longue rue étroite, dans La Capelle-Marival, et dans Le Bourg. La chaleur était grande, la poussière plus grande encore. Pour faire place à deux dames, nous nous entassâmes dans la voiture ; le mari de la plus jeune fut forcé de se tenir sur le marchepied de derrière : il nous bouchait l'air et la vue ; mais, en voyageurs aimables, nous lui avions rendu service. Nous avions dans l'intérieur un professeur de l'école des chartes de Paris, M. Lacabane : il venait en vacances dans son lieu natal. Je liai conversation avec lui ; il me parut un excellent homme sans prétention, et, point important chez un savant, sans pédanterie. Il commençait à prendre des années. Nous atteignîmes Fons, village situé dans une belle vallée, à l'ouest : à l'est, en est une autre, non moins belle et boisée. Le site est pittoresque. La route, sur le sommet de la colline, dominait les deux vallées. J'admirais les vallées du côté du couchant. Nous rencontrâmes encore le village de Camburat, le ruisseau du Drousou, et le village de Fanioles, à 4 kilomètres de Figeac. La vallée de Fanioles passe pour la plus belle de la contrée : je la trouvai fort jolie. Après avoir monté la hauteur qui la domine, nous descendîmes dans la vallée de Figeac, beaucoup moins belle, quoique riche. Le Quercy, comme je l'ai déjà marqué, a un aspect spécial par ses nombreux monticules de forme arrondie, par ses vallées, tantôt sèches, tantôt arrosées par des filets d'eau, par ses champs couverts de pierres et enfermés entre des amas de pierres, contrée désolée, aride, verdoyante et riche là où coulent les eaux. On y cultive un peu de blé. Nous aperçumes des gens occupés à le battre ; ils étaient, hommes et femmes de huit à douze, au grand soleil, devant l'habitation. Dès qu'ils l'ont battu, ils le lavent et le font sécher au soleil.

Du sommet de la hauteur du Bourg, on nous fit remarquer, sur notre gauche, à 5 ou 6 kilomètres de distance, le monticule le plus élevé du Quercy, à 760 mètres au-dessus de la mer : on l'appelle le foiral de Saint-Berçou. Foiral est le nom qu'on donne dans le Quercy aux lieux où les foires se tiennent ; et l'on choisit ordinairement pour cela les lieux les plus élevés. Le foiral de Saint-Berçou est isolé, il n'y a pas de village auprès ; au moment des foires, on s'y rend de tous les environs et l'on y dresse des tentes. De sa cime on aperçoit les Monts Cantal, dont il est une suite et comme un contrefort. A part ce foiral les hauteurs du Quercy ont d'ordinaire 450 mètres d'élévation.

Figeac est au pied de la chaîne qui, calcaire, forme le prolongement des montagnes de Latronquière et qui est un dernier gradin des Monts Cantal. Il est situé sur le cellé (*siler* en latin), en face du Cingle, haute colline sur la rive gauche. C'est sur cette colline qu'on rencontre les pyramides appelées aiguilles, dont on ignore l'origine et qui ont donné, dit-on, son nom à Figeac, *fige acum*. On croit qu'elles servaient pour faire des signaux en temps de guerre. Ce sont de minces obélisques prismatiques à huit pans, de 5 mètres de hauteur sur une base de 5 marches, ce qui fait en tout 8 ou 9 mètres d'élévation. La circonférence est de 4 mètres.

La ville vue du Cingle se présente ramassée, s'étend dans la vallée et monte jusque sur la hauteur opposée au cingle, sur la rive droite. Sa perspective est gentille. La vallée, au nord, s'en va montant vers les collines que domine le foiral du Puy Saint-Berçou. Elles ondulent tout autour de Figeac ; c'est donc une suite de vallées et de hauteurs. Le paysage est agréable par les vignes et ses maisons de campagne, blanches constructions disséminées de toutes parts. La ville, à l'intérieur, est fort laide, rues sombres, étroites, mal pavées, vieilles maisons, d'une grande élévation et sans symétrie : à peine rencontrait-on six maisons modernes. Un va et vient perpétuel donnait de l'animation ; on travaillait aux portes, au lieu de se renfermer dans le sombre de la demeure.

Le marché était bien approvisionné, surtout en fruits, et plus spécialement en figues et en pêches. Le printemps et une partie de l'été ayant été vilains, le raisin était en retard. Quant à la viande, elle était mauvaise.

Si l'extérieur des maisons était vilain, leur intérieur ne valait pas mieux, tout y était sombre, noir, mal distribué ; d'anciens escaliers en bois ou en pierre, de vastes appartements où respirait la tristesse.

Par ses constructions, Figeac était encore une ville du moyen âge. Ses commencements datent d'une abbaye de Bénédictins, fondée, selon les uns, en 755 par Pépin le bref, selon les autres par le roi d'Aquitaine, Pépin I*er*, fils de Louis le débonnaire, en 819. Elle eut à souffrir des guerres de religion au XVI*e* siècle. En 1622, pendant la guerre de Guienne, le vieux duc de Sully, qui avait acquis la propriété de cette ville et de Capdenac, la rendit à Louis XIII.

Il y a trois paroisses. La première, Saint-Sauveur, est une ancienne collégiale : on la nomme le Chapitre. La seconde est Notre-Dame : on l'appelle le Puy à cause de sa situation sur la hauteur. La troisième est celle des Carmes, dont le nom vient d'un ancien couvent de cet ordre. Saint-Sauveur est un bel édifice du XII*e* siècle, de l'époque de transition. Les protestants, au XVI*e* siècle, en abattirent la partie supérieure, qui fut reconstruite au même temps avec fenêtres géminées, ayant quatre feuilles et remplages ; elles ont dans la nef et les latéraux des voussures et des archivoltes. Le transept possède des roses. Les arcades sont en plein cintre Le chevet en a une grande et quatre très exigues ; le chœur en compte deux. Un dôme de 40 mètres d'altitude, occupe le milieu du transept ; il est surmonté d'une lanterne octogone. Les voûtes sont élevées et dans le style ogival, à arcs doubleaux. Les fenêtres manquent de développement Ceci est dû à une galerie simulée au-dessous d'elles. On compte quinze chapelles autour de l'édifice. Dans le bras méridional du transept est l'entrée d'une espèce de crypte, appelée chapelle de Notre-Dame-de-Pitié. Les colonnes en sont gracieuses. La voûte est du XIII*e* siècle. La boiserie représente les scènes de la Passion. Poursuivons la description de l'édifice. Le chœur, en dehors, est fermé par un mur ; en devant il est orné d'une belle boiserie et de stalles. Le maître autel est placé en avant. Son tabernacle, en forme d'urne à deux anses, avait pour couverture le livre des *Sept Sceaux*, et au-dessus une gloire et une couronne. La table de communion, d'un très beau marbre, est sous le dôme. La chaire est en bois richement sculpté.

Dans le bas de la nef, à son milieu, est un magnifique bénitier. La longueur de l'édifice est de 62 mètres sur 8 de large ; l'élévation, de 21. La tour est massive. Romane, elle a été dénaturée dans sa partie inférieure par une réparation sans intelligence. Sa hauteur est de 40 mètres. Elle porte un petit clocher. La construction est en belles pierres du pays.

L'église Notre-Dame offre un portail du XIIIe siècle. La voussure en est belle avec archivolte historiée. Trois dais la surmontent. Elle possède en plus une rose à huit lobes entourés de huit feuilles : plusieurs tores circulaires donnent à cette rose une grande profondeur. L'intérieur de l'édifice est de la fin du XIIe siècle. La nef est vaste, belle, mais peu élevée. Deux latéraux l'accompagnent. On compte cinq arcades et un narhtex, ouvrant par une grande arcade et deux petites : elles soutiennent la tour. Le chœur est composé de trois petites arcades.

Le maître autel possède un très riche rétable en bois sculpté, d'ordre corinthien, du XVIIe siècle. Les statues des saints, de grandeur naturelle, sont d'un très beau travail. Les colonnes, de forme torse, sont ornées d'anges et de ceps de vigne. Le tabernacle est entièrement doré. L'abside contient trois chapelles et cinq autels. Celle du milieu est dédiée au Saint Sacrement, les deux autres à la Sainte Vierge. Les églises du midi ont en usage d'avoir plusieurs chapelles et plusieurs statues dédiées à la Vierge sous différentes appellations, Notre-Dame-de-Pitié, Notre-Dame-de-Bon-Secours, Notre-Dame-des-Sept-Douleurs, la Conception, l'Annonciation, etc. Tout y respire un culte spécial à son égard. Les baies ont deux formes, surmontées par un quatre-feuilles et des remplages.

Il existe à Notre-Dame une confrérie de pénitents bleus, dits de Saint-Jérôme. Leur costume est une longue robe bleue, avec capuchon muni d'une languette rabattant sur le visage, espèce de domino qui n'a que deux petites ouvertures pour les yeux. Un cordon bleu à nœuds et à glands serre cette robe à la taille. En une procession cela produit un effet pittoresque.

La longueur de Notre-Dame-du-Puy est de 41 mètres sur 13 de largeur et 16 d'élévation.

A côté de cette église est le collège communal, vaste bâtiment qui n'a d'autre mérite que de se voir de loin, étant placé sur le sommet de la colline. Là se trouve aussi le foiral, vaste promenade composée d'une allée principale et de deux contre allées. On y rencontre une petite chapelle, fermée seulement par une grille.

J'entendis un carillon ; il partait de l'église des Carmes, dans la vallée ; on saluait un nouveau-né qui était fait chrétien. Cet entrant dans la vie ignorait les joies de la famille ; il ne savait pas non plus les tristesses de la vie. Ce carillon, entendu du foiral de Figeac, réjouit et attrista à la fois mon âme ; peu de contentement et beaucoup de larmes, l'existence terrestre est ainsi faite. Moi aussi je saluai le nouveau-né, et le plaignis d'entrer dans la vie.

Au bout de la promenade est une croix en fer ; arrivé là, on descend par une pente se repliant sur elle-même en circuits. Les pleins sont gazonnés. On arrive ainsi à une autre promenade, qui mène à la rivière, en face de la colline du Cingle. Au pied de cette colline est l'ancien couvent des Jacobins devenu celui des Carmélites. Figeac possède deux autres maisons religieuses, la Sainte-Enfance et la Miséricorde, de plus un Hôtel-Dieu, que le maire me fit parcourir en détail. Il était fier de son administration Il était intelligent, ouvert et cordial ; d'humeur gasconne, c'est-à-dire qui a du sans façon et du contentement de soi. M. Garic avait beaucoup fait pour son Hôtel Dieu ; cependant les malades couchaient deux par lit. Il était le médecin. Il devait plaire aux malades, car il leur parlait avec aménité. Cet Hôtel-Dieu avait une centaine de lits et 25.000 fr. de rentes. L'aumônier faisait bâtir une chapelle à ses frais.

Je vais parler un peu des usages du pays. La cuisine se fait à la graisse d'oie ou à l'huile : le manque de prairies fait qu'on a peu de beurre. Les jours maigres, on peut accommoder les mets à la graisse. Cette cuisine ne vaut pas celle au beurre, un goût rance y domine toujours, même dans ce qui est le mieux apprêté. Cependant les habitants préfèrent leur cuisine à la nôtre, gens du nord. On nous donna de très beaux dîners ; la variété, la quantité et le choix des mets n'y manquaient pas.

On nous fit des crêpes à l'huile et à la graisse, ni les unes, ni les autres ne valaient celles au beurre. Ce mets était un régal de famille ; la plus humble chaumière pouvait se le donner, et le château ne le dédaignait pas. La crêpe a dû faire les délices de la société du moyen âge : je laisse les savants à épiloguer là-dessus, à débrouiller l'époque précise où nos aïeux mirent pour ceci la poêle sur le feu, à nous raconter même les maladresses de ceux qui les tournaient, il y avait alors la confusion d'un côté et les rires de l'autre. Du reste, rien n'est agréable comme le rire autour de la poêle et la crêpe pendue à la crémaillère par un malhabile, c'est joie naïve ; notre joie civilisée d'aujourd'hui n'a pas cet agrément. Le thé moderne est sérieux, et les coûteuses pâtisseries de toutes formes ôtent le plaisir ; la galette de nos grand'mères valait mieux ; un peu lourde peut-être, mais le calme de la vie facilitait la digestion. Nos grands parents n'avaient pas comme nous la fièvre de la politique et de l'ambition ; ils succédaient à leurs pères sans regarder plus haut, et ne savaient pas ce que c'était qu'une révolution. Le lendemain était pareil à la veille ; il n'en est plus de même aujourd'hui.

La crêpe du Quercy se nomme en patois *pescajou*. La gauffre, autre morceau friand de nos bons aïeux, *graoufi*. L'huile *oile*. La noix, *rescale*. Les petits pois, *spessis*. Une rôtie de pain, *roustido*. Une soupe à l'oignon, un *touri*, un *tourin*. Les chenets, *landiers*. Sonneur, *componier, campanier*, évidemment du mot latin *campana* cloche, de même que *pécaille*, de *pécus* troupeau. *Loucha*, sac. *Adicias* adieu. *Peramor de dis*, pour l'amour de Dieu. Pauvre se dit *pécaille*. J'appris une partie de ces mots de la cuisinière *Jeannou*, en français Jeanne, fille à mine triste et maigre, coiffée d'une caïenne, bonnet du pays chez le peuple, bonnet d'étoffe de couleur, garni d'une petite dentelle ou non garni. J'ai vu en mon enfance porter cette coiffure en Beauce par les enfants pauvres. Le patois de Figeac est formé du latin, de l'espagnol et du français, mélange qui dénature entièrement les mots. Mais beaucoup ne sont patois que par la prononciation qui vient du nez et de la fosse nasale ; en outre, les méridionaux mettent une grande volubilité dans leur parler ; alors l'oreille saisit mal, et l'on ne comprend pas. Ils élèvent la voix sur la pénultième ; ils l'ont éclatante et sonore, et chantante chez les femmes. La volubilité de paroles de celles-ci est parfois étourdissante.

On ne voit pas de blonds dans le Quercy. Ceux qui ont le tempérament lymphatique ont une figure douce, quoique avec des cheveux noirs ou châtains Les tempéraments sont en général bilieux. Les traits chez les hommes sont énergiques, fortement prononcés. Les femmes, très facées, n'y sont pas jolies. Les hommes sont fortement constitués, beaux et d'une nature vigoureuse. Leurs passions doivent être violentes. On peut affirmer que les habitants ont un beau sang, un sang nullement appauvri. Les gens du Causse, partie du haut Quercy, ont les yeux astucieux, plus vifs que fins, un regard dur, des traits heurtés. Ils doivent être propres à la guerre et vaillants avec un peu et même beaucoup de forfanterie.

Je relate ici un singulier usage féodal, encore en vigueur en 1766. Lorsque l'abbé de Figeac faisait sa première entrée dans la ville, un baron, seigneur de Montbrun (village du canton de Cajare), était obligé d'aller le recevoir une jambe nue, habillé en arlequin, de lui conduire un cheval que le révérendissime père montait et que le baron menait par la bride jusqu'à l'église : c'était en marque de suzeraineté sur la baronie. Les us et coutumes du moyen âge annoncent la fierté des temps féodaux et l'esprit de domination ; nous les avons fait disparaître : mais avons-nous ni moins de morgue, ni moins d'orgueil, ni moins le goût de la domination ? Le parvenu de nos jours a l'insolence que le seigneur féodal n'avait pas, et nos arlequinades pour être autres, ne sont pas moins des arlequinades. L'orgueil et l'esprit de domination est chez l'homme ; il peut changer de mœurs, de coutumes, de gouvernement, il ne change pas de nature. Que d'ambitieux, d'orgueilleux, d'insolents j'ai rencontrés sur mes pas ! Les fatuités ont été de tous les temps ; la fierté dédaigneuse de l'homme d'antique race et la morgue du parvenu se valent, encore la première aurait plus de raison d'être, quoique blâmable. Ce qui fait la distinction de l'homme, ce sont les sentiments élevés et bons de son cœur, non les fiertés de son intelligence et de sa naissance.

Je vais nommer quelques hommes illustres nés à Figeac : le cardinal Bertrand Lagié au XIVe siècle, le jurisconsulte François de Boutaric au XVIIe siècle, le graveur en pierres fines Louis Siriès en 1675, les deux Champolion. Sur la place de la Raison a été élevé un monument en forme d'obélisque, à la mémoire de Champion jeune, qui le premier pénétra dans le mystère de l'écriture et des monuments égyptiens. Il est né le 23 décembre 1790 ; il est mort le 4 mars 1832.

Le mercredi 6 septembre nous allâmes à Decazeville. Nous suivions la route de Rodez ; de hautes collines en tous sens, des vallons et de profondes vallées, des gorges et des précipices, en partie boisés, cultivés partout ravirent nos regards. Les arrières plans des hauteurs offraient des lointains vaporeux que l'œil se plaît à contempler. De blanches maisons garnissaient les pentes, ce qui donnait un nouveau charme au panorama.

Notre premier village fut Saint-Jean-Mirabel ou le froid, de la commune de Saint-Félix. Il mérite plus le nom de froid que d'admirable, posé sur le point culminant d'une hauteur, il n'y fait, m'a-t-on assuré, jamais chaud. Pour ma part, j'y sentis le froid. Les tours des églises de cette contrée ont une toiture à quatre pans imitant la courbure des pavillons chinois. Plusieurs maisons ont le même genre de toit. Ceci donne à la perspective un genre particulier.

Nous cheminions sur des pentes qui bordent de profondes vallées ; tout-à-coup la vallée du Lot nous apparut, large et riche, variée dans ses produits. Le Lot débouchait des hauteurs, il coulait paisiblement à leur pied. Venant de l'est, allant à l'ouest, il traverse en longs circuits le département auquel il a donné son nom. Il part des montagnes du Gévaudan, au village d'Ollet, situé à 12 kilomètres au-dessus de Mende. Il passe en cette ville, ainsi qu'à Cahors et à Villeneuve d'Agen, puis il se joint à la Garonne.

Au loin se montrait sur une cime le château de la Gironde : il y en avait d'autres dans la vallée. Nous arrivâmes enfin au village de Livignac-le-Haut. Il est situé sur une hauteur qui domine le Lot. Nous étions entrés dans le département de l'Aveyron. Flagnac, dans la vallée, est un village non moins considérable. En cet endroit la perspective est fort belle, le Lot y est large ; il s'avance majestueusement au milieu de hautes collines qui donnent au site de la sévérité, sans lui ôter son agrément ; un pont suspendu en achevait la beauté. Nous le traversâmes. La route suit une pente rapide jusqu'au hameau de La Capelette, et elle descend jusqu'à Decazeville. En 1829, deux maisons appelées La Salle étaient les seules habitations de ce lieu, aujourd'hui une longue file de maisons à un, deux et trois étages forment un bourg important. Quatre mille habitants étaient répandus çà et là où naguère végétaient à peine quelques pauvres familles. Ce changement était dû à la création de forges considérables. L'ancien ministre Decazes fut le fondateur ; l'ordonnateur, M. Cabrol, ancien élève de l'école polytechnique. L'exploitation se fait aujourd'hui par une société anonyme, dont le capital social est de 7,200,000 francs. Il y a huit hauts fourneaux, des fours à coke, des forges d'affinerie, des fours à pudler, d'où sortent continuellement des masses de fer incandescent qui vont s'allonger en barres sous la pression des laminoirs, après avoir été pétries par les coups lents et puissants d'un marteau monstrueux. Le parcours était difficile aux visiteurs, car il y avait un peu de pêle-mêle dans ce vaste établissement. Ces marteaux applatissant d'énormes masses de fer, ces ciseaux les coupant aussi facilement qu'un fil, ces soufflets gigantesques avivant le feu sont autant de choses merveilleuses sous le rapport industriel. On s'étonne de la puissance de l'homme à inventer, de son génie à soumettre les corps les plus durs et à façonner la matière à sa volonté : mais, pour se l'assujettir, ces hommes noircis par la fumée, ces enfants affilés, blêmes et chétifs annoncent ce qu'il en coûte. Ces travailleurs, qui demandent tout à la force musculaire, sont brusques et grossiers ; leur mine peu agréable fait peur, on sent qu'on est en présence de la force brutale. Je n'aime point cette force, car elle opprime : cependant c'est la force de plus d'un gouvernement. Elle est commode, elle dispense de raisons, elle maintient maître ; mais, en comprimant, elle pousse à l'explosion : alors il se fait des ruines ; et il résulte de là une infinité de maux. La force brutale est donc un mauvais moyen de gouvernement, puisqu'elle mène à une catastrophe. Le gouvernement modéré est préférable ; l'autorité, pour être ferme, est cependant douce et bienveillante. La liberté y est surveillée, non entravée.

Une fumée épaisse s'échappait des fourneaux ; elle couvrait le ciel d'un nuage qui ne laissait pénétrer aucun des rayons du soleil : une telle atmosphère est sombre et attristante. La population y répondait, elle était sale et blême. La nourriture était peu saine, la viande mauvaise, les vivres chers : tout était amené de loin, le sol étant ingrat. Les forges employaient 1.800 ouvriers. Les bâtiments sont devant un large bassin pouvant recevoir 50.000 mètres cubes d'eau pour le jeu des machines. Le minerai employé est du fer de roche ; il est aigre, en conséquence il donne un fer cassant. On le tire dans les environs. Decazeville est un terrain houiller, carbonifère. Les montagnes qui l'environnent sont incandescentes ; une abondante fumée en sort de tous côtés par des fissures, on dirait un incendie générale. Durant la nuit, ces gaz sont lumineux. Ce doit être un beau spectacle, mais plein d'effroi. Nous n'en pûmes être les témoins, étant partis avant la nuit. Cette inflammation est attribuée à la décomposition du fer sulfuré. Je ramassai moi-même des parcelles de soufre sur les bords des fissures. Le sol sous lequel nous marchions était chaud ; les fissures étaient de véritables bouches de chaleur. Un fragment de pierre alumineuse était tellement chaud, qu'il me fut impossible de le tenir dans ma main : il fut plus d'une demi-heure à se refroidir. En certains endroits, on apercevait des foyers ardents de houille et la flamme qui les activait. J'aurais désiré pénétrer dans les houillères, le va et vient des wagons ne nous le permit pas. Il aurait fallu marcher les pieds dans l'eau avec le danger d'être écrasé. Des rails sont posés jusque dans le fond des houillères. On entrait aussi la houille à découvert. L'activité était grande, partout des travailleurs, le visage et les membres noircis par la nature même de leur travail. Un sol poudreux, un air vaporeux et épais, des excavations, des graviers, des filets d'eau, sur les coteaux des vignes, une végétation ingrate, un terrain tourmenté, des gorges et des hauteurs, tel était l'aspect qui s'offrait à nos regards. Il y avait une espèce de sauvagerie dans les gens ; je ne l'attribuerai pas aux indigènes, en moindre nombre que les étrangers ; je l'attribuerai à la nature du travail et aux habitudes qu'il fait contracter, quoique au dire d'un auteur *les habitants du Rouergue, les Rutiens (Ruteni) soient rudes et tumultueux, grands plaideurs, habiles, et se vantent eux-mêmes.* Les habitants de la Guienne, hommes du Rouergue, hommes de la Gascogne, me parurent en effet chicaniers et querelleurs, tumultueux et colères, surtout vaniteux et vantards, braves de parole, souvent poltrons d'action, habiles à se faufiler partout en payant d'audace, trompeurs et plus d'une fois perfides. Il y a nuances en ceci, et j'admets volontiers les exceptions, car il en existe en tout pays et en toutes choses.

On bâtissait une église : le chiffre de la population demandait un clocher et un prêtre.

Nous ne revîmes le soleil qu'après être sortis de Decazeville. Nous passâmes le pont, dont le péage était d'un franc ; nous revînmes aussitôt sur nos pas, reconnaissant notre erreur, car nous voulions aller visiter une verrerie ; elle était sur la rive gauche, non sur la rive droite. Notre conducteur grommela, il voulait ménager ses chevaux pour la course de Rocamadour le lendemain : nous n'écoutâmes pas son dire. Le péager, voyant notre erreur, fut assez honnête pour ne pas nous faire payer de nouveau. La route était mauvaise ; des rochers la tenaient enserrée contre le Lot. Un magnifique rocher, tombé des hauteurs, baignait son pied dans la rivière et la dominait de ses pointes aiguës et dénudées. Le site avait là de la sévérité. Après un parcours de trois kilomètres environ, nous arrivâmes à la verrerie. Elle était dans la vallée, qui là est belle et solitaire. Le soleil baissait ; en amoindrissant le ton des teintes, il leur donnait plus de mélancolie et aussi plus de calme ; la sensation intérieure participait à cet effet de la nature. Ce site solitaire trouvait son pittoresque dans un gothique château placé sur une hauteur à pic, en face de la verrerie même, de l'autre côté du Lot. C'était le château de Boisse, dépendant de la commune de Viviez. Il reportait l'esprit à un autre âge ; la guerre avait alors plus de place que l'industrie ; l'ouvrier était un serf, aujourd'hui il est un homme libre, asservi néanmoins par la nécessité d'avoir du pain. Le temps change la condition sociale, la souffrance change-t-elle? L'homme trouve en son être un fond de douleur invariable ; serf ou libre, il pleure, il gémit, il souffre, et, s'arrêtant à de trompeuses illusions, il ne cesse d'aspirer au bonheur ; il le cherche, car il y croit : il ne le rencontre pas. Ces pensées me préoccupaient, en examinant un à un les ouvriers jeunes et vieux de la verrerie et en considérant la tourelle du château de Boisse. Cependant le travail est à la fois un agrément et une peine : l'agrément est ce qui lui reste de l'Éden ; la peine est ce qui lui vient du péché. Notre nature tout entière participe de ces deux causes : ce n'est que par le péché et l'éden que nous pouvons nous expliquer : en vain a-t-on cherché et cherche-t-on une autre solution à l'égard de notre nature. La tourelle de Boisse commandait avec majesté à la vallée verdoyante ; elle était elle-même entourée de la verdure des arbres, qui servaient comme d'un manteau à sa nudité.

Il y avait alors chômage, aussi existait-il peu d'activité dans la verrerie. Néanmoins nous vîmes la cuisson du verre à vitre, incandescent au milieu du four ; il se plie à volonté sans se casser. Son refroissement s'opère avec lenteur. Nous ne pûmes voir la matière vitrifiable en fusion, ni la manière dont on souffle le verre. On nous en montra les soufflets, longues cannes qui demandent de la part du souffleur une étonnante force de poumons. On nous fit voir les substances minérales qui entrent dans la composition du verre, sable, manganèse, sulfate de soude, coke, sulfate de chaux et arsénic. On est surpris des ardentes fournaises où se cuit le verre, si peu propre après la cuisson à être exposé à l'action du feu.

Je considérais les ouvriers, partout leur type est le même, la mine éveillée, le regard libertin ; l'intelligence est tout appliquée à la matière, nullement aux choses de l'ordre spirituel. Un ouvrier d'usine vit par les instincts, mouvements indélibérés qui nous sont communs avec la brute ; le corps est tout, le dédommagement de sa fatigue est donc dans les jouissances matérielles : or on sait quelles jouissances matérielles il faut au corps. L'homme est bien un animal dès qu'il n'agit plus par l'esprit, et le pire animal entre les animaux, car son intelligence lui fournit un puissant moyen d'abrutissement. Ceci même prouve qu'il n'est point un pur animal, quoiqu'il sente en lui tous les instincts et tous les besoins de la brute. On vante le progrès industriel, soit : mais il a produit incontestablement la dégradation de l'homme moral. Voilà ce que l'observateur recueille de la visite des usines. Si l'on compare l'ouvrier des usines avec l'ouvrier qui cultive la terre, on aperçoit un contraste complet. Le sang chez l'homme des champs a plus de vigueur et de pureté, les humeurs sont moins altérées, il a plus de retenue dans ses passions, moins de hideux dans ses mœurs. Il peut être grossier en sa manière, il y est rarement brutal. L'ouvrier des usines est généralement démagogue, l'homme des champs n'est jamais plus qu'un démocrate, à quelques exceptions près. A quoi tient cet esprit démagogique chez l'homme des usines ? Selon toute probabilité, à ce qu'il a plus de souffrances, plus de désirs et plus de privations, et, d'autre part, à ce que le sens moral est affaibli en lui. Dans le lieu le plus retiré où se trouve une usine on rencontre le même état de mœurs et d'esprit. L'industrie poussée à l'extrême n'est donc pas un bien pour les nations. Je sais qu'on pense le contraire dans notre société moderne : mais l'état des esprits lui donne un démenti ; la sève du bien manque, l'égoïsme est partout ; le but du travail est la jouissance, n'importe si elle dégrade.

Nous quittâmes la verrerie, où l'on était moitié occupé, moitié oisif, à cause de la stagnation des affaires.

Le 8 nous allâmes à Capdenac, lieu intéressant comme position et comme souvenir. On dit que ce pauvre village est l'ancien Uxellodunum de César, qui a laissé tant de souvenirs dans l'Aquitaine : son nom y est répété à chaque pas. La distance de Capdenac à Figeac est de 8 kilomètres.

L'apparence intérieure est celle d'un village très pauvre. Des fortifications en ruines l'entourent. De Figeac la route va toujours montant. Le paysage est beau, ce sont des vallons et des coteaux plantés de vignes en grande partie. Capdenac est situé sur un rocher escarpé entouré presque en entier par le Lot. Il n'est accessible que du côté du nord dans un espace de 120 mètres. La base du rocher à 1.320 mètres, 650 de l'est à l'ouest, 670 du sud au nord. Il s'avance donc en cap. Son sommet est à 130 mètres au-dessus du Lot. Il y en a 300 de long sur 200 de large. Il existe une descente à l'ouest ; elle a été faite de main d'homme. On la nomme la tranchée de César. J'ai tiré ces détails du savant mémoire de Champollion-Figeac ayant pour titre : *Nouvelles recherches sur la ville gauloise d'Uxellodunum*. Cet antique lieu fortifié est à l'extrémité sud-est du Quercy ; il est séparé du Rouergue par le Lot. D'autres ont placé l'Uxellodunum de César au Puy-d'Issolu, montagne sans habitations à l'extrémité nord du Quercy, au levant de Martel, vers le Limousin, tout près de la petite ville de Vayrac, à peu de distance de la Dordogne, à 48 kilomètres de Capdenac. D'autres l'ont mis à Cahors, capital du Quercy, à 36 kilomètres ouest de Capdenac. D'autres enfin à Luzech, bourg sur le Lot, à 12 kilomètres ouest de Cahors. L'opinion la plus générale le place à Capdenac.

Lorsque César fut arrivé à Uxellodunum, il entreprit d'empêcher l'ennemi d'avoir de l'eau. La rivière divisait la profonde vallée qui entourait presque en entier la montagne sur laquelle était posé le fort escarpé de toutes parts d'Uxellodunum ; la nature du lieu l'empêchait de la détourner, car elle était portée aux plus profondes bases de la montagne de manière qu'en aucun endroit il était possible de la faire dériver dans des fosses plus basses. Mais la descente était difficile et tellement escarpée pour ceux du fort qu'ils ne pouvaient, les nôtres (les Romains) l'empêchant, ni parvenir à la rivière, ni se retirer dans cette ascension à pic sans blessures et sans danger de la vie. César remarqua ce défaut, il posa des frondeurs et des archers aux endroits où la descente était plus facile, de sorte qu'il ne resta plus aux assiégés qu'une fontaine libre sous la muraille à 300 pas de la rivière. Il établit donc une terrasse de la hauteur de 9 pieds et planta dessus une tour de dix étages, non pour atteindre la hauteur des murailles, cela était impossible, mais pour commander sur la fontaine. Enfin, après une vigoureuse sortie des assiégés, qui fut repoussée, César finit, en creusant, par détourner les sources de la fontaine.

Pris par la soif, les assiégés se rendirent. César eut l'indigne cruauté de faire couper les mains à ceux qui avaient porté les armes, leur laissant la vie sauve ; il se proposa par un châtiment si affreux d'effrayer les rebelles. Ceci n'en est pas moins à sa honte, ni la victoire, ni encore moins la conquête ne donnent le droit de telles sévices. Du reste, quoique acclamés dans l'histoire, les conquérants n'en sont pas moins une plaie de l'humanité. L'abus de la force en même temps que de la victoire mérite une énergique réprobation de la part de toute âme honnête.

Le siège d'Uxellodunum eut lieu du 25 septembre à la mi-octobre, l'an de Rome 703, 51 ans avant l'ère chrétienne.

Après avoir décrit, à l'aide des autres, il me reste maintenant à raconter ce que j'ai vu moi-même. La position est réellement imprenable ; c'est un roc escarpé défendu presque en entier par le Lot. Les murs et le donjon sont du moyen âge, du XIe et XIIIe siècle. La porte au nord à double enceinte passe pour être une construction romaine ; elle est au moins d'une époque reculée. C'est le côté accessible ; mais la double enceinte et la double porte à angle obtus par leur position respective le rendaient très fort. Deux tours les protégeaient et achevaient le moyen de défense. Ces fortifications impressionnent tant par le souvenir qui s'y rattache que par elles-mêmes. Du côté de la rivière elles sont assises sur un rocher à pic et elles la dominent à une immense hauteur.

Le chemin de ronde est entre une double enceinte. Du haut du rempart la position paraît formidable, l'élévation étant prodigieuse. On plane sur la vallée du Lot, belle et riche : le village de Saint-Julien s'y rencontre. Il dépend du département de l'Aveyron. Un joli pont suspendu unit les deux rives du Lot. De l'élévation où nous étions, les gens qui étaient dessus paraissaient tout petits. De la rivière à la fontaine il y a bien, en effet, trois cents pas ainsi que le marque le continuateur de César. Je voulus descendre à cette fontaine et la voir. L'escalier qui y conduit est pratiqué entre un double mur d'enceinte, le long de la pente à pic du rocher. Il était en mauvais état. La descente est longue, difficile en certains endroits à cause du mauvais état des marches et de la muraille. Nous arrivâmes. La fontaine est sous le rocher, dans une grotte assez profonde et protégée par de hauts murs de fortification. Nous bûmes de cette eau qui nous rappelait et César et l'énergique résistance des Uxellodunicns. Dix-neuf siècles ont passé par là. Que de bouches, ô fontaine, se sont abreuvées à vos limpides eaux !!! On éprouve une espèce de terreur en cette sombre cavité défendue par de hautes fortifications.

J'avais pour seul compagnon un vieillard de 77 ans, les autres avaient prétexté le vertige. Je ne sais pas comment Uxellodunum était fortifié en cette partie du temps de César, mais les assiégés pouvaient y venir en toute sûreté puiser de l'eau. La fontaine n'est pas tout à fait au pied du rocher, les Romains ont pu, en creusant, détourner ses eaux.

Le chemin qui conduit au pont suspendu a été fait de main d'homme : on l'appelle le chemin de César. Il est très rapide et était couvert de débris de roches. On a environ pour un quart d'heure à le descendre. Nos dames hésitèrent à le faire, dans la pensée qu'il faudrait remonter par ce même chemin ; on renonça donc à l'entreprise ; ce fut à mon regret.

On se perdit de vue et on fit bientôt deux bandes se cherchant dans cette ancienne cité devenue un village à maisons délabrées. Sur la place est l'église, petite et dont la richesse était la dorure de ses autels et sa chaire en bois sculpté. Le donjon, sur la même place, est devenu la demeure d'une pauvre famille, demeure qui ne recevait son jour que par la porte. J'y entrai ; je vis un bouge où étaient plusieurs lits mal en ordre. Le faible s'est installé dans la demeure du puissant, c'est ainsi que les âges se succèdent.

Le 9 septembre, on nous proposa une promenade à Surques, à 10 kilomètres de Capdenac, propriété de M. Pérès père. Nous eûmes à suivre à mi-côte la vallée du Celé. Nous étions sur la rive gauche ; sur la rive droite s'étendent de beaux coteaux où sont disséminées des maisons de campagne et où se trouvent les villages de Camboulit, de Cambes et de Boussac, ces deux derniers du canton de Livernon. De notre côté étaient Béduer et son château posé sur une hauteur.

La maison domaniale de Surgues était remplie de feuilles de tabac qu'on faisait sécher. L'odeur en était extrêmement forte. Si l'on s'enfermait dans le séchoir où on les dépose on serait vite asphyxié. Le tabac se cultivait en plein champ. On élève aussi en grand les oies. J'en ai vu de très grasses. Leur graisse a une grande importance dans la cuisine du pays. On conserve pendant plus d'un an les cuisses d'oie salées : la chair en est coriace et de haut goût. Surgues est, en outre, un terrain à truffes. Elles viennent au milieu des pierres et sous les chênes. Elles sont sans parfum avant leur maturité ; il est délicieux, lorsqu'elles sont mûres.

On employait autrefois les porcs à leur découverte : ces animaux en sont très friands ; aussi les mangeaient-ils dès qu'ils les découvraient, si l'on n'était pas là ; ce qui était un grave inconvénient. Aujourd'hui on se sert des chiens, moins gloutons que les porcs. Les truffes sont enfoncées dans la terre, rien n'en paraît au dehors. Leur maturité arrive à la fin de novembre et en décembre : leur parfum alors les trahit.

Le dimanche 10, je fus prié de dire la messe à la prison. L'autel était placé dans la salle d'audience. Les prisonniers étaient dans une tribune et en petit nombre.

J'assistai à la grand'messe paroissiale ; elle eut lieu sans prône et sans cérémonie. Nul laïc dans le diocèse de Cahors ne peut se revêtir des habits de chœur ecclésiastiques. Le sacristain servait la messe en blouse. Cette usage, qu'on ne saurait blâmer, met cependant obstacle à la solennité du culte.

Figeac est un pays vignoble. Ses vins sont transportés dans le Cantal à dos de mulet, dans des outres.

Je vis avec intérêt la manière de ferrer les bœufs. Le bœuf est engagé entre quatre poteaux ayant traverses et moulinet ; sa tête est abaissée sous l'une des traverses ; une chaîne est devant son mufle ; des sangles le tiennent suspendu en l'air ; ses pieds sont liés et attachés pour être ferrés. Cet animal est vraiment fait pour le joug. Le cheval n'a besoin que d'un frein : il est fier, mais il est soumis. Le taureau est indompté, et féroce dans ses impétuosités.

Le lundi 11 septembre je quittai Figeac. Nous atteignîmes bientôt la hauteur qui domine la vallée de Planiales. Peu après ce fut le village de Camburat. Ensuite nous eûmes à gravir la longue et poudreuse côte de Fons. Sur le déclin du jour, sous un ciel pur et doré, se dressait à la cime d'une hauteur une croix qui avait pour fond le branchage d'un arbre : il y avait dans cette perspective un indicible charme, au moins c'est ce que j'éprouvai. La souffrance et le calme étaient réunis, le calme dans la nature, la souffrance dans la croix. O croix, salut : que de plaies vous avez guéries ! Vous avez triomphé du monde païen : hélas ! Vous auriez de nos jours à triompher du monde chrétien, qui semble oublier le ciel pour ne songer qu'à la terre. Il n'adore plus les dieux du paganisme, mais il adore sa concupiscence, éteignant la foi dans son cœur. Salut, ô croix rédemptrice, espérance unique pour l'âme pécheresse, seule consolation pour l'âme froissée. Je saluai ainsi le signe de la rédemption, qui me paraissait si beau sous le ciel du Quercy, à la tombée du jour.

Les croix en ce pays sont fréquentes ; on les rencontre aux bords des chemins, on les aperçoit sur les hauteurs. Elles impressionnent involontairement le voyageur, elles font revivre en lui la pensée religieuse. Non, on ne peut regarder froidement la croix, elle rappelle de divines souffrances et de grandes choses.

Nous arrivâmes au Bourg, ensuite à Rudelle : nouvelle scène, c'était l'heure de la rentrée des bestiaux ; ils venaient des champs par tous les sentiers, ils rentraient au village chercher l'étable et le repos. Il y a un doux charme dans ce mouvement de la vie champêtre, un sentiment de calme et de paix. De petites voitures revenant du pèlerinage de Rocamadour achevaient le tableau : la foi se mêlait à la simplicité des champs. J'allais moi-même à ce célèbre pèlerinage du Quercy.

La nuit se fit après Rudelle ; nous arrivâmes vers les dix heures à Grammat.

Le lendemain, 12 septembre, je m'éveillai à la première lueur du jour, et partis à pied pour Rocamadour. La route et le temps étaient beaux ; le terrain, pierreux. Il y avait un peu de témérité de m'être ainsi engagé à pied ; je fus rejoint par un cabriolet, le maître me proposa une place, j'acceptai. Rocamadour est dans une gorge, entre des rochers nus et à pic. Les premières maisons sont dans la plaine ; c'est là que les voitures s'arrêtent. Il y a une chapelle et le cimetière. On descend au village par une pente rapide. C'est un ancien lieu fortifié. L'aspect est particulier : des masses perpendiculaires de rochers à nu, entre les interstices de leur roche des ceps de vigne, qui produisent en très petite quantité un vin généreux, cuit par le soleil sur des pierres ; dans le fond de la gorge une vallée étroite, formée de deux bandes de verdure, entre lesquelles était à sec le lit de l'Alzou, car il n'était plus qu'un filet d'eau : c'était sauvage, c'était sévère, c'était abrupte. Sur la rive droite domine Rocamadour, longue rue séparée de distance en distance par plusieurs portes fortifiées, accolée aux rochers qui surplombent à pic au-dessus et qui au-dessous la portent à une certaine hauteur de la vallée. C'est un village bâti sur un roc. Il va descendant jusqu'à l'Alzou.

On arrivait de tous les côtés, à pied et en voiture. Le chemin est rude et rocailleux des maisons de la plaine jusqu'au village. Après deux ou trois maisons on arrive à la première porte fortifiée. La rue était encombrée de pèlerins et de marchands d'objets pieux et d'objets de commerce ordinaire. On monte à l'église par 200 marches. Les fervents font cette ascension à genoux, récitant un *Ave Maria* à chaque degré. Quelques hommes la faisaient ainsi : le nombre de femmes était plus grand ; ils accomplissaient de cette manière leur pieux pèlerinage : foi des âges passés peu en rapport avec nos mœurs et nos idées actuelles. Elle a son mérite : cependant on ne peut disconvenir qu'elle touche parfois jusqu'à la superstition. J'arrivai d'abord à la chapelle basse : elle est dédiée à saint Amadour. Elle était en très mauvais état, délabrée et pauvre, ayant d'effroyables statues : nos pères les aimaient ainsi. Quant à nous, nous les avons mondanisées, sous prétexte d'art ; elles sont moins pieuses ; l'inspiration religieuse y manque : aussi est-on moins touché devant elles ; tandis que les vieilles statues, si vilaines qu'elles soient, émeuvent ; le sentiment religieux y est. Ce que nous avons à trouver, c'est d'y joindre l'art. Non, le ciseau de nos artistes modernes n'est pas encore parvenu à faire des statues chrétiennes. Je montai à l'église haute, dédiée à la Sainte-Vierge, une foule compacte et debout la remplissait. J'eus grande peine à arriver jusqu'au sanctuaire, de là à la sacristie. Celle-ci était pleine de gens ; ils attendaient leur tour pour se confesser.

Je comptai dans l'église 22 confessionnaux, 3 ou 4 dans la chapelle basse ; en tout plus d'une trentaine. Je fus étonné de la pauvreté de l'église haute, je m'attendais à la splendeur à cause de la célébrité du pèlerinage. Un curé et deux vicaires desservaient la paroisse. L'un de ces derniers prêchait en patois ; j'écoutai, je ne compris que quelques mots. Un vicaire de Tulle, qui était à côté de moi, me dit le sujet du sermon, c'était sur le huitième commandement et sur le péché de dévoiler les secrets. Au débit, je pensai que le prédicateur devait être médiocre ; le vicaire de Tulle, entendant le patois, me confirma dans mon appréciation. Ce qu'il y avait de singulier pour moi, c'était de voir hommes et femmes en costume quelque peu sale tenant les yeux fixés sur le prédicateur et l'écoutant avec grande attention. J'attendais depuis longtemps pour dire la messe, ne sachant à qui m'adresser en ce pêle-mêle. J'étais monté au château, maison des missionnaires. De la sacristie, l'ascension se fait d'abord par le clocher, ensuite, après avoir traversé la charpente, par un escalier pratiqué dans le roc à l'extérieur. D'immenses profondeurs se développent sous vous. Au bout d'environ 150 marches, on arrive au plateau, c'est-à-dire à la plaine. Mon espérance avait été de trouver d'abord le supérieur de la maison, afin d'obtenir autorisation pour la messe, ensuite un déjeuner confortable, dont j'avais besoin : j'eus une double déception ; le supérieur n'y était pas, et l'on ne recevait pas les prêtres, même en payant ; on ne donnait à manger qu'aux seuls ecclésiastiques qui aidaient aux huit jours de pèlerinages. Je descendis désappointé et presque confus. Ce fut après cette mésaventure que le vicaire de Tulle me tira d'embarras ; il me mena dans la chapelle où se trouve la Madone, objet du pèlerinage. Cette chapelle est très petite ; le rocher la couvre presque en entier. Elle a une ouverture intérieure du côté de l'église et une extérieure près du tombeau de saint Amadour. Elle est desservie par les missionnaires diocésains qui habitent le château. Je fus obligé de bousculer les gens pour arriver à l'étroite sacristie de cette chapelle. Le prêtre sacristain n'avait rien d'aimable, il était bourru : je trouvai la chose étrange. Je fus obligé, avec un tel homme, d'attendre longtemps avant de pouvoir dire la messe. Je dus déposer, comme les autres prêtres, dans un tronc *ad hoc* 50 centimes, droit imposé par l'évêque de Cahors à ce sujet. Le pèlerinage de Rocumadour sentait le plein moyen âge. Un large plat recevait les offrandes des pèlerins. Un franc était la taxe annuelle pour être inscrit sur les tablettes de la confrérie.

Je dis la messe à l'autel de la Madone : le but de mon pèlerinage était atteint.

La Madone de Rocamadour est une très petite statue noire. Elle tient l'enfant Jésus entre ses bras, sur son ventre, d'où il semble sortir : *Ave Maria, Ave benedictus fructus ventris tui.* La statue était habillée, ceci n'apparaît pas.

Je dois dire que par l'ensemble j'eus du désenchantement de ce pèlerinage, célèbre en la contrée.

Près de la chapelle est le tombeau de saint Amadour, moine qui a donné son nom au lieu, Roc-Amadour. Le tombeau est creusé dans le vif du rocher. Le corps du saint n'y est plus, quoique dessus soit représentée son effigie. Des femmes y priaient et y avaient allumé des petits cierges. Elles demandaient des grâces, elles entretenaient là leurs espérances : la religion est belle, elle soutient l'homme.

En face de la chapelle est fichée contre le roc la fameuse durandal de Roland, neveu de Charlemagne. Cette épée a été transportée de Blaye à Rocamadour. Elle est en fer, lourde et massive. Celui qui s'en servait devait être un homme fort et de haute taille. Mais la durandal de Rocamadour est-elle ou n'est-elle pas l'épée de Roland ? Je laisse cette question aux érudits ; je veux bien croire à la durandal de Rocamadour ; c'est une curiosité de plus dans mes voyages.

Le vicaire de Tulle me mena déjeuner en un hôtel tenu par des religieuses du Calvaire. Le niveau de la chapelle était le troisième étage de cette maison ; nous en montâmes encore trois. Elle est accolée au rocher, qui surplombe en certains endroits. Les rochers ne produisant rien, les vivres viennent du dehors : l'affluence des pèlerins les rend fort chers. Le nombre de ceux-ci était de 2 à 3 mille, peut-être plus ; l'affluence était grande, on se pressait partout. Je remontai au château. De sa terrasse on domine sur tout le pays. La plaine est triste ; de formidables rochers enserrent l'Alzou, qui s'en va porter ses eaux à la Dordogne.

En ce pèlerinage, les mendiants étaient nombreux. Ils étalaient des plaies vraies ou supposées, truands tels que j'en ai vus dans la Beauce en mon enfance. Je préfère à ces mendiants qui comptent sur l'argent du riche pour ne rien faire et vivre souvent dans la crapule, l'ouvrier qui demande à ses sueurs le pain de chaque jour, ne sollicite l'aumône que lorsque ses forces ne lui suffisent pas à le gagner. Ce pauvre là est le pauvre qui doit toucher le cœur et auquel l'on doit donner assistance. La pauvreté qui vient de la fainéantise ne mérite pas compassion.

De vieilles femmes s'entendaient parfaitement à demander *la charitade per amor di Diou*. Leurs petits yeux pleins de feu sous l'abri d'un sale chapeau tombant sur leur nez, leurs traits fanés par les rides, leur bouche retirée par le manque de dents, leur parole précipitée, leurs vêtements en loques, surtout leur insistance à vous poursuivre de leur demande leur donnaient l'air de véritables bohémiennes. Le soir, à la nuit, en les rencontrant entre quatre chemins, l'imagination en eût pu faire autant de sorcières allant au sabbat. En mon enfance, où l'on m'avait raconté tant d'histoires de sorciers, de loups-garous et de farfadets, qu'un vieux berger à mine farouche ou un mendiant me regardant de travers me faisait peur. Maintenant j'ai crainte des voleurs et des mégères, sceptique sur le reste.

Je termine ma narration. Rocamadour était une ancienne abbaye : les ruines en apparaissaient encore entre les églises et le village. Le château les dominait.

La chaleur était extrême : fatigué, je remontai au hameau qui précède Rocamadour, afin de retourner à Grammat. J'eus le loisir de visiter la ville. L'Alzou y passe et entre un peu au-dessous dans cette suite de rochers tels qu'on les voit à Rocamadour. Au-dessus de la ville, il coule, au contraire, en une large vallée couverte de prairies. Il s'y trouve un tumulus de forme conique de 12 mètres d'élévation et de 90 centimètres de circonférence : je ne l'ai pas vu, non plus que la cascade de l'Alzou à l'endroit où il entre dans la gorge. Grammat est sur une hauteur, c'est au bas que coule l'Alzou, dans le faubourg, le long d'un beau couvent de filles du Calvaire.

L'église de Grammat n'offre aucun intérêt. Elle est petite. Les dorures, selon le goût du midi, y étaient prodiguées, chaire dorée, Vierge, immaculée conception, dorée. La tour, de forme carrée, a une couverture à quatre pans à manière chinoise.

Les maisons ont peu d'élévation. Les rues sont étroites, la ville est ramassée et resserrée. Sur une place, un bâtiment isolé renferme la mairie et la justice de paix. La place du foiral domine l'Alzou et la campagne ; on y jouit d'un beau point de vue.

Le lendemain matin, je partis pour Cahors, j'avais hâte d'arriver à Bordeaux, où le chemin de fer, au besoin, me transporterait promptement chez moi. Le choléra cette année ôtait de l'agrément aux voyages. Il n'était pas dans ces contrées, mais on en parlait partout ; partout on le redoutait. Le voyageur avait crainte de le rencontrer : je le rencontrai à Bordeaux.

Nous étions en plein Quercy, c'étaient des chênes, des champs pierreux, des hauteurs arrondies, de continuelles descentes, de continuelles montées. Le pittoresque était des moulins à vent posés sur la plupart des hauteurs. Le nombre en est très grand en Guienne, car on en aperçoit ainsi de tous les côtés jusqu'au delà de Bordeaux.

Nous traversâmes la commune de La Bastide-Fortunière. Elle a l'apparence d'un gros bourg, très animé, comme ceux du midi. Elle a vu naître Joachim Murat, soldat d'aventure, roi de Naples, fusillé comme aventurier le 14 octobre 1815 sur la plage de Pizzo. Il était né le 25 mars 1767 d'un père aubergiste. Son seul mérite, rapportent ses biographes, fut sa valeur martiale. Sous la protection d'une ancienne famille du Périgord, il avait commencé ses études à Cahors, et les acheva à Toulouse. On le destinait à l'état ecclésiastique. Il porta la soutane et fut forcé de la quitter à cause de la légèreté de ses mœurs. Il prit l'épée. Sa jeunesse fut licencieuse ; il dissipa son argent au jeu et dans les plaisirs. Il était ambitieux, vaniteux, hasardeux, audacieux et fanfaron : on reconnaît là un enfant de la Guienne, un gascon. Il avait de la bravoure. Son humeur était enjouée. A 29 ans, il était général, à 39 ans, prince souverain du grand duché de Berg, à 41 ans, roi de Naples : telle fut la fortune du fils d'un aubergiste du Quercy. Il fallait une révolution telle que celle de 1793 pour pousser à un si haut rang un homme qui avait commencé par des aventures et qui finit de même. Il était très bel homme ; ce qui est assez ordinaire dans le Quercy.

Après La Bastide, nous passâmes dans le hameau de Murat, de la commune de La Mothe-Cassel. Nous atteignîmes la grande route de Paris à Toulouse par Cahors. Le site en cet endroit a de la beauté. Nous traversâmes les hameaux du Poussat, de Pelacoy, puis celui de Saint-Pierre-la-Feuille. Non loin de ce petit village, on aperçoit sur une hauteur le château de Rossillon, vieille forteresse démantelée d'après les ordres du cardinal Richelieu. Ce célèbre ministre mettait fin à la féodalité au profit de la puissance royale : mais, lorsque l'heure en advint, il fut plus facile de détruire le pouvoir concentré en un seul que divisé entre plusieurs. Ce fut ainsi que Louis XI et Richelieu travaillèrent, sans s'en douter, à l'émancipation du peuple et à la ruine du pouvoir royal. Il est à remarquer ici que la démagogie sert le plus au pouvoir absolu ; le peuple, abusant de la liberté, ouvre les portes au despotisme. Nous en avons été deux fois les témoins en l'espace de cinquante ans. Néanmoins les ruines des formidables châteaux du moyen âge, où une puissance arbitraire se mettait à couvert, émeuvent toujours ; elles reportent à des siècles qui ne sont plus et qu'on ne saurait regretter, à une société entièrement dissemblable à la nôtre, où les idées étaient différentes, les passions les mêmes, sous quelque forme qu'elles se présentassent.

Nous arrivâmes au village de Saint-Henri, le seul en France qui porte ce nom. Il dépend de la commune de Cahors et compte 220 habitants. Aussitôt après, on descend vers la vallée du Lot par un long circuit. Le Lot apparaît, il a l'aspect d'une magnifique rivière. Les rochers commandant la route, nous n'aperçumes Cahors qu'à l'arrivée. Cette ville, située sur les bords du Lot, est dominée par des collines rondes et élevées, dont plusieurs sont incultes. Le Lot l'entoure de manière à en former une presqu'île. Cette situation l'a fait regarder comme l'Uxellodunum de César. La ville s'étend sur le rocher au bas duquel elle est en partie bâtie. De l'autre côté du Lot, rive gauche, sont des rochers à pic. Trois ponts sont jetés sur le Lot, le pont Valendre, le pont Notre-Dame et le Pont-Neuf. Le faubourg est court. Une longue et belle rue, traversée en sa longueur par la route de Toulouse, est la principale de la ville : on la nomme la rue ou promenade des Fossés, parce qu'elle a été bâtie sur les anciens fossés des fortifications. Elle est très large, possède de vastes et beaux trottoirs ; les maisons y ont cinq et six étages.

A notre descente de voiture, un essaim de jeunes filles d'auberge nous envahit ; elles bourdonnaient et s'agitaient, aussi incommodes que des abeilles. J'allais à l'hôtel le plus près. Je voulus voir la cathédrale. Je m'engageai dans de vilaines rues étroites, à maisons de deux et trois étages, j'arrivai à l'édifice ; autour se tenait le marché aux fruits et aux légumes. Cette cathédrale est vilaine ; elle est formée d'une seule nef, au haut de laquelle on a composé un chœur par un entourage de boiseries et de grilles. Elle a deux coupoles et des galeries. La plus élevée des coupoles a 32 mètres d'altitude ; l'autre, plus près de l'entrée, n'en a que 25. Leur circonférence est la même, 46 mètres. La longueur de l'édifice est de 85 mètres 50 centimètres ; ce qui met cette cathédrale entre celles de Montauban et de Meaux. Il y a plusieurs chapelles. La façade occidentale à l'extérieur est d'une grande crudité ; cette masse énorme devait avoir deux flèches, elle ne les a pas. Saint Etienne en est le patron. On y voit la tombe de l'évêque Alain de Solminiac, mort le 31 janvier 1659, à l'âge de 67 ans. Il était très pieux. Au moyen âge, l'évêque de Cahors, comme seigneur spirituel et temporel de la ville, avait sur l'autel en célébrant la messe le casque avec la mître, l'épée et les gantelets avec la croix et la crosse. A son installation, il était reçu à la porte de la ville par le vicomte de Cessac, son vassal, la tête découverte, sans manteau, la jambe droite nue et le pied droit dans une pantoufle. En cet état, le vicomte tenait la bride du cheval jusqu'à l'évêché et servait l'évêque pendant son dîner. Pour sa peine il recevait la mule et le buffet estimés 3,000 livres. Ceci valait l'installation de l'abbé bénédictin de Figeac. Le moyen âge avait introduit de singuliers usages ; l'église était féodale comme tout le reste : c'était une mission un peu faussée.

Je traversai le pont Notre-Dame, neuf et beau. Il a cinq arches. Au bout est la statue de la Sainte-Vierge sous un riche dais à clochetons, du XV° siècle pour le style, non pour la date, car c'est une œuvre moderne. La Vierge a sur la tête une couronne de roses. Près de là est l'église Notre-Dame. Il y a trois paroisses pour une population de 14,000 âmes. Je suivis le cours de la rivière, après avoir traversé une prairie ; la chaleur était extrême, je cherchais de l'ombre. Quelques courtes pentes avaient des vignes, dont les ceps étaient écartés les uns des autres sans régularité, le tronc gros, les jets bas et peu nombreux : nul support ne les soutient. La ville, se développant en son entier, offre une perspective pittoresque ; elle se divise en haute et basse, a peu d'étendue.

Je continuai mon chemin vers le vieux pont Valendre, dont les trois tours fortifiées piquaient ma curiosité. Construit en dos d'âne, il date du XIII° siècle. Les arches sont très élevées et à angle aigu, au nombre de cinq. Ce pont en avant de Cahors entrait dans le système des fortifications. Je franchis ce formidable reste du moyen âge et je rentrai en ville par des rues solitaires. J'arrivai au cours Fénelon, cours vaste et assez bien ombragé. Il aboutit à la rue des Fossés. Devant est une petite place sur laquelle on a élevé une pyramide à la mémoire de Fénelon. Cet illustre prélat est né dans le Quercy, en 1651. Il mourut en 1715. Il fit ses études à Cahors. Le collège se trouve là, sans doute celui où il étudia. On y voit une tour ronde très évidée, avec lanterne au haut : l'effet est gentil. Le célèbre Cujas a enseigné le droit à Cahors. Le pape Jean XXII y est né, en 1246, mourut en 1334 à Avignon. Il fonda en 1321, à Cahors, une université qui subsista jusqu'au règne de Louis XV. Cahors vit encore naître Clément Marot, libertin autant par l'esprit que par le cœur. Ce fut en 1495. En 1525, on l'enferma comme huguenot dans la prison du châtelet de Paris. Il fut transféré en 1526 dans celle de Chartres, année où le roi François 1er l'en fit sortir. Son humeur était vagabonde et indépendante. Poursuivi en ces temps de guerre religieuse, il alla mourir dans l'indigence à Turin, en 1544. Si sa tête était vive, son cœur était bon ; ses passions étaient ardentes. Il avait un extérieur grave, cachait cependant sous cet extérieur un esprit enjoué et plein de saillies. Ses poésies attestent ces dernières, de même qu'elles témoignent une pensée licencieuse. Il commença la série de notre belle poésie.

Virent encore le jour à Cahors La Calprenède, d'autres disent près de Sarlat : il mourut en 1663 ; Jean Pierre Ramel en 1770, homme révolutionnaire. Il fut assassiné à Toulouse le 15 août 1815 par les ultra-royalites de l'époque. Homme médiocre, les circonstances le rendirent quelque peu important.

A mon départ, le conducteur, avec beaucoup de complaisance, attendit des voyageurs auvergnats qui manquèrent la voiture. Je me rendais à Marmande, où je devais prendre le bateau à vapeur pour Bordeaux. Nous suivions le Lot, dont ses circuits nous forçaient de temps en temps de nous écarter. La nuit nous prit en route, les étoiles brillaient dans le Lot ; leur doux reflet prouvait la limpidité des eaux. La nuit avec son silence et son ciel étoilé est un des émouvants spectacles de la nature ; son calme se fait sentir au cœur, tempère les souffrances de l'âme. Le mystérieux silence de ces astres lointains, mondes perdus dans l'immensité de l'espace, déconcerte la pensée de l'homme, car plus loin qu'eux est l'inconnu, que l'œil humain ne peut atteindre, ni sonder.

Lorsque nous fûmes à Tonneins, il était jour. Nous devions y prendre le bateau à vapeur, mais les eaux basses ne lui permettaient pas de remonter plus haut que Marmande : je demandai au conducteur à continuer ma route. Nous nous arrêtâmes près d'une demi-heure. Nous étions descendus sur la place du château, belle esplanade qui domine à pic la Garonne. La vue est magnifique ; on a, à gauche, des hauteurs, en face et à droite une plaine superbe, à ses pieds la Garonne et sa riche vallée. En voyant la Garonne, fleuve cher aux gascons, je me rappelai un mot de l'évêque de Chartres, Mgr Clausel de Montals, il parlait de l'un de ses compatriotes qu'il venait de marier : *il a bu de l'eau de la Garonne, il fera son chemin.* J'étais trop haut pour en boire et aussi trop vieux, peut-être aurais-je fait mon chemin, si j'en eusse bu aux premiers jours de ma vie. Je n'en ai pas bu, j'arriverai au terme sans bruit, sans richesses, sans dignités, telle fut ma pensée en considérant la Garonne et en me remémorant le mot de l'évêque de Chartres. Qu'importe après tout, voyageur incertain, penseur mélancolique, plein d'indépendance ?

Tonneins est bâti sur un rocher presque perpendiculaire, d'où l'on descend par des rampes à la Garonne.

Mélanchton y vint prêcher la Réforme. En 1581, le roi de Navarre, depuis Henri IV, y établit son quartier général. Les habitants l'aimaient beaucoup. Ce prince avait un caractère ouvert, aimable, un cœur bon, faible à l'égard de la volupté. Il joignait à l'honneur la galanterie, fort de mode à la Renaissance, non point à la louange des gentilshommes de ce temps.

En 1614, le 2 mai, eut lieu à Tonneins un synode des églises réformées ; il fut terminé le 2 juin.

En 1622, cette ville divisée en Tonneins dessus et Tonneins dessous fut complètement détruite en ses deux parties par les ordres de Louis XIII. Elle se releva la même année pour ne plus former qu'une seule ville. Lorsque j'y passais, on bâtissait un temple protestant, à fenêtres en plein cintre : ce sera un édifice. La moitié de la population est protestante. On compte 7,500 habitants.

On sent qu'on est dans une ville manufacturière. La manufacture de tabac date de 1721. Le commerce des pruneaux d'Agen s'y fait en grand.

Tonneins est la patrie de Mme Cottin, célèbre au XVIIIe siècle par ses romans ; elle y est née en 1723 : elle mourut en 1809.

Cette ville fut érigée en duché-pairie au XVIIIe siècle, en faveur du comte de la Vauguyon, Jacques de Quélen, gouverneur des enfants de France : ce fut en 1754.

Le chanvre et le tabac sont cultivés en grand dans cette partie de Lot et Garonne, on en apercevait de tous les côtés. On prétend que le chanvre, qui atteint une très grande hauteur, y vaut mieux que celui du nord. La vigne montait dans les arbres et les enlaçait de ses pampres, où elle se mariait avec les haies. Le sol, fertile, était desséché par un hâle de plusieurs semaines ; la poussière était extrême, elle couvrait les arbres, et le vent nous la poussait en nuage dans la voiture. Nous parcourions une vaste plaine. Le premier village après Tonneins fut Fouillet, ensuite les villages de Longueville et de Saint-Perdon, enfin Marmande. Cette ville, de 8,400 âmes, est situé sur un coteau à pente rapide, au bord de la Garonne.

Combefis, dominicain connu dans les lettres au XVIIe siècle est né dans cette ville, en 1609 ; il mourut en 1679.

Sur la rive gauche, à 8 kilomètres de Marmande, est le joli village de Coutures, son clocher et son église sont romans, mais modernes. En avançant, nous rencontrâmes le confluent de la Gupie. Le village de ce nom, sur sa rive, a un gentil clocher moyen âge. Nous avions en face le pont suspendu de Coutures ; vu du milieu de l'eau, il est plein de grâce. Nous passâmes devant Meilhan. Il est gentiment posé sur la rive gauche, dans une pleine fertile. Son clocher moderne est roman : ce genre de clochers abonde dans le bordelais, copies plus ou moins exactes d'un autre âge, mais qui annoncent la richesse de la contrée. Sur la rive droite, à 5 kilomètres de La Réole, est le petit village de Bourdelles, ayant en face, sur la rive gauche, celui de Lurc, arrosé par le Lissos. On est dans le département de la Gironde. La côte s'ouvre en cet endroit, elle laisse apercevoir des coteaux et des moulins posés sur les hauteurs. Une île est au milieu de la Garonne. Nous fûmes bientôt à La Réole. Le pont suspendu est plein d'élégance, et le quai charmant. Quant à la ville, elle est située sur le flanc d'une colline escarpée, dont la Garonne baigne le pied. Elle est plutôt en gradins qu'en amphithéâtre. Son château accompagné de deux tourelles se développe admirablement bien. La promenade est au bas. Il y a des restes d'anciennes fortifications Le clocher de l'église, d'une élégance qui ravit, achève de rendre la perspective riante.

Les Réolais furent en 1793 d'ardents révolutionnaires. Les deux frères Faucher, César et Constantin, deux noms fort peu républicains, sont nés en cette ville. Ils furent fusillés le 26 septembre 1815 sur la place fort du Hâ à Bordeaux.

Après La Réole, les côteaux continuent. 8 kilomètres plus loin, on rencontre le village de Caudrat, assez pittoresquement posé sur la rive droite. Il possède un petit château. Sur la rive gauche est le village de Castets-en-Dorthe. On aperçoit sur la rive droite le village de Saint-Martin. Nous saluâmes à la fois Saint-Macaire et Langon, l'un sur la rive droite, l'autre sur la rive opposée, ce dernier dans une agréable plaine au milieu du vignoble connu sous le nom de côte de Grave, dont les vins blancs ont grande renommée. Son port est marchand et animé : on le conçoit facilement. L'église, vaste édifice, s'élève perpendiculairement au-dessus de la Garonne. On remarque deux autres clochers. Un pont suspendu ayant trois arches sur deux piles le joint à Saint-Macaire. La marée monte jusque-là.

Langon fut assiégé par le marquis de Sauvebœuf, le 15 novembre 1649.

En continuant de descendre vers Bordeaux on aperçoit le clocher neuf de Toulenne, style XIII° siècle, ensuite le petit village de Garonnette, en face de Sainte-Croix du Mont, situé sur la rive droite. Les côteaux continuent après ce village ; ce sont des vignes et des bois, une nature riche. La rivière du Ciron se jette dans la Garonne un peu avant Barsac, rive gauche. Barsac possède un port. Ses vins blancs sont comparés à ceux de Sauternes. Nous arrivâmes à Cadillac, sur la rive droite ; son château est du XVI° siècle, avec une tour à créneaux. Ce fut le duc d'Épernon qui le fit construire au prix de deux millions. Il passait pour le plus vaste édifice qui fut alors en France après les maisons royales. Il sert aujourd'hui de maison de détention pour 300 femmes. Les trois arches du pont suspendu sont très élevées afin que les mats des navires puissent passer dessous. La marée est déjà forte en cet endroit. Elle se fait sentir jusqu'à 120 kilomètres de l'embouchure de la Gironde.

A peu de distance, sur la rive droite, est le village de Rions, ensuite Béguey, autrement Neyrac, Langoiran. Ce dernier est dans une position riante ; sur le sommet d'une hauteur escarpée se dresse un château du moyen âge. En cet endroit la Garonne est devenue très large, la marée montante l'agitait, le vent était fort et violent. Un voyageur vit son chapeau emporté sur les eaux ; il n'y avait pas moyen de courir après : j'enfonçai le mien sur ma tête. On apercevait plusieurs habitations creusées dans le roc le long de la rive du fleuve. Sur la rive gauche est le port de Portets, et sur la rive droite Baurech, le dernier village fut Cambes, à 16 kilomètres de Bordeaux.

Nous étions au milieu des eaux de la Garonne agitée par le flux de la mer, je n'avais pas encore vu de fleuve aussi large, j'admirais, j'étais saisi d'étonnement. Le vent contrariait mes regards. Le bateau était fortement balancé par les flots, il filait vite, trop vite à mon gré. La Garonne inclina à gauche, tout à coup apparut Bordeaux. Un pont hardi ferme le port ; les chantiers de la marine se présentent les premiers aux regards. Des barques étaient balancées en tout sens par les flots ; l'animation était grande. Bordeaux est situé en demi-lune sur la rive gauche. A l'arrivée il me fallut veiller à mes bagages, on m'en avait averti, afin qu'ils ne me fussent pas volés ; sous le prétexte de vous les porter, des commissionnaires vous les enlèvent de dessus le bateau, et il les emportent si bien qu'on ne les revoit plus. J'eus l'œil à cela ; si je ne l'y eusse pas eu, déjà mes deux paquets étaient dans deux différents omnibus. Je les fis mettre à leur place, préoccupation qui m'empêcha de jouir de l'arrivée. Je me fis conduire à l'Hôtel des Colonies, rue de l'Esprit des Lois, souvenir de Montesquieu, né au château de la Brède, non loin de Bordeaux : on me l'avait indiqué.

Dès le soir, je fus me promener sur les Quinconces, qui étaient près de mon hôtel. Je les parcourus quelques instants avec un ecclésiastique que je n'ai pas revu et que la lumière incertaine des becs de gaz ne m'avait fait apercevoir qu'à demi. Nous fûmes deux inconnus qui conversèrent un instant, pour ne plus nous rencontrer. Il y avait peu de promeneurs sur cette vaste promenade. Un jongleur amusait les ouvriers. Dans tous les pays, les jongleurs se font un cercle et divertissent un sot public des choses les plus niaises. On écoute, on rit, on va jusqu'à admettre des absurdités et à y ajouter créance. Ce fait de la place publique est l'image des affaires humaines, en lesquelles il ne manque pas de jongleurs, de charlatans, et nombre de niais qui sont leur dupes.

Le lendemain matin, j'allai à l'église Notre-Dame, paroisse de mon hôtel, afin d'y dire la messe. On me fit attendre : le vicaire et le sacristain furent peu accueillants. Je rencontrai en cette sacristie un prêtre habitué qui se montra tout le contraire, et des prêtres espagnols, alors nombreux à Bordeaux à cause de la guerre carliste.

L'église Notre-Dame, connue aussi sous le nom de Saint-Dominique, ayant été celle des dominicains avant 1790, fut construite en 1701. Elle est d'ordre corinthien. Son frontispice est très riche. Elle est très belle, sa nef vaste et hardie. Il y a deux bas-côtés et sept travées. Le maître autel, en marbre blanc, est placé en avant du chœur. Dans les bas-côtés sont quatre chapelles demi circulaires. Deux autres sont au chevet, celles de la Sainte Vierge et de saint Joseph. Les verrières modernes renferment chacune un saint. Les stalles, la chaire et les orgues sont riches. Cette église est sur la place du Chapelet, non loin de la magnifique rue des Fossés-de-l'Intendance.

Bordeaux s'étend sur le bord de la Garonne, en demi cercle, du midi au nord, ayant le fleuve à son orient, le riche et superbe faubourg des Chartrons à son couchant, vers le nord, tandis que le quartier du Chapeau-Rouge est vers le sud. A son midi coulent la Devèze, le Peugue et le Bigles ; à son nord, la Bourde et la Jalle, courants d'eau qui rendent le sol et le climat humides. La Garonne a 520 kilomètres de cours, devient flottable à Saint-Béat, chef-lieu de canton de l'arrondissement de Saint-Gaudens, navigable à Cazères, chef-lieu de canton de l'arrondissement de Muret : à Toulouse, elle peut porter de gros bateaux. C'est au fond de la vallée d'Aran qu'elle prend sa source. Son embouchure dans l'Océan, a de large 4,000 mètres.

Bordeaux, sous la domination romaine fut la capitale de la seconde Aquitaine, ensuite du royaume de ce nom, formé par les Wisigoths en 421. Les rois Wisigoths furent Wallia, Théodoric Ier, Trasimond, Théodoric II, Euric, et Alaric défait par Clovis près de Poitiers. Le second royaume d'Aquitaine fut sous les rois de la seconde race de la monarchie française. Ce fut ensuite le duché de Guienne sous la troisième race. Sous notre régime nouveau, Bordeaux est simplement le chef-lieu du département de la Gironde. Sa population en 1854 était de 131,000 habitants. Le mouvement des piétons est considérable, dans les principales rues ; celui des voitures l'est beaucoup moins. Les deux plus belles rues sont celles du Chapeau-Rouge et des Fossés-de-l'Intendance. Elles se font suite et partagent la ville en deux, l'ancienne au nord, la nouvelle au sud. La rue Sainte-Catherine, qui leur est adjacente est la rue des riches boutiques. Rues, boutiques, cours respirent la magnificence. Les maisons, sont chargées de sculptures, s'élèvent de quatre et cinq étages. Le haut commerce, c'est-à-dire le commerce en vins, occupe le quartier des Chartrons : c'est un beau quartier qui annonce la richesse de ses habitants. Les chais, c'est-à-dire les celliers, contiennent jusqu'à mille tonneaux de vins. Le mouvement en ce quartier n'est pas très grand, même ses magnifiques rues sont un peu désertes.

Ce fut sous l'administration d'Aubert de Tourny, intendant de la généralité en 1743, que Bordeaux prit l'aspect monumental d'aujourd'hui. On doit à cet intendant les allées d'Albret, de Tourny, la place de ce nom, les places Dauphine, d'Aquitaine, Royale, de Bourgogne, les hôtels de la Bourse et de la Douane, les quais et leurs maisons, toutes choses splendides. Ce qui reste de l'ancien Bordeaux est aux environs de l'église Saint-Michel, vilaines maisons, rues étroites. La tendance actuelle dans les constructions est le confortable et le luxe extérieur et intérieur : les âmes en cette transformation perdront en énergie ce qu'elles gagneront en sensualisme. En réalité, dans notre progrès, et par notre progrès, nous touchons à la décadence. Arrivé en ce monde à l'heure où les sociétés finissent, je vois la crise, je ne verrai pas la rénovation : pensée qui préoccupe souvent mon esprit et l'attriste, comme l'invasion des barbares au ve siècle attristait celle des hommes de cette époque de décadence et de ruine.

Une statue a été érigée à l'intendant de 1743 sur la place Tourny. Voici l'inscription : *A Louis Urbain Aubert de Tourny, intendant de la province de Guienne depuis 1743 jusque en 1757, la postérité reconnaissante.* De Tourny est représenté debout.

La belle allée de son nom va jusqu'au bout de la ville dans sa largeur. Le cours Tourny, distinct des allées, conduit aux Chartrons. La place Tourny était autrefois plantée d'arbres ; on les a arrachés, les habitants se plaignant de leur ombrage.

Le port, couvert de vaisseaux marchands de deux et trois mâts, est la splendeur du quai. De petites embarcations sillonnaient cette forêt de mâts et de cordages. Je remarquai deux frégates, des briks, des goélettes, des pavillons étrangers. Le port de Bordeaux est sûr et commode ; des navires de 5 à 600 tonneaux peuvent y arriver en tout temps. Il peut contenir 1,000 vaisseaux. La largeur vis-à-vis la place Royale est d'environ 700 mètres. La profondeur de l'eau au pont est de 7 à 10 mètres ; le flux l'élève deux fois par jour de 4 à 6 mètres. Le pont divise la rade en deux. Il y a dix-sept arches et 530 mètres de longueur et 14 de largeur. Il possède à chacune de ses entrées deux pavillons dont le portique est orné de colonnes doriques. Une galerie a été pratiquée sous les trottoirs, commencé en 1811, il a été terminé en 1821. Au delà on aperçoit la gare du chemin de fer. La Bastide et Cenon, son annexe. Plus loin sont des collines de peu d'effet. C'est surtout de la terrasse des Quinconces qu'on jouit de la belle vue du port, du pont et de la Bastide. Les Quinconces forment un parrallélogramme, terminé au couchant en hémicycle, à l'est par une terrasse où s'élèvent deux magnifiques phares. Les côtés ont une triple allée et deux Quinconces, l'un au nord, l'autre au midi, ayant chacun 280 mètres de long sur 80 de large. Ils encadrent la place et les allées. Au delà sont les Chartrons. Le jardin public, qui est de leur côté, était alors en très mauvais état. Le Cours du 30 Juillet est l'une des belles rues des Chartrons. Sur le quai est la place Royale : la Bourse et la Douane, beaux édifices, forment ses côtés. On compte plus de quarante places. Au bout du cours Tourny est la place Dauphine, de forme circulaire. Elle est magnifique. On la commença en 1601. Elle doit son nom au dauphin, qui depuis fut Louis XIII. J'en admirai la belle ordonnance et son animation.

Le théâtre est un des plus beaux édifices de Bordeaux, placé entre les rues du Chapeau-Rouge et des Fossés-de-l'Intendance, il est complètement isolé. Sa façade se développe sur une place non moins remarquable, la place Richelieu. Douze belles colonnes d'ordre corinthien décorent son péristyle. La frise est couronnée d'une balustrade, où douze statues répondent à chacune des colonnes. Le fond et les deux côtés sont ornés de pilastres du même ordre. Ce superbe édifice fut contruit par les soins du duc de Richelieu et fut ouvert le 8 août 1759, par la tragédie d'*Athalie* de Racine, laquelle fut jouée trois jours de suite.

Je passe à l'Hôtel de Ville, monument non moins somptueux. C'est l'ancien palais archiépiscopal. Il était la préfecture en 1801. Il est devenu l'Hôtel de Ville en 1836. La préfecture est aujourd'hui rue des Fossés et du Chapeau-Rouge : elle ne répond pas, comme édifice, à la splendeur de Bordeaux. L'Hôtel de Ville actuel est sur la place de la cathédrale. La porte d'entrée est entre deux péristyles uniformes, d'une noble architecture. Une vaste cour, ayant, à droite et à gauche, deux bâtiments parallèles, conduit à un perron d'où l'on accède dans l'intérieur du palais. L'aspect extérieur est imposant ; il annonce la splendeur passée de l'ancien archevêché de Bordeaux, qui valait à son titulaire 55.000 fr. Je ne pus pénétrer dans l'intérieur, où il y a un beau musée d'armes antiques, de tableaux ; on préparait les salles pour la réception de l'impératrice revenant des bains de Biarritz. Je fus donc obligé de m'en aller sans avoir rien vu. J'allai à la métropole, Saint-André. Le portail est du XVIIe siècle. Il a un cordon de statuettes et six grandes statues, une septième est au pilier qui sépare la porte en deux. Il n'existe qu'une nef sans latéraux. Il y en a autour du chœur. Cet édifice annonce le XIIIe et le XVe siècle. Il a 137 mètres de longueur ; ce qui le met entre les cathédrales d'Amiens et de Rouen. Une galerie règne tout autour. La nef est moins élevée que le chœur et d'un genre différent. Le transept est étroit. Chacun de ses bras est orné d'une rose flamboyante, ainsi que la façade occidentale. Le maître autel est en avant du chœur. Il est surmonté d'un baldaquin supporté par des colonnes d'ordre composite. On compte dans les latéraux sept chapelles. Celle de l'abside est dédiée au Sacré Cœur de Jésus. On y voit six grandes statues et de magnifiques boiseries. A côté est une chapelle dédiée à sainte Anne. Celle de la Conception possède un beau monument funéraire renfermant le cœur d'un duc de Noailles, élégante pyramide de la Renaissance, 1572. Ce de Noailles est mort à Bordeaux, dont il était gouverneur. Dans la chapelle de saint Charles est le mausolée de l'archevêque d'Aviau de Sançay, qui est représenté à genoux. La chapelle de la Vierge se trouve au latéral nord. Elle est vaste. Le monument du dernier archevêque, de Chevrus, est dans la nef : ce prélat est représenté assis. La date de sa naissance est 1768, celle de sa mort 1836.

Les orgues sont soutenues par un porche en pierre, du XVIe siècle.

Le 25 novembre 1615, Louis XIII épousa dans Saint-André, l'Infante d'Espagne.

Dix-neuf conciles se sont tenus à Bordeaux, y compris celui de 1851.

Les deux clochers, entièrement semblables, sont au latéral nord. La façade de ce latéral est très belle : celle de celui du midi ne la vaut pas Les clochers ont 80 mètres d'élévation. Les deux flèches sont percées à jour dans toute leur longueur. Il devait sans doute y avoir pareillement deux flèches au transcept méridional, les bases seules existent. A peu de distance des jolis clochers de Saint-André est une vieille tour isolée et inachevée, la tour de Peyberland : on met sa construction de 1480 à 1530. Elle renferme les cloches.

Après la cathédrale, je visitai Saint-Éloi. Ses rétables d'autel sont de la Renaissance. A côté est le beffroi, ancien Hôtel de Ville, construction du XVIe siècle. De là, j'allai à l'église Saint-Michel, une des églises les plus intéressantes de Bordeaux. On met sa construction en 1180 : l'ensemble du monument m'a paru du XVe siècle. La nef est étroite, les latéraux larges et circulaires. En une des chapelles est un rétable du XVIe siècle, riche d'arabesques et de bas-reliefs ; on y voit la Sainte Vierge avec l'enfant Jésus, sainte Catherine et sainte Barbe. La voussure de la porte occidentale m'a paru du XIIe siècle. La tour est séparée de l'église. Dans son sous-sol sont les corps momifiés, tirés des sépultures de l'ancien cimetière. On en a fait une curiosité, véritable manque de respect à l'égard des morts, surtout de la manière qu'on vous les montre ; on frappe sur la peau parcheminée de leur ventre comme sur un tambour, on passe la chandelle sous leur reste de barbe. Ils sont posés debout contre les parois circulaires du mur, le sol est jonché des ossements brisés de plusieurs générations, autre profanation. Ces chrétiens, en mourant, pensaient assurément être laissés paisibles en leur sommeil jusqu'au réveil de l'éternité. On donne 25 centimes pour voir ces corps, tout autant que si l'on allait visiter une ménagerie d'animaux. C'est, du reste, un curieux et en même temps un horrible spectacle. La peau est noire, entièrement conservée et parcheminée : aussi les corps sont-ils en entier et dans une nudité complète, sauf quelques lambeaux de linceul, pareillement noirs. Le gardien vous explique le genre de mort de plusieurs : là une femme dont le sein a été rongé par un cancer ; la plaie est béante. Ici toute famille morte empoisonnée par des champignons ; plus loin un enfant dont les membres crispés annoncent qu'il a été enterré vivant ; ensuite un général qui a succombé en duel, on voit le coup d'épée qui le tua. Le sang-froid du gardien est imperturbable au milieu de cette double horreur de la mort. Je remontai de ce sombre lieu en curieux satisfait, mais profondément affligé de ce peu de respect des morts exposés en leur nudité aux regards des vivants, au lieu d'être couchés dans leur tombeau et enveloppés de leur linceul. Il vaut mieux être la pâture des vers et poussière que d'être ainsi livré à la curiosité publique. La tombe devrait être ce qu'il y a de plus sacré. N'est-il pas juste et convenable de laisser à l'homme, qui a traversé les douleurs de la vie, ce dernier et solennel repos ? Je dis solennel, parce que la tombe fournit une grande instruction : voilà ce que tu deviendras, toi qui t'attaches tant aux jouissances de la vie présente, ayant soif de plaisirs, d'honneurs, de richesses et de gloire ; sache qu'ici est le terme, si grand ou si puissant que tu aies été, tout finit par la poussière ; la somptuosité du marbre et du bronze n'y fait rien.

Bordeaux a beaucoup d'autres églises, je vis Saint-Paul et la Chartreuse. Il y a treize paroisses, deux temples protestants, un pour les luthériens, un autre pour les calvinistes, et une synagogue.

L'église Saint-Paul est dans le genre du XVIIe siècle, d'ordre corinthien. Elle possède une coupole. Non loin, sur la place Projet, s'élève une belle gracieuse croix en pierre, du XVe siècle.

Dans la rue Margaux est la chapelle des Jésuites, Notre-Dame de Bon-Secours, construite dans le style du moyen âge.

Le 15 septembre au soir, je me promenais sur la place Tourny : la journée avait été chaude, il y avait eu 30 degrés ; je comparais en mon esprit le mouvement des grandes villes, où tant de passions se rencontrent et se choquent, et l'isolement des montagnes. Le bruit de la place Tourny m'étourdissait, les hommes m'y apparaissaient avec leurs agitations sans repos ; je sentais en moi l'amour de la solitude, on y est plus à soi, plus aux délicieuses et calmes beautés de la nature ; libre, l'âme se recueille en elle-même, Dieu lui est présent ; elle touche à l'éternité, elle sent mieux le vide de ce monde, qui fuit et nous échappe à chaque instant de l'existence. J'ai porté plus d'une fois ma pensée mélancolique au milieu du plus grand bruit et de l'agitation la plus extrême : le dégoût du monde vient souvent du monde même. Si dans le commerce des hommes on trouve des joies, on y rencontre beaucoup plus de déplaisirs.

Les bordelais ont les traits fins, les yeux spirituels, le teint pâle. Leur parler est très agréable, un gentil grasseyement se mêle à l'accent gascon. Je parle du bordelais jeune. On rencontre peu d'ouvriers en blouse. Les femmes du peuple portent la marmotte ou le bonnet rond à fond très large avec passe et une grande bande ou une garniture à gros plis : cette coiffure est vilaine. Elle tendait à disparaître. Tout se modifie en France ; les mœurs changent, les habitudes les suivent. Mais le genre des caractères persévèrera plus longtemps, il tient au sang et au climat.

J'avais consacré une partie de la journée à aller à Arcachon, afin de voir la mer. En me rendant au chemin de fer de la Teste, je jetai un coup d'œil sur le palais de Justice ; il est d'ordre toscan ; quatre grandes statues de magistrats décorent son frontispice. En face, sur la même place, est l'Hôtel-Dieu. Des rues détournées me menèrent à l'embarcadère. Au sortir de Bordeaux ce sont d'abord des vignes, ensuite, après 6 kilomètres de parcours, d'immenses landes, dans le lointain le vert des bois de sapins, parfois les landes touchent à l'horizon. Des dunes, sables amoncelés par les vents, bordent la mer. Dunes est un vieux mot celtique qui veut dire hauteurs. Le chêne, l'acacia et le sapin sont les arbres qu'on rencontre dans ce site désolé. A La Mothe, l'aspect change, les vignes reparaissent. On y cultive le millet et le maïs. Les habitations sont de petites maisons ayant un simple rez-de-chaussée. Leur couverture est en tuiles à canal. La situation du Teich est assez gentille par la dispersion même des habitations. On aperçoit de là la baie d'Arcachon. Ce que produisit sur moi cette première vue fut la mélancolie et la tristesse, mais non point la mélancolie que j'éprouve au milieu des montagnes : la mer a toujours produit en mon âme cette sensation. Dans les montagnes je rêve et j'admire ; à l'aspect de la mer je songe, et je pleurerais presque, car je suis singulièrement attristé par l'immensité nue des eaux et leur monotone mouvement, lorsqu'elles ne sont pas agitées par la tempête. Les émotions dans les montagnes, au contraire, varient comme l'aspect. Leur mélancolie a un charme qui est doux ; celle de la mer un charme qui est triste : cependant ces deux charmes plaisent à l'âme.

Nous atteignîmes enfin La Teste, à 53 kilomètres de Bordeaux. L'omnibus me conduisit à Arcachon, à 5 kilomètres de La Teste. Arcachon se compose de jolis châlets en bois, je vis entre eux une très gentille maison d'une blancheur éclatante, ornée de clochetons et couverte en ardoises. Ces châlets sont entremêlés d'arbres et de quelques parterres agréablement dessinés. Ils forment une longue rue qui se termine par une chapelle dédiée à la Sainte Vierge sous le vocable de Notre-Dame d'Arcachon. Arcachon fait partie de la commune de La Teste. Sa baie m'a paru avoir au plus 8 kilomètres de large. Du côté d'Arcachon, le sable de la rive est blanc et très fin ; sur la rive opposée, ce sont des dunes très vertes. Il y avait du mouvement au milieu des châlets, les omnibus allaient et venaient, amenant des promeneurs, emmenant des baigneurs, car la saison des bains finissait. On rencontrait çà et là des cafés restaurants. La chaleur était très forte, j'entrai dans l'un d'eux pour me rafraîchir.

Au retour, je me rendis en omnibus à l'église de la Chartreuse, édifice de 1619, d'une seule nef. Les boiseries et le sanctuaire sont de 1672, d'ordre composite. Le sanctuaire est riche ; il est en marbre et en stuc, avec six belles statues de grandeur naturelle. Les stalles répondent à cette beauté ; elles ont galerie et abat-voix, des têtes de saints sculptés en ronde bosse. Les boiseries continuent dans le reste de l'église, qui est entièrement peinte. On remarque l'autel de l'Immaculée-Conception et celui des Morts, où il y a un beau tableau représentant saint Bruno.

L'église est sous le vocable de la Sainte Vierge, Notre-Dame.

Auprès est le cimetière. Ses belles allées de platanes invitent à le parcourir ; on rêverait presque les jouissances de la vie dans ce séjour des morts. Dans les allées adjacentes sont de beaux et verts cyprès, qui filent bien droit. Ils amènent de graves pensées, les platanes en suscitent d'agréables. Hélas ! pourquoi la mort, quand la nature se montre si parée ? Dans les milieux et le long des murs sont de nombreuses croix blanches, très peu de noires ; elles indiquent la sépulture de ceux auxquels a manqué la richesse durant la vie ; ils sont privés des somptuosités vaniteuses de la tombe. Les monuments sont rangés le long des platanes. Chacun d'eux est d'ordinaire destiné à toute une famille : la tombe réunit ainsi ce que la mort avait séparé.

Je considérais la somptuosité des monuments funéraires et la simplicité des croix : sous ceux-ci comme sous celles-là il n'y avait pas davantage, des ossements brisés et un peu de poussière ; force, jeunesse, beauté, tout avait disparu ; il ne reste qu'une grande leçon, dont on ne profite pas, cheminant en ce monde comme si la course ne devait jamais finir, et elle finit promptement, car les jours de l'homme sont courts et sa vie pleine de misères.

Vers 309, Ausone, le rhéteur, chrétien incertain, homme vaniteux, vit le jour à Bordeaux. En parlant des villes célèbres, il exalte sa patrie, renommée dès lors pour ses vins, par la clémence de l'air, les longs printemps, les courts hivers, les collines verdoyantes ; Ausone mourut en 394.

Saint Paulin, évêque de Nole, son disciple, est également né à Bordeaux en 353. Il mourut à Nole en 431.

Le IVe siècle y vit encore naître le premier charlatan connu, Marcellus Empiricus. En 1535, l'historien Du Haillon, mort en 1610 ; le prédicateur

Joseph de Voisin en 1620, mort en 1685 ; les Laffiteau, l'un voyageur et historien, l'autre évêque de Sisteron, le premier mort en 1740, le second en 1764 ; Berquin, auteur de l'*Ami des enfants*, insipide ouvrage : né en 1749, il mourut en 1791. Sourignères, auteur du *Réveil du Peuple*, les girondins Gensonnet en 1758, Roger de Fonfrède en 1764 ; Grangeneuve en 1750, mort sur l'échafaud en 1793, Ducas en 1765, mort sur l'échafaud en 1794 ; Evariste Dumoulin en 1776, publiciste, mort en 1833 ; Dufau, historien et littérateur, né en 1795 ; De Sèze, défenseur de Louis XVI, en 1750, mort en 1828 ; J. B. Duvergier, avocat distingué, savant jurisconsulte ; Lebrun des Charinettes, poëte et auteur d'une histoire de Jeanne d'Arc : il se retira à Chartres en 1830, où je l'ai connu, ultra-légitimiste, sous-préfet sous la Restauration. Lainé en 1767, mort, en 1835, ministre sous Louis XVIII. Le vicomte J. B. Silvère Algay de Martignac, ministre sous Charles X, après le ministère Vallèle, avant l'impolitique et incapable ministère Polignac. De Martignac est né en 1776, est mort le 3 avril 1832. Il était, dit-on, spirituel, aimable, modéré, conciliant, honnête homme sous le rapport politique, ce qui est rare. Ducas en 1801, ministre de la marine sous Napoléon III, mort à Paris en 1855. Roux en 1726, mort en 1776, professeur à la faculté de médecine de Paris. Magendie, célèbre médecin, né le 15 octobre 1783, mort le 23 septembre 1855. Je l'ai entendu en 1836 professer au collège de France. Latopie, botaniste. Dupaty, statuaire, né en 1771, mort en 1825. Carle Vernet, peintre, en 1758, mort en 1836, Andrieu, graveur, en 1761, mort en 1822. Lubbert, compositeur de musique. Le lieutenant général Nantsouty, né en 1768, mort en 1815. Le comte de Peyronnet, ministre sous Charles X. Il conseilla à ce roi les ordonnances de 1830 ; il poussait à l'ancien régime en présence d'une génération qui voulait aller en avant et non en arrière ; il mérita une chute. Il fut funeste à la monarchie de la Restauration. Charles X, esprit léger, de peu de portée en politique, mais cœur loyal, eût eu besoin de ministres prudents, par conséquent sages, et il fut lui-même imprudent par entêtement. Chaudruc-Ducas, surnommé le diogène français. Je le vis, en 1836, promenant ses haillons et sa longue barbe le long des galeries du palais-royal, cherchant la célébrité par l'originalité la plus excentrique, un de ces hommes en qui les déceptions de la vie ont mis un grain de folie. Je termine cette longue liste par le fameux missionnaire J. B. Rauzan, né le 5 décembre 1755, mort à Paris le 5 septembre 1847. Il fut le chef de ces missionnaires qui, allant contre l'esprit public, mêlant le trône à l'autel, compromirent l'un et l'autre.

L'abbé Fayet, évêque d'Orléans, l'un de ces missionnaires le plus renommé, en est convenu avec moi. J'ai entendu, en 1827, l'abbé Rauzan à Chartres ; il avait beaucoup de feu, de l'éloquence, une voix vibrante, agréable et sonore ; il montrait une impétueuse vivacité dans l'action. Il était d'une taille plutôt petite que grande. Il y avait pour l'entendre une foule compacte de curieux et beaucoup d'hostilité. Je goûtais peu ce bruit de mission, quoique j'eusse une extrême répulsion pour tous les voltairiens d'alors, génération de la fin du siècle dernier ; je les voyais moqueurs sans esprit, impies sans science, libéraux sans valeur politique, mettant la passion et la haine à la place du jugement et de la loyauté, hommes méprisables et dont j'avais mépris en mon âme de jeune homme. A leur suite était une jeunesse turbulente, dépravée autant qu'irréligieuse, qui vint figurer dans le régime de Juillet. Fière d'elle-même et de ses succès révolutionnaires, elle méritait la leçon de février ; Dieu, impénétrable en ses voies, la lui donna. Il en prépara une autre à de nouveaux imprudents, à des ambitieux qui ont joué tous les rôles, malhonnêtes gens, puisqu'ils n'avaient pas de conviction. Dieu les a attendus à son heure, comme il attend tous ceux qui, croyant à leur force, lui jettent le blasphème de l'impiété et de la négation.

Le dimanche 17, je pris le paquebot pour Nantes ; son nom était le Gaulois ; celui du capitaine, Clergeac, véritablement homme de mer, brusque, cœur franc. Il racontait à merveille les événements de mer ; il aimait cet élément, comme tous les marins l'aiment. Il mettait dans ses récits une brusquerie attachante ; il intéressait et amusait à la fois. On écoutait avec plaisir, on souriait des à propos renfermés souvent dans un seul mot jeté au hasard et sans prétention d'esprit. On apprenait du nouveau : ces coureurs de mer ont vu tant de choses. Notre capitaine n'était pas hâbleur ; il mettait trop de naturel et de simplicité dans ces récits, pour qu'il le fût. Je me défie des conteurs qui ont vu des choses étranges, je crains l'amplification ou le mensonge ; ce qui n'est pas rare dans cette espèce de narrateurs. Lorsque je descendis dans le paquebot, son accueil fut très brusque, il se préparait à la manœuvre du départ ; en pareille circonstance un marin n'est jamais aimable : le capitaine Clergeac nous le déclara en déjeunant, dans ce moment la rudesse de l'homme de mer avait fait place à la bonté et à l'humeur riante. Ceci n'est pas une des circonstances les moins intéressantes de la mer, car ce n'est que là qu'on rencontre ce genre d'hommes. Ceux des chemins de fer et des voitures publiques sont maussades par habitude et restent maussades. Ils n'ont rien de cette humeur du marin dont la brusquerie vous étonne d'abord, et ensuite est aimée.

Nous traversâmes la rade au milieu des vaisseaux dont elle était remplie. Ce départ était beau et intéressant pour moi. Chacun avait déposé ses paquets sur le pont, en arrivant : le capitaine n'en répond pas. La partie des quais du côté des Chartrons est splendide, comme le reste de Bordeaux. Nous fûmes bientôt en dehors de la rade ; la Garonne élargissait de plus en plus ses bords. Sur la rive droite, à 5 kilomètres de Bordeaux, est le petit village de Lormont. Sur la rive gauche sont des maisons de campagne, villas des riches négociants de Bordeaux. Cette rive est basse, le pays plat, tandis que sur la rive droite sont quelques hauteurs. Ceci a lieu à partir de Marmande, chaînes de collines qui sépare le lit de la Dordogne et celui de la Garonne. A une petite distance du fleuve est le beau château où mourut M. de Peyronnet, après sa sortie du fort de Ham. Une avenue de peupliers y conduit. Les communs et les pavillons sont en retour. Il dépend de la commune de Lormont. M. Peyronnet, tout le temps qu'il l'habita, n'alla que deux fois à Bordeaux, quoiqu'il en fût à 6 kilomètres de distance : le gouvernement de Juillet y craignait sa présence. Le château de Lormont a dû être pour le ministre déchu une belle retraite plutôt qu'un lieu d'exil. Il y vivait au milieu des siens, ayant tout le loisir de penser à la grande vanité du pouvoir et des honneurs. Sans en être un des acteurs, les révolutions humaines apprennent beaucoup à l'observateur. J'ajoute qu'il n'est pas bon de vieillir, on sait trop : aussi le charme de la vie n'est réellement que dans les illusions de la jeunesse.

Nous perdîmes vite de vue Bordeaux ; les clochers seuls de Saint-André apparaissaient dans le lointain. En amont comme en aval, cette ville n'a rien qui frappe ; cela tient sans doute à ce qu'elle est à plat sur une seule rive.

Château-Margaux, renommé par ses vins, est sur la rive gauche, où d'ailleurs sont tous les vignobles bordelais en réputation. Nous atteignîmes bientôt le bec d'Ambez, où se fait la jonction de la Garonne et de la Dordogne, pour prendre, réunies ensemble, le nom de Gironde. Elles offrent là une nappe d'eau très étendue. La côte s'élève sur la rive droite. Au milieu du fleuve est l'île Cazeau, de 4 kilomètres de longueur. Entre l'île de Nort et l'île Verte ou Cormeil est une charmante vue, celle du village de La Roque, dominé par une colline. On aperçoit Blaye dans le lointain. Le souvenir se porte aussitôt sur la prisonnière de 1832. Il y eut deux hontes en cette affaire, la sienne et celle du gouvernement de Juillet ; il y eut l'inconséquence d'une part, la mauvaise parenté de l'autre : ni l'une ni l'autre n'ont point d'excuse. Tel sera le jugement de l'histoire. Je vis la duchesse de Berry à Orléans ; elle était jeune, veuve, mère d'un jeune enfant qu'on croyait devoir régner sur la France et que les fautes politiques en ont éloigné. La duchesse de Berry n'était pas belle, une pâleur extrême, deux yeux inégaux. Elle était princesse, elle recueillait les hommages ; ceux du peuple orléanais étaient très froids ; il y avait dans les esprits comme un prélude de la révolution de 1830 : le royalisme si fameux de la bonne ville d'Orléans en 1815 avait disparu ; il y avait désaccord entre les idées de la royauté et les idées nouvelles.

Une croix dominait au-dessus de La Roque : ce signe émeut toujours l'âme.

Nous naviguions du côté de la rive gauche. L'heure du déjeuner arriva, on mit le couvert sur le pont ; une toile nous protégea des ardeurs du soleil. C'était gai et charmant de déjeuner ainsi. Nous étions à la hauteur du Blaye. La citadelle plonge sa base dans les eaux. Les fortifications sont modernes, flanquées de quatre grands bastions : deux sont très visibles du côté du fleuve. Elles renferment un vieux château qu'on n'aperçoit pas. De larges et profonds fossés sont autour. En face, au milieu du fleuve, sont deux îles, le petit et le grand Fagnar. Le pâté de Blaye est dans une île qui les précède : c'est un fort dont les feux se croisent avec ceux de la citadelle et empêchent l'approche et le passage du fleuve de ce côté. De l'autre côté, il peut également répondre au fort de Médoc, situé sur la rive gauche. L'entrée de la Dordogne et de la Garonne se trouve ainsi gardée. Le pâté de Blaye date de 1689. L'île qui le porte est à un kilomètre de la citadelle et à deux du fort de Médoc. Blaye se divise en haute et basse ville, au pied et à la croupe d'un rocher escarpé dont le sommet est occupé par la forteresse.

Le roi Charibert, mourut à Blaye en 570 Il fut inhumé dans l'église Saint-Romain. Les protestants, en 1568, n'épargnèrent pas le tombeau de ce roi.

Après Blaye, sur la rive gauche est Saint-Julien de Reynac. La flèche de son clocher apparaissait comme une aiguille. On connaît le vin appelé haut Saint-Julien, un des meilleurs du Médoc. Le Médoc, qui s'étend sur la rive gauche de la Garonne, est fertile le long de ce fleuve par ses vignobles, il est couvert au delà de bois et d'étangs. Une nappe de graviers mêlés de sablon et de débitements calcaires, connus sous le nom de graves, s'étend sur les collines ondulées qui serpentent dans le Médoc et va se lier aux landes et aux âpres vallons du Quercy. Toute cette étendue de pays, de la pointe de Grave, au bord de l'Océan, à Milhau, dans le Rouergue, à 400 kilomètres de long sur 120 de large de Martel à Nérac, et on l'appelle la Guienne.

Nous arrivâmes devant Pauillac. C'est sur le territoire de ce dernier qu'est récolté le fameux vin Château-Lafitte, le premier du Bordelais. En cet endroit la largeur de la Gironde est de 8 kilomètres. Au milieu est l'île de Patiras, retraite autrefois du pirate Monstri. Le port de Pauillac est commode ; sa rade est sûre. Les vaisseaux de l'État et les autres qui ne peuvent remonter jusqu'à Bordeaux s'y arrêtent. Une phare de six mètres de hauteur et de 8 kilomètres de portée éclaire le fleuve. Là est le lazaret de Tromloup. Pauillac est d'agréable aspect. La tour octogone de son église est élégante. Le Château-Lafitte est entre Pauillac et Saint-Estèphe, dont le vin est également en renom. Saint-Estèphe a une gentille tour. Auprès de Saint-Estèphe est un joli château moderne. Nous rencontrâmes un vaisseau de 800 tonneaux ; il avançait à toutes voiles : j'en comptai dix-huit. Vers une heure le ciel changea, nous eûmes ce qu'on appelle en mer du gros temps ; la pluie commença. La teinte verdâtre des eaux et le roulis qui se faisait déjà sentir annonçaient l'approche de la mer. La rive gauche s'abaissait au niveau de l'eau, la rive droite était plus élevée. Les passes de la Gironde sont dangereuses. La barre de l'Océan conserve encore une force effrayante à plus de 60 kilomètres de ses bornes. On appelle barre un amas de sables et de galets poussés par la mer et repoussés par le fleuve à sa jonction avec l'Océan, ce qui donne des eaux peu profondes avec des espèces de brisans. Le violent reflux de la mer à l'embouchure de la Dordogne a reçu le nom de Mascaret. Ce fut vers les six heures du soir que nous entrâmes en mer. Le roulis et le tangage étaient effroyables, le vaisseau faisait entendre un craquement très fort. La mer était grosse, le vent soufflait dans les vergues et les cordages, les flots s'élevaient en montagnes, s'abaissaient en profondes vallées, une écume blanche brillait sur leur cime ; je voyais donc la mer dans ses élancements, effrayant et majestueux spectacle. Je me rappelai les paroles du psaume 92 : *mirabiles elationes maris, mirabilis in altis Dominus*. J'étais assis contre les bagages et le chargement, j'admirais cette fureur des flots et le navire qui se soulevait et s'abaissait au milieu d'eux, tantôt dans un gouffre, tantôt sur une cime, jeté de côté, redressé aussitôt, plongeant de sa proue dans le sombre abîme comme une flèche qu'on a lancée contre terre et qui en ouvre le sein pour s'y fixer : spectacle ravissant, mêlé d'épouvante. Le capitaine était inquiet, il parlait de jeter l'ancre, si cette tourmente ne s'apaisait ; il craignait d'être poussé à la côte par les brisans. Etais-je effrayé ? Non. Je me plaisais à cet affreux soulèvement de la mer, car j'avais depuis longtemps désiré voir, du bord d'un vaisseau, le grand spectacle d'une tempête : une mer calme m'eût moins plu, je n'eus pas vu la puissance de l'onde en furie. Oui, les élancements de la mer sont admirables, *mirabiles elationes maris*, de même que Dieu est admirable aux cieux, *mirabilis in altis Dominus*.

On nous indiqua Royan de loin, sur les côtes de la Saintonge, Charente-Inférieure, lieu de bains et petit port. Il est situé au sortir de l'embouchure de la Gironde, en face de la tour de Cordouan. On l'apercevait à peine.

Les nuages se dissipèrent un instant et nous laissèrent voir le coucher du soleil sur la mer. Il avait quelque chose de solennel et qui impressionnait, mais il ne valait pas ceux de dessus l'Allier à Vichy. L'atmosphère, il est vrai, n'était pas favorable, les nuages embrouillaient l'horizon. Ce qui frappe davantage, ce sont les phares ; leur vive et lointaine lumière fait éprouver à l'âme un je ne sais quoi indéfinissable ; on est loin de la terre où nos pas sont sûrs, séparé des hommes, au milieu d'une plaine liquide dont le silence n'est interrompu que par le bruit de la vague, on considère, on écoute ; feux immobiles pleins d'éclat, et silence, car tout se tait dans le vaisseau, tout dort ou paraît dormir ; l'homme de quart au gouvernail est aussi silencieux que vous, on le distingue d'une manière douteuse dans l'ombre ; la sensation est profonde pour celui qui considère et ne sommeille pas ; il laisse aller son esprit à de rêveuses pensées. Voilà ce que j'éprouvais dans cette nuit de mer. J'étais appuyé contre les bagages, assis à l'abri du vent, forcé de tenir mon parapluie ouvert. Le navire répondait par un craquement au mugissement des flots ; le vent fouettait dans les vergues, tout le reste était silencieux. Le fanal de la tour de Cordouan était le plus éclatant ; ceux des côtes de la Saintonge semblaient moins vifs. Les feux du premier portent jusqu'à 40 kilomètres ; nous les vîmes longtemps. On le dit un des plus beaux phares du monde. Mes regards s'y attachèrent tant que sa lumière fut visible. La tour de Cordouan est bâtie sur un îlot de rochers à fleur d'eau. Elle fut commencée en 1585. Sa hauteur est de 72 mètres.

Le capitaine nous annonça que nous étions en pleine mer ; la passe l'avait inquiété : aussi en ce moment avait-il sa rudesse de marin. Lorsque le danger fut passé, il reprit l'humeur brusque et joviale de l'homme de mer qui n'a plus de crainte. Il n'y avait pas à lui parler tant que la manœuvre exigeait son attention, on eût été très mal reçu : il répondait de nous, de son vaisseau et de son chargement. Les côtes disparurent, il n'y eut plus de danger en pleine mer. Je commença à éprouver des maux de cœur. Rien n'est singulier comme ce mal subit, il vous rend indifférent, vous ôte toute énergie. Chacun se plaignait d'être malade ; les uns avaient gagné leur cabine, les autres étaient restés étendus sur le pont ; quelques-uns faisaient entendre des hauts le corps ; les moins malades en plaisantaient. Quant à moi, je m'étais tapi en un coin sur un tabouret, considérant le soulèvement des flots au milieu de l'ouragan, regardant la lumière des phares. Quoique à l'abri du vent, je luttais avec la tempête ; je fus forcé plus d'une fois de fermer mon parapluie. Je sentis le froid pénétrer mes membres, je dus céder, je descendis dans le salon et je m'étendis sur un des canapés, où je dormis de sept heures à neuf heures un quart, sans nul souci de l'agitation des flots, du craquement du vaisseau et du gros temps : je ne comptais nullement sur un naufrage, quoique au bruit du navire on eût cru qu'il allait s'ouvrir et se briser. Le salon est au-dessous du pont. Au milieu est une table ; autour des canapés, au-dessus desquels sont des cabines de deux mètres de long sur un mètre de large ; elles contiennent un lit et sont fermées par un rideau. Ce sont des espèces d'alcôves pratiquées dans le flanc du navire. On payait deux francs en sus du prix de passage pour en avoir une. Le prix du passage était de quatorze francs pour les premières.

Mon dessein ayant été de passer le plus de temps possible sur le pont afin d'observer la mer, je m'épargnai la dépense d'une cabine ; comme plusieurs autres passagers, je sommeillai sur les canapés, mon sac de nuit me servant d'oreiller. Au fond du salon était un cabinet réservé pour les dames : la police du vaisseau ne permettait pas aux hommes d'y entrer. Le capitaine nous conta, à ce sujet, une anecdote qui lui était arrivée : un homme graveleux et mauvaise tête voulut un jour forcer la consigne, il se prit de querelle avec lui, capitaine, qui le fit attacher au mât du navire : car en mer, celui qui commande un vaisseau a l'omnipotence en toute chose ; tel est le code, sauf le recours qu'on a contre la valeur de ses actes une fois descendu à terre. Si un capitaine n'était pas ainsi maître, passagers et matelots lui feraient bientôt la loi. Le capitaine nous ajouta que dans ses longues et nombreuses traversées, il n'avait eu qu'une fois à sévir ainsi. Le lendemain l'individu le remercia et reconnut son tort. Il eût insulté des femmes sans défense, s'il n'y eût eu la puissance protectrice du capitaine. Le délinquant ignorait la loi d'un navire et se croyait à terre. Nous n'eûmes pareil homme dans notre traversée.

Eveillé à neuf heures un quart, je remontai sur le pont. La pluie et un froid piquant m'empêchèrent d'y rester longtemps. Le spectacle de la mer n'a aucune ressemblance avec les autres spectacles de la nature ; il y a l'immensité et la solitude ; la pensée s'immobilise dans la contemplation, point de variété qui la distrait, un flot en amène un autre, les plis de la vague ne diffèrent qu'en profondeur. Le navire qui sillonne les eaux a sa part de grandeur ; il est livré à la fureur des vagues, il les brave ; elles ont beau mugir autour de lui, lui donner de fortes secousses, il s'avance toujours, comme s'il défiait leur furie.

Le vent cessa ; la pluie ne tombait plus qu'en fine rosée ; le silence était grand, je l'admirais pensif ; absorbé dans ma pensée, je ne saurais dire quelle elle était ; elle avait la vague que la mer présente. Un tel état repose l'âme, on a tout oublié, c'est la quiétude. Peut-être un autre, attentif comme moi, écoutant la vague, se laissait aller insouciant au mouvement du roulis et au balancement du tangage, et, comme moi, croyait veiller seul. Le pilote était l'homme éveillé, le capitaine dormait. La nuit était si noire, que je ne distinguais rien sur le pont : y étais-je seul? Je ne pouvais le dire ; le silence profond aurait pu me le faire croire. Je fus resté ainsi toute la nuit, si le froid ne m'eût forcé de descendre une seconde fois dans le salon. A quatre heures et demie j'étais éveillé, j'étais de nouveau sur le pont. Le ciel était pur. Les maux de cœur ne m'avaient pas quitté, ils augmentaient, je me trouvais fort mal à l'aise. Je commençai à me sentir le dégoût de la mer, ordinaire aux passagers malades, en sorte qu'on se dit : je ne me rembarquerai plus. *Oui*, répondait le capitaine à ceux qui tenaient ce langage, *on n'est pas sitôt à terre qu'on soupire après la mer*. C'est vrai jusqu'à un certain point.

Je vis le soleil se lever : j'avais devancé le jour tout exprès. Son lever me frappa plus que son coucher. L'ascension de cet astre du milieu des eaux est droite, de telle sorte qu'on dirait qu'il sort du sein de la mer comme d'un bain. A voir le globe solaire se dégager ainsi, on le croirait rafraîchi et tout humide des eaux. Nulle vapeur n'accompagnait son lever, il était seul dans un océan d'azur, de même que notre navire était seul sur l'Océan liquide des eaux. Je sentis à ce lever la même mélancolie que j'avais éprouvée au lever de l'astre dans les montagnes du Cantal. J'avais vu la mer la nuit, j'allais la voir le jour. Un goëland vint raser les flots : où allait-il ? Nous étions à 28 ou 30 kilomètres des côtes. Il cherchait sa nourriture dans cette plaine vitreuse, car telles sont les eaux de la mer. Elles se présentaient différentes de teinte, brunes, noires, verdâtres. Celles de la Gironde à l'approche de la mer étaient jaunâtres. Ce qui étonne de la transparence des eaux de la mer, c'est qu'elles sont épaisses de leur nature.

Nous eûmes bientôt en vue les Sables-d'Olonne, chef-lieu d'arrondissement de la Vendée. Avec une lunette on en apercevait très bien toutes les maisons et le clocher. La plage s'en exhaussait peu au-dessus de la mer. Mes maux de cœur m'ôtaient le plaisir de la contemplation. Un passager, ancien capitaine au long cours, me souhaita le bonjour et me demanda si j'avais vomi. Sur ma réponse négative, il prétendit que je dissimulais la chose, que je voulais paraître plus aguerri que les autres. « Capitaine, si j'avais vomi, je vous le dirais franchement, car il n'y a pas de bravoure à mettre en cela. » J'étais le seul qui n'avait pas eu encore de vomissements, voilà ce qui rendait incrédule le capitaine. La personne qui fut le plus malade fut une femme de chambre ; la pauvre fille, toute la durée de la traversée, se tint couchée de son long sur le pont, dans une prostration de forces extraordinaire ; on l'eût foulée aux pieds, qu'elle ne s'en serait pas occupée. Ses vomissements furent fréquents.

Moi-même, appuyé contre la balustrade du pont, je devenais indifférent à tout ; je crois qu'on m'eût jeté à la mer, que je n'y aurais pas fait attention. J'étais à considérer les Sables-d'Olonne, lorsque, sur les sept heures, à trois reprises différentes, en cinq minutes, je vomis de la bile en assez grande abondance : je me sentis soulagé ; cependant les maux de cœur ne me quittèrent point, je les eus jusqu'en Loire, mais je ne vomis plus. Je fis part au capitaine au long cours que j'avais subi le sort commun ; il me conseilla de prendre du thé, dussé-je le revomir. Je ne fus pas de son avis, et je fis bien.

Le ciel se maintint beau toute la journée, mais l'air fut vif et froid. Nul objet ne faisant obstacle, on peut juger fort bien de l'inclinaison de la terre, l'horizon se détachant de l'eau et la mer inclinant avec lui : sur le continent il tombe sur le sol et ne s'en détache point. Nous nous éloignâmes des côtes du Poitou, puis nous nous en rapprochâmes : nous ne les perdîmes jamais de vue ; cependant nous fûmes quelque temps assez éloignés pour ne plus apercevoir la terre que vaguement. Son niveau était celui de la mer, mais la teinte était différente. Rien ne produit plus d'impression que cette terre qui s'efface : c'est alors qu'on sent mieux l'immensité de l'océan ; l'âme est attristée, la terre échappe, ce n'est plus que le ciel et l'eau. En voyant le continent s'effacer, j'éprouvais en moi quelque chose d'étrange. Tous les passagers eurent la même émotion ; leurs yeux s'attachaient avec avidité et surprise vers cette bande incertaine qui n'était pas la mer et qui cependant s'unissait avec elle. A deux ou trois reprises différentes, des vaisseaux apparurent au bout de l'horizon. Ils furent d'abord un point qui inclinait avec la mer ; puis ce point monta, se développa ; on distingua enfin un navire. Ceux que nous aperçumes ainsi passèrent loin de nous. Ceci avertit encore de l'immensité de l'océan. Nous en vîmes disparaître sous le globe, nouvelle preuve de la rondeur de la terre. Cette leçon géographique valait bien celle des livres, elle était plus frappante. Notre demeure est donc un globe lancé dans l'espace : mystérieuse vérité qui effraie l'esprit, car elle annonce une puissance inconnue, laquelle se manifeste partout et ne se voit nulle part. C'est la plus invincible preuve de l'existence de Dieu ; il faut une cause absolue à cet univers qui n'est qu'un enchaînement d'effets. Un seul navire passa à la portée de notre voix.

Le charmant clocher de l'Ile-Dieu nous apparut à 34 kilomètres environ de distance. Nous le vîmes longtemps avant d'apercevoir l'île, longtemps après qu'elle eut échappé à nos regards. Nous marchions mal, le vent nous était contraire, de plus le vaisseau avait trop de chargement. Les recifs de l'île se montrèrent, les vagues écumaient contre eux ; des rochers se dressaient sur la rive et en empêchaient l'abord de ce côté. Ils étaient à la pointe de l'île.

Je contemplais avec intérêt ces brisans écumants. Je me sentis un attrait particulier pour l'Ile-Dieu ; il me semblait qu'il y avait là plus d'aventure, plus de calme et plus de liberté : j'eus donc volontiers descendu. D'ailleurs, le capitaine nous dépeignait les mœurs simples, paisibles de ses habitants. Il n'y a pas de riches. Ils vivent en grande partie de la pêche. Le sol est fertile en blé et en pommes de terre. Il y a un curé, bon papa à ce que le capitaine nous dit ; il avait vieilli dans cette île. C'était à son dire un homme plein de rondeur qui vivait à l'unisson avec ses paroissiens. Il avait baptisé et marié les mères, il baptisait leurs enfants. Il possédait l'autorité du temps d'autrefois, qu'on ne retrouve plus sur le continent, l'autorité du respect et de l'affection.

Un maire, un juge de paix et un gendarme formaient avec le curé toute l'autorité de l'île. La population était de 2,160 habitants. Le bourg est l'unique village : il est au milieu de l'île, et le port, composé de quelques maisons, à la pointe nord-est. Saint Aubin est le patron. Le phare des moulins à vent et une tour dominent le port, le terrain allant beaucoup en s'exhaussant dans cette partie. L'aspect est nu ; il y a peu de bois ; on apercevait à peine quelques bouquets de verdure. Cette île, rocher granitique, a 20 kilomètres de tour sur 8 de large. Elle est à 26 kilomètres des côtes du Poitou. Elle dépend du département de la Vendée, a le titre de chef-lieu de canton de l'arrondissement des Sables-d'Olonne. Les habitants ne sont points plaideurs, il n'y a jamais de trouble. J'étais assis près du gouvernail, un jeune mousse de treize ou quatorze ans faisait le quart, je lui demandai des renseignements sur l'île, son visage s'épanouit, ses yeux s'animèrent, sa parole s'impressionna, l'Ile-Dieu était son pays ; c'est là qu'il avait vu le jour, là qu'avaient été ses premiers jeux, là qu'étaient son père et sa mère, ses affections ; il était heureux de rencontrer un homme inconnu, étranger, qui prenait intérêt au lieu de sa naissance. Oh ! comme cet enfant me parla avec cœur de son Ile-Dieu. Avec quelle émotion il m'expliquait tout ce que je lui demandais, m'indiquait les différents points de l'île, le port, le village, le phare, les parties abordables, celles garnies de rochers ! Comme il me faisait considérer l'écume blanchissante ! Enfant, il était sans doute venu lutter avec les flots, avait parcouru les rochers, s'était habitué à la mer sur ces pointes aiguës. Ses rochers, il me les montrait du doigt ; on voyait qu'il y avait risqué ses pas, qu'il y avait joué. Ce sentiment de la terre natale me fit plaisir, j'aimai à causer avec cet enfant, les élans de son âme allaient à mon âme, pauvre petit qui par le métier de mousse était à l'âpreté de la vie, puisse-t-il n'en pas connaître les douleurs : mais quel homme en peut être exempt ? Nous sommes faits pour pleurer bien plus que pour nous réjouir. Je parlai du jeune mousse au capitaine, qui lui dit avec sentiment : *Veux-tu que je débarque!* Je savais que l'enfant eût été heureux s'il y avait eu relâche en cet endroit : mais il devait bientôt aller voir ses parents. Il y avait dix-huit mois qu'il était embarqué, dix-huit mois qu'il saluait son île en passant : ah ! c'était bien longtemps, il lui tardait d'y mettre le pied. Selon l'usage, le capitaine lui apporta un verre plein de vin, parce qu'il était de quart au moment du dîner. Il le but d'un trait, en souriant au nectar qui venait de la table du capitaine. Tous ces mouvements de l'âme me faisaient plaisir, je voyais l'homme dans l'enfant, mais avec cette ouverture de cœur qu'on ne trouve plus dans l'homme grandi. Ce petit mousse avait été si heureux de ce que je lui avais parlé de son île, que le lendemain, en m'apercevant dans les rues de Nantes, il me salua avec l'air de connaissance et le sourire sur les lèvres.

La nuit nous avait empêché de voir les côtes de la Saintonge, nous apercevions celles du Poitou, autrement de la Vendée ; elles sont peu élevées, cependant nous voyions parfaitement qu'elles dominaient la mer. Quelques maisons apparaissaient, c'étaient sans doute de petits villages ; mais rien n'était bien distinct dans le lointain. Dès que nous fûmes à la hauteur de l'Ile-Dieu, nous aperçumes des bateaux-pêcheurs de tous les côtés, frêles embarcations balancées par les flots. Deux ou trois hommes y confient leur vie à la vague agitée. On voit ces nacelles paraître et disparaître, selon que le flot s'abaisse ou s'élève ; il semble qu'elles vont être englouties ou jetées sur la côte et s'y briser, mais elles ondulent avec les flots. Cette vie de mer rend les hommes rustres, sans leur ôter leur fond de bonté. Le vêtement répond à l'air. Tout est rude dans le marin livré à l'occupation de la pêche. Les trois quarts de sa vie s'écoulent sur mer ; cet élément lui communique son aspect particulier. Ces nombreux bateaux rentraient de la pêche ; nous en hâlâmes un, afin d'avoir du poisson frais. Il vira de bord sur nous. Dès qu'il se trouva dans les eaux du navire, il fut baloté. Nous lui jetâmes une corde pour l'abordage. Je regardais tout ceci avec un extrême intérêt, je m'initiais à la vie de mer. Le gros temps avait rendu la pêche mauvaise ; nos pêcheurs n'avaient que des maquereaux. Ils en voulurent 20 centimes la pièce ; quelquefois, il les donnent pour 5 centimes, lorsque la pêche a été abondante. L'homme de mer n'aime pas le poisson du lendemain ; notre capitaine prétendait qu'il ne valait alors plus rien. Il fit son marché, et nos pêcheurs gagnèrent le large, ayant hâte de sortir des eaux du navire.

J'examinai les figures de ces hommes, elles étaient rudes : la coiffure y contribuait, un chapeau relevé sur le devant, abattu sur le derrière. Toutes ces barques se dirigeaient vers l'Ile-Dieu. Je saluai cette île d'un dernier regard, me promettant, si je parcourais un jour la Vendée, d'aller y passer quelques jours de calme, y vivre de la vie de ces hommes de mer, m'y égarer dans la solitude des rochers, y goûter l'aspect de l'océan, être heureux de ne plus entendre les agitations humaines. La mer parlait donc aussi à mon âme : l'infini de cet élément va au cœur de l'homme, car les désirs du cœur de l'homme n'ont pas de limites. L'Ile-Dieu *insula Dei*, m'intéressait sous un autre rapport, j'avais eu à en parler dans mes chroniques de l'abbaye de Saint-Père, à l'occasion de la mort de l'abbé Guy, en 1231 ; les moines envoyèrent jusqu'à Bordeaux faire part de cette mort, et les messagers s'arrêtèrent au monastère de Sainte-Marie de l'Ile-Dieu, sans doute en revenant. Il y avait de cela 623 ans ; le petit clocher gothique était le même, car il est roman, c'est-à-dire de la fin du XI⁰ siècle ou du commencement du XII⁰ siècle.

Je suivis très longtemps des yeux ce gentil clocher qui eut bien de la peine à s'effacer sur l'océan. Il domine cette immensité à de grandes distances. Que de marins, que de voyageurs l'ont salué en passant ! Que de regards en ont été réjouis ! Que de cœurs aussi ont été froissés en le voyant s'éloigner ! oh, que j'eusse aimé à entendre tinter sa cloche ! Elle eût élevé ma pensée vers Dieu, cet infini qui renferme en lui l'immensité des mers et celle des cieux. Oui, cette flèche gothique était délicieuse à voir au milieu des flots de l'océan. On l'apercevait encore lorsque l'île de Noirmoutiers se montra. Celle-ci est près de la côte. Nous en passâmes à une distance assez grande. Elle a 12 kilomètres de long sur 4 de large, ce qui fait environ 40 kilomètres de tour, le double de l'Ile-Dieu. Elle dépend également de l'arrondissement des Sables-d'Olonne. Sa petite ville est chef-lieu de canton. On ne peut la voir de la mer, étant sur la plage qui regarde le continent. La population de l'île est de 7,000 âmes ; il y a plusieurs villages, tous de la commune de Noirmoutiers. Cette île renferme beaucoup de marais salants. Elle doit être peu saine et peu agréable à habiter. Nous aperçûmes des maisons, le phare et un rocher. La côte est élevée, tandis que celle de l'Ile-Dieu est basse. Nous aperçûmes en même temps les côtes de Bretagne. Nous les avions en face, Noirmoutiers sur notre droite. Les côtes de Bretagne sont beaucoup plus élevées que celles du Poitou. Le clocher de Pornic et la tour de Batz apparaissaient dans le lointain, sur la rive. Du milieu de la mer surgissaient des rochers à pointes aiguës, contre lesquels les vagues allaient heurter et se briser.

Les phares commençaient à éclairer les côtes, la nuit se faisait ; la houle était forte, nous touchions à la barre de la Loire, à 880 kilomètres de sa source au mont Gerbier-dés-Joncs, département de l'Ardèche, flottable au village de Retournac, département de la Haute-Loire, navigable un peu au-dessus de Roanne. Le froid était piquant ; les passagers, vêtus à la légère, avaient pris le parti de s'envelopper des couvertures blanches de leur lit, ce qui donnait un aspect singulier à notre pont. Un bateau-pêcheur horriblement balancé par la mer vint à l'abordage recevoir deux passagers, qui descendirent dans la barque déjà fort chargée ; ce n'était pas prudent, le capitaine en convenait ; il craignait même que cette frêle embarcation ne fût entraînée en pleine mer par la violence des courants, au lieu d'aborder à Saint-Nazaire, dont l'accès est difficile à cause des rochers qui obstruent l'entrée de son port. En considérant cette barque s'éloigner, on eût cru à chaque instant la voir s'engloutir dans la mer ; elle était étrangement balancée. La largeur de la Loire à son entrée dans l'océan m'a semblé de six kilomètres ; ses bords ne se resserrent pas comme ceux de la Gironde.

Le dîner avait été remis lorsque nous serions sur le fleuve, nous tenions à manger tranquilles. Il y avait 37 heures que je n'avais rien pris, je me sentais le besoin de me refaire par la nourriture : tant que j'avais été en mer, je n'avais eu ni faim ni soif Il était sept heures du soir, on ne distinguait plus rien sur le pont, nous descendîmes au salon pour nous mettre à table. Nous étions à la hauteur de Saint-Nazaire. Nazaire fut baptisé par le pape saint Lin ; il vint en Gaule, où il baptisa un adolescent du nom de Celse. S'étant embarqué avec lui pour Trèves, ils furent l'un et l'autre jetés à la mer. Ils en échappèrent d'une manière miraculeuse. Ils se rendirent à Milan pour y prêcher l'Évangile ; ils y eurent la tête tranchée par ordre du préfet Anolin, durant la persécution de Néron. Telle est la légende du saint qui a donné son nom à la petite ville devant laquelle nous passions sans la voir. Nous mangeâmes tous d'un grand appétit et gaiement, étant débarrassés du roulis, du tangage et du mal de mer ; il nous en restait seulement un peu de malaise.

Avant de quitter la mer, il me reste à dire un mot des échelles de cordes après lesquelles les mousses gravissent pour le service des voiles. Il est effrayant de voir ces pauvres enfants balancés entre le ciel et l'eau au plus fort de la tempête, se tenant d'une main et agissant de l'autre, se cramponnant au mât, aux vergues ou aux cordages, les pieds nus. Ils n'ont point l'air d'y penser. Nous frémissions, en voyant l'un d'eux au haut du mât inclinant au gré de la vague ; nous tremblions pour cet enfant qui affrontait la fureur du vent en entourant de son bras le hunier ; il ne marquait pas plus d'épouvante qu'un enfant lutin n'en montre sur terre en grimpant au plus haut des arbres. La souplesse des membres à cet âge donne une grande confiance : elle est admirable, elle rend gracieux tous les mouvements, elle a un charme qui attire. La première heure de la vie est délicieuse : mais, en la contemplant, elle fait penser aux heures qui la suivent. La joie de l'enfant, heureux dans ses jeux, est le prélude des larmes que l'homme rencontre dans la vie. Aussi je souffre lorsque je vois un enfant pleurer, tandis que ses joies naïves font mon bonheur. Que l'enfant soit heureux, il aura assez le temps d'être malheureux. J'avais peine à voir le jeune mousse appendu aux vergues du navire, c'était vite commencer les rudes travaux. Je le revis jouer dans les rues de Nantes ; là sa figure était joyeuse, il avait oublié les douleurs de la mer ; il était dans les conditions de l'enfance, il n'avait plus de souci. Dans quelques jours il devait recommencer son dur métier, et cependant, peut-être regrettera-t-il un jour son état de mousse.

Les sables encombrent la Loire à son embouchure, tout à coup notre vaisseau s'arrêta, nous étions sur une grève. Le capitaine nous dit qu'il faudrait attendre deux heures pour que la marée montante nous remît à flot. Ceci était peu : mais le capitaine nous faisait craindre d'être retenus encore par d'autres grèves, ce qui nous forcerait d'attendre une seconde marée : il ajouta qu'alors nous ne serions à Nantes que le lendemain dans l'après-midi. Nous murmurâmes ; chacun de nous avait hâte d'arriver, d'autant plus que le capitaine, en partant de Bordeaux, nous avait annoncé le trajet en trente-six heures : nous eûmes dix heures de retard.

Le dîner, commencé à sept heures, se prolongea jusqu'à neuf heures. Le navire était arrêté ; chacun, étant fatigué, ne songea qu'à prendre du repos, les uns dans leurs cabines, les autres sur les canapés. Je dormis d'un profond sommeil, tout habillé, la tête sur mon sac de nuit. Tout à coup je sentis en mon sommeil que le vaisseau s'arrêtait, cela m'éveilla ; je crus être sur la seconde grève annoncée par le capitaine ; je montai vite sur le pont : qu'y a-t-il ? demandai-je avec anxiété : il était quatre heures et demie du matin, il faisait encore nuit. Nantes, me répondit-on. Je fus tout joyeux. Je descendis annoncer la bonne nouvelle, éveillant chacun : « nous sommes à Nantes. » Plus d'un sortant comme d'un songe ne me crut pas : « bah ! vous plaisantez, me répondait-on ; puis, en achevant un bâillement, chacun, ne trouvant rien dans l'obscurité, montait demi-vêtu sur le pont. On se heurtait dans l'étroit escalier, on était pressé de s'assurer de la nouvelle : après, on songea un peu à sa toilette. Le capitaine nous recommanda de veiller à nos bagages. Le débarquement fut long, chaque passager ayant à présenter sa carte, preuve du paiement. Ceux des secondes descendirent du navire les premiers. Ils étaient nombreux. Le jour se fit pendant ce temps là. C'est ennuyeux d'arriver si matin, crièrent plusieurs d'entre nous : mais le capitaine avait hâte de débarquer. Notre traversée avait été de deux jours et deux nuits. Nous avions parcouru 88 lieues marines, équivalant à 120 terrestres, 22 sur la Gironde, 55 sur la mer, 11 sur la Loire.

Le port de Nantes était encombré de navires. Aussi marchand que celui de Bordeaux, il est loin d'en avoir la largeur, la beauté, la magnificence. L'aspect de Nantes est celui d'une grande ville. Il était cinq heures et demie, le mouvement commençait, il annonçait l'activité affairée d'une ville populeuse. J'avais demandé au capitaine un bon hôtel, il m'avait indiqué celui des voyageurs, près du théâtre. Je m'y fis conduire. Le capitaine Clergeac avait sa demeure à Nantes, il nous parla sur le paquebot du bonheur de rentrer chez soi où l'on trouve les soins de la famille : on voyait à son langage l'âme du marin, affronteur des mers, mais conservant, au milieu des hasards, des fatigues et des ennuis de la navigation, les affections du toit paternel, plus expansif par le cœur parce qu'il a été plus privé.

Après avoir mis un peu d'ordre à ma toilette, je me rendis à l'église Saint-Nicolas pour y dire la messe. Elle était encore en construction. Le style est du XIIe et XIIIe siècle. Il devait y avoir une nef, deux latéraux et un transept. Une galerie règne à l'intérieur : il y en a aussi une à l'extérieur. Les voûtes et les piliers sont élevés. Les chapiteaux de ceux-ci sont à crochets. Cette église est dans le centre de Nantes. Je trouvai un sacristain à demi aimable, accident de voyage qui se rencontre plus d'une fois.

Après mon déjeuner, je me mis à parcourir Nantes ; j'allai visiter la Bourse. Elle est sur le quai. Devant sa principale façade est une promenade entourée d'une grille ; les arbres en sont magnifiques et donnent un bel ombrage. L'édifice est d'ordre ionique. Dix colonnes décorent tout péristyle ; autant de statues couronnent son frontispice, la Loire, l'Astronomie, l'Abondance, l'Amérique, l'Afrique, l'Asie, l'Europe, les Beaux Arts, la Prudence, la ville de Nantes. La façade du côté du Port-au-Vin est d'ordre dorique, avec quatre statues des célèbres marins Duguay-Trouin, Jean Bart, Abraham Duquesne, et Jacques Cassard. Ce dernier est né à Nantes en 1672. Cette Bourse a été commencée en 1792 et terminée en 1809.

Le théâtre est beau et digne d'une grande ville. Il a été construit en 1788. Il fut incendié en 1790 et reconstruit en 1810. Il est d'ordre corinthien. Huit colonnes et huit statues ornent le péristyle. Au devant est la place Grassin, nom d'un riche financier qui, à la fin du siècle dernier, contribua d'une manière particulière aux nouvelles constructions qui embellissent la ville. On entre de cette place dans la cour Cambronne, fermée à chaque bout par une grille. La régularité et la beauté de ces maisons lui donnent une grande magnificence. Chacune à deux étages et un parterre devant la façade. Au milieu est la statue de Cambronne, en maréchal de l'empire, son épée à la main droite, son bâton de maréchal à la gauche. *La garde meurt et ne se rend pas. A Cambronne, volontaire en 1792. Waterloo 1815.* Le sculpteur fut Jean Debay. La date est de 1847. Cette cour est vaste, plus longue que large, et sablée. Les voitures n'y passent pas. De la même place Graslin, on descend, par la belle rue Crébillon, à la place Royale. Cette place est régulièrement bâtie belle et animée. Elle décrit un demi-cercle avec tangente. Neuf rues y aboutissent. Son unique défaut est de n'être pas assez spacieuse. Ses maisons ont trois étages. Elle occupe le centre de la ville.

Je me rendis à la cathédrale. L'extérieur en est vilain : deux tours massives de soixante-trois mètres d'élévation, sans flèches, ayant deux laides galeries ; une façade lourde et dépourvue de rose, à la place une large baie et une galerie disgracieuse. Cependant les voussures des trois portes sont riches, ainsi que celle des portes transversales. A l'intérieur, la voûte est élevée ; elle a trente-sept mètres de hauteur. Les piliers sont d'un seul jet. La nef et ses latéraux datent du XVe siècle. Les galeries et les chapelles accusent le XVIe siècle. Le chœur est roman, mais disgracieux. Les latéraux s'arrêtent au transept. La nef a six travées. Sur le côté du bras méridional du transept on entre dans la partie où est le mausolée de François II, dernier duc de Bretagne, et dans la sacristie. François II mourut à Concrou, le 9 septembre 1488, à l'âge de 53 ans. Ce superbe mausolée est aussi celui de ses deux femmes, Marguerite de Bretagne et Marguerite de Foix. Les restes du duc de Bretagne, Arthur III, comte de Richemont, connétable de France, mort à Nantes, le 26 décembre 1458, y ont été déposés le 28 août 1817, en même temps que les restes de Marguerite de Bretagne. Le monument est en marbre blanc et noir. Du côté de la tête sont les statues de saint François d'Assise, patron du duc, et de sainte Marguerite, patronne de Marguerite de Foix. Aux pieds sont les statues de saint Louis et de Charlemagne. Autour sont les statuettes des douze apôtres. A la base, des statuettes en ronde bosse, de marbre noir, la figure et les mains de marbre blanc : ce sont des moines qui pleurent le duc. Sur la tombe sont couchées les statues de François et de Marguerite de Foix, son épouse. Trois anges soutiennent leurs oreillers. Un chien et un lion, symbole de fidélité et de force, sont à leurs pieds ; ils tiennent chacun un écusson, celui de Bretagne et celui de Foix, et la couronne ducale. A chaque coin du mausolée sont les statues de grandeur naturelle de la Justice, avec son glaive et ses balances, de la Prudence, avec son compas et sa sphère, de la Force, ceinte d'un baudrier, de la Tempérance, étouffant le serpent de la luxure et de la gourmandise. Ce monument d'une richesse extrême de détails et de sculpture est dû au ciseau de Michel Columb, en 1507.

Derrière le chevet de la cathédrale sont deux cours, celui de Saint-André, du côté de la rivière de l'Edre, et celui de Saint-Pierre, du côté de la Loire, saint Pierre est le patron de la cathédrale. Une place sépare les deux cours : on y voit une haute colonne sur laquelle on a placé la statue de Louis XVI.

A la Bretagne appartenait de consacrer un monument à la mémoire de l'infortuné monarque, dont la mort sanglante termina l'ancien régime. Un crime inaugura l'ère nouvelle, crime des factions et non de la France. C'est une tache pour notre histoire. Les victoires de nos soldats d'alors n'effaceront pas la souillure de sang de la Convention et des tribunaux révolutionnaires. La philosophie, qui avait renié Dieu, avait mis le délire dans toutes les têtes. Mais Louis XVI a trouvé la gloire dans l'échafaud ; sa mémoire restera intacte.

Les deux cours Saint-André et Saint-Pierre sont de belles et spacieuses promenades, ayant de chaque côté des maisons bourgeoises. Celui de Saint-Pierre aboutit à la place de la duchesse Anne, au bas de la Loire. Au bout on a posé la statue d'*Arthur III, connétable de France, duc de Bretagne, de 1403-1457*, et celle d'*Anne, duchesse de Bretagne, reine de France, de 1476-1514*. La duchesse Anne mourut à 39 ans, le 9 janvier 1514 : elle était née le 26 janvier 1476. Ces statues ont été érigées en 1822. A l'autre extrémité des cours, du côté de l'Edre, sont les statues de *Bertrand Duguesclin, connétable de 1320-1380*, et d'*Olivier de Clisson, connétable, de 1336-1407*. La date de l'érection est de 1820.

A la suite de la place de la duchesse Anne est le château, édifice formidable du XVe siècle, son origine date de 930, sous le comte Alain barbe-torte. La duchesse Anne le rebâtit. Son chiffre se voit partout sur les murs extérieurs. Au bas de la Loire, il commande ce fleuve. Ses tourelles en forme de bastions sont nombreuses. Il possède encore ses fossés. Dans une des tourelles était la chapelle : elle sert aujourd'hui de poudrière. Ce fut en cette chapelle que le roi Louis XII, le 8 janvier 1499, fut marié avec la duchesse Anne, veuve de 23 ans, du roi Charles VIII. Le mariage de Charles et d'Anne avait été célébré à Langeais, le 6 décembre 1491 : Anne touchait à sa seizième année. Elle mourut à Blois le 9 janvier 1514, comme je l'ai marqué plus haut. Il y avait dans le caractère de cette princesse de la hauteur et de la sévérité. On peut avoir une idée de ce château ducal par le mot d'Henri IV, en le voyant : *Ventre-saint-gris ! les ducs de Bretagne n'étaient pas de petits compagnons !*

Son entrée est sur une petite place, appelée Place-du-Château. Le pont-levis existait encore. On le lève chaque soir : car c'est une caserne d'artillerie. Un des artilleurs m'accompagna. Il me fit voir les obus, les obusiers et les boulets, dont les cours étaient remplis. Il mit beaucoup de politesse à entrer dans quelques détails sur ces engins de guerre : j'écoutais avec intérêt. Il me conduisit dans une tourelle bouchée depuis longtemps et qu'on déblayait. Il y avait là une communication secrète avec la Loire, afin de s'approvisionner ou de s'échapper en cas de siège ou de surprise. Ce château est construit en une espèce de granit schisteux, brillant par le mica noir. L'artilleur m'indiqua le lieu où fut déposée la duchesse de Berry après son arrestation. Il est occupé maintenant par l'officier, commandant la garnison : le bâtiment est moderne et enfermé entre les hauts murs de ce château encore formidable et qui devait l'être beaucoup plus au moyen âge. L'ancienne demeure des ducs de Bretagne est à droite en entrant. Ces hauts et vastes bâtiments sont tout dégradés à l'intérieur, inoccupés ou occupés par des soldats. En 1654, ce château servit de prison au cardinal de Retz, qui s'en échappa. Le surintendant Fouquet, intendant de Bretagne, y fut retenu un instant lors de son arrestation à Nantes, le 5 septembre 1661 ; il fut immédiatement conduit à celui d'Angers, ensuite à Amboise, à Vincennes, à Moret, enfin à la Bastille. Je donnai le pourboir à mon artilleur et je sortis. J'allai frapper à une maison de petite apparence, en face du château, celle de Mlles de Guigny. La façade présente trois fenêtres ; le second étage est en mansarde. Une servante m'ouvrit la porte ; je lui demandai à voir la cachette de la duchesse de Berry. Elle me fit monter par un mauvais escalier dans un galetas. Là était une petite cheminée et une étroite fenêtre, apparence d'un de ces lieux abandonnés dans les combles d'une maison. Je me fis ouvrir la plaque derrière laquelle était la cachette pratiquée sous la terreur en 1793 pour cacher les prêtres. Cette cachette reçoit de l'air et du jour par une petite ouverture habilement pratiquée dans la muraille. C'est un triangle aigu, où une seule personne aurait pu se tenir malgré le feu de l'âtre de la cheminée, mais où quatre personnes ne pouvaient se maintenir longtemps, l'une d'elles devant se trouver contre la plaque. On savait très certainement que la duchesse de Berry était dans cette maison, elle avait été trahie, mais où la trouver ? Le hasard fit ce que l'astuce de la police n'avait pu faire. Les gendarmes avaient reçu l'ordre de s'établir dans la maison ; ils la gardaient du haut en bas afin que personne ne pût s'échapper. Dans le galetas où était la cachette, il y avait grand nombre de vieux papiers ; c'était le 7 novembre, il faisait froid, les gendarmes, sans dessein formé, entassent ces papiers dans la cheminée et y mettent le feu pour se réchauffer un peu. Avec la duchesse de Berry étaient M. de Ménars, M. Guibourd, et Mlle de Kersabiec, celle-ci était contre la plaque ; sa robe fut bientôt roussie ; la duchesse de Berry, voyant qu'on ne pouvait plus y tenir, frappa trois coups de pied et se livra ainsi aux gendarmes. La domestique qui me montrait cette cachette n'était plus celle de 1832. J'avançai afin de voir le trou où la mère de l'héritier de la couronne de France s'était réfugiée devant la police de son oncle. J'aurais voulu voir Mlles de Guigny ; mais elles ne recevaient aucun visiteur ; elles voulaient éviter les importuns, les questions et les indiscrets : elles faisaient bien. Cependant je fus contrarié de la réserve.

Du château on monte à la cathédrale, et de la cathédrale, en suivant la courte rue Royale, on arrive à la préfecture, édifice d'ordre ionique, à un seul étage. Elle est précédée d'une cour fermée par une grille. Elle a été construite en 1777.

Je visitai l'église Notre-Dame de Bon-Port, sans valeur architecturale, et l'église Saint-Louis, commencée en 1849 et qui était encore inachevée. Nantes n'offre pas de belles églises ; elles ont été toutes renversées en 93.

Je parcourus le boulevard Delorme ; il a de beaux arbres et des maisons de chaque côté, mais point d'animation, faute de boutiques.

J'allai visiter le jardin Robert, situé au bout du boulevart Delorme : c'est une propriété particulière. Il est très bien dessiné. Du haut d'une superbe pelouse on jouit d'une vue magnifique ; un beau coteau planté d'arbres se développe devant vos yeux ; deux moulins sont à la cime. Un massif habilement disposé divise le coteau et fournit deux vues. On a d'une tourelle la perspective de Nantes à droite et à gauche. Un petit ruisseau serpente en ce lieu agréable ; on le passe et repasse sur des ponts champêtres : l'art y a embelli la nature, on est charmé. Il y a de frais ombrages qui invitent au repos.

Je vis aussi le canal Saint-Félix ; il suit le cours de l'Edre, rejoint la Vilaine à la limite des départements de la Loire-Inférieure et du Morbihan, et s'en va à Brest. La Sèvre-Nantaise est de l'autre côté de la Loire, je n'allai pas jusque-là, je m'arrêtai au pont de la Madeleine. La Loire devant Nantes est embarrassée de plusieurs îles, ce qui ôte de la majesté à son cours, mais lui fournit des points de vue enchanteurs et des sites agréables.

Du reste, à partir de Tours, elle est pleine d'îles ; ses bords sont riants ; au delà de Tours, ils n'ont plus le même charme ; ils sont même un peu monotones par le plat des rives, sauf à Nevers où les hauteurs arrondies du Nivernais leur fournissent une agréable perspective, de tout autre genre que celle de la Touraine et du pays nantais. L'île Feydeau, située devant la Bourse, précède le port ; elle renferme le marché aux poissons. La poissonnerie est un gentil édifice, commencé le 17 août 1851 et terminé le 8 mai 1853. On y voit les figures emblématiques des rivières. La marée, qui remonte au delà de Nantes, donne aux eaux de la Loire une teinte verdâtre. On compte une douzaine de ponts. Les quais sont bien bâtis et ont deux kilomètres de longueur. Les maisons ont une éclatante blancheur par la pierre qu'on emploie dans leur construction, le tuffeau.

En revenant du pont de la Madeleine, je passai devant l'Hôtel-Dieu, un jeune mousse y était apporté sur une chaise par ses camarades ; ses yeux étaient éteints, ses mains et son visage bleus, il était pris du choléra. C'était un touchant tableau que ses pauvres enfants portant ainsi un des leurs ; ils étaient silencieux, la joie avait disparu de leur figure, la stupeur et l'émotion pénible en avaient pris la place : ils sentaient ce que le fléau avait de terrible : fleurs à peine écloses, demain peut-être seraient-ils une herbe sèche, comme un soleil brûlant qui ne donne qu'un matin à la rose. Ce groupe d'enfants franchissant le seuil de l'Hôtel-Dieu émouvait, on partageait leur tristesse et leur stupeur : mon cœur s'inclina vers le petit mourant inconnu. Les grandes émotions attirent les sympathies. Le choléra, commencé à Nantes en juillet, faisait en septembre d'effrayants ravages, surtout du côté de la paroisse de Saint-Donatien. A notre table d'hôte on parla de 38 décès la veille. Le mouvement et l'activité, comme à Bordeaux, auraient empêché le voyageur de se douter de la présence de l'épidémie, si on ne lui en eût pas fait part. Ceci me détermina à partir le lendemain matin.

Je fus au Musée. Voici les tableaux qui m'ont le plus frappé : *Un enfant défendant son petit frère et sa petite sœur contre un loup ;* il tient une serpette en main ; sa figure et son geste sont pleins d'expression ; *Un petit enfant à qui la mère apprend les lettres ;* il sort du lit, est peint en raccourci, nu et le doigt dans la bouche, sourcillant le front comme un enfant qui cherche et est contrarié de ne pas trouver : il est charmant de pose et de physionomie ; *Deux jeunes goussepeurs*, figures et poses bien rendues ; *le duc de Feltre*, figure sans expression et commune : s'il est ressemblant, ce pouvait être un brave, non un génie. Les sabreurs n'ont besoin que d'audace ; il ne faut pas une grande somme d'esprit pour tirer des coups de fusil, et la valeur suffit pour monter à l'assaut, pas n'est besoin d'intelligence. L'histoire a trop vanté les conquérants ; à les examiner de près, ils n'ont été la plupart du temps que de grands et heureux scélérats. Ils ont été forts, ils ont été puissants, on les a entourés de gloire et de renommée. La guerre cependant est un véritable fléau, comment les conquérants n'en seraient-ils pas un ? Néanmoins, je dois reconnaître qu'il y a eu d'illustres guerriers par le génie et la valeur, que sous la cape militaire, il s'est rencontré de grandes âmes.

Le Musée à cette époque était peu riche. Les statues y offraient une nudité complète : l'art le veut, dit-on ; je réponds, la morale le défend. Elles sont dangereuses pour l'enfant, leur vue éveille en lui des idées inconnues jusqu'alors et malsaines.

On dira, il ne faut pas mener les enfants dans les musées. Mais les musées sont publics, n'est-il pas des adolescents qui puissent s'y égarer et venir y nourrir leurs yeux d'objets qui corrompent le cœur ? Ne sont-ils pas également dangereux pour les hommes faits et pour les jeunes gens ? J'en ai remarqué devant des nudités complètes fomenter en eux une lubricité qui débordait de toute leur physionomie, et j'ai connu des enfants qui ont commencé là la perte de leur innocence. L'art dans la nudité d'une statue ne peut servir d'excuse, pas plus que l'esprit dans l'immoralité d'un livre. Mon appréciation est sévère : les misères de notre nature et les faiblesses de notre cœur m'y forcent.

Nantes a donné naissance à plusieurs hommes illustres, à Rouguer, astronome, compagnon de La Condamine, en 1698, mort en 1758 ; au mathématicien Lévêque, en 1746, mort en 1814 ; à Foucher, duc d'Otrante, en 1763, mort à Trieste en 1820 ; au littérateur Theïs, en 1765, mort en 1842 ; à Mme Dufresnoy, poète élégiaque, en 1765, morte en 1825 ; au bénédictin D. Veyssère ; à l'architecte Boffrand, en 1667, mort en 1754 ; au diplomate Carault, en 1742, mort en 1805 ; au littérateur Ménéchot, etc.

On connaît l'édit de Nantes, porté le 13 avril 1538 par Henri IV en faveur des protestants, et sa révocation par Louis XIV en 1685, au bout de 87 ans de durée. Le grand roi la fit appuyer des dragonnades, il eut tort. On ne peut disconvenir que d'odieuses choses ont été faites dans le cours des siècles pour la défense ou la propagation de la vérité ; on doit les réprouver, loin d'en prendre la défense. On envoya Bourdaloue et Fénelon dans les Cévennes, le Gévaudan et la Saintonge, Fléchier à Nantes. Écoutons le doux archevêque de Cambrai : *Il nous serait facile de les faire tous confesser et communier. Mais quelle apparence de faire confesser ceux qui ne reconnaissent point encore la vraie Église, ni sa puissance de remettre les péchés ? Comment donner Jésus-Christ à ceux qui ne croient pas le recevoir ? Cependant je sais que, dans les lieux où les missionnaires et les troupes sont ensemble, les nouveaux convertis vont en foule à la communion. Pour nous, Monsieur, nous ne pouvons que redoubler nos instructions, qu'inviter les peuples à venir chercher les sacrements avec un cœur catholique* (lettre au marquis de Seignelay, à La Tremblade, 26 février 1686). *Si l'on voulait leur faire abjurer le christianisme et suivre l'Alcoran, il n'y aurait qu'à leur montrer des dragons* (lettre à Bossuet, à La Tremblade, 8 mars 1686.) Ceci est frappant et du plus haut intérêt. Violenter et convaincre sont deux choses tout à fait différentes. Certaines gens en notre siècle ont dit : *l'erreur n'a pas de droit.* C'est vrai. Mais la conviction en a un, *même dans l'erreur.* Violenter la conscience est contraire à tous les principes de la doctrine de l'Évangile, ceci est incontestable.

On connaît également les noyades de Nantes. Si la violence des dragonnades fut une faute, les noyades républicaines de 1793 furent un crime. Celles-ci comme celles-là peuvent faire juger d'une époque. Les sanglantes exécutions de 1793 ont un caractère mille fois plus odieux que les dragonnades de 1686. On peut blâmer celles-ci, on doit condamner les autres.

Je remarquai la coiffure des nantaises du peuple, un bonnet haut et aplati en pointe, ou de simples coiffes avec toque en dessous.

Je quittai cette ville le mercredi 20 septembre.

La gare n'a rien de remarquable. Elle est ornée de statues à sa façade. En la quittant, de vastes prairies desséchées s'offrirent à nos regards le long de la Loire, et une île au milieu du fleuve. Aux alentours sont des châteaux et des maisons de campagne.

Sur les versants sont des vignes. Les roches, de nature schisteuses granitiques, s'étendent demi horizontalement. Ces collines forment la chaîne armorique qui, traversant le Maine, va s'unir au plateau de la Beauce et arrive au bassin de Paris. Il y avait une grande variété dans le paysage, châteaux, moulins en pierre, collines, arbres, prairies, îles, villages, maisons isolées, à mi-côte, cachées derrière un bouquet de verdure, la plaine avec ses ombrages : la vue était réjouie et l'esprit agréablement distrait. On ne pouvait pas dire que le panorama était grandiose, comme dans les montagnes, il était gentil et souriant. Les maisons bien bâties, couvertes presque toutes en ardoises, quelques-unes en tuiles, annonçaient l'aisance et même la richesse. Dès qu'on a atteint les bords de la Loire, on sent qu'on n'est plus dans le midi, la température est moins chaude, plus variable ; les caractères sont plus froids et plus calmes, les esprits sont moins communicatifs, en même temps moins emportés et moins vaniteux ; le patois a disparu. La Loire divise réellement la France en deux parties bien distinctes, tant pour les mœurs que pour le sang ; en s'éloignant de ce fleuve vers le nord, c'est le flegme, en s'en éloignant vers le midi, c'est la pétulance de l'humeur, deux types d'hommes différents et très reconnaissables, les Aquitains et les Neustriens, aujourd'hui ceux de çà et ceux de là de la Loire. En arrivant de Bordeaux à Nantes, on trouve bien les passions des grandes villes, mais non l'effervescence dans les têtes.

A 8 heures et demie nous arrivâmes à Ancenis ; je m'y arrêtai. Cette petite ville de près de 4.000 habitants est d'apparence modeste, de gros bourg : le calme y est parfait. Un pont suspendu sur quatre piles unit les deux rives de la Loire.

Les Etats de Bretagne s'y tinrent en 1620, 1630 et 1720. Le roi Louis II et le duc François II y conclurent un traité de paix en 1469.

Ancenis a l'avantage d'être bien pavée, à la différence des villes du midi qui le sont en cailloux ou en galets.

L'Hôtel-Dieu est à l'entrée de la ville, du côté du chemin de fer. J'entrai dans la chapelle.

Le château des ducs de Béthune-Charost, qui, sous l'ancienne monarchie, avaient le marquisat d'Ancenis, est près de la Loire et la commande. C'est une ruine encore debout ; propriété maintenant des ducs de Lorges, il est occupé par un pensionnat de jeunes filles. Il est, comme celui de Nantes, flanqué de grosses tourelles et de la même pierre, celle des roches de la contrée, un granit schisteux. Tourelles, murs et donjon m'ont semblé du xv° siècle. Dans l'intérieur des cours est le château habité. Ses lucarnes à pignon pointu et ses fenêtres annoncent le xvi° siècle par leur ornementation. La date de la première forteresse d'Ancenis remonte à 982. De la plate-forme de son donjon on a la vue de l'île Lefèvre et de l'Ile-aux-Moines en amont ; en aval, de celles de Coton et de Monichet. Je pus contempler à mon aise, on m'avait laissé monter seul.

Du vieux fort des temps féodaux je me rendis à l'église, qui en est près. Il y a une petite promenade et de belles maisons tout autour. Elle a trois nefs jusqu'au sanctuaire et point de chœur. Ses quatre arcades sont en plein cintre. Sa voûte est basse. La construction remonte au XV⁰ siècle. La grosse tour se termine par un lanternon.

La gendarmerie est fort belle. La sous-préfecture, sur le champ de foire, est une simple maison bourgeoise. L'ancien couvent d'Ursulines est devenue caserne : elle n'avait pas alors de soldats.

La chaleur était forte, j'entrai dans une auberge située sur le champ de foire, afin d'y déjeuner : il n'y avait pas d'hôtel. L'aubergiste était occupée à cuire le pain, elle n'avait rien à me donner, si ce n'est du fromage, des fruits et un petit vin blanc, qui furent longtemps à arriver. On n'avait pas l'habitude de voir un étranger quand il n'était pas jeudi, jour du marché. Sur ma petite table, j'étais comme un ouvrier compagnon en route ; il me manquait le sac sur le dos, mais j'avais la poussière et la sueur. Une jeune fille maladroite achevait le tableau. On me demanda un franc cinquante centimes pour ce repas plus que modeste. Je payai. Eviter les petites auberges.

A midi et demi je pris le train qui devait me mener à Angers. Entre cette ville et Ancenis, sur la rive gauche, le pays est couvert ; sur la rive droite ce sont des vignes et des marécages. Des prés et des étangs environnent les gentils villages d'Anetz et de Renaudeau. De nombreux troupeaux paissaient dans les prés. L'île de La Meilleraie divise la Loire en deux bras. En cette île fut blessé Bonchamps. Le village de La Meilleraie est situé sur le bord du fleuve, en face de Saint-Florent, en Anjou. Saint-Florent est célèbre par les guerres de la Vendée. C'est en ce lieu que Bonchamps mourut, après avoir été mortellement blessé en un combat au passage de la Loire. L'église renferme son cénotaphe. Ceci eut lieu en 1794. Saint-Florent, placé sur une hauteur, domine le fleuve. Un pont suspendu y conduit Son église est bien posée, la tour produit un bel effet.

Plusieurs paysans montèrent dans le wagon où j'étais, ils n'avaient pas perdu la rusticité d'autrefois. Il y a chez eux une simplicité tenace qui ne ressemble pas à celle de l'Auvergnat et du Bourbonnais ; leur foi est plus entière. La coiffure des femmes du peuple est un bonnet rond à deux rangs, plis larges et plats. Les champs, en cette contrée, sont séparés par des arbres et des haies, ce qui rend le pays couvert mais agréable à la vue.

Nous arrivâmes à Ingrande-sur-Loire, village qui sépare la Bretagne de l'Anjou, première commune, de ce côté, de Maine-et-Loire. Les prairies étaient couvertes de vaches et de chevaux. Un ruisseau les arrose. D'Ingrande à Champtoré le chemin de fer suit la petite rivière de la Loire. Champtoré, situé au confluent de la Rome, a un vieux château en ruines. L'un de ses maîtres, le maréchal de Retz, fut célèbre par ses crimes. Livré à un affreux libertinage, il y fit égorger un grand nombre d'enfants. Le duc de Bretagne, Jean V, lui fit faire son procès dans le château de Nantes. Il fut condamné, puis étranglé et brûlé sur la prairie de la Madeleine, le 25 octobre 1440. Après Champtoré on aperçoit Saint-Germain-des-Prés, et, de l'autre côté de la Loire, la petite ville de Chalonnes, son église, nouvellement construite, l'a été dans le style du moyen âge. Le pays est là moins couvert. Comme site l'Anjou est plus agréable que la Bretagne, et même que la Touraine, quoique plus humide et plus froid. La Touraine est un pays riant, l'Anjou une fraîche contrée. Le fond du caractère de l'Angevin est la froideur. Le Tourangeau a plus d'ouverture.

La Poissonnière, de la commune de Savenières, possède un beau château moderne ayant deux tourelles. On aperçoit des vignes de toutes parts, un vert paysage, la Loire et de nombreuses îles ; la perspective est ravissante. On passe devant Savenières. On arrive au hameau de la Pointe, de la commune de Bouchemaine, à 9 kilomètres d'Angers, endroit où le Maine s'unit à la Loire. Le chemin de fer franchit cette rivière à Bouchemaine. Une belle vallée s'étend devant Angers, ce qui en rend la perspective riante et les abords de la ville charmants. La gare est à une certaine distance.

Du sommet du versant, la ville descend à la Maine, qui la divise en deux parties inégales ; celle de la rive gauche est plus étendue que celle de la rive droite, quartier des ouvriers. Je m'attendais à une ville noire, sombre, vieille et mal bâtie, je trouvai une ville moderne, sur les quais, sur les boulevards et dans plusieurs rues de l'intérieur. Les maisons en ardoises et en bois avaient presque disparu. Dans l'intérieur de la ville les rues sont généralement étroites, quelques-unes tortueuses. Angers arrivera à devenir une ville moderne. La rive droite ne possède pas de quais, la rive gauche en a de fort beaux. On a abattu les remparts et comblé leurs fossés, dessus on a construit de somptueuses maisons et créé de superbes boulevards. Ces derniers ceignent la ville. Voici leur nom, à partir du pont de la Basse-Chaîne, le boulevard de Nantes, ceux du Château, des Lices, du Haras, de Saumur, de la Maine, la Butte du Pélican, les boulevards du Jardin des Plantes, Agrault ; pont de la Haute-

Chaîne ; sur la rive droite, partie désignée sous le nom de la Doutre, sont les boulevards de l'Hôpital, de la Turcie, de Laval, qui aboutit au pont de la Basse-Chaîne. Il y a une troisième partie, celle renfermée dans une île en amont. On compte 47.000 âmes de population.

Trois ponts sont jetés sur la Maine, celui de la Haute-Chaîne, en fonte, de deux arches, le Grand-Pont ou Vieux-Pont, en bois, ayant huit arches, le pont de la Basse-Chaîne, qu'on était à reconstruire. La catastrophe du 16 avril 1850 arriva sur ce pont ; les fils de fer s'étant subitement rompus, le tablier tomba dans la rivière avec le 11e régiment d'infanterie légère, qui passait dessus en ce moment. Deux cent vingt hommes y trouvèrent la mort.

Le château des anciens comtes et ducs d'Anjou, est situé sur un roc, 33 mètres au-dessus du niveau de la Maine. Son aspect est formidable. Ses murs sont flanqués de huit grosses tours, découronnées aujourd'hui de leurs créneaux. Les fossés ont été comblés. Il date du XIIIe siècle, a été, dit-on, achevé par saint Louis. Une époque où il fallait de telles forteresses pour se défendre annonce une grande puissance, mais aussi un temps de guerre et d'oppression. Nos villes modernes, ouvertes, sans château fort et sans donjon, sont plus riantes ; elles dénotent plus de liberté, une civilisation meilleure, déparée, il est vrai, par l'esprit révolutionnaire, qui de la liberté nous conduit à la licence, plus redoutable que le pouvoir absolu. Le moyen âge, issu des conquérants barbares du Ve siècle, fut oppresseur autant dans les idées que dans le pouvoir. La vengeance seigneuriale y était terrible, la force primait le droit. Que de scènes sanglantes entre les murs des châteaux féodaux ! Au dehors, que de rivalités, que de combats ! On poussait la valeur jusqu'à la férocité. On avait la foi, mais on n'avait point la pureté des mœurs. On priait Dieu et l'on adorait les dames. A l'heure de la mort, on endossait parfois l'habit de moine, à cause de ses méfaits et alors qu'on n'en pouvait plus commettre, on comptait que cet habit apaiserait Dieu, qu'on redoutait plus qu'on ne l'aimait. Cependant, pour obtenir miséricorde, il faut plus aimer que redouter, mettre surtout sa conduite morale au diapason de sa foi, j'entends de la foi chrétienne. Néanmoins, gardons la mémoire de ces preux du moyen âge, admirons leur vaillance, l'énergie et la grandeur de leur foi, tout en condamnant les méfaits de leurs mœurs barbares et dissolues. Pour ma part, les vieilles forteresses m'émeuvent, quoiqu'elles m'inspirent de la répulsion pour le régime qu'elles représentent.

Près du château a été élevée la statue du bon roi René. Il est debout, tenant de la main gauche le pommeau de son épée, ayant la droite sur son casque à visière. Sa cotte d'armes est celle de son époque. Ce prince naquit au château d'Angers en 1408, mourut en Provence en 1480.

La cathédrale est sur le plus haut point de la colline. Elle n'a qu'une seule nef avec transept. Dans le bras septentrional de celui-ci est la chapelle de la Sainte-Vierge ; dans le bras méridional celle de Saint-Maurice, patron de la cathédrale. Les roses sont très belles ; les baies, munies également de verrières coloriées, sont géminées avec une rose sans lobe au-dessus de leur plein-cintre. Comme à Nantes, le maître-autel est au devant du chœur. Un riche baldaquin le recouvre ; six colonnes en marbre rouge de Laval, d'ordre composite, le soutiennent. Les branches et la boule qui supportent la croix, dont il est surmonté, sont dorées. Il date de 1757. Le chœur est garni de boiseries ; au fond est le siège de l'évêque. Une belle statue de sainte Cécile est au milieu du chœur ; elle est due au ciseau de David, dont Angers est le lieu de naissance.

Le chœur est du XIIe siècle, la nef du XIe, le transept du XIIIe. La nef n'a que trois travées, mais très spacieuses. Une arcature à ogive aiguë décore les murs ; les baies au-dessus sont en plein-cintre. Un chemin de ronde, plutôt qu'une galerie, règne autour de l'édifice et est soutenu par des grotesques en console. Une grille sert de balustrade.

Deux petits autels sont au haut de la nef ; en bas il y a deux chapelles, l'une des fonts-baptismaux avec trois autels, l'autre du calvaire. En celle-ci est le tombeau de l'évêque Charles de Montault, né à Loudun, le 30 avril 1755, mort le 29 juillet 1839, dans sa 84e année. Il fut sacré évêque constitutionnel le 23 octobre 1791. Il déplora cette faute et devint un saint évêque après son institution canonique lors du concordat. Le tombeau est en marbre noir veiné de blanc ; dessus une colonne brisée porte une croix. Le cénotaphe de l'évêque Claude de Rueil, mort en 1649, est dans le bras nord du transept. Cet évêque, couché de son long, la tête appuyée sur deux coussins, est représenté vêtu de la chasuble, coiffé de la mitre, la crosse à côté de lui. Ce cénotaphe en marbre blanc est un beau morceau de sculpture. Les armes de Rueil sont trois aigles de gueules sur champ d'or, un lion sur champ d'azur. Une pierre tombale rappelle en cet endroit la sépulture d'Henri Arnauld, mort le 8 juin 1692 ; il était frère du célèbre janséniste Antoine Arnauld.

Le portail est du XIIe siècle ; la voulture et les statues de la porte d'entrée datent du XIIIe. Les deux flèches qui le surmontent sont du XVIe, elles reposent sur un lourd massif déplaisant à l'œil, tandis que leur élégance lui est agréable. Entre elles est une tour carrée accompagnée d'un dôme qui a de la lourdeur. L'édifice est dépourvu d'arcs boutants.

Du portail on jouit d'une gentille perspective de la rivière, de la ville et de la tour de la Trinité.

La place qui entoure l'édifice est bien un cloître pour la solitude. L'évêché est là : son extérieur n'a aucune apparence.

Dans le moyen âge, l'évêque d'Angers était baron de Grate-Cuisse, singulier nom. La manse épiscopale au moment de 1790 était de 35,000 fr. Le diocèse comprenait 668 paroisses et 30 annexes. L'évêché de Nantes, qui ne comptait que 240 paroisses et 20 annexes, valait 44,000 fr. à son titulaire. Celui de Bordeaux en valait 55,000, avait 381 paroisses et 35 annexes. Celui de Cahors montait à 60,000 fr., comptait 587 paroisses et 198 annexes. L'évêché de Tulle, érigé au XIVe siècle, produisait seulement 15,000 f., ; il n'avait que 52 paroisses. Celui de Saint-Flour rapportait encore moins, 12,000 fr. ; ses paroisses étaient au nombre de 300 et 7 annexes. Celui de Clermont, avec ses 800 paroisses, n'avait que 15,000 fr. Celui de Bourges 50,000 fr. et 792 paroisses avec 7 annexes. Celui de Tours valait 82,000 fr., il comprenait 310 paroisses et celui de Blois 24,000 fr. et comptait seulement 200 paroisses. Enfin l'évêché d'Orléans, mon point de départ, avait 50,000 fr. de revenus et 265 paroisses. On voit, par cet aperçu, que les manses épiscopales, à cette époque, étaient très inégales.

De la cathédrale j'allai au musée, par des rues étroites, solitaires, sombres et vilaines : c'était l'ancien Angers. Les villes du moyen âge n'étaient pas belles ; ce qui en reste annonce clairement d'autres mœurs et un autre régime que nos temps modernes. Si nos aïeux se levaient de leurs tombes, ils seraient fort surpris de l'ère nouvelle, en admireraient certainement les progrès, mais n'en goûteraient pas les idées, quoique la féodalité fût profit seulement pour les hauts et puissants seigneurs. La plèbe courbait la tête devant eux, ne songeait nullement à l'indépendance, tout en gémissant du servage. L'autorité alors était en grand crédit ; de nos jours on la foule aux pieds, au détriment, sans nul doute, du bien social. Cependant la puissance féodale n'est nullement à regretter. Elle est une grande époque très intéressante à étudier. L'étude de la nôtre, hélas ! sera souvent déplorable puisqu'on y rencontrera une lutte incessante contre les principes fondamentaux de l'état social.

Le musée d'Angers était dans le logis Barrault, demeure construite à la fin du XVe siècle, par un Olivier Barrault, maire de la ville. Ce logis fut habité en 1620 par Marie de Médicis. Elle y mit des carmélites de

1626 à 1631. Ce fut ensuite la demeure du maréchal de Brézé et du duc de Rohan, gouverneurs de l'Anjou. Il devint grand séminaire de 1695 à 1791. Il fut en 1792 et 1793 une prison politique ; en 1797 une école centrale ; en 1804 la bibliothèque ; en 1807 le musée. Il est resté l'un et l'autre jusqu'à cette année 1854. On le restaurait, ce qui ne me permit pas d'entrer dans l'intérieur ; il était d'ailleurs fermé à cause des vacances. Tous ces détails sont inscrits sur une plaque en cuivre posée à l'intérieur de la cour. Ce n'est point un bel édifice ; il a quelque apparence de prison. Beaucoup de vendéens y furent détenus et devinrent les victimes des fureurs sanglantes de 93.

Quatre-vingt-dix mille d'entre eux, à cette époque, attaquèrent sans succès Angers. C'étaient de pauvres paysans, soulevés pour leur foi et pour leur prince, mais indisciplinés et sans tactique militaire ; malgré leur ardeur, il y avait peu de chance de réussite. D'ailleurs leurs chefs ne furent pas longtemps d'accord : ils étaient jaloux les uns des autres, ainsi qu'il arrive toujours, dans les guerres de partisans, parce qu'il y manque une force directrice ; chacun, volontaire dans son dévouement, veut un peu contenir son indépendance dans l'action, souvent même, prétend commander ; là est le vice de telles armées. Il faut à la guerre un chef unique à qui tout se rapporte et de qui, subalternes et supérieurs reçoivent le commandement, sans cela, il n'y a pas de réussite possible. Or ceci a complètement manqué dans les guerres vendéennes, en conséquence, l'insuccès devait être le résultat définitif.

Du logis Barrault j'arrivai à la tour Saint-Aubin, œuvre du XIIe siècle ; l'église a été détruite. C'est une tour massive. Elle a environ 52 mètres de hauteur. En face est une petite promenade sur laquelle se trouve la préfecture, bâtiment neuf avec grille, cour d'honneur et galerie à arcades cintrées. La façade du côté du boulevard des Lices est très belle ; elle est accompagnée d'un jardin à l'anglaise ayant de grands arbres, vis-à-vis la nouvelle et belle rue de la Préfecture. Près de la tour est la rue Saint-Aubin, nouvellement percée ; elle est belle comme tout ce qui est neuf à Angers. En la suivant, j'arrivai au boulevard de Saumur. Les boulevards donnent à la ville un air de splendeur spéciale. Je fus bientôt à l'Hôtel de Ville, vaste édifice tout neuf. Devant est un espace immense appelé le champ de mars, à l'extrémité duquel est un mail d'une grande magnificence. Il a été planté en 1796. En avant, de chaque côté est un massif de grands arbres et de gazons. Le mail se compose d'une longue et large allée et de deux contre-allées bordées de jardins. Ce mail a plus d'un kilomètre de longueur. La rue dite du Mail est pareillement très belle. Si l'intérieur de la ville répondait à son extérieur, Angers rivaliserait en beauté avec Bordeaux. Il y a, m'a-t-on dit, beaucoup de vieille noblesse ; elle s'est logée splendidement dans de véritables hôtels. Il n'existe pas de haut commerce en cette ville, comme à Nantes et à Bordeaux. On sait que le haut commerce aime le luxe, en y joignant en général le ton de parvenu. Il faut en tout être sincère ; la vieille noblesse, trop fière sans doute de ses titres et de son sang, a les belles manières, le ton distingué, les sentiments délicats, tandis que l'insolence appartient à l'enrichi. En somme, la fierté de l'une, l'insolence de l'autre sont déplaisantes : il n'y a d'agréable que la simplicité avec les sentiments délicats, la modestie avec les belles manières, le respect de ce que l'on est avec les égards polis envers tous. Ce mélange est rare : il est plus ordinaire de rencontrer l'arrogance et la fierté. Le fond de notre nature est l'orgueil, en bas comme en haut de l'échelle sociale.

La rue Boisnet va de la rue du Mail au quai ; elle est très spacieuse. La rue d'Orléans et celle des Lices sont également belles. Les boulevards de la Doutre ont aussi leur beauté. On y rencontre quelques restes des anciens murs d'Angers. Sur l'un d'eux, un peu en dehors, est l'hôpital des vieillards. Son église a un dôme surmonté d'une lanterne. A l'écart est le monastère des Dames du Calvaire. L'église de la Trinité se trouve aussi dans cette partie de la ville. Elle remonte à l'an 1062 ; elle m'a paru du commencement du XIIe siècle. Elle n'a qu'une seule nef, le long de laquelle est une chapelle demi-circulaire. On y voit un monument élevé à la mémoire du curé Simon-Julien Gruget, né à Beaupréau, le 14 avril 1751, mort le 21 janvier 1840. Son buste est en marbre blanc.

Angers possède neuf paroisses : Saint-Maurice, Saint-Serge, La Trinité, Saint-Joseph, Saint-Laud, Saint-Léonard, Notre-Dame, Saint-Jacques, Sainte-Thérèse. Il est divisé en trois justices de paix et est le siège d'une cour d'appel. Avant 1789 il y avait un hôtel des monnaies, une université, un présidial, un baillage et élection.

L'église Saint-Laud, située sur la place de l'Académie, est petite et insignifiante. Elle a eu pour curé l'abbé Bernier, qui joua un rôle dans les guerres de la Vendée, s'attacha ensuite à Napoléon, participa au Concordat, devint évêque d'Orléans. Il mourut promptement, en sorte qu'on attribua sa mort à la politique. Il eût voulu le cardinalat pour récompense de ses services. Il était ambitieux et intrigant. Son état morose dans les dernières années de sa vie tint peut-être à une ambition déçue et désabusée, car, plus on s'est mêlé aux intrigues de la politique, plus on a vu de près les grandeurs humaines, plus on a été étourdi par le bruit du monde, plus on sent l'inanité de ces choses. Elles enivrent l'esprit de l'homme, elles laissent vide son cœur, enchantement dans la vigueur de l'âge, déception dans les années de la vieillesse, où l'illusion n'est plus guère possible. Ceci est arrivé à l'abbé Bernier. Je l'ai vu arriver de même à l'abbé Fayet, autre évêque d'Orléans ; l'église Saint-Laud me rappella donc l'abbé des guerres vendéennes.

Sur cette même place de l'Académie est une magnifique caserne nouvellement construite.

Les Angevins ont de gros traits, de grands yeux sans expression, une physionomie des plus placides. Le Nantais annonce plus de vivacité dans l'esprit et plus de finesse. Les Angevines portent pour coiffure le toquet à très longs papillons volants, à gros plis ronds.

Ce fut à Angers que Mascaron débuta dans la carrière oratoire en 1663. Il était né à Marseille en 1634, il avait en conséquence 29 ans. L'année suivante il prêcha à Saumur. L'affluence y fut si grande qu'on fut obligé de dresser des estrades dans l'église pour contenir les auditeurs catholiques et protestants. En 1666, il fut appelé à prêcher à la cour. Ce que j'ai trouvé de plus remarquable dans son oraison funèbre de Turenne, c'est la phrase qui commence la seconde partie, la voici : *Ce n'est proprement que dans son cœur que l'homme se trouve tout entier et tel qu'il est véritablement.* Le reste m'a paru un peu pâle. Celle de Fléchier a plus de couleur. Elle est parfaitement écrite, mais il y a peu de grands mouvements oratoires ; c'est le style académique avec sa mesure et sa froideur. Le passage que j'ai le plus remarqué est celui où il décrit ce que c'est qu'une armée... *c'est un assemblage confus de libertins, qu'il faut assujettir à l'obéissance...* tout le morceau a de la chaleur et de la hardiesse. Le sublime de cette oraison funèbre est le récit de la mort de Turenne, jusqu'à la fin du discours. Je n'ai point admiré les oraisons funèbres de Mascaron, rien ne m'y a ému, ni saisi. Il est probable que le débit oratoire contribua beaucoup à les rendre célèbres, de même qu'il en arrive en notre temps à l'égard de maints sermons fort médiocres et à l'audition desquels j'ai vu la foule s'enthousiasmer. C'est à une lecture réfléchie qu'on peut juger de la valeur d'une œuvre littéraire.

Angers a vu naître plusieurs hommes de renom : Giles Ménage en 1613, mort en 1662, François Bernier, célèbre par ses voyages dans l'Inde et dans la Perse, 1625 est la date de sa naissance, il mourut à Paris le 22 septembre 1688, à 68 ans ; le jurisconsulte Bodin en 1530, mort en 1596 ; Félix Bodin en 1766, mort en 1820 ; Chevreul, de l'Académie des sciences, en 1786 ; Olivier, médecin ; le sculpteur David en 1789, mort depuis mon voyage, le 5 janvier 1858 à Paris ; le comte de La Bourdonnaye en 1767, mort en 1859, le plus exalté royaliste de la Chambre introuvable de 1815.

Le 21 septembre, j'allai aux Ponts-de-Cé, à quatre kilomètres et demi d'Angers. Pendant 3 kilomètres la route est bordée de maisons de campagne, de jardins particuliers et de jardins maraîchers ; on rencontre les champs 1.500 mètres seulement avant les Ponts-de-Cé. Ceux-ci consistent en une longue rue commençant sur la rive droite de la Loire et finissant sur la rive gauche, après avoir traversé une île et deux ponts sur trois kilomètres d'étendue. Il y a deux paroisses et 3,700 habitants. C'est un chef-lieu de canton. Des ponts, la vue est ravissante et la plus belle de la Loire ; on dirait un délicieux jardin anglais arrosé par d'abondantes eaux. On doit la beauté de ce site à plusieurs îles qui se rencontrent en cet endroit ; les prairies, les bouquets de bois s'entremêlant forment une perspective aussi riante que jolie. La paroisse Saint-Aubin est sur la rive droite ; elle a une vilaine petite église du xve siècle, style flamboyant. L'église de la rive gauche dédiée à saint Maurice, est neuve. On a suivi le le style du xiiie siècle, baies à lancette et géminées. C'est une copie de Saint-Maurice d'Angers, une seule nef à voûte élevée, un transept avec roses, l'autel en avant du chœur. Son étendue comprend : un narthex, trois travées pour la nef, une pour le transept, une pour le chœur, et cinq arcades circulaires au chevet. On remarque une belle tête en pierre d'*Ecce Homo*. La tour, posée au milieu de la façade, est d'une grande lourdeur. L'édifice est en pierres tendres, en tuffeau. Les maisons sont en pierres de cette nature ou en pierres d'ardoises. Sur la hauteur de la rive gauche sont des moulins, qui font partie de la perspective. Tout riants qu'ils sont, ces bords de la Loire manquent de pittoresque, parce qu'ils sont plats. Le fleuve était rempli de bateaux et de voiles, entre lesquels on apercevait le village de Saint-Gemmes, situé sur la rive droite. Au bout des Ponts-de-Cé continue la belle route qui conduit à Cholet, ville qui a un renom pour ses fabriques de mouchoirs. Les guerres de la Vendée lui ont également donné de la célébrité. Dans l'île des Ponts-de-Cé est un beau bâtiment qui contient la mairie, la justice de paix et les écoles. En face est la gendarmerie dans l'ancien château, dont il reste une tourelle et quelques débris du xve siècle.

En 1620, le maréchal de Créqui défit aux Ponts-de-Cé l'armée de Marie de Médicis, mère du roi Louis XIII. Un canal va des Ponts-de-Cé à Angers.

Je revins déjeuner à mon hôtel ; sitôt après je partis pour les ardoisières. Le faubourg qui y mène est très long et très beau. On quitte la grande route au village de La Pyramide, dépendance de la commune de Trélazé, pour prendre à gauche une petite route, celle de Beaugé. Une pyramide de forme octogone, à quatre étages et percée de fenêtres donne le nom à ce village. Il est à six kilomètres d'Angers. A un kilomètre de là sont les carrières d'ardoises, et à deux kilomètres Trélazé, dont la tour couronnée d'une coupole se présente en ligne droite de la route. Autour des carrières le terrain est inculte ; on aperçoit de toutes parts des débris schisteux. Plusieurs ardoisières sont exploitées à découvert, quelques-unes dans les profondeurs de la terre : ce sont les plus intéressantes. Elles sont une propriété particulière. On en tire par an 80 millions d'ardoises. A l'arrivée, des enfants accoururent à moi ; ils me pressèrent de toutes parts, ils venaient m'offrir des échantillons de fer sulfuré et des morceaux d'ardoises qui en sont tout parsemés. Ils étaient enchantés lorsque je les acceptais. Je ne pouvais en prendre à tous : la joie rayonnait sur la figure de ceux qui avaient mon choix. Je leur demandai combien ils voulaient les vendre ; ils me les avaient offerts gratuitement, ils me répondirent : « ce que vous voudrez. » Ils me paraissaient contents lorsque je leur en donnais cinq ou dix centimes, selon la beauté de l'échantillon. Ces enfants n'avaient rien de spirituel dans leur physionomie ; il y avait de l'ingénuité dans leur air. Ils vinrent à moi avec une simplicité vraiment enfantine et villageoise. Forcé d'en refuser plusieurs, ils s'en allaient déconcertés, mais sans fâcherie : j'aimais cela. J'aurais voulu pouvoir en acheter à tous, afin de faire plus d'heureux. Un de ces enfants me proposa de m'accompagner, j'acceptai ; il en eut grande joie. En m'en allant, je lui donnai cinquante centimes, il m'en parut content. J'abordai un des ouvriers occupés à la taille de l'ardoise, il travaillait à l'abri d'une claie couverte en paille. Je lui demandai le nom des divers instruments ; les voici : un dolot ou coupoir, un chapus, et un ciseau pour fendre les pierres d'ardoise. Je le vis à l'œuvre, la taille est vite faite. J'étais dans la carrière du Grand-Carreau, la plus curieuse. Elle a 134 mètres de profondeur. On y occupait 500 ouvriers. Le seau dans lequel on monte l'ardoise est appellé bassicot. Je voulus descendre dans la carrière, mon jeune garçon m'accompagna. On descend d'abord à ciel ouvert, on s'engage ensuite dans les galeries ténébreuses de l'intérieur. Un ouvrier muni d'une lampe vous conduit. Nous arrivâmes au bout de la galerie, l'ouvrier ne m'engagea pas à descendre à l'échelle jusqu'au fond de la carrière ; il craignait que je ne me fisse du mal et que je ne me salisse, suspendu presque perpendiculairement au-dessus de ce ténébreux abîme : je restai donc appuyé contre la faible rampe en bois de la galerie. La profondeur de là était de 125 mètres. L'obscurité était profonde, les nombreuses lampes des travailleurs n'éclairaient rien. Chacun en a une. Ces lampes apparaissent comme autant d'étoiles dans ce gouffre ténébreux dont elles n'éclairent pas la plus petite partie, pas même les carriers qui les portent ; étant seules aperçues, l'effet est saisissant.

Le bruit confus des voix et celui que les ardoises produisent en se détachant de la roche ajoutent à cette horreur. Les feux étoilés des lampes se promènent en tous sens, ils attirent l'attention, car c'est un spectacle tout nouveau. Une vapeur épaisse s'élève du fond du souterrain. Une pierre d'ardoise s'échappa du bassicot, elle produisit en tombant un retentissement épouvantable. J'attendais la mine qu'on allait faire jouer. Au moment de son explosion toutes les lumières se dérangèrent et se groupèrent à distance ; une effroyable détonation se répéta en écho dans toutes les parties de la carrière, le bruit confus des voix y répondit ; les lumières se rapprochèrent. Cette existence dans les sombres entrailles de la terre émeut l'âme de tristesse : on respire un air étouffé, la lumière du soleil manque, rien ne récrée la vue, tout jette l'épouvante dans l'esprit. Les ouvriers se mettent au travail à 5 heures et demie du matin et terminent à 5 heures du soir. Entre cet espace de temps, ils ont 2 heures et demie de repos, ce qui leur fait 9 heures de travail, c'est assez, car une telle vie est rude et pénible. Je donnai 50 centimes à l'ouvrier qui m'avait conduit dans la galerie ; il me sembla moins satisfait que l'enfant qui m'avait accompagné partout.

Des maisons sont au bas de ces carrières, elles sont sans doute celles d'un grand nombre des ouvriers. Le sol est sableux, aride et mauvais.

On était occupé à la récolte du chanvre. Les arbres plantés le long de la route étaient des bouleaux ; il y en avait quatre rangs, à partir de la Pyramide jusqu'au faubourg. Près du chemin de fer est le lycée. Je passai devant la chapelle de la Madeleine et devant l'ancienne église de Saint-Joseph. La nouvelle église est dans une rue qui du faubourg conduit au mail : j'y entrai. Le portail a deux tours L'unique nef se compose de trois travées, ensuite une pour le transept et une pour le chœur, et cinq arcades au chevet. Le style est celui du XIIe siècle, des griffes à la base des piliers, des volutes et des raisins aux chapitaux, des baies géminées, et trois roses, copie de Saint-Maurice.

Je continuai mon chemin. Je passai devant le tribunal de commerce, qui n'a rien de remarquable, ensuite devant les vieilles halles.

Je partis à 4 heures et demie du soir pour Saumur. D'Angers à Saumur le pays est plat ; de Saint-Martin jusqu'à cette dernière ville, il est couvert. La culture principale est celle du chanvre. La gare de Saumur est belle.

La route de Rouen à Bordeaux traverse la ville, suivant la belle et longue rue d'Orléans. Je trouvai Saumur beaucoup plus vivant qu'Angers ; cependant sa population n'est que de 14,200 âmes. La gare est sur la rive droite, la ville sur la rive gauche. On traverse la Loire sur deux ponts ; une île les sépare. Chacun a environ 300 mètres de longueur. Celui de la rive droite a sept arches ; celui de la rive gauche douze arches. A sa suite, à l'entrée de la rue d'Orléans, est la place Bilange, sur laquelle se trouve le théâtre, construit selon l'ordre ionique, il date de 1787. A sa suite est une jolie promenade donnant sur le quai et au bas de laquelle, sur la place de l'Hôtel-de-Ville se tient le marché aux légumes et aux fruits. L'Hôtel de Ville est un gracieux monument du XVe siècle, ayant deux tourelles en encorbellement, toit pyramidal à quatre pans et se terminant par un clocher. Dans l'intérieur de la cour sont de délicieux pilastres du XVIe siècle. Cet hôtel offre au dehors sur ses murs des traces de balles et de boulets, il a donc subi des attaques. Le quai est magnifique : c'est la route de Limoges. Les bords de la Loire sont verdoyants et offrent une très jolie vue. Il y a quatre paroisses, Saint-Pierre, la principale église, où je dis la messe, Notre-Dame, Saint-Nicolas, et la Visitation, Saint-Pierre est du XIIe siècle. Il n'y a qu'une seule nef avec transept, édifice de peu d'étendue. Le maître-autel est en avant du chœur. Les stalles en bois sculpté sont magnifiques ; elles ont dais, statuettes en ronde bosse, grotesques aux miséricordes. Un des sujets des statuettes est saint Pierre soutenu sur les eaux par Jésus. Les dais sont de plusieurs époques, du XIVe au XVIe siècle. Le clocher a été construit au-dessus du transept ; il est effilé et couvert en ardoises. La façade est du XVIIe siècle. Notre-Dame, dite de Flavigny ou des Ardilliers, était autrefois un lieu de pèlerinage et desservie par les prêtres de l'Oratoire. Saint-Nicolas est un édifice du XIIe siècle, à trois nefs peu élevées et d'égale hauteur. Les baies sont dans les murs des nefs latérales. Les piliers sont lourds ; ils reçoivent la retombée des voûtes. On compte quatre travées et un narthex. Le clocher en poivrière est petit et vilain. Notre-Dame-de-la-Visitation, située dans l'île est petite et insignifiante. Elle est surmontée d'une coupole. La rue de la Visitation est large. Il y avait de l'intérêt à la parcourir, pignons sur rue, maisons du XVI° siècle : c'est l'ancien Saumur.

La beauté du site et l'animation de la ville engagent à habiter Saumur : mais on prétend que la société n'y est point aimable, ni accueillante. On ajoute que c'est une ville très corrompue à cause du quartier de cavalerie et de la garnison. Je ne crois pas que, sous le rapport des mœurs, elle soit plus mauvaise que Nantes et que Bordeaux ; elle est plus petite, on connaît mieux les faits, on y peut moins cacher sa vie. Les ouvriers ont des allures plus éveillées qu'à Angers. Quoi qu'il en soit, c'est un beau lieu et un beau pays. La perspective de la ville prise de la place de la gare offre une longue rue où se trouvent deux ponts, elle se continue au delà par la route qui monte en droite ligne jusqu'à la hauteur. La rive en aval est basse ; en amont, elle s'élève à partir du château. En suivant la longue rue d'Orléans, on est étonné de la splendeur des maisons, celle de M. Louvet, alors maire, frappe surtout par sa magnificence. Au bout de cette rue on arrive à de belles prairies arrosées par le Thouet. Ce fut sur le pont de cette rivière, appelé le pont Fouchard, qu'on arrêta le général Berton au moment où l'on croyait qu'il allait entrer dans la ville avec ses partisans. Dès qu'on a franchi ce pont, à la tête duquel se trouve l'octroi de Saumur, on est dans le petit village de Bagneux, bâti sur deux rangs de maisons le long de la route, c'est un joli village par ses constructions. La route continue toujours en ligne droite au moins à quatre kilomètres au delà ; au bout est une maison. De magnifiques arbres l'ombragent. Le Thouet est séparé de la Loire par la colline qui porte le château et les moulins qui sont à sa suite ; il va se jeter dans le fleuve à l'ouest de la ville. On aperçoit, en aval, un pont suspendu, en face du village de Saint-Hilaire-Saint-Florent. Du côté des prés on a la belle perspective de l'école de cavalerie ; du côté de la hauteur du château on a celle du clocher en ardoises de Notre-Dame de Flavigny et des maisons qui se groupent autour.

Le château, qui domine en entier la ville, est occupé par la garnison. Il décrit un quadrilatère, auquel manque un côté. Il a quatre tourelles. Très fort par sa position, il est faible néanmoins du côté de la plaine. C'est par la plaine, au levant, que les Vendéens s'en emparèrent. L'entrée de ce côté a été détruite ; des murs soutiennent des terre-pleins. Il possède encore ses créneaux et ses meurtrières. Au moment où je parcourais les cours, l'esplanade et les remparts, les soldats faisaient l'exercice ; je passai au milieu d'eux. On ne pouvait visiter l'intérieur des bâtiments, c'est un dépôt d'artillerie. On entre par un pont-levis. Ce château est du XVe siècle. Sa première construction remonte au XIe siècle. Le général Berton sous la Restauration y fut emprisonné. Il fut fusillé le 5 octobre 1822. Il était né en 1774, près de Sedan. Le concierge m'indiqua l'endroit.

Il me montra également les caveaux des détenus en 1793. Ce souvenir inspire toujours de l'horreur : cette tache de sang de notre histoire ne s'effacera pas. Des remparts, les regards plongent au loin. La ville se partage en trois points de vue différents. On y aperçoit des tours détachées, élevées pour la défense du château : elles sont du XIIe ou XIIIe siècle. Au-dessus de l'école de cavalerie se montrent les villages de Saint-Florent et de Saint-Hilaire ; sur la rive droite, le village de Saint-Lambert-des-Levées ; au sud, Bagneux. Vingt-cinq moulins occupaient le sommet de la hauteur qui fait suite à celle du château.

L'école de cavalerie est dans le quartier opposé au château, c'est un édifice élevé de deux étages, douze fenêtres à la façade, et trois sur chacune des deux ailes. Il y a trois pavillons, un au milieu, un à chaque côté, ayant une fenêtre, ce qui fait vingt-et-une fenêtres en tout. Devant est une immense place carrée, sur les côtés de laquelle sont des arbres, des écuries et des magasins. Une grille et une cour d'honneur donnent entrée dans l'école. Deux pièces de canon sont là. Le sol de la place est un sable mouvant. Le manège est au bout et fait face à l'école. Le costume des élèves étaient un chapeau à claque, une culotte colante en peau blanche ou un pantalon bleu, un habit bleu à petits pans et entièrement boutonné, bottes à l'écuyère. Ce costume n'est pas beau, ne va pas surtout à des jeunes gens. Cette école de cavalerie peut contenir cinq cents élèves. L'hôpital militaire est à côté. L'église Saint-Nicolas est tout près.

Cette ville est la patrie de Mme Dacier, Tanneguy-Lefèvre. Elle y est née en 1651. Elle mourut en 1720, à 69 ans. Née dans le protestantisme, elle se fit catholique. Elle doit sa célébrité à sa traduction d'Homère. Du Petit-Thouars, tué à la bataille d'Aboukir en 1797, était né à Saumur en 1760 ; il avait en conséquence 27 ans lorsqu'il périt.

On a à Saumur pour les fruits et les légumes l'usage de petits paniers longs, portés à bras ou sur des brancards.

Je partis le vendredi 22. Après comme avant Saumur, le pays est plat et couvert. Les environs de cette ville fournissent les beaux fruits attribués à la Touraine. La rive droite, côté du chemin de fer, présente une suite de coteaux jusqu'à Tours.

La gare de cette ville avait de la renommée : le bâtiment est en effet monumental. Les pilastres et les frises sont d'ordre ionique. Le développement est de 110 mètres sur 33 mètres 60 centimètres de profondeur. La superficie du terrain de cette gare est de 15 hectares Les chemins de fer de Paris, de Bordeaux et de Nantes viennent y aboutir. Depuis, plusieurs autres sont venus s'y adjoindre. La façade est du côté du mail, vis-à-vis des jardins de la préfecture. Tous les mails sont magnifiques ; ils passaient autrefois pour les plus beaux de France.

Je m'en allai au hasard. Je pris la rue Saint-Etienne ; elle me conduisit sur une place plantée d'arbres, la place de l'Archevêché : l'archevêché, d'ordre ionique, est un bel hôtel, construit en 1638. Il est précédé d'une cour d'honneur.

En détournant à gauche, je me trouvai sur la place Saint-Gatien, pareillement plantée d'arbres. Saint-Gatien est l'église métropolitaine. L'élégance de ses deux tours m'enchanta. Elles possèdent une grande richesse d'architecture. Elles se terminent par un dôme surmonté d'une lanterne et d'une croix. Les pierres de ces dômes sont taillées en feuilles. La tour du nord a 70 mètres d'élévation ; celle du midi, seulement 69 : cette différence d'un mètre ne s'aperçoit pas à l'œil. Ces tours et le portail sont une œuvre du xve siècle, avoisinant la renaissance. Les trois portes ont leur voussure surmontée d'un pignon à jour. La porte principale est divisée en deux par un pilier se terminant en pyramide portant une croix à double croisillon. Dans la niche est la statue de saint Gatien, premier évêque de Tours et patron de la cathédrale. Les portes sont en anse de panier. Le tympan est à jour et orné de verrières coloriées. Les archivoltes ont trois cordons de statues. A leurs pointes est ainsi disposée la Trinité, le Père dans le haut, le Fils au milieu, le Saint-Esprit en bas.

Cette Trinité est accompagnée, à droite et à gauche, d'anges et de saints. Au-dessus des portes se développent de magnifiques verrières surmontées de belles roses flamboyantes. C'est surtout celle du milieu qui est remarquable et a une véritable splendeur. Au-dessus règne une galerie pleine d'élégance, surmontée de pinacles à jour ayant entre eux des petites pyramides ornées de crochets. La balustrade est fermée de trèfles. Les deux tours possèdent également, un peu au-dessus, une galerie. Le pignon est orné de trois rosaces non à jour, deux et une. L'intérieur de l'édifice répond à l'extérieur. La nef et les latéraux sont étroits. La voûte de la nef a 28 mètres d'altitude, celle des latéraux n'en a que 11. L'édifice a 97 mètres de longueur dans œuvre, 3 mètres de moins que la cathédrale de Soissons, 2 mètres 60 centimètres de plus que celle de Poitiers. Il y a un défaut notable, c'est que l'axe du latéral nord de la nef n'est pas le même que celui du latéral du chœur, qui est plus large, de sorte que le mur du transept fait saillie et coupe la perspective. Il y a 9 travées jusqu'au chœur en comprenant celle du transept. Le chœur en a 4 et le chevet compte 7 arcades. Les latéraux sont circulaires. Des chapelles existent tout le long de l'édifice. Il en est de même pour la galerie ou triforium. Cette galerie est élégante et légère, étant à jour. Les roses du transept ont autant de magnificence que la rose de la nef. Parmi les vitraux, un grand nombre sont modernes ; il y avait plusieurs verrières en verre blanc. Les chapiteaux des piliers à feuillage sont peu larges et médiocrement travaillés. On rencontre dans les chapelles trois tombeaux d'archevêques, de Michel Amelot de Gournay, mort le 17 février 1687, à 63 ans ; de J.-B. Du Chilleau, mort le 26 novembre 1824, dans sa 89e année ; de Louis-Augustin de Montblanc, mort le 28 décembre 1841, en sa 75e année. Le tombeau des enfants des Charles VIII et d'Anne de Bretagne est en marbre blanc et orné de lis et de dauphins. Sur le couvercle sont couchées de leur long les deux petites statues de ces enfants, le dauphin porte une couronne ouverte, la fille une longue coiffe à la mode du temps. Le dauphin mourut en 1495, sa sœur en 1496. Il y a deux petits anges agenouillés aux pieds et deux à la tête. Ce cénotaphe est de belle exécution. Je fis le tour de l'édifice à l'extérieur. Ce monument est en grande partie du XIVe siècle ; l'abside du XIIIe, le bas de la nef du XVe, les tours furent achevées au XVIe. Je montai dans la tour du sud ; celle du nord, où est l'escalier royal renommé, était en réparation. Du haut, je pus contempler le riche et vaste bassin de la Loire. La ville s'offre aux regards sur un plan oblong, peu étendu en largeur. Saint-Gatien se trouve à l'extrémité orientale, non loin des anciennes murailles romaines. Sur la rive droite sont les restes de l'abbaye de Marmoutiers, fondée par saint Martin : ils sont peu considérables. L'ancien château des comtes de Tours est maintenant une caserne. Il en reste deux tours rondes, l'une appelée de Hugues Capet, l'autre de Guise, parce que ce fut de son second étage que le fils du duc de Guise assassiné à Blois s'enfuit : il portait le titre de duc de Joinville Cette fuite eut lieu le 15 août 1591. Il avait été enfermé par l'ordre de Henri III. La fenêtre est du côté de la Loire ; elle est maintenant murée. On fait remonter la construction de ces grosses tours à la fin du XIIe siècle. Les tours de Charlemagne et de Saint-Martin, sont les derniers restes de la collégiale de ce nom. A 3 kilomètres de la ville était le château de Louis XI, Plessis-les-Tours. Ce roi y mourut en 1483.

Tours est entre le Cher et la Loire, jolie ville traversée par une rue principale, nommée la rue Royale, qui aboutit au pont, dont la construction fut commencée le 5 octobre 1765 et terminée en 1777. La longueur de ce pont de 15 arches est de 444 mètres 18 centimètres sur 14 mètres 60 centimètres de largeur. Il y a un autre pont en amont ; il est suspendu, partant plus moderne. La perspective de sur ce pont est jolie, des îles séparent le cours de la Loire. Ce pont principal conduit à un faubourg où il y a de belles maisons. Ce faubourg est appelé de la tranchée, parce qu'il a été pratiqué dans une tranchée faite en la colline qui domine la rive droite du fleuve. Il a à droite la route de Vendôme et de Chartres, à gauche, celle du Mans. Au haut de la colline, la vue est magnifique, elle embrasse en ligne droite près de 8 kilomètres, la ville de Tours, partagée en deux par la rue Royale, à la suite une double rangée de platanes ombrage la route de Bordeaux : on la nomme avenue Grammont. C'était le jour du marché, cette longue étendue était couverte de voitures et de gens de pied. La rue Royale a 800 mètres de longueur. Cette belle rue a deux défauts, le peu d'élévation et l'inégalité ou la diversité des maisons ; il n'y a pas d'ensemble dans le profil. La rue de l'Archevêché vient y aboutir en ligne droite. A chaque extrémité du pont il y a un espace en demi-lune. Sur celui du côté de la ville est la statue de Descartes, en marbre blanc. Le philosophe est représenté debout, tenant dans la main droite un livre fermé, la main gauche appuyée sur la poitrine ; son air est méditatif. Un globe est à ses pieds. Voici l'inscription : *René Descartes, cogito ergosum*. Ce philosophe qui inaugura tout un système de philosophie, est né en une petite ville de la Touraine nommée Labaye, le 31 mars 1596. Il mourut en Suède, à Stockholm, le 11 février 1650. Sur cette demi-lune appelée place Royale, à droite et à gauche, sont l'Hôtel de Ville construit en 1777, et le Musée, achevé en 1828. Ce sont deux beaux bâtiments auxquels manque une suite de belles constructions. A l'autre bout de la rue Royale est pareillement en demi-cercle une place, ornée de deux jardins faisant face aux promenades. C'est la place du palais de Justice, parce que ce palais s'y trouve. Il est d'ordre dorique et peu remarquable. L'avenue Grammont, qui est à la suite, a 5 kilomètres d'étendue et conduit à Montbazion, nom rendu célèbre par les intrigues amoureuses et la pénitence de l'abbé de Rancé, jeune clerc galant, trappiste austère. Il y a deux contre-allées à cette avenue. Les remparts, construction en larges pierres de taille, commencés sous François I*r*, achevés sous Henri IV, sont aujourd'hui à peu près rasés ; ils ont des tourelles de distance en distance. Ils forment aujourd'hui une terrasse, d'où l'on jouit d'un agréable coup d'œil. Au bas sont des jardins maraîchers, ensuite une campagne verdoyante semée de jolies maisons d'un blanc éclatant, riche vallée jusqu'au Cher. En suivant le mail on arrive à la promenade et rue des Acacias, nommées ainsi de deux rangs de ces arbres. Cette partie est solitaire. Elle mène au quartier de cavalerie, belle construction comme caserne. Devant est un vaste emplacement planté d'arbres : on l'appelle le champ de mars. A la suite est une avenue de même nom, sur le bord de la Loire ; elle conduit au confluent du Cher.

Les quais, exposés au nord, sont tristes et nullement en rapport avec le reste de la ville. Sur la rive droite, celui qui a nom Saint-Symphorien, exposé au midi, est plus gai ; il possède une suite de jolies maisons.

La ville de Tours a sept églises paroissiales, Saint Gatien, Notre-Dame-la-Riche, Saint-Symphorien, Saint-Saturnin, Saint-Pierre-des-Corps, Saint-Étienne et Saint-Julien, alors en restauration et devant remplacer l'église Saint-François. Ce fut en cette église que le roi Henri III fit l'ouverture du Parlement transféré à Tours pendant les fureurs de la Ligue, le 18 avril 1589. L'historien Grégoire de Tours, originaire de Clermont en Auvergne, avait apporté dans sa ville épiscopale des reliques de Saint-Julien-de-Brioude ; il consacra une chapelle sous ce vocable et la confia à des moines bénédictins amenés d'Auvergne. Je ne pus voir que la façade occidentale ; elle est romane. Notre-Dame-la-Riche est un vilain édifice du XV*e* siècle. Elle fut construite sur un ancien cimetière, où saint Gatien fut inhumé en 300. Je fus voir les deux tours, reste de l'ancienne collégiale de Saint-Martin. Cette collégiale comptait 460 bénéficiers. Le roi de France portait le titre d'abbé de Saint-Martin. La dignité abbatiale avait été réunie à la couronne en la personne de Hugues Capet, qui la tenait de son père Hugues l'abbé ou le Grand, de son aïeul Robert Dreuzi et de son bisaïeul Robert le Fort. En 1562, les protestants brûlèrent les reliques de saint Martin, cet évêque de grande célébrité dans toutes les Gaules. L'église fut dévastée en 1793, s'écroula en partie le 2 novembre 1797. La ruine en fut achevée plus tard par les ordres d'un préfet. Une rue traverse aujourd'hui son emplacement, lieu de la sépulture de saint Martin. Ses deux tours sont de l'époque de la transition, du XII*e* siècle. La plus ancienne, située au midi, est celle dite de Charlemagne, nom qui lui vient de ce qu'elle a été bâtie au-dessus du tombeau de Luitgarde, femme du grand empereur, morte à Tours et inhumée à Saint-Martin. L'autre tour a nom tour de l'Horloge. La rue Saint-Martin, en changeant de nom, va gagner la rue Royale. Les rues en cette partie sont étroites, mais non tortueuses. Sur la place du Grand-Marché est une jolie fontaine en marbre blanc. Elle fut exécutée aux frais et par les ordres de Samblançay, en 1560.

Le côté de la cathédrale est le quartier de l'aristocratie et de la bourgeoisie. C'est la partie de la ville qui a le moins d'animation.

Tours passe pour une ville de plaisirs. Son climat relativement doux y attire les Anglais. La campagne qui l'environne ressemble à un vrai jardin. Les productions y sont hâtives.

Tours a vu naître plusieurs hommes illustres, le fameux Jacques de Beaume de Samblançay, vicomte de Tours, né en 1445, pendu au gibet de Montfaucon, près de Paris, en 1527; l'archidiacre Béranger, hérésiarque connu, né en 990, mort en 1038; le maréchal de Boucicaut, Jean le Meigre, né en 1368, mort en 1425; le P. Bretonneau, jésuite et prédicateur, né le 31 décembre 1660, mort en 1741; le poète dramatique Néricault-Destouches, né le 22 août 1680, mort en 1754; le poète Villart de Grécourt, né en 1684, mort en 1743; le P. Rapin, jésuite, poète latin, né en 1621, mort en 1687; la duchesse de La Vallière, pénitente, sœur Louise de la Miséricorde; Tuschereau, littérateur, né le 19 décembre 1801; Bretonneau, médecin de certaine valeur, né en 1771; Trousseau, médecin de même, né le 14 octobre 1801.

Je retournai une seconde fois à la cathédrale. J'y rencontrai deux dames, mes voisines à Orléans; elles insistèrent pour que je ne partisse que le soir, me proposèrent une promenade en calèche au dehors de la ville, jusqu'à la colonie de Mettray. Elles firent tant d'instances que j'acceptai.

Je fus sur le devant de la calèche avec le mari. Mettray est à 7 ou 8 kilomètres de Tours. On monte la colline de la tranchée; on la descend à travers les vignes et les arbres. On traverse un hameau; près d'arriver, on rencontre un joli castel; on détourne, on est à la colonie de Mettray.

C'est un enclos entouré de haies et de charniers. Le clocher est de construction originale, à droite et à gauche sont les logements en forme de châlets. Au frontispice de la chapelle sont écrits ces mots : *Maison de Dieu*. Cette chapelle est propre, mais annonce la pauvreté, en rapport, du reste, avec les pauvres enfants retirés des maisons de correction où leurs méfaits les avaient jetés. Deux vastes pièces y attiennent à droite et à gauche; l'une renferme des instruments aratoires et des logements d'employés ; l'autre est une vaste classe où les colons se réunissent à certaines heures afin d'apprendre à lire et à écrire, puis l'orthographe, le calcul, et un peu de géographie. En cette salle est appendu le tableau d'honneur où sont inscrits les noms de ceux qui n'ont encouru aucune punition pendant trois mois. Pour que leur nom y soit maintenu, il faut qu'ils ne commettent plus aucune faute. Derrière la chapelle est le quartier de punition. C'est un bâtiment entouré d'une cour murée formant préau, petite prison cellulaire qui tient au chevet de la chapelle, de manière que les enfants détenus peuvent, sans sortir de leurs cellules et sans s'apercevoir entre eux, assister au service divin et voir le prêtre à l'autel.

Voici maintenant la gradation des punitions, la retenue, la corvée, la radiation du tableau d'honneur, la cellule claire, la cellule obscure, la réintégration à la maison centrale, c'est-à-dire le renvoi de la colonie.

Près de la maison cellulaire est une ferme complète, granges et étables. Au moment où nous visitions sans contre-maître cette partie de l'établissement, un jeune colon se ruait sur l'un de ses camarades et lui pinçait avec force le nez ; je ne sais quel était le sujet de la querelle.

En face de la chapelle sont des puits, un bassin et un vaisseau donné par le ministre de la marine pour former des marins. De chaque côté sont rangées de file cinq maisons ; chacune est destinée à ce qu'on appelle *une famille* ; car c'est ainsi que les colons sont divisés. Au rez-de-chaussée est l'atelier ; au premier et au second étage est une salle qui sert de réfectoire, de dortoir, et de lieu de récréation quand il pleut. Au moyen de poteaux, des planches sont fixées à l'heure des repas et servent de table. Les lits sont des hamacs, qu'on plie le matin. La couche en est disposée alternativement, l'une la tête contre le mur, l'autre les pieds, ingénieux moyen d'obvier à tout désordre moral entre les colons pendant la nuit. Un cabinet à ouverture grillée est pour le sous-chef de famille, d'où, sans être vu, il peut surveiller le dortoir. Chaque famille se compose d'une trentaine de colons, ayant à sa tête un directeur appelé chef de famille, et deux contre-maîtres, portant le titre de sous-chefs. Deux colons à l'élection de leurs camarades, ont le titre de *frères aînés*. Le plus beau privilège du frère aîné est de prendre soin des nouveaux colons introduits dans la famille.

Il y a divers métiers, afin d'en donner un à chacun selon son aptitude et même selon son goût.

Chaque maison porte un nom, témoignage de reconnaissance envers les bienfaiteurs de la colonie. Je lus ceux d'Orléans, de Limoges, de Tours, de Poitiers, de Paris.

L'infirmerie, la lingerie, la buanderie, la boulangerie, la cuisine, le logement des religieuses, l'école des contre-maîtres, etc., sont à part, en entrant dans la colonie. Devant ce bâtiment est la gymnastique, qui sert aux récréations du dimanche. Derrière est le jardin potager.

Il y avait, lors de notre visite, 550 jeunes détenus. Voici la distribution de leur journée : à cinq heures en été, à six heures en hiver, le lever et la prière, ensuite le travail jusqu'à huit, une demi-heure pour le déjeuner et la récréation ; après, le travail pendant quatre heures, puis une heure pour dîner et pour la récréation. En été, classe de deux heures pendant la trop grande chaleur, suivie de quatre heures de travail ; en hiver, au contraire, quatre heures de travail et deux heures de classe à la lumière ; une heure pour le souper, le chant du soir et la prière ; à neuf heures le coucher.

Les colons sont vêtus en grosse toile grise et ont des sabots aux pieds. On les éveille au son du clairon. Ils marchent au travail au même son.

Les surveillants, jeunes gens moraux et religieux, ont un costume simple, une tunique bleu clair et un pantalon de coutil gris. Celui qui nous montra l'établissement était un tout jeune homme qui s'exprimait fort bien. Il nous conduisit au magasin qui contient les travaux des colons et divers objets d'art. Il est d'usage d'en acheter quelques-uns : c'est la manière de laisser son aumône ou son offrande. Je fis l'acquisition d'un petit volume sur la Touraine.

Mettray produit du bien. Réhabiliter dans le cœur le sentiment de l'honnêteté et de la vertu est une véritable jouissance ; le cœur, hélas ! enclin dès l'enfance à mal faire ; le cœur qui, selon qu'on le dirige, fait ou notre honte ou notre gloire, notre malheur ou notre bonheur, notre souffrance ou notre joie.

Mettray ainsi visité, nous regagnâmes Tours par un ciel assez sombre. Le soir même, je repartis pour Orléans.

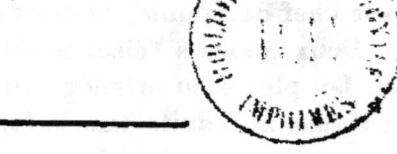

TABLE

	Pages
La Trappe (1828)	1
Sermaises, Méréville, Malesherbes (1831)	13
La Beauce Dunoise (Patay, Châteaudun) (1837)	16
Bonneval (1839)	19
Dammartin (1839)	21
Chaumont-sur-Loire (1840)	25
Meaux, Provins (1843)	33
Dreux (1844)	43
Bourges (1844)	47
La Ferté-sous-Jouarre, Rieux (1845)	53
Enghien (1845)	62
Orléans, Beaugency, Cléry, Meung, Olivet (1845)	64
Arpajon, Monthléry, Corbeil, Baville, Soucy (1847)	73
Chartres (1850)	97
Milly, Fontainebleau (1851)	110
Rieux, Montmirail (1851)	124
Dommerville (1851)	132
Sens, Montargis (1852)	142
Vichy, Clermont, Le Mont-Dore (1853)	159
Buxières-d'Aillac (1853)	236
Vichy, Issoire, Tulle, Brive, Figeac, Decazeville, Rocamadour, Cahors, Bordeaux, la mer, Nantes, Angers, Saumur, Tours (1854)	241

www.ingramcontent.com/pod-product-compliance
Lightning Source LLC
Chambersburg PA
CBHW060325170426
43202CB00014B/2679